Wortwelten

LEXICOGRAPHICA
Series Maior

Supplementary Volumes to the International Annual
for Lexicography
Suppléments à la Revue Internationale
de Lexicographie
Supplementbände zum Internationalen Jahrbuch
für Lexikographie

Edited by
Rufus Hjalmar Gouws, Ulrich Heid, Thomas Herbst,
Anja Lobenstein-Reichmann, Oskar Reichmann,
Stefan J. Schierholz and Wolfgang Schweickard

Volume 155

Wortwelten

Lexikographie, Historische Semantik und
Kulturwissenschaft

Herausgegeben von
Volker Harm, Anja Lobenstein-Reichmann
und Gerhard Diehl

DE GRUYTER

ISBN 978-3-11-073654-0
e-ISBN (PDF) 978-3-11-063286-6
e-ISBN (EPUB) 978-3-11-063226-2
ISSN 0175-9264

Library of Congress Control Number: 2019930543

Bibliografische Information der Deutschen Nationalbibliothek
Die Deutsche Nationalbibliothek verzeichnet diese Publikation in der Deutschen
Nationalbibliografie; detaillierte bibliografische Daten sind im Internet
über http://dnb.dnb.de abrufbar.

© 2020 Walter de Gruyter GmbH, Berlin/Boston
Dieser Band ist text- und seitenidentisch mit der 2019 erschienenen
gebundenen Ausgabe.
Druck und Bindung: CPI books GmbH, Leck

www.degruyter.com

Inhalt

Volker Harm, Anja Lobenstein-Reichmann, Gerhard Diehl
Zur Einführung —— 1

Oskar Reichmann
Historische Lexikographie im Lichte neuerer Wissenschaftstheorien: Sein und Sollen in Gegenwart und Zukunft —— 9

Francisca Loetz
Wenn Quellentexte sprechen könnten: Eine Historikerin in einem fiktiven Gespräch —— 37

Peter O. Müller
Lexikographische Wortwelten in der Frühen Neuzeit —— 55

Jörg Riecke
Zur Lexikographie der historischen medizinischen Fachsprache —— 79

Andreas Deutsch
Das Deutsche Rechtswörterbuch – ein Fachwörterbuch zwischen Recht, Sprache und Geschichte —— 97

Brigitte Bulitta
Wortwelten des Althochdeutschen und ihre Erschließung im Althochdeutschen Wörterbuch (Thesaurus) —— 113

Bernhard Luxner
gruntvriunt **und** *houbetvîant* **– Augmentativbildungen im Mittelhochdeutschen** —— 139

Ingrid Schröder und Sabina Tsapaeva
Komplexe Semantik im mittelniederdeutschen Wörterbuch —— 177

Carola Redzich
Bezugsgröße ‚Wort' —— 203

Yvonne Luther
Zwischen Syntax und Semantik – zur Polyfunktionalität von frühneuhochdeutsch *tun* —— 225

Jochen A. Bär
„Der Mensch ist ein Thier, dessen Willen der Vernunft untergeordnet ist" —— 243

Nathalie Exo
Brief in der Brust und *Hase im Busen* – gleich- und gegenläufige Bedeutungsveränderung bei Teilsynonymen —— 283

Volker Harm, Anja Lobenstein-Reichmann, Gerhard Diehl
Zur Einführung

Die Sprachlexikographie befindet sich gegenwärtig in einem tiefen Umbruch: Bedingt durch die Medienrevolution und ein grundlegend verändertes Nachschlageverhalten ihrer Nutzerinnen und Nutzer sind Wörterbuchmonumente wie der *Duden* und der *Brockhaus-Wahrig*, aber auch viele zweisprachige Wörterbücher in eine Situation geraten, die wohl nicht zu Unrecht als krisenhaft beschrieben wird. Auf dem derart unsicher gewordenen Feld der Lexikographie bilden die historischen Wörterbücher indes eine verlässliche und konstante Größe: Gegenwärtig wird ein festes Ensemble von mehrbändig angelegten Wörterbüchern zu den einzelnen Sprachepochen des Deutschen erarbeitet (das *Althochdeutsche Wörterbuch*, das *Mittelhochdeutsche Wörterbuch*, das *Frühneuhochdeutsche Wörterbuch* sowie das *Mittelniederdeutsche Handwörterbuch*); daneben steht die inzwischen abgeschlossene Neubearbeitung des *Deutschen Wörterbuchs* als umfassende historische Wortschatzdarstellung des Deutschen; mit dem *Deutschen Fremdwörterbuch* wird eine grundlegende historische Darstellung des Lehnwortschatzes erarbeitet, das *Goethe-Wörterbuch* erschließt den Wortschatz des wohl wichtigsten deutschen Autors, und das *Deutsche Rechtswörterbuch* bietet neben dem inzwischen abgeschlossenen *Wörterbuch der Mittelhochdeutschen Urkundensprache* die Dokumentation einer bedeutsamen Domänensprache.[1] Als wichtige Ergänzungen treten mit dem *Etymologischen Wörterbuch des Althochdeutschen* und der *Deutschen Wortfeldetymologie in europäischen Bezügen* zwei lexikographische Vorhaben hinzu, die die Vorgeschichte des deutschen Wortschatzes grundlegend aufarbeiten. Die überwiegende Anzahl dieser Wörterbücher ist durch eine längerfristige Finanzierung abgesichert und hat den epochalen Wandel vom Buch zum digitalen Nachschlagewerk größtenteils mit beachtlichem Erfolg gemeistert. Die Vielfalt und Dynamik der historischen Wörterbuchlandschaft im deutschsprachigen Raum kann sich jedenfalls auch im internationalen Vergleich durchaus sehen lassen (dazu etwa Considine 2010: xvi–xvii).

Dieser positive Befund schließt freilich nicht aus, dass einzelne Krisen zu bewältigen, methodische und technische Neuerungen zu reflektieren sowie Forschungslücken zu benennen sind. Auch ist nicht zu leugnen, dass mit dem erwähnten Abschluss der Neubearbeitung des Grimm'schen Wörterbuchs, die ja nur die Buchstabenbereiche A–F behandelt, eine Situation eingetreten ist, in der zumindest im Hinblick auf die Lexikographie der jüngeren Sprachgeschichte eine grundlegende Neuorientierung nötig ist (vgl. dazu die Diskussion in Kirkness 2016: 96–127). Wenn man mit einem von Harald Weinrich geprägten Bild das *Deutsche Wörterbuch*

---

[1] Für eine Übersicht über die Historische Lexikographie vgl. Reichmann (2012) sowie die Zusammenstellung in Runow (2010); für eine rezente Standortbestimmung Lobenstein-Reichmann/Müller (2016).

https://doi.org/10.1515/9783110632866-001

als Gebirgsmassiv in der Mitte der deutschen Wörterbuchlandschaft beschreibt, so wird jedenfalls unmittelbar evident, dass ein Ende der Grimm'schen Wörterbuchtradition nicht ohne Folgen für das gesamte Gefüge der historischen Wörterbücher bliebe. Da die Institutionen, die das Projekt bisher getragen haben, nach Auskunft der Vorworte (²DWB Bd. IV, 2–3 sowie Bd. V, *5–*7) inzwischen eine Fortführung der historischen Lexikographie in der Tradition des Grimm'schen Wörterbuchs im Rahmen des neu einzurichtenden „Zentrums für digitale Lexikographie (ZDL)" ins Auge gefasst haben, besteht auch hier Anlass zu Optimismus.

Die Historische Lexikographie des Deutschen kann man als Subdisziplin der germanistischen Sprachgeschichtsschreibung betrachten, da sie die grundlegende Arbeit der Wortschatzerschließung für die historischen Sprachepochen leistet. Ihre Rolle ist damit aber noch nicht ausreichend bestimmt: Neben ihrer fachinternen Bedeutung kommt ihr in mehr oder weniger hohem Maße stets auch eine fächerübergreifende, interdisziplinäre Funktion zu. Diese Brückenfunktion der Wörterbücher in andere Fächer, das ihnen gewissermaßen immanente interdisziplinäre Potenzial rührt von ihrem Gegenstand her – den Wörtern. Der Wortschatz einer Sprache bzw. Sprachepoche enthält trivialerweise alles, was für deren Sprecherinnen und Sprecher notwendig und wichtig war. Wer als Forschender oder neugierig Fragender Zugang zu Lebenswelten der Vergangenheit sucht, kommt also an Wörterbüchern nicht vorbei. Dies gilt freilich nicht nur für schwierige oder unverständliche Ausdrücke vergangener Zeiten und beschränkt sich nicht auf eine bloße Hilfestellung bei der Textlektüre – so wichtig diese Funktion von Wörterbüchern auch ist. Der im Wörterbuch dokumentierte Wortschatz legt auch beredtes Zeugnis ab von dem Sprachhandeln der Sprecherinnen und Sprecher, von dem Umgang mit Ihresgleichen und mit ihrer Umwelt, genauer gesagt von den sozialen und kognitiven Konstruktionen, die über ihren Sprachgebrauch realisiert werden und in diesem für uns aufschließbar sind; nimmt man aber gerade den angesprochenen Handlungscharakter von historischer wie gegenwärtiger Sprache ernst, ergeben sich daraus, wie Reichmann in seinem diesen Band eröffnenden Beitrag zeigt, unter Umständen weitgehende Konsequenzen für die Gestaltung von Wörterbüchern: Lexikographie hat sich dann nicht nur auf die Darstellungsfunktion der Sprache zu beziehen, sondern auch auf die soziokognitive Funktion der in Texten über den Wortschatz erfolgenden Bedeutungsbildung, ferner auf die über den Wortschatz erfolgende Handlungs- sowie auf die Symptomfunktion. Moderne Lexikographie hat, so Reichmann, mithin ein wesentlich breiteres Funktionsspektrum abzudecken als die älteren Werke; es kommt hinzu, dass auch der Lexikograph wie der geschichtliche Sprachträger als inhaltsbildender, kommunikativ Handelnder und als Schaffender von Symptomwerten in den selbstkritischen Blick zu rücken ist.

In jedem Fall gilt, dass sich über den Wortschatz ein einzigartiger und grundlegender Zugang zur Geschichte eröffnet – ein Zugriff gleichsam auf die „Wortwelten" vergangener Epochen. Dies betrifft bei Weitem nicht nur längst außer Gebrauch gekommene Wörter, sondern vor allem auch die verbreiteten und zum Teil bis auf den heutigen Tag geläufigen Ausdrücke, die, wenn auch oftmals versteckt, fundamental andere Weltentwürfe enthalten können als ihr heutiger Gebrauch vermuten lässt. Wörterbücher agieren somit auf einem (sehr weiten) Feld, das auch die in der Tradition der *Geschichtlichen Grundbegriffe* stehende Geschichtswissenschaft intensiv bearbeitet hat – dem Feld der Historischen Semantik.

Wie die Historische Lexikographie hat auch die Historische Semantik in den letzten beiden Jahrzehnten eine rasante Entwicklung durchlaufen. Über die in der Geschichtswissenschaft bereits länger etablierten Arbeiten zur Begriffsgeschichte hinaus hat sich ihr Forschungsfeld in diesem Zeitraum in beinahe alle Bereiche der historisch-kulturwissenschaftlichen Fächer ausgeweitet. Als Wissenschaft von Sinnerzeugung überhaupt verstanden, zählen zu ihrem erweiterten Gegenstandsbereich inzwischen neben sprachlichen Äußerungen auch weitere sinntragende Medien wie Bild, Ritual oder Habitus. Ähnlich jedoch wie die Historische Lexikographie hat sie durch die veränderten technischen Rahmenbedingungen gerade im Bereich der Beschäftigung mit historischen Sprachstufen den tiefgreifendsten Wandel ihres Forschungsfeldes erfahren. Durch die computerbasierte Arbeit mit großen Textkorpora, wie sie z. B. seit 2009 im Rahmen des Großprojekts „Korpus historischer Texte des Deutschen (Deutsch Diachron Digital = DDD)" für die verschiedenen historischen Sprachstufen des Deutschen entstehen, aber auch durch andere Projekte wie die „Mittelhochdeutsche Begriffsdatenbank (MHDBDB)" lassen sich nicht nur die herkömmlichen Themenstellungen auf einer breiteren Basis bearbeiten, sondern es werden auch weitere Frageansätze möglich. Deshalb wurde von Gerd Fritz bereits der „Anfang einer neuen Blütezeit" (Fritz 2011: 7) für die Historische Semantik ausgerufen.

Das Verhältnis zwischen der vorwiegend geschichtswissenschaftlich geprägten Disziplin der Historischen Semantik[2] und der vorwiegend sprachwissenschaftlich orientierten Historischen Lexikographie lotet der Beitrag von Loetz aus. Wenn die sich von der Geschichtsschreibung herleitende Historische Semantik Wahrnehmungsstrukturen, Sinnstiftungsprozesse und Wertorientierungen von Gesellschaften bzw. deren Manifestationen in sprachlichen und nicht-sprachlichen Zeichensystemen zum Gegenstand hat, so weist sie in der Tat beachtliche Gemeinsamkeiten oder gar eine weitgehende Deckung mit den Beschreibungsanliegen der sprachhistorischen Lexikographie auf. Vor allem in den grundlegenden hermeneutischen Verfahren, die sie anwendet, besteht eine Schnittmenge zwischen der sprach- und der geschichtswissenschaftlichen Tradition, die eigentlich zu einem viel stärkeren

---

[2] Die Bestimmung der Historischen Semantik in der Geschichtswissenschaft bleibt überwiegend im Vagen, wie etwa Ralf Konersmanns Definition des Gegenstandes als „Untersuchung kulturell manifester Bedeutsamkeiten im Horizont der Geschichte" zeigen mag (Konersmann 2005: 25). Zu ‚Historischer Semantik' vgl. auch Müller/Schmieder (2012) sowie den Beitrag von Loetz in diesem Band.

fachübergreifenden Dialog führen müsste. Allerdings macht Loetz auch auf Differenzen aufmerksam: So wünscht sie sich vom Standpunkt der Historikerin aus, dass die historischen Wörterbücher ein Quellenkorpus zugrunde legen, das weniger den Soll- als den Ist-Zustand einer historischen Gesellschaft dokumentiert und demnach noch stärker Alltagstextsorten einbezieht.

Lexikographische Hermeneutik *in actu* führt der Beitrag von Bär vor, der am Beispiel des Artikels *Tier* einen Eindruck von den strukturellen Möglichkeiten eines Diskurswörterbuchs zur klassisch-romantischen Kunstperiode vermittelt. Die Historische Semantik des Begriffs wird hier vor allem in der Zusammenschau unterschiedlicher semantischer Erläuterungstypen greifbar, die neben der klassischen Bedeutungsangabe auch Angaben zu bedeutungsverwandten Ausdrücken sowie ausge-baute Kommentarpositionen aufweist.

Wenn historische Wörterbücher Historische Semantik treiben (auch wenn sie dies nicht unbedingt *expressis verbis* und sicher nicht immer im Sinne eines streng geschichtswissenschaftlichen Verständnisses tun), so stellt die Erfassung der historischen Bedeutung bzw. genauer gesagt: die Zuschreibung von Bedeutungen an historische Ausdrücke ihr Kerngeschäft dar. Auch bei Wörterbüchern, die schon auf eine gewisse Tradition zurückblicken können, bedarf dies anhaltender Reflexion, welche sowohl den immer neuen Erfordernissen des Gegenstandes wie auch den methodischen Entwicklungen des Faches gerecht zu werden hat.

Ein Wortschatzsegment unter vielen, das hier besondere Herausforderungen an die Lexikographie stellt, bilden die hochfrequenten Verben. Den lexikographischen und linguistischen Problemen, die mit diesem Typ verbunden sind, widmen sich zwei Beiträge des Bandes. Zu frühneuhochdeutsch *tun* konstatiert Yvonne Luther, dass zum Gebrauchsspektrum dieses Verbs auch Verwendungen gehören, die traditionellerweise eher der Syntax als der Semantik zugeschlagen werden. Im Fall von *tun* ist es offenbar vor allem seine Rolle bei der Gestaltung der Informationsverteilung im Satz, die die historische Verwendung prägt. Im Hinblick auf den Artikel des *Frühneuhochdeutschen Wörterbuchs* plädiert Luther dafür, in einer eher weiter gefassten Vorstellung von den Aufgaben der historischen Lexikographie auch diese eher syntaktisch relevanten Verwendungsweisen zu berücksichtigen. Hier wie bei anderen Ausdrücken, die sich als sog. Funktionswörter im Kontinuum zwischen Syntax und Semantik bewegen, kann das Wörterbuch so eine wichtige Lücke füllen, die die meisten historischen Grammatiken offen lassen. Das Wörterbuch wäre in solchen Fällen durchaus „als die ‚bessere' Grammatik" zu sehen. In jedem Fall greift die lexikographische Darstellung hier über die eng gesteckten Grenzen der einzelnen germanistischen Forschungsgebiete hinaus und erweist sich auch in diesem Sinne als ‚interdisziplinär'.

Das mittelniederdeutsche Verb *tên* ‚ziehen' stellt ähnliche Beschreibungsprobleme. In diesem Fall ist es, wie Ingrid Schröder und Sabina Tsapaeva zeigen, vor allem die extreme Polysemie des Verbs, die sich als Herausforderung für dessen lexikographische Darstellung erweist. Der Wörterbuchartikel im *Mittelniederdeut-*

schen Handwörterbuch kann dieser Gebrauchsvielfalt nur dann gerecht werden, wenn das komplexe Zusammenspiel von semantischen, grammatischen und pragmatischen Kriterien bei der Konstitution dieses semantischen Spektrums angemessen berücksichtigt wird, womit er aber über ein ‚reines' Wörterbuch hinausweist.

Dass die Auseinandersetzung mit historischen Sprachzeugnissen nicht in den engen Bahnen verlaufen kann, die die kanonisch gewordene Binnengliederung unserer Fächer vorgibt, belegt auch Luxner in einer Studie zu einem weiteren Phänomen im Kontinuum zwischen Lexikon und Grammatik, in diesem Fall zu den sogenannten ‚nominalen Augmentativbildungen' (z. B. nhd. *Sportler – Spitzensportler*). Im Fokus stehen dabei die mittelhochdeutschen Bildungen mit mhd. *houbet* ‚Kopf' und *grunt* ‚Grund'. Eine eingehende semantische Analyse vor der Folie der entsprechenden Nomina kann zeigen, dass bei den Kompositionsgliedern mhd. *houbet-* und *grunt-* bereits von augmentativ funktionalisierten Wortbildungsmorphemen auszugehen ist. Auch die Ausführungen Luxners belegen in gewisser Weise, dass das Wörterbuch ‚die bessere Wortbildungslehre' sein kann, wenn es sich, wie hier vorgeführt, auf eine philologisch abgesicherte Beschreibung eines Übergangsbereichs einlässt.

Wenn historische Wörterbücher herkömmlicherweise isolierte Beschreibungen von Einzelwörtern bieten, leisten sie notgedrungen einer Verkürzung ihres Gegenstandes Vorschub. Diese einzelwortbezogene Perspektive wird in dem Beitrag von Nathalie Exo aufgebrochen. Hier werden die Bedeutungsspektren zweier quasi-synonymer Wörter des Grundwortschatzes (*Brust* und *Busen*) einander gegenübergestellt und in ihrer jeweiligen historischen Entfaltung beschrieben. Die Engführung zweier Wortgeschichten lässt ein komplexes Wechselspiel zu Tage treten: Auf der einen Seite bilden sich wortspezifische semantische Schwerpunkte heraus, die aus einem Bedürfnis nach lexikalischer Differenzierung entstanden sein dürften, auf der anderen Seite scheint die Teilsynonymie aber auch analogisch motivierte Übernahmen einzelner Bedeutungspositionen bei dem jeweils anderen Wort zu begünstigen.

Die hier referierten Probebohrungen zu immer wieder virulent werdenden Problemfeldern der Historischen Lexikographie – Verbsemantik, Wortbildung, Synonymien – illustrieren übrigens auch eine verbreitete Strategie der lexikographischen Methodenreflexion. Diese geschieht oftmals eben nicht in einem abstrakten Theorieraum, sondern entwickelt sich immer wieder aus der konkreten Auseinandersetzung mit einem spezifischen Problem, für das der Lexikograph, die Lexikographin keine zufriedenstellende Lösung auf der Basis des jeweiligen Wörterbuchprogramms bzw. der bisher geübten Praxis findet. Der Einzelfall, über den man so im Zuge der Arbeit in gewisser Weise ‚stolpert', erweist sich bei näherem Hinsehen meist als übergreifendes, systematisches Problem im Spannungsfeld zwischen Gegenstand und Wörterbuchkonzeption. Für dieses Problem sind dann auch übergreifende, systematische Lösungen zu entwickeln.

Zu den elementaren methodischen Forderungen, die an eine Historische Semantik älterer Sprachstufen zu stellen sind, gehört auch, dass diese den kulturellen, sozialen und materiellen Kontext ernst nimmt, in dem sprachlich gehandelt wird. Das belegen eindrucksvoll Brigitte Bulittas Ausführungen zum Althochdeutschen. Wie an einzelnen Beispielen demonstriert wird, hat die im *Althochdeutschen Wörterbuch* geleistete semantische Erschließung überhaupt erst Sinn, wenn sie vor dem Hintergrund der epochenspezifischen Bedingungen des Schreibens erfolgt: In althochdeutscher Zeit ist der überlieferte Wortschatz in erster Linie Zeugnis einer bewundernswert kreativen Auseinandersetzung mit der lateinischen Textwelt und deshalb nur vor diesem Hintergrund überhaupt angemessen zu erfassen.

In ähnlicher Weise wie Bulitta für das Althochdeutsche, zeigt Redzich für das Frühneuhochdeutsche, wie prägend die Auseinandersetzung der Zeitgenossen mit der Bibel für den Wortschatz der Epoche ist und wie diese Auseinandersetzung lexikographisch fassbar gemacht werden kann. Wenn das Verfassen von Texten epochenspezifischen Bedingungen unterworfen ist, die auch in den jeweiligen lexikographischen Beschreibungen zu reflektieren sind, so gilt dies genauso für die Wörterbücher selbst. In diesem Sinne wird auch in dem Beitrag von Müller dargelegt, wie die Wörterbücher des Deutschen seit dem 16. Jh. ihren Bezug auf das Lateinische nach und nach aufgeben und unter historisch sich stetig verändernden Bedingungen allmählich die Wortwelt des Deutschen entdecken.

Die immanente Interdisziplinarität der Historischen Lexikographie kommt bei Projekten wie dem *Deutschen Rechtswörterbuch* (dazu der Beitrag von Deutsch) in sehr deutlicher Weise zum Tragen. Für die Lexikographin, den Lexikographen ergeben sich hier Herausforderungen von gleich zwei Seiten: Sie liegen zum einen in den teilweise sehr unterschiedlichen Erwartungen, die von einer heterogenen Nutzerschaft an das Wörterbuch herangetragen werden, zum anderen im Gegenstand des Wörterbuchs selbst, der sich angesichts eines in der Geschichte vollkommen anders gearteten Verhältnisses von Fach- bzw. Domänensprache auf der einen und Allgemeinsprache auf der anderen Seite nur schwer eingrenzen lässt. Im Hinblick auf den außerordentlich breiten Rezipientenkreis des *Deutschen Rechtswörterbuchs*, der neben Juristen und Rechtshistorikern auch Sprachwissenschaftler und Historiker mit all ihren je unterschiedlichen Vorkenntnissen und Erkenntnisinteressen umfasst, führt dies dazu, dass eine disziplinübergreifende Herangehensweise nicht bloße Programmatik bleiben kann, sondern bei der Erstellung der Wörterbuchartikel in jedem Einzelfall mitzubedenken und umzusetzen ist.

Für das von Riecke konzipierte historische Wörterbuch der Medizin im deutschsprachigen Raum gilt Ähnliches. Hier stellt sich vor allem die Frage, welcher historische Wortschatz überhaupt zu beschreiben ist. Angesichts des engen Nebeneinanders von Volks- und Schulmedizin und der fließenden Übergänge zwischen einheimischem medizinischen Fachwortschatz und laienmedizinischen Ausdrücken im Mittelalter und der Frühen Neuzeit darf die Gegenstandsbestimmung eines historisch-medizinischen Fachwörterbuchs jedenfalls nicht von heutigen Vorstellungen ausgehen, sondern muss das zeitgenössische medizinische Wissen in seiner Gesamtheit und auch in seiner vollkommen anderen Konstituierung in den Blick nehmen.

Der vorliegende Band geht auf eine gleichnamige Tagung zurück, die vom 10. bis zum 12. Juni 2015 in Göttingen stattfand. Die Veranstaltung hat historisch arbeitende Lexikographen und Lexikographinnen miteinander sowie mit Vertreterinnen und Vertretern unterschiedlicher Fachdisziplinen zusammengebracht, um im direkten Gespräch die aktuelle Position in einem sich wandelnden Wissenschaftsfeld näher zu bestimmen. Die lebhaften Diskussionen im Anschluss an die einzelnen Vorträge, aber auch die zahlreichen vertiefenden Gespräche zwischen Lexikographinnen und Lexikographen aus den verschiedenen Projekten mit den Vertreterinnen und Vertretern der unterschiedlichen Fachdisziplinen wie Geschichtswissenschaft oder Theologie, die sich mit Fragen der Historischen Semantik beschäftigen, haben die mit der Tagung verbundene Erwartung der Veranstalter vollauf bestätigt. Eine dem aktuellen Forschungs- und Methodenstand verpflichtete wissenschaftliche Erfassung und Vermessung des Universums der Wortwelten kann nur in einer engen produktiven Verbindung aller Beteiligten Erfolg haben und ihr Potential für die Zukunft entfalten.

Am Ende von Vorwörtern ist es üblich, der angenehmen Pflicht von Danksagungen nachzukommen. Auch wir haben zu danken, den Beiträgern für ihre Geduld, da sich die Publikation der im Juni 2015 durchgeführten Tagung nun doch etwas hingezogen hat, der Akademie der Wissenschaften zu Göttingen für die großzügige Finanzierung der Tagung, dem Verlag De Gruyter und den Herausgebern für die Übernahme in die Reihe *Lexicographica* und nicht zuletzt den vielen Händen aus dem Team des *Frühneuhochdeutschen Wörterbuches*, die den Band druckfertig gemacht haben, so Vera Kostial, Stefanie Krinninger, Jan Schaffert, Anna-Lina Sperling, Carl Spinger, Lennart Schulz und Vivian Keune.

Literatur

Considine, John (2010): Introduction: Current Dictionary Projects. In: Ders. (Hrsg.): *Current Projects in Historical Lexicography*. Newcastle: Cambridge Scholar Publishing, vii–xxxvi.
²DWB = *Deutsches Wörterbuch von Jacob Grimm und Wilhelm Grimm. Neubearbeitung.* Hrsg. von der Berlin-Brandenburgischen Akademie der Wissenschaften (vormals Akademie der Wissenschaften der DDR) und der Akademie der Wissenschaften zu Göttingen. Bd. 1–9. Stuttgart: Hirzel 1980–2018.
Fritz, Gerd (2011): Historische Semantik – einige Schlaglichter. In: *Jahrbuch für germanistische Sprachgeschichte* 2 (Historische Semantik, hrsg. von Jörg Riecke), 1–19.
Kirkness, Alan (2016): Es leben die Riesenschildkröten! Plädoyer für die wissenschaftlich-historische Lexikographie des Deutschen. In: *Lexicographica* 32.1, 17–137.

Konersmann, Ralf (2005): Wörter und Sachen. Zur Deutungsarbeit der Historischen Semantik. In: Müller, Ernst (Hrsg.): *Begriffsgeschichte im Umbruch?* (Sonderheft *Archiv für Begriffsgeschichte*). Hamburg: Meiner, 21–33.

Lobenstein-Reichmann, Anja/Müller, Peter O. (2016): Historische Lexikographie zwischen Tradition und Innovation. Eine Einführung. In: Dies. (Hrsg.): *Historische Lexikographie zwischen Tradition und Innovation*. Berlin/Boston: De Gruyter, 1–11.

Müller, Ernst/Schmieder, Falko (2012): *Begriffsgeschichte und Historische Semantik. Ein kritisches Kompendium*. Frankfurt a. M.: Suhrkamp.

Reichmann, Oskar (2012): *Historische Lexikographie. Ideen, Verwirklichungen, Reflexionen an Beispielen des Deutschen, Niederländischen und Englischen*. Berlin/Boston: De Gruyter.

Runow, Holger (Hrsg.) (2010): *Historische Lexikographie des Deutschen* (Themenheft *Mitteilungen des Deutschen Germanistenverbandes* 57).

Oskar Reichmann
Historische Lexikographie im Lichte neuerer Wissenschaftstheorien: Sein und Sollen in Gegenwart und Zukunft

Zusammenfassung: Der Beitrag geht von einer Reihe praktischer und lexik- sowie sprachtheoretischer Schwächen der traditionell orientierten Lexikographie aus. Dazu zählen: eine starke Orientierung auf äußere Vollständigkeit (Anzahl der Lemmata), die Betonung des Inventarcharakters, die damit verbundene Vernachlässigung des lexikalisch-semantischen Netzes, die Herrschaft der Darstellungsfunktion. Dieser Kritik entsprechend wird auf neuere Strömungen der Philosophie verwiesen. Dem folgt die Diskussion von deren Umsetzung in die lexikographische Theorie und Praxis. Besonderes Gewicht fällt dabei auf die Handlungsfunktion des Wortschatzes bzw. der Lexikographie und zwar in historisch beschreibender bzw. kulturpädagogisch gestaltender Hinsicht auf der Gegenwartsebene. Beispiele veranschaulichen die vorgeschlagene neue Praxis.

Schlüsselwörter: Wörterbuchkritik, kognitive und handlungstheoretische Aspekte der Lexikographie, lexikographische Beschreibungssprache, Praxis der Lexikographie

1 Vorbemerkungen

Mein Beitrag[1] hat folgenden Aufbau: In einem nach diesen Vorbemerkungen folgenden zweiten Teil werden einige Aussagen über den Gegenstand der Lexikographie gemacht. Von diesem Gegenstand, also von der ohne weitere theoretische Diskussion angesetzten Einheit ‚Wort', soll angenommen werden, dass er bestimmte Eigenschaften aufweist, deren Existenz man mindestens so lange anzuerkennen hat, wie man die Einheit als beschreibungswürdig akzeptiert. Man kann ja nicht etwas beschreiben, an dessen irgendwie objektivartige Vorgegebenheit man nicht recht glaubt. Insofern tue ich so, als stünde der Lexikograph als erkennendes Subjekt über dem Wort als dem zu erkennenden Gegenstand. – In einem dritten Abschnitt führe ich dann eine der nach meinem Urteil typischen Darstellungsformen der herkömmlichen Lexikographie vor und versuche, sie im Hinblick auf das im

---

[1] Der Vortragsduktus des Beitrages wird großenteils beibehalten.

Prof. Dr. Oskar Reichmann: Emeritus der Ruprecht-Karls-Universität Heidelberg; Projektleiter des Frühneuhochdeutschen Wörterbuches, Akademie der Wissenschaften zu Göttingen, Geiststraße 10, 37073 Göttingen.

https://doi.org/10.1515/9783110632866-002

Titel meines Beitrages angekündigte Bündel sog. *neuerer Wissenschaftstheorien* zu charakterisieren und offensichtliche Schlussfolgerungen zu benennen. – Dem folgt ein Teil 4, in dem ich die bis dahin eingenommene Subjekt-Objekt-Perspektive um eine eigene Ebene erweitere. Diese soll dadurch gekennzeichnet sein, dass der Lexikograph ohne Aufgabe des Objektivitätsgedankens, aber doch unter dessen Problematisierung, in eine neue und gänzlich andere Relation gestellt wird. In dieser erscheint er nicht mehr in der Position des interessefreien Beobachters von Vorgegebenheiten, sondern in seinen eigenen unumgehbaren soziohistorischen Bedingtheiten, damit ehrlicherweise auch in Verpflichtung gegenüber seinen Rezipienten. Dabei mutiert die nach der Subjekt-Objekt-Theorie verstandene, vorgeblich zweckfreie ‚Beschreibung' mit dem Fluchtpunkt letztmöglicher, sicherheitsbesessen gesuchter Objektivität zur ‚Gestaltung' mit dem Fluchtpunkt der Perspektivierung bis hin zur Bildung oder gar zur Fingierung von Gegebenheiten, die in der Vermittlung ihren Zweck haben, ihren Zuschnitt also aus dem Zusammenspiel von sog. Sachbezug und soziopragmatischer Interaktion des Lexikographen gewinnen. Der Werbung um die Aufmerksamkeit von Rezipienten auch unter dem Aspekt ihrer kulturpädagogischen Belehrung oder gar Manipulation kommt dabei ein hoher (wenn auch weitgehend unbeachteter) Stellenwert zu. – Der fünfte Teil des Beitrages bringt einige Folgerungen für theoretische und praktische Neuansätze historischer Lexikographie sowie einen kurzen exemplarischen Ausflug in die Diskussion lexikographischer Fachtextlichkeit. Dem werden (Teil 6) einige Vorschläge für neue Wörterbücher angefügt. Zur Veranschaulichung des Vorgetragenen dient ein siebenter, an zwei Beispielen und deren Diskussion veranschaulichter Teil. Die Beispiele sind dem *Frühneuhochdeutschen Wörterbuch* (FWB) entnommen.

2 Zum Gegenstand historischer Lexikographie

1. Gegenstand der Lexikographie ist der Wortschatz einer Sprache in welchem genauen Verständnis, in welchem Umfang und in welcher Auswahl auch immer. Dem Wort werden weitestgehend unabhängig von theoretischen Vorgaben mindestens folgende Eigenschaften zugeschrieben: Es hat Form und Bedeutung. Mit Bezug auf Bedeutung dient es (erstens) der ‚Bezeichnung' (oft sagt man: der *Darstellung* oder *Referenz*) von Gegenständen unterschiedlichsten Status, teils freilich eines so unterschiedlichen Status, dass sich alle drei Ausdrücke (*Bezeichnung, Darstellung, Referenz*) in vielen Fällen von alleine aufheben; trotzdem spricht man von ‚Referenzsemantik'. Insofern die Bezeichnung (bzw. die Darstellung/Referenz) immer irgendwie perspektivisch in jeweils bestimmter Weise erfolgt, gilt das Wort (zweitens) auch als kognitionsrelevant (wir wären dann bei der ‚kognitiven', besser: ‚soziokognitiven' Semantik). Es trägt des Weiteren (drittens) – nunmehr ‚handlungssemantisch'– zur Kommunikation in Sätzen, Texten und Texttraditionen bei, was terminologisch zur

‚Handlungssemantik' führt. Schließlich (viertens) kennzeichnet das Wort bereits durch seinen bloßen Gebrauch seinen Sprecher/Schreiber ‚symptomfunktional' als Individuum sowie als Glied einer Gruppe. Das Adjektiv *symptomfunktional* entspricht dabei ungefähr dem von Ch. S. Peirce gebrauchten *indexikalisch* (realkonnektiv,[2] wie etwa Rauch mit Feuer); beide stehen im Gegensatz zu *symbolisch*, einer für die drei erstgenannten Semantikdimensionen üblichen Kennzeichnung. Zusammengefasst heißt dies alles: Das Wort hat eine Bezeichnungs-, eine Kognitions-, eine kommunikative Handlungs- und eine Symptomfunktion, mithin einen mehrfach geschichteten semantischen Zweck. Hinter diesen Formulierungen steht der Theorieansatz Karl Bühlers (1934), ein Ansatz, der seine Tauglichkeit als Referenzgröße für lexikographische sowie metalexikographische Überlegungen trotz aller notwendiger Ergänzungen, Differenzierungen und Umdeutungen bis heute nicht verloren hat.

2. Die sog. Bühlerschen Funktionen werden nun dadurch erfüllt, dass jeder Paroleakt mit seinen lexikalischen Einheiten ausdrucks- wie inhaltsseitig einmal als *pragmatisch* bezeichneten (also z. B. zeitlichen, räumlichen, sozialen, situativen usw.) Verteilungen über die Sprecher unterliegt und dass er zum anderen in *strukturellen*, darunter in paradigmatischen (also semasiologischen, onomasiologischen, wortbildungsmotivationellen) und zum dritten in *linearen* Zusammenhängen steht. Zu letzteren zähle ich ebenso phrasematische, wortbildungsmorphologische und syntaktische Zusammenhänge wie Sätze, Texte, Textsorten und ganze Texttraditionen als den Vorkommensort von ‚Sprache' generell und mithin auch ihrer lexikalischen Einheiten. Insgesamt ergeben sich vielschichtig dimensionierte soziohistorische Strukturen bzw. – in anderer Terminologie – entsprechend vielfältig verwobene Sinnnetze. Dies alles wurde hier bewusst relativ kurz, zum Teil in einfachen Hauptsätzen gesagt. Mein Anliegen ist bis hierhin denn auch nicht die theoretische Problematisierung des Gegenstandes der Lexikographie, sondern der Aufruf des bekannten Rahmens, auf dem weiterhin argumentiert werden soll. Klar dürfte aber schon jetzt die Schlussfolgerung sein, dass das Wort – wenn es die vorgetragenen Eigenschaften und Vernetzungen tatsächlich aufweist – lexikographisch auch mit Bezug auf alle diese Gegebenheiten (und nicht nur auf eine einzige) beschrieben werden müsste. Es ist dann zu prüfen, ob und gegebenenfalls in welchem Maße dies geschehen ist oder zukünftig zu geschehen hat.

---

2 „Ein *Index* ist ein Zeichen, dessen zeichenkonstitutive Beschaffenheit in einer Zweitheit oder einer existentiellen Relation zu seinem Objekt liegt" (Peirce 1983: 65).

3 Zur gängigen lexikographischen Praxis – kritische Aspekte im Lichte neuerer Wissenschaftstheorien

1. Ich begebe mich hier auf das Gebiet der Vorführung einer gängigen lexikalischen Praxis und ihrer Charakterisierung. Folgende (teils gekürzte) Beispiele mögen für die gemeinte Praxis stehen:

> **maus** [...] >Maus<.

> **liedere** [...] >Lachsweibchen< [...].

> **liene** [...] >erwachsenes weibliches Wildschwein, Wildsau<.

2. Man erkennt auf Anhieb, dass diesen Beispielen die Form der Synonymenangabe zugrunde liegt, auch wenn für *liedere* und *liene* bereits die Schwelle zu einer anderen, nämlich phrastischen Erläuterung gestreift wird (mit den Komposita *Lachsweibchen*, *Wildschwein* und *-sau* sowie mit den Attributen für letztere). Die Gründe für den außerordentlich weiten Gebrauchsskopus des synonymengesteuerten Musters können ideologisch-theoretischer, überlieferungs-, umfangs-, arbeits- und rezipientenbedingter Natur sein. Wenn trotz der damit konstatierten Zufälligkeiten auch weiterhin nicht auf das Muster verzichtet werden dürfte, dann mag dies daran liegen, dass es punktuellen Nachschlageanliegen entgegenkommt und immerhin eine schnelle – wenn auch kognitiv äußerst schlichte, gegenstandsreduktionistische und systematisch horizontverschmelzende – Information liefert, und zwar folgende: Auf dasjenige, was man in einer geschichtlichen Zeit, etwa im Mittel- oder Frühneuhochdeutschen, oder gar in einer anderen Sprache als *a* bezeichnete, nimmt man heute bzw. in einer anderen Sprache oder Sprachstufe mittels der Einheit *x* Bezug; in einem ontologisierenden Kurzschluss wäre frnhd. ‚ere' dann nhd. ‚Ehre' oder vielleicht ‚Ansehen', hochmittelalterliche ‚minne' wäre in heutiger Ausdrucksweise ‚Liebe'. Offensichtlich arbeiten Lexikographen mit der theoretischen Vorgabe, und ebenso offensichtlich akzeptieren Rezipienten diese Vorgabe, dass es in einer geschichtsunabhängig vorausgesetzten Welt irgendwelche vorsprachlichen und vorkognitiven Entitäten (sog. *Fakten*) gibt, die ein geschichtlicher Sprecher mittels einer lexikalischen Einheit bezeichnet, die ein heutiger Wissenschaftler auf einer Metaebene klar bis deutlich erkennt, ebenso klar bis deutlich in seinem Begriffssystem repräsentiert und sprachlich wiederum ‚klar', d. h. ‚unterscheidbar', und ‚deutlich', d. h. ‚hinsichtlich aller unterscheidenden Eigenschaften vollständig, richtig, abschließend' usw. ausdrückt und damit in die Kommunikation hineinträgt.³ Die textsemantische Basis der Synonymenangabe als der Standardform der hier gemeinten Lexikographie (in nenne sie *Bezeichnungslexikographie*) ist dann auch eine Existenzpräsupposition: Dem auf der Objektebene mit *a* Bezeichneten wird unterstellt, dass es kulturzeitübergreifend ebenso „ist, existiert", wie das mit *x* Bezeichnete „ist, existiert", und dass der Wissenschaftler dies auf seiner Tätigkeitsebene – metaphorisch gesprochen – abbildet und wissenschaftsethisch auch nichts Anderes zu tun hat als abzubilden. Und es soll erst mal jemand auf die Idee kommen, dies für Mäuse, Lachsweibchen und weibliche Wildschweine in Frage zu stellen und gebrauchsfreundlichere Beschreibungsmuster anzubieten. Die sich hier natürlich stellende Frage, wo bei dieser Sicht der Dinge die Kognitions-, die kommunikative Handlungs- und die Symptomfunktion bleiben, ist wie folgt zu beantworten: Diese Funktionen erscheinen in der puren Bezeichnungslexikographie überhaupt nicht oder – falls doch – eher randständig, der Bezeichnung nachgeordnet. Indem also die Bezeichnung ein sachlich Existierendes geradezu als metaphysisch geltend voraussetzt, leiten sich auch die mit dem Sprechen gegebene Erkenntnis und die kommunikative Handlung von der Sache her ab, empfangen von ihr her ihre letztlich⁴ ontologistische Begründung und verlieren damit ihren Status als sprachlich-soziokulturelle Größen. Man nehme das einen Augenblick lang ernst: Der Gegenstand einer ganzen Familie von Wissenschaften, ich meine die Sprach- und Literaturwissenschaften, würde in einen gegenüber der Sache nachgeordneten Bereich manövriert. Und das würde nicht nur für Lachsweibchen gelten, sondern auch für die ‚Gegenstände' aller derjenigen Disziplinen, die ihre Berechtigung der Tatsache verdanken, dass sich Menschen immer (jedenfalls hauptsächlich oder aber gar ausschließlich) in jeweils kulturtypischen Symbol-, verstanden als Inhaltssystemen, miteinander verständigen und sich dabei alles Interessante ihrer ‚Gegenstände' selber schaffen, auf lexikalischer Ebene also z. B. eigene semantische Identitäten, auf textlicher Ebene Fiktionen, auf der Ebene von Texttraditionen ganze Symbol-, Sinn-, Kunstwelten. Die verbreitete ontologistische Vorordnung einer wie auch immer verstandenen oder ‚begrifflich/rational' wie auch immer gebrochenen Sache und die Nachordnung des Geschichtstypischen würde sich dann umkehren: ‚Sachen' erschienen nach- und sprachlicher Sinn erschiene vorgeordnet. Dieses Fass aufzumachen heißt natürlich auch, dass es zwischen der Kürze von Wörterbuchartikeln einerseits und der Thematisierung der Bühlerschen Funktionen einschließlich des ausdrucksseitigen Strukturblockes bzw. des inhaltsseitigen Sinnnetzes

---

3 Diese Unterscheidungen spiegeln die aufklärerische Stufung der Erkenntnisvermögen; vgl. Reichmann 1996 (dort Nennung der Quellen und weitere Literatur).
4 *Letztlich* heißt, dass die Sache auch kognitive Konstruktionen durchlaufen haben kann, aber eben dadurch schwer angreifbar ist. Was kann man schon gegen Konstruktionen haben, die ‚vernünftig' sind?

andererseits ein Junktim gibt: Je strikter die Bezeichnungslexikographie gehandhabt wird, desto sicherer mutieren sprachontische Qualitäten unter der Hand zu Sachgegebenheiten, desto mehr bleiben semantische Kategorisierungen, Abstrahierungen, (Proto)typisierungen als soziokulturell gesteuerte Handlungen und erst recht alle ausdrucks- und inhaltsstrukturellen Vernetzungen auf der Strecke, desto mehr droht ein lexikographischer Isolationismus nach Telefonbuchart, und desto unbrauchbarer wird die Lexikographie für alle Sparten der Kulturgeschichtsschreibung, sofern diese jedenfalls ‚Kultur' nicht mit ‚Sachkultur' gleichsetzt, sondern sich als Wissenschaft versteht, historische Symbolwelten als entscheidend textlich begründete Sinnwelten[5] zu beschreiben oder gar für ihr Publikum zu konstruieren.

3. Nun wird man zu Recht einwenden können, dass Beispiele der vorhin gebrachten Art erstens nur einen von mehreren sog. Erläuterungstypen betreffen und zweitens mit ziemlicher Gewalt zurechtgebogen und teils sogar zurechtgestrichen seien. Beides mag in Grenzen stimmen, vor allem mit dem Blick auf die größeren Wörterbücher. Ich halte trotzdem an der Aussage fest, dass die herkömmliche Lexikographie in vielen ihrer Realisierungen, darunter in der gesamten älteren Definitionsideologie, ideen- und geistesgeschichtlich auf einem Standpunkt steht, der den schlichteren realistischen Strömungen des Rationalismus, oft sogar einem naiven Realismus und einem unreflektierten Inventarpositivismus verpflichtet ist. Sie unterliegt damit einer isolationistisch-vorstrukturalistischen, vorsoziologischen, vorpragmatischen und vorhermeneutischen, weitgehend auch einer vorsemantischen Sprachideologie, wie sie historisch gesehen eher in das 19. Jahrhundert passen würde. Trotzdem ist anzuerkennen: Die herkömmliche Lexikographie ist zur Beantwortung einfacher Bezeichnungsfragen nützlich; und sie hat es geschafft, den Wortschatz des Deutschen als Inventar weitestgehend isolierter Einheiten bis in die letzten Winkel der Überlieferung hinein listenförmig-alphabetisch zu dokumentieren und bezeichnungsfunktional zu beschreiben. Das typische Kriterium, an dem man die Leistung eines Lexikographen misst, ist denn auch der äußere, auf die Zeichengestalt bezogene Vollständigkeitsgedanke. Er äußert sich zum Beispiel darin, dass man in den Rezensionen eines neuen historischen Wörterbuches – so geschehen etwa beim Erscheinen des Wörterbuches der mittelhochdeutschen Urkundensprache (WMU) – die geradezu standardisierte Frage stellte, was in diesem Wörterbuch denn nun an bis dahin unbekannten Stichwörtern (Lemmazeichen) gebucht sei (vgl. z. B. Dittmer 1990). Die Frage nach der semantischen Erschließung des Urkundenwortschatzes trat gegenüber der Frage nach der Stichwortanzahl in den Hintergrund. Und das hat Zeichenwert. Ich denke deshalb: Es ist an der Zeit, diese Realität kritisch zu revidieren und bekannte Ausdrücke nicht länger zwar auf günstigstenfalls fein ziselierte, aber letztlich immer gleiche, apathiefördernde, im Sinne F. Nietzsches „antiquari-

---

5 Zu diesem Ausdruck vgl. Kästner/Schütz/Schwitalla (2000).

sche" (1874: 258) Weise zu beschreiben. Gefordert ist vielmehr eine Behandlung des Wortschatzes unter der bereits angedeuteten und im Folgenden weiter zu erläuternden Perspektive. Diese könnte stark verdichtet wie folgt lauten:
- Der Wortschatz einer Sprache wird als ein mehrdimensional miteinander verflochtenes Inventar sozialhistorisch geprägter, in stetiger, vor allem semantischer Arbeit befindlicher Einheiten verstanden.
- Sprecher- und Schreibergemeinschaften nehmen in diesem Inventar nach geschichts- und sozialtypischen Regeln, d. h. nach bestimmten Kategorisierungs-, Abstrahierungs-, Typisierungs-, tropischen Setzungsgepflogenheiten (dazu systematisch: H.-J. Schmid 1993) auf Realität Bezug (Bezeichnungs-, Darstellungsfunktion).
- Dabei werden immer wieder veränderte bis neue Realitäten selbst über Mäuse und weibliche Wildschweine, erst recht über ,Minne' und ,Ehre', ,Treue', ,Trost' oder ,Huld', ,Freiheit' und ,Bindung' gebildet (soziokognitiv verstandene Erkenntnisfunktion).
- Es sind Sprecher, die dies in verantwortungsbewusstem, im Kern dual beziehungsgesteuertem, responsiv-reziprokem sprachlichem Handeln vollziehen.
- Die dabei entworfenen Sinnwelten – selbst bereits geschichtlich vorgeprägt – werden als synchron daseiende akzeptiert und über die kommunikative Praxis in die Gestaltung zukünftiger gesellschaftlicher Bedeutungsnetze hineingetragen (kommunikative Handlungsfunktion).
- Dies geschieht symptomfunktional identitätsbildend sowohl hinsichtlich der Gesamtgesellschaft wie hinsichtlich ihrer Gruppen und Schichten (womit die Symptomfunktion angesprochen wäre).

Zusammengefasst: Nur auf der Basis des Bewusstseins, dass *jeder Einzelne sein normatives Erleben* nach *Zeichenformationen ordnet* (so Th. M. Seibert 2017, 12), und nur, wenn die dies erhellenden lexiktheoretischen Voraussetzungen akzeptiert und sprachtheoretisch in der Diskussion gehalten werden, kann historische Lexikographie eine Zukunft haben, sofern dabei jedenfalls die Titanicfalle M. Schlaefers (2006: 174) (oder das Problem der Riesenschildkröten; dazu Kirkness 2017) vermieden wird. Warum sollte der historischen Lexikographie nicht dasjenige gelingen, was für die Literaturgeschichte kaum ernsthaft in Frage steht?

4. Die theoretische/ideologische Begründung für die so gesehene Aufgabe findet sich in einem ganzen Bündel von Strömungen der neueren Philosophie. Genannt seien hermeneutische Vorgaben, der Neukantianismus mit seiner Theorie der symbolischen Formen, dialogphilosophische Vorannahmen der dualen Philosophie, die Theoreme der Sprechhandlungstheorie (einschließlich der neueren Gewichtung der Deontik), die Lebens- und Existenzphilosophie, die Anerkennung sozialer Einbindungen von Sprechern/Schreibern, eine freilich erst zu etablierende Soziosemantik, die Übertragung solcher Einbindungen vom Sprechenden (objektsprachlich gesehen) auf den Erkennenden (metasprachlich gesehen), also den Lexikographen, auch gewisse Neuerungen in der Biologie und Anthropologie (darunter vor allem die Ablösung des Darwinismus durch naturwissenschaftlich begründete Kooperationstheorien). Die Gemeinsamkeiten all dieser Strömungen liegen darin, dass jeweils mindestens zwei in sprachlicher Tätigkeit an der Erkenntnisfindung gleichberechtigt Teilnehmende angenommen werden bzw. umgekehrt: dass mindestens zwei sozial Erkennende zugleich – ohne Vorher und Nachher, ohne oder mit Hierarchie – als sprechend Handelnde angenommen werden. Die lexikalische Einheit ist ausdrucks- und inhaltsseitig nicht isoliert, sondern immer nur für zwei möglich, genau gesprochen: für zwei responsiv Zusammenspielende. Der bei strikt ontologistischer Haltung herrschende – metaphorisch gesprochen – vertikale, im übertragenen Sinne monologisch von oben nach unten gerichtete Blick des einzelnen Sprechenden und des Erkennenden auf eine Sache und ihre Bezeichnung muss demnach – wiederum metaphorisch gesprochen – in die Horizontale gehoben werden, auf das Sprechen und Erkennen in Augenhöhe mit dem Anderen. Damit verliert die Sache ihren Status als metaphysischer Sicherheitsgarant, wird zur Funktion von Beziehung und gewinnt in dieser Dimension eine neue, wenn auch immer relative Sicherheit.

4 Die Ebene der wissenschaftlichen Beschreibung – soziopragmatisch verstanden

1. Das gerade Vorgetragene setzt zwei Betrachtungs- bzw. Handlungsebenen voraus, einmal die geschichtliche und zum anderen die heutige wissenschaftlich-lexikographische Ebene. Erstere sei die Ebene des normalsprachlichen Wortgebrauchs, hier speziell des lexikalischen Beitrages geschichtlicher Sprachteilhaber zum Schreiben ihrer Zeit, verstanden im Sinne der vorhin an Karl Bühler festgemachten Aspekte und gedacht in den angedeuteten Struktur-, Sinn- und Handlungsnetzen: Sprachteilhaber etwa des Frühneuhochdeutschen sprechen ja *mit*einander und schreiben *für*einander. Die zweite Ebene, also die wissenschaftlich-lexikographische hat nun genau dieses geschichtliche Sprechen/Schreiben zum Gegenstand und ist insofern Metaebene: Der Lexikograph spricht *über* das Sprechen Früherer. Mit dem Blick darauf, dass sich der metasprachlich Tätige aber seinerseits an Rezipienten wendet, nämlich die der eigenen Gegenwart, ist er gleichzeitig objektsprachlich Tätiger. Ich hätte auch sagen können: So wie der geschichtliche Sprecher/Schreiber immer einen Adressaten hat, auf den hin er bezeichnet, erkennt, handelt, sich selbst zu erkennen gibt und so seine Texte produziert, so hat auch der heutige Lexikograph seine Adressaten, die er unter irgendeinem Aspekt erreichen will und muss. Wenn diese Verpflichtung des Lexikographen außer auf einen Gegenstand explizit auch auf einen Adressaten tatsächlich besteht (und das meine ich natürlich), dann verändert sich der Gegenstand genau in dem Maße und auf die Weise, die der zugleich metasprachliche und objektsprachliche Bezug wissenschaftlichen Sprechens verlangt.

2. Um dies zu vermitteln, bringe ich eine Kreuzklassifikation zur Ausdifferenzierung der Situation. Diese Klassifikation setzt geschichtliches Schreiben mit jedem seiner Aspekte ‚Bezeichnen', ‚Erkennen', ‚Handeln' und ‚Sich-zu-erkennen-geben' in Relation zu demjenigen, was auch der heutige Lexikograph tut; er bezeichnet nämlich ebenfalls, und er erkennt, er handelt kommunikativ und gibt sich dadurch, dass er dies alles tut, individuell und sozial zu erkennen. Man nehme als Beispiele für Letzteres etwa J. Chr. Adelung als unverkennbaren Aufklärer, J. Grimm (1854) als historisch Belehrenden, M. Lexer als Vertreter der historisch bildungsliterarisch Tätigen, dessen Erläuterungsvokabular sogar Anleihen bei seinem Gegenstand aufnimmt. Die Illokutionen ihrer Wörterbücher würden lauten: rational aufklären, historisch belehren, bildungsliterarisch erziehen.

3. Die gemeinte Klassifikation wird schwer zu vermitteln sein. Ich trage sie dennoch mit einer gewissen Ausführlichkeit vor. Die Gliederung richtet sich mittels der Großbuchstaben A, B, C und D nach den Bühlerschen Funktionen in der für vorliegende Zwecke adaptierten Fassung. Ich erhalte dann folgende Möglichkeiten:

A setzt die ‚Bezeichnung' als jeweiligen geschichtlichen, dem Lexikographen aufgegebenen ‚Gegenstand' voraus; man erhält dann:

A1. Der heutige Lexikograph präsentiert seinen Rezipienten geschichtliches objektsprachliches Bezeichnen sachlicher Vorgegebenheiten oder (das sei hier ergänzt:) als vorgegeben vorausgesetzter Größen ebenfalls als Bezeichnen und in den dafür bereitstehenden Textformen. Deren Basisform lautet: Frnhd. *liene* heißt heute *Wildsau*. Das ist ein bloßer Bezeichnungswechsel bei Annahme referenz- und auch soziosemantischer Konstanz. Der bezeichnete Gegenstand wird statisiert und damit wissenschaftlichen Tugenden wie Vollständigkeit, Objektivität, Abschließbarkeit ausgeliefert. Das wäre die Verlängerung des geschichtlichen Bezeichnens in die heutige lexikographische Fachtextlichkeit. Diese Tätigkeit gehört kulturgeschichtlich in die Zeiten vor den oben kumulativ aufgelisteten Strömungen der neueren Philosophie.

A2. Der Lexikograph präsentiert seinen Rezipienten geschichtliches Bezeichnen unter heutigen Aspekten von Erkenntnis, natürlich von soziomorpher (nicht logomorpher) Erkenntnis. Das bedeutet: Er stellt geschichtliches Bezeichnen, das nun mal etwas Vorgegebenes voraussetzt, unter Aspekte von Kognition und transformiert es damit letztlich in Erkenntnis. Das tut er unbemerkt bereits dadurch, dass er textlich auf irgendeine Weise herausstellt, dass man für Lachse und Wildschweine offensichtlich geschlechtsbezogene Differenzierungen vornimmt und damit Identitäten schafft, die man z. B. der Maus verweigert, und dass man dieses Differenzieren nach Ausweis von *erwachsen* für Wildschweine offensichtlich weiter treibt als für Lachse. Die für A1 als Implikation angenommene Statizität einer Gegenstandswelt wird man damit zum mindesten relativieren müssen, also von ‚Entstatisierung‘, unter situativ pragmatischer Perspektive von ‚Dynamisierung‘ usw. semantischer Entitäten sprechen können, einfach dadurch, dass einmal soziomorph relevante Unterscheidungen und sogar Unterscheidungsstufen in Richtung auf eine geschichts- und sozialtypische Tiersemantik angenommen werden, ein anderes Mal nicht. Nochmals anders formuliert: Der allgemeinere ‚man‘-Modus des Bezeichnens, der als Normalfall die Minderheitsmeinung peripherisiert, weicht dem Blick auf soziokognitive Unterscheidungen des sozialen Menschen, damit auf den systematisch relativen Status semantischer Identitäten, wiederum damit auf das semantische Werden in seiner ganzen Bandbreite zwischen Dualität und umfänglicheren Gesellschaftsformationen. Und das alles ist dann der Normalfall. Geschichtliche Schreiber und Leser wären folglich als eigene Größe in die lexikographische Beschreibung aufzunehmen; der Gedanke der Vollständigkeit, Richtigkeit, Abschließbarkeit für die lexikographische Behandlung semantischer Einheiten würde in den Hintergrund rücken und dem semantischen Differenzgedanken aus historisch sozialer Ebene Raum geben. *Differenz* meint dabei einmal die diasoziale und diasituative Differenz der Sprechenden/Schreibenden auf geschichtlicher Ebene (im Kern von Person zu Person etwa im 16. Jahrhundert) und zum anderen die Differenz zwischen geschichtlicher Ebene und der Ebene heutiger Lexikographie (letztere ebenfalls mit erheblicher diasozialer Varianzbreite, nunmehr auf der Ebene der Beschreibungszeit).

A3. Der Lexikograph präsentiert seinen Rezipienten historisches Bezeichnen unter Aspekten kommunikativen Handelns. Das bedeutet wiederum (wie bei A2): Er müsste das Bezeichnen aus der Statizität des Sachbezuges lösen und als wiederum im Kern dual darbieten und damit dynamisieren. Die Folgerungen wären analog zu A2 zu sehen.

A4. Der Lexikograph präsentiert geschichtliches Bezeichnen unter symptomfunktionalen Aspekten in dem Sinne, dass er rhematisch sagt: Es waren die Mystiker oder die Juristen, die Poeten oder die Fachspezialisten, die sich durch die Wahl ihrer Ausdrücke wie (vor allem:) durch ihre inhaltlichen Kategorisierungen, Setzungen usw. als solche zu erkennen gaben. Das würde bedeuten, dass die Symptomfunktion in die Liste lexikographischer Informationspositionen aufgenommen werden müsste, und zwar nicht nur in der bekannten wort- (besser: bezeichnungs-)geographischen Form, sondern auch mit Bezug auf die Bedeutung.

B setzt die Erkenntnisbildung mittels lexikalischer Einheiten als geschichtlichen ‚Gegenstand' voraus:

B1. Der Lexikograph präsentiert seinen Rezipienten den geschichtlichen Aufbau kognitiver lexikalischer Identitäten ebenfalls als Kognition. Das wäre die Verlängerung des kognitiven Aspektes geschichtlichen lexikalischen Handelns in die lexikographische Gegenwart, aber so, dass die historische semantische Welt so vermittelt und so aspektuiert würde, dass sie auf die semantische Welt der lexikographischen Gegenwart projiziert werden könnte. Ein fiktives Beispiel läge vor, wenn man die Semantik von Karl Marx in einem Wörterbuch[6] so behandeln würde, dass sie soziokognitiv auf die semantischen Interessen der Rezeptionsgeneration beziehbar wäre.

B2. Der Lexikograph präsentiert umgekehrt zu A2 den geschichtlichen Aufbau kognitiver Identitäten als Bezeichnen sachartig gedachter Vorgegebenheiten. Das wäre eine Entdynamisierung/Statisierung/Verdarstellung des Werdensstatus von Gegebenheiten, ihre Versetzung in eine Art überzeitlichen Ruhestand, außerdem eine Reduktion, geradezu ein Herunterbrechen der funktionalen Vielschichtigkeit geschichtlichen Sprechens und Schreibens auf schlichte Nennungen von Synonymen mit der Unterstellung kulturzeitübergreifender Inhaltskonstanz. Der Informationswert wäre nur punktueller Natur, streng genommen nicht einmal das, sondern nur ein ausdrucksseitiger Kämmerchenwechsel. Ein fiktives (nunmehr schwierigeres) Beispiel läge vor, wenn man sagen würde: Frnhd. *minne* oder *arbeit* ist nhd. ‚Liebe' bzw. ‚Mühe' und dabei unterstellt, dass mit diesen Beispielen – nun nicht in einer vorsprachlichen – aber doch in einer sprachunabhängig gedachten Welt logisch-abstrakter Inhalte solche Gegebenheiten existieren würden. In sozialen Welten gibt es diese – falls überhaupt – aber nur innerhalb textlicher Traditionen, in denen bestimmte Individuen und Gruppen letztlich pro Einzelsituation um Inhalte ringen, die es ausschließlich in diesem Ringen, folglich im Werdensstatus und prinzipiell unabgeschlossen, gibt.

B3. Der Lexikograph präsentiert die auf lexikalischer Ebene erfolgende geschichtliche Erkenntnisbildung als kommunikatives Handeln. Das würde bedeuten: Er transformiert üblicherweise als logomorph[7] gedachte, d. h. als rational kopfgesteuerte Tätigkeiten zu Implikaten von Kommunikationshandlungen. Dann würde zum Beispiel die gerade oben unter B1 angedachte Marx'sche Semantik lexikographisch so zu behandeln sein, dass sie steuernd, als Handlungsimpuls

---

[6] Ein Marx-Wörterbuch stand in der DDR der Jahre um 1963 einmal zur Debatte; vgl. Marx-Engels-Wörterbuch.

[7] Mit *logomorph* sei diejenige Semantik charakterisiert, die anthropologisch begründet ist, also in gleicher Weise allen Menschen aller Zeiten und Räume möglich ist. Als Gegensatz dazu verstehe ich *soziomorph*, das wäre eine kulturtypische, damit einzelsprachlich (im Grunde pro Varietät oder gar pro Einzeltext) anzunehmende Semantik.

für heutiges politisches Agieren genutzt werden könnte. Bei Aufgaben dieser Art stellt sich eine nach meinem Urteil in der heutigen wissenschaftstheoretischen Diskussion völlig unterbelichtete Frage, nämlich: Wie fassen wir die auch in der herrschenden Sprechhandlungstheorie notwendigen handlungssemantischen Einheiten? Dies müsste eigentlich ja theorieintern, also in den Geleisen des handlungstheoretischen Paradigmas, erfolgen, d. h. innerhalb irgendwie soziomorpher Situationstypen. Aber wie soll das aussehen? Jedenfalls wäre zu prüfen, ob wir bei aller heutigen Gewichtung der Handlungstheorie deren Semantikkonzept nicht doch nach Vorstellungen eines rationalen Kopfes ausrichten. Aber selbst wenn man einen sozialen Kopf annehmen würde, wie kommt man vom Handeln zum Kopf, wenn doch das Handeln in den Gegensatz zum Kopf gestellt wird? Die Crux bei diesen Überlegungen besteht darin, dass man phylogenetisch gesehen schon *handelte* (zum mindesten: sich verhielt), als man noch nicht ans Denken dachte. Wenn das tatsächlich so sein sollte, dann müsste man das Denken aus dem Handeln ableiten statt umgekehrt – wie heute gerne getan – das Handeln vom Denken her aufziehen (das gehört sich so). Überlagern hier etwa heutige Moralvorstellungen phylogenetische Prioritäten? Oder gab es irgendwann in der Menschheitsgeschichte einen Entwicklungssprung vom irgendwie Handelnden zum ‚Hirni' im Sinne von ‚so ausschließlich hirngesteuerter Mensch', dass er uns zu einem strikt handlungstheoretischen Denken unfähig macht?

B4. Der Lexikograph präsentiert seinen Rezipienten kognitive Aspekte geschichtlichen Schreibens hinsichtlich ihrer Träger, deren sozialer Einbindung, ihrer Textsorten und deren geschichtlicher Rezipienten. Die typischen Fragen lauten dann: Wer ist es (als Individuum wie als Gruppen- und Schichtenangehöriger), der einen lexikalischen Ausdruck als ganzen oder in einer seiner Bedeutungen gegenüber anderen gebraucht und sich diesem Anderen dadurch individuell und sozial zu erkennen gibt? Und welche Textsorten sind es, in denen dies geschieht?

C setzt das kommunikative Handeln als jeweiligen geschichtlichen Gegenstand voraus. Ich versuche von C an kürzere Charakterisierungen, um nicht die Implikationen von A und B in analoger Form zu wiederholen, um also nicht wiederum auf die Aspekte wie ‚Statisierung' versus ‚Dynamisierung' und alles damit Verbundene eingehen zu müssen. Dann erhalte ich:

C1. Der heutige Lexikograph präsentiert seinen Rezipienten geschichtliches kommunikatives Handeln ebenfalls als kommunikatives Handeln.

C2. Der Lexikograph präsentiert geschichtliches kommunikatives Handeln als Bezeichnen.

C3. Er präsentiert geschichtliches kommunikatives Handeln als Erkenntnis.

C4. Er präsentiert geschichtliches kommunikatives Handeln als ein symptomfunktionales Sich-zu-erkennen-geben.

D betrifft das Sich-zu-erkennen-geben als dem Lexikographen auferlegten ‚Gegenstand'. Für diesen ergibt sich (in einem Satz zusammengefasst): Der heutige Lexikograph präsentiert das geschichtliche Sich-zu-erkennen-geben als ein ebensolches Sich-zu-erkennen-geben (D1) bzw. als Darstellen (D2), als Erkenntnisbildung (D3), als kommunikatives Handeln (D4) von Seiten bestimmter Personen oder Personengruppen.

4. Die vorgetragene Zusammenstellung lässt eine Reihe von Fragen offen. Die Gründe dafür liegen einmal in meinem Bestreben, die ohnehin sehr verdichtete Syntax nicht durch weitere Angaben bis ins Unverständliche zu belasten. Sie liegen aber auch darin, dass ich teils keine mich selbst überzeugende Antwort zu geben weiß. Die wunden Punkte der gebrachten Formulierungen sollen eigens herausgestellt werden.

4.1 Meine Aussagen unterlagen großenteils einem festen fachsyntaktischen und logischen Muster. Dieses lautete (mit Unterschieden im Einzelnen):
Jemand (der *Lexikograph*; Subjekt) *präsentiert* jemandem (dem *Rezipienten*; Dativobjekt) ein geschichtlich vorausgesetztes Faktum (z. B. das *Bezeichnen*, die *Erkenntnisbildung*; Akkusativobjekt, verstanden als *Aspekt* des Gegenstandes ‚Wort') als etwas, und zwar in der Regel als ein anderes Etwas (z. B. das *Bezeichnen* als *Erkenntnis*).

4.2 Wichtig bei diesem Muster sind mir mehrere Punkte:
Das Subjekt *der Lexikograph* stellt ihn als Herren seiner Tätigkeit und ihrer Ergebnisse heraus, weitergehend als allgemein angenommen als Herren der Wortgeschichte.
Die bei mir vierfache, aber sicher auch als acht- oder zehn- bis x-fach zu denkende Komplexität des ‚Gegenstandes' (also des geschichtlich vorausgesetzten ‚Faktums') sollte fortwährend im Visier sein.
Dieser ‚Gegenstand' sollte jeweils als Wechselbalg, d. h. in seiner Gestalt als ein zumindest potentiell jeweils Anderer vor Augen stehen (z. B. das geschichtliche ‚Bezeichnen' als ‚Bilden von soziokognitiven Erkenntniseinheiten').
Mit dem Dativobjekt *dem Rezipienten* habe ich gemeint, die Benefizienten systematisch als Bezugspersonen lexikographischen sprachlichen Handelns im Auge halten zu sollen.
Die Wahl des Verbs *präsentieren* als Prädikat sollte wiederum den Lexikographen als Herren lexikographischer Arbeit herausstellen.

5. Das alles dürfte zumindest von der Argumentation her einsichtig sein. Schwierig wird es mit dem genauen Inhalt der Formel *ein Etwas als ein anderes Etwas präsentieren*. Diese Formel kann nämlich auf mehrere Weisen gelesen werden. Ich deute sie in Kurzform durch die Frage an: Ist das zweite, das andere Etwas, ein Etwas, das gegenüber dem ersten nur modifiziert, aspektuell besonders affiziert erscheint? Oder ist es ein Etwas, das gegenüber dem ersten Etwas ein ganz Neues, nämlich Effiziertes, ist? Dies sei etwas ausführlicher dargestellt:

5.1 Eine erste Lesung lautet wie folgt: Ich, der Lexikograph, präsentiere etwas, zum Beispiel das geschichtliche Bezeichnen, als etwas Anderes, allerdings als etwas nur modifiziert Anderes. Dieses nur modifiziert Andere würde letztlich immer noch ein ‚Bezeichnen', wenn auch in einem anderen Gewand Dargebotenes bleiben; etwas objektgeschichtlich tatsächlich Seiendes bliebe mithin erhalten. Der Lexikograph erschiene weiterhin als erkennendes Subjekt, das sich – wenn auch mit wechselnder Aussage – auf einen objektgeschichtlichen Tatbestand richtet. Auch jede spezielle Formulierung, etwa *Bezeichnen als Erkenntnis präsentieren*, würde daran nichts ändern, sie mag problembewusst lauten, würde ‚Erkenntnis' aber als nur ‚affizierte' Größe von *bezeichnen* erscheinen lassen.

5.2 Die zweite Lesung lautet: Wenn ich etwas Geschichtliches *als ein anderes Etwas präsentiere*, dann gestalte ich etwas Neues, das fachsyntaktisch logischerweise als effiziert erscheinen müsste. Und dieses Neue wäre, da Produkt einer gegenwärtigen sprachlichen Handlung, nicht mehr in der Geschichte, sondern in der Relation ‚Lexikograph zu Rezipient' existent; es wäre gleichsam ein Implikat in deren Beziehung und hätte den Status einer fachsprachlichen Fiktion, also eines der poetischen Fiktion vergleichbaren semantischen Konstituts in der Form des effizierten Objekts bzw. einer effizierten Angabegröße. Es mag zwar möglich sein, diese Fiktion als quellengestützt und damit als geschichtlich begründet nachzuweisen, aber dennoch wissen wir alle, dass es immer mehrere Begründungsmöglichkeiten gibt, und wir wissen auch, dass man Begründungen häufiger als man gemeinhin zuzugeben bereit ist, auf die jeweilige Kommunikationssituation hin funktionalisiert, das heißt immer auch: fiktionalisiert, ein neues Etwas konstituiert. Positiv ausgedrückt würde man sagen: Ich gebe meinen Rezipienten dasjenige zu verstehen, von dem ich meine, dass er es wissen sollte, und zwar semantisch so, wie ich es ihm ertexte, und von dem ich außerdem meine, dass er es bei seinen Handlungen berücksichtigen sollte, und zwar wiederum so, wie ich es ihm ertextet habe.

5.3 An dieser letzten Wendung setzt in stufenlosem Übergang eine dritte Lesungsmöglichkeit an, nämlich folgende: Ich verstehe die Formulierung *etwas als ein anderes Etwas präsentieren* im Sinne einer Mobilisierungsideologie.[8] Historische Lexikographie würde die Bedeutungen ihrer Stichwörter nicht so sehr als irgendwo über den Straßen schwebende, interessefreie, handlungsirrelevante Inhalte vermitteln,

---

8 Nach der Ideologietypologie von Straßner (1987: 12) wäre das eine „offen aggressive und expansionistische nationale Machtansprüche" vertretende Ideologie, die „zur Aktion" drängt.

sondern als deontische Aufrufe, die geradezu verpflichtend in kommunikative und darüber hinausgehende politische Handlungen auf die Barrikaden gebracht und zur Gestaltung von Zukunft genutzt zu werden verdienen. Dies wäre der Ort, wo man einerseits durchaus auch Ausdrücke wie *Überredung, Propaganda, Agitation, Manipulation* gebrauchen könnte; andererseits könnte man aber auch von ‚Sinnstiftung' sprechen, in beiden Fällen käme ‚Verantwortung' ins Spiel: Wenn man tatsächlich im Sprechen immer wieder leicht bis gänzlich andere Bezugsidentitäten schafft, dann ist ‚Verantwortung' mitgesetzt, und zwar in einer kognitiven und einer handlungsbezogenen Variante (analog der bekannten Unterscheidung von Gesinnungs- und Handlungsethik).[9]

6. Bei diesen letzteren Formulierungen werden die Ausdrücke *Mobilisierung, deontischer Aufruf, Agitation* usw. besonders aufgefallen sein; sie waren aber durch eine Reihe harmloserer vorangehender Formulierungen, darunter durch das bildungsbürgerliche Zauberwort *Gestaltung*, vorgeprägt und erscheinen insofern nur als letzte Konsequenzen eines Spektrums auch positiv formulierbarer Möglichkeiten. Nimmt man diese ‚letzten Konsequenzen' aber ernst, dann könnte der Lexikograph etwa des Frühneuhochdeutschen seine gegenwärtigen Rezipienten z. B. durchaus zu einer ‚Mobilisierung', ‚Agitation' oder zu einer anderen, sogar praktischen Handlung aufzurufen beabsichtigen. Das wäre für die meisten Vertreter unseres Faches sicher eine Provokation, führt aber zu der allgemeineren Frage: Zu welchem gesellschaftlichen Zweck erarbeitet man eigentlich historische Wörterbücher? Noch schärfer: Wie weit bin ich bereit, den konventionell vor- der gar alleinherrschenden (mehr oder weniger vermeintlichen) ‚Sach'bezug zugunsten einer adressenbedingten Vermittlung zu verzwecken, damit je nach Auffassung aufzuweichen, zu verwässern? Ich halte diese Frage nicht nur für wissenschaftlich zentral, sondern auch für eine Existenzfrage heutiger und zukünftiger Lexikographie und letztlich für alle historisch orientierten Sozialwissenschaften. Mögliche Antworten gehen in Richtung ‚Bezeichnung/Darstellung von Fakten', ‚Vermittlung von historischer Erkenntnis' (= ‚Belehrung über Geschichtliches'), ‚Unterhaltung mittels historischer Stoffe', auf ‚Schaffung von Handlungsdispositionen für die eigene Gegenwart',[10] ‚Aufruf zu

---

[9] Um dem möglichen Einwand der Praxisirrelevanz dieser Überlegungen vorzubeugen, sei an den Eingriff der DDR-Instanzen in die Arbeit, speziell in die Semantik des *Wörterbuches der deutschen Gegenwartssprache* erinnert; er kann als Manipulation, als Sinnstiftung, als Beweis von Verantwortung verstanden, auch in die Nähe von Mobilisierung gebracht werden; vgl. Malige-Klappenbach 1986.

[10] Ich meine eine Motivation für dieses Ziel in einer Geschichtsschreibung zu sehen, die sich explizit von strikt wissens- und kognitionsorientierten antiquarischen Interessen distanziert und ein erhöhtes Gewicht auf systematische Vergleiche geschichtlicher Zustände mit solchen der Gegenwart legt, wobei der pure Darstellungszweck zum Anliegen von gegenwartsgestaltender Motivation mutiert.

solchen Handlungen', ‚Herausstellung bestimmter sozialer Gruppen zum Zwecke erhöhter Anerkennung in der Gegenwart' usw. Als denkbares Beispiel sei im Lutherjahr ein immer mal wieder in der Diskussion befindliches Lutherwörterbuch genannt. Wie könnte es begründet sein, um Drittmittelgeber auch nur zu einer ernsthaften Prüfung des Antrages zu veranlassen? Als historisierenden Versuch der Belehrung über einen letztlich gleichgültigen, sinndefizitären Gegenstand? Als Herausarbeitung einer reformationshistorischen Semantik mit der Unterstellung, dass diese unterschwellig auch heute zu bestimmten Handlungsfolgen führen könnte? Oder als direkter, explizit als verpflichtend gedachter Sinngebungsakt vielleicht in Anlehnung an F. Nietzsches *kritische Historie* (1874)?

5 Schlussfolgerungen und Beispiele

1. Die Leser dieses Beitrages stehen teils aktiv im lexikographischen (oder einem vergleichbaren) Prozess. In dieser Position haben wir die vorhandenen Ausrichtungen von Lexikographie zu beurteilen, uns dabei unseres Tuns zu vergewissern und dieses in den jeweils gesetzten institutionellen Grenzen zu realisieren. Und wir haben die Aufgabe, die Möglichkeiten und Ausrichtungen zukünftiger Lexikographie aufzuweisen. Zu diesem Zweck durchlaufe ich das von mir Vorgetragene und taste es mit dem Blick vor allem auf die Zukunft ab. Dabei komme ich zu folgenden Aussagen bzw. Forderungen:

1.1 Die historische Bezeichnungslexikographie hat so, wie ich sie pointierend gekennzeichnet und kritisiert habe, primär einen hilfswissenschaftlichen Zweck. Dieser läge in der Bereitstellung praktischer Antworten auf punktuelle Wissensfragen. Ihr Ort wären alphabetische Printwörterbücher mit Registern für alphabetunabhängige Fragen bzw. digitale Versionen mit Suchmöglichkeiten für Findeanliegen.

1.2 Für jede wissenschaftlich ambitionierte Form der Lexikographie, also für grundlagenwissenschaftliche Zwecke, ist ein Informationsprogramm zu entwickeln und in einer Folge von lexikographischen Informationspositionen zu realisieren, das die Funktionen jeder lexikalischen Einheit und ihre allseitigen Struktur- und Sinnzusammenhänge in ihren Gegenstandsskopus aufnimmt. Wie, in welchem genauen Zuschnitt, mit welchen Gewichtungen und wo im Wörterbuchartikel dies geschieht, ist eine Frage der Gestaltung. Dass diese Sätze auch eine Werbung für das Informationsprogramm des *Frühneuhochdeutschen Wörterbuches* darstellen, ist offensichtlich.

1.3 Eine drängende Aufgabe historischer Lexikographie dürfte in der Berücksichtigung der kognitiven Funktion lexikalischer Einheiten zu sehen sein. Es geht dabei darum, dass der gesamte sog. Kulturwortschatz zwischen natürlich Vorgegebenem (sagen wir mal: wie der Maus) einerseits und soziomorphen Entitäten wie ‚Verstand' und ‚Vernunft', ‚Minne' und ‚Liebe' oder sprachinhärenten gesellschaftlichen Beziehungen (etwa der Ich-du-Beziehung oder der Ich-er-Beziehung) andererseits gestellt wird. Diese Forderung korrespondiert mit dem hohen Stellenwert, den zum mindesten die neueren europäischen Gesellschaften der rationalen, aber zunehmend auch der sozialen Welt- und Beziehungsgestaltung zubilligen.

1.4 Entsprechendes gilt für lexikalische Einheiten als Größen sprachlichen Handelns. Als geisteshistorischer Motivationshintergrund wären die vorhin erwähnten jüngeren Wissenschaftstheorien mit der dual begründeten Beziehung und dem Handlungsbegriff als Orientierungszentrum zu nennen.

1.5 Die Symptomfunktion lässt sich, da sie nicht von Symbolzeichen, sondern von indexikalischen Zeichen hergeleitet wird, schwer in die bisherige Reihe von ‚Bezeichnen', ‚Erkennen' und ‚Handeln' stellen. Sie zum zentralen Gegenstand eines dann als *Symptomwörterbuch* zu kennzeichnenden Typs der Lexikographie zu erheben, wäre systematisch zwar möglich, würde ausdrucksseitig relativ leicht, indexsemantisch aber nur sehr schwer zu realisieren sein.

2. Die Punkte 2 bis 4 laufen jeweils darauf hinaus, dass ein Vielfaches an Darstellungsraum benötigt wird. Dies würde schon rein additiv gelten: Je mehr Gegenstandsaspekte man hat, desto mehr Raum wird benötigt. Hinzu kommt, dass einige der gemeinten Aspekte Ausführungen verlangen, denen nicht mit der Angabe von Synonymen entsprochen werden kann, sondern die in die Phrastik (zum mindesten in den Satz, oft sogar in den Text) drängen. Will man zum Beispiel die Erkenntnisbildung besonders betonen, so erfordert dies, dass man das gesamte Spektrum der Belege auf ihre aspektuell jeweils schwankenden Aussagen, ihre Wertungen, ihre inneren Gegensätze, ihre Frequenzen sowie auf die sie tragenden Textsorten und deren Autorengruppen abklopft. Nur so könnten ihre inhaltlichen Verdichtungen und ihre Typisierungen nach kulturtypischen Sinnwelten herausgeschält werden. Das Ergebnis dieser Tätigkeit wäre seinem Status als Nomen actionis entsprechend weniger als Darstellung, Information, Mitteilung von etwas, sondern eher als per definitionem semantisch prozessinhärent offen zu fassen. Will man die Handlungsaufladung lexikalischer Einheiten in den Mittelpunkt stellen, so hat man den gesamten konventionell anerzogenen Katalog darstellungsfunktional orientierter Lexikographie bis zur logisch ausdifferenzierten Definition hin durch eine handlungsbezogene Syntax und Textgestaltung zu ersetzen.

3. Damit stellt sich das Problem einer lexikographischen Fachsprache, die ihre Muster aus der jeweiligen theoretischen, z. B. erkenntnis- oder handlungsorientierten Grundlage eines bestimmten Wörterbuches oder Wörterbuchtyps herleiten sollte. Die Ausgangslage dabei sehe ich wie folgt: Es gibt erstens eine aufklärerisch darstellungsfunktional orientierte Fachsyntax und eine ihr entsprechende Fachtextlichkeit. Ihr Kern ist die intensionale Definition nach Genus proximum und differentia specifica. Die Genusangabe nimmt Bezug auf ein logisch vorausgesetztes erstnäheres Allgemeines, das mittels der Angabe von differentiae beliebig weitgehend näher bestimmt wird. Dieses Muster kann als die lexikographische Fassung des bekannten Stufenmodells rationaler Erkenntnis gelesen werden: Die Genusangabe steht für ‚klare', die Angabe der differentiae für ‚deutliche' bis hin zur ‚deutlich ausführlichen' Erkenntnis (dazu Reichmann: 1996). Damit ist das Muster außerordentlich leistungsfähig; es lässt sowohl interne parataktische und hypotaktische Erweiterungen als auch extensionale Ergänzungen aller Art, Beispiele usw. zu. Ein Basiskatalog der Mustervarianten wäre leicht aus Adelungs *Grammatisch-kritischem Wörterbuch der Hochdeutschen Mundart* zu entwickeln. Eine soziosemantisch und/oder handlungstheoretisch orientierte Lexikographie dagegen hätte die aufklärerische Erkenntnislinie vom Kopf des Lexikographen auf einen ‚Gegenstand' gleichsam auszutauschen, und zwar durch eine Linie vom Mund (natürlich im Kopf und Körper) des Lexikographen auf das Ohr (üblicherweise ebenfalls im Kopf und Körper) von Rezipienten. Dann würde der gesamte Sockel darstellungsfunktional ausgerichteter fachstilistischer Muster umgeschrieben werden müssen, und zwar in Richtung auf soziokognitiv sowie handlungssemantisch motivierte Vermittlung. Selbstverständlich wäre nicht nur die sog. Bedeutungsparaphrase im vorgetragenen Sinne zur Handlungsparaphrase hin zu öffnen, sondern auch jede andere Informationsposition wäre betroffen. Es ist eben ein Unterschied, ob ich die Synonymenangaben z. B. in den Dienst der Darstellung geschichtlicher Bezeichnungsfakten oder in den Dienst geschichtlicher Erkenntnisbildung oder in den Dienst der irgendwie ideologisch motivierten Ansprache von Rezipienten stelle. Und es ist ebenfalls ein Unterschied, ob ich Syntagmen zusammenstelle, um Muster geschichtlicher Syntax zu dokumentieren oder um geschichtliche Prädikationen als Bausteine geschichtlicher Erkenntnisbildung aufzulisten oder sie deshalb aufzulisten, weil ich meine Zeitgenossen gleichsam nebenher noch ein wenig aufputschen möchte.

4. An dieser Stelle greife ich die vorhin gestellte und als existentiell charakterisierte Frage nach dem Zweck der historischen Lexikographie wieder auf und frage mich, ob die gerade vorgetragenen Überlegungen zu irgendeiner Handlungsanweisung führen könnten. Ich stelle diese Frage nicht, um eine kultiviert klingende Antwort zu finden, sondern um meiner Befürchtung eines lexikographischen Sinndefizites Ausdruck zu verleihen, das für das Erörterte ja bereits immer im Hintergrund stand. Klar dürfte sein, dass ich in der Weiterarbeit an reinen Bezeichnungswörterbüchern keine Möglichkeit sinnbezogener Motivation von Rezipienten oder von Drittmittelgebern sehe. Meine Sympathie ging eher in Richtung auf eine Lexikographie, die auf den Anteil der Lexik an geschichtlichen Soziosemantiken und Pragmasemantiken zielt, also auf die Gesamtheit geschichtstypischer Erkenntnis- und Handlungswelten. Wie gestalten sich z. B. die lexik- und textgesteuerten Symbolwelten des hohen Mittelalters aus? Welche Handlungstypen verbinden sich mit ihnen? Oder: Wie sehen die lexik- und textgesteuerten Symbolwelten für das spätere Mittelalter und die beginnende Neuzeit aus? Wie handelt man in ihnen? Man beachte bitte die genauen Formulierungen! Ich habe nicht gesagt: Wie schlagen sich irgendwelche Wirklichkeiten vor- oder außersprachlicher Art in der Soziosemantik nieder und welche sachinduzierten Handlungssemantiken folgen aus ihnen? Sondern ich habe umgekehrt von sprachlichen Gegebenheiten ausgehend nach deren Ergebnissen gefragt. Damit bin ich wieder bei meinem Problem, übrigens auch (wie schon gesagt) dem Problem jeder historischen Wissenschaft. Reicht es aus zu sagen: Mit Darstellung vermittle ich methodisch begründete heutige historische Erkenntnis über geschichtliche Darstellung, Erkenntnis und Handlungsweisen, also z. B. darüber, wer um 1500 das Substantiv *glaube* wie semantisiert und wer wie im Sinne dieser Semantisierung gehandelt hat? Man bliebe damit im Rahmen der eingangs charakterisierten Subjekt-Objekt-Semantik, wenn auch mit einem aufgeweichten Objektbegriff. Das Problem stellt sich vermutlich verstärkt, wenn ich meine heutige Erkenntnis in der Form der Belehrung oder gar in der Form der Darstellung vortrage. Aber wie stellt es sich dar, wenn ich es z. B. in der Form narrativ aufgezogener Unterhaltung denkbarer Rezipienten präsentiere? Unabhängig davon, wie man hier auch antworten möge, scheint es mir sinnvoll zu sein, meinen Erkenntnissen einen bereits oben vorgetragenen differenzsemantischen Wurf zu geben (*differenz-* dabei im innermittel- oder innerfrühneuhochdeutschen Sinne sowie mit dem Blick auf die diachronen Veränderungen zwischen einer geschichtlichen Epoche und der wissenschaftlichen Gegenwart verstanden). Hinter dieser Aussage steht die einfache Frage: Warum soll ich in einem Wörterbuch dasjenige behandeln, was ohnehin jeder weiß? Mit dieser Formulierung öffnet sich natürlich die Tür zu folgender viel grundsätzlicheren Entscheidung: Wenn ich schon die Relation ‚Lexikograph-Rezipient' meiner Gewichtung dualistischer, beziehungsorientierter Wissenschaftstheorien entsprechend bis in die Gegenstandskonstitution hinein als relevant betrachte, warum soll ich dann historische Lexikographie nicht zum mindesten der Idee nach rezipientenorientiert begründen, zumal alle Historiker dies unter dem Deckmantel der Beschreibungsobjektivität seit jeher getan haben?

6 Vorschläge für neue lexikographische Projekte

Damit bin ich dabei, skizzenhaft mögliche neue Wörterbuchunternehmen (allesamt Auswahlwörterbücher) vorzuschlagen, und zwar das bildungssprachliche und das gewerbesprachliche Wörterbuch zum Neuhochdeutschen, das Wörterbuch zu Autorenwerken, das Wörterbuch zu bestimmten Texttraditionen.

1. Ein bildungssprachliches Wörterbuch des Neuhochdeutschen: Dieses behandle differenzsemantisch gegenüber dem Frühneuhochdeutschen die typische Lexik derjenigen bildungsbürgerlich getragenen historisch/theologisch/philosophisch/literarisch/national geprägten Sinnwelten, die auch die Herausbildung einer elaborierten, konzeptionell schriftlich begründeten Hochsprache ermöglicht haben. Da diese Hochsprache gegenüber allen anderen Varianten des Deutschen über Jahrhunderte lang erfolgreich als funktional differenzierter, ästhetisch leistungsfähiger und logisch klarer propagiert wurde, konnte sie als Deutsch schlechthin in Schule, Verwaltung, Gericht, Kirche usw. normsetzend gebraucht und gegenüber anderen Kultursprachen als ausgezeichnete Variante, gleichsam als Höhenkamm des Deutschen, vertreten werden. Im Mittelpunkt des Wörterbuches hätte die sich vom normalen, darunter vom mündlichen Sprachgebrauch unterscheidende Lexik mit ihrer sachlich und sozial abgehobenen Semantik zu stehen. Als Adressaten kämen die heutigen Gruppen/Schichten in Betracht, die sich mit ihren kognitiven Interessen in der gefährdeten Fortsetzung der bedeutungskonstitutiven Tätigkeit des Bildungsbürgertums sehen. Damit hätte das Projekt zugleich eine Bestätigungs- und Identifikationsfunktion, mit Letzterem eine Funktion des Sich-zu-erkennen-gebens. Die Semantik wäre so auf das Ziel hin auszurichten, dass sie als kulturpädagogische Aufgabe verstanden würde. Handlungsabsichten (umsetzbar vor allem im Sprachunterricht) wären impliziert, stünden aber nicht unbedingt im Mittelpunkt.

2. Das gewerbesprachliche Wörterbuch des Neuhochdeutschen: Es hätte im Anschluss an frnhd. Sprachgebräuche die Lexik derjenigen Schreiberschichten und -gruppen zum Gegenstand, die in großer sozialer Breite technisch, einzelfachlich, gewerblich, sachbezogen, zusammengefasst: gewerbesprachlich tätig waren, sich dazu vergleichsweise schwach normierter, weniger ästhetikorientierter als verständlicher Sprachvarianten bedienten und in diesen eine eigene sachbezügliche bis fachsprachliche Semantik als Vorstufe späterer Fach- und Wissenschaftssprachen aufgebaut haben. Gegenstände dieser Art haben in allen Sparten der historischen Sprachwissenschaft (Textgeschichte, Syntax, Lexikologie, Lexikographie usw.) eine geringe Aufmerksamkeit gefunden, da sie außerhalb der Inzuchtlinie ‚geschichtliche Bildungssprache – bildungssprachlich orientierte Lexikographie und Sprachgeschichtsschreibung – Verfestigung der Bildungssprache' stehen, wie sie unter Vorschlag 1 unterstellt wurde. Die Adressaten eines Wörterbuches der hier gemeinten Traditionslinien sind deshalb schwer auszumachen, weil gewerbebürgerlich Tätige ihren Sprachgebrauch weniger zu reflektieren und zu kultivieren neigen als die Angehörigen des Bildungsbürgertums. Sein Zweck läge demnach eher im grundwissenschaftlichen Interesse- und Erkenntnisbereich der historischen Sprachwissenschaft.

3. Das Wörterbuch zu einem Autorenwerk: Gegenstand wäre die Lexik derjenigen Werke, in denen Deutschsprachige sowie an deutscher Sprache und Kultur interessierte Anderssprachige einen unbestrittenen Beitrag zu ihrer eigenen, also deutsch- oder anderssprachigen Textwelt sehen. In Betracht kämen die Werke aller den jeweiligen geschichtlichen Kulturstand prägenden Personen. Dies seien Sprach- und Literaturschaffende (z. B. Wolfram von Eschenbach; Gryphius), Theologen (z. B. M. Luther), Philosophen (z. B. I. Kant oder K. Marx) ebenso wie herausragende Fachwissenschaftler aller Sparten. In dem Maße, in dem diese Personen eigene sprachlich-poetische, religiöse, philosophische, soziale, rechtliche, wissenschaftliche Welten geschaffen haben, würde ihre lexikalisch-semantische Innovationsleistung (immer in ihren textlichen Zusammenhängen) zum zentralen Gegenstand der Autorenlexikographie. Damit erhielte der Auswahlgedanke eine Richtung im Sinne der Herausstellung diachroner und synchroner Differenz. Die Fachsprache und die Informationspositionen eines solchen Wörterbuches wären auf die jeweils avisierten Rezipienten abzustimmen (so dass ein Dichterwörterbuch von Literaturwissenschaftlern oder ein Karl-Marx-Wörterbuch von Soziologen, Politologen, beide aber auch von allgemein Interessierten rezipiert werden könnten). Im Übrigen dürfte klar sein, dass z. B. ein Kant-Wörterbuch zwar eine ähnliche starke soziokognitive Komponente wie ein Karl-Marx-Wörterbuch enthalten könnte, dass letzteres aber z. B. die agitative Potenz der Marx'schen Philosophie durchaus so betonen könnte, dass sie als Aufruf zu entsprechendem Handeln zu verstehen wäre. – Mit dem Vorschlag von Autorenwörterbüchern ist natürlich unterstellt, dass es einzelne große Persönlichkeiten waren, die das sprachlich-kulturelle Gesicht einer Zeit geprägt haben, und nicht die wirtschaftlichen Basisschichten. Eine Rolle für den Vorschlag spielt auch die Tatsache, dass große Personen keineswegs nur im Interessefokus der Sprecher einer einzigen Sprache stehen. Der Differenzgedanke zu Nachbarsprachen (ihrer nationalliterarischen Akrolekte) erhält damit eine intersprachliche Vergleichskomponente.[11]

4. Das Wörterbuch zu Texttraditionen: Gegenstand wäre die Lexik derjenigen Texttraditionen, die gegenüber anderen Traditionen als vergleichsweise geschlossen gelten, aber nicht als primär einzel- oder gar nationalsprachlich aufgefasst werden können. In diesem Zusammenhang wäre weniger an Wörterbücher z. B. des Barock, der Romantik oder des Expressionismus zu denken (die eher einzelsprachlich orientiert sein müssten) als an Wörterbücher z. B. zum Herrschaftsdiskurs im 16. Jahrhundert, zum neuzeitlichen Demokratiediskurs, zum Rassendiskurs des 19. und 20. Jahrhunderts oder zum Frauendiskurs der Gegenwart. Wörterbücher dieses letzteren inhaltlichen Zuschnitts hätten eine mehrsprachige Basis, damit eine innereu-

---

[11] Auffallend ist, dass es Autorenwörterbücher im hier vorgeschlagen Sinne z. B. im Niederländischen und Englischen kaum gibt. Im deutschsprachigen Raum wäre als wirklich aufsehenerregendes Beispiel ebenfalls nur ein einziges Werk zu nennen: das Goethe-Wörterbuch.

ropäische Ähnlichkeits- und Differenzkomponente; sie würden aus der lexikographietypischen Haltung der Darstellung von Gegenständen ausbrechen, statt dessen logo- sowie handlungssemantisch orientiert sein müssen und sich dabei bewusst in die Verpflichtung zu politischem, kulturellem usw. Handeln stellen können. Dann würde Lexikographie um einen hier und da zwar vorbereiteten, aber doch neuen Typ ergänzt, den ich hier der Deutlichkeit halber als *handlungsorientiertes Wörterbuch* charakterisieren möchte.

7 Veranschaulichungen an zwei Beispielen

Nach diesen Vorschlägen dürfte sich das vorhin bereits angesprochene Problem der fachtextlichen Gestaltung von Wörterbuchartikeln in verstärkter Weise stellen. Es sei deshalb an zwei Beispielen aus dem FWB kurz veranschaulicht und mit einigen Erläuterungen versehen. Ich wähle die Stichwörter *mor* in Bedeutungsansatz 1 und *mund* in Ansatz 4 (jeweils in abgekürzter Form).

7.1 Das Beispiel *mor*

mor, *der*; *-en*, sehr vereinzelt *-es/-en*, auch: *-leute*.

1. ›Dunkelhäutiger, Person, die im Unterschied zu einer als *weis* klassifizierten Person auf einer vorausgesetzten Hell-Dunkel-Skala als relativ dunkelhäutig bis schwarz kategorisiert wird oder der man infolge zusätzlicher, vereinzelt körperbezogener (z. B. *dickes maul*), ansonsten aber vor allem religiöser, historischer, sozialer und politisch-geographischer Kriterien und Wertungen eine dunklere Farbe zuschreibt‹; extensional kann jede Person, die farblich zwischen dem der Eigengruppe zugerechneten 'Weißen' und dem Menschen schwarzer Hautfarbe steht, als *mor* semantisiert und pragmatisiert und somit als *türke, araber, tatar, ägyptier, ethiopus, heide (der), maure,* aus dem Zusammenhang heraus auch als 'Inder', 'Schwarzafrikaner', 'Grieche' in den Gegensatz zu *christ* (im lateineuropäischen Sinne) gestellt werden. Hinzu kommt eine extensionale Restriktion auf die erwachsene männliche Person: *mor* für Kinder ist nur in 2 Wortbildungen (als *morkind* und *morlein*), und zwar in literarischem Zusammenhang, belegt, für weibliche Personen begegnet *mörin* (s. d.), ebenfalls in vergleichsweise schwacher Belegung sowie mit teils anderen (erotischen) Konnotationen. Die Bewertung von *mor* ist vereinzelt neutral bis positiv, mehrmals negativ. — Synt.: *den moren beim angesicht kennen*; *mor, tor, mar, nar rufen* (hier zur Beschimpfung gebraucht); *der m. schwarz von leib sein, von seinem erbe entrinnen* (bezogen auf die Mauren Spaniens), *die moren jn. überfallen, Ägypten verwüsten, ir blut in Köln gestürzt haben, den teufel weis malen, gleiche religion* (wie die *türken) haben, sich von sünden abwaschen / reinigen, sich für die schönsten leute halten*; *j. ein m., schwarz als ein m. sein, sich als ein m. schwärzen*; *einem moren an der farbe gleich sein*; *bei den moren in ansehen stehen, jm. wieder die moren helfen*; *der schwarze / weisse / scheusliche / stolze* (bezogen auf die Mauren), *goldfarb gekleidete m.*; *der bild, die gestalt, das angesicht / land / reich des moren*; *der beschirmer / könig der moren*; *das her mit moren.* Wbg.: *morenkopf* (als Zierstück oder Wappenzeichen), *moreske* ›Söldner vermeintlich maurischer Herkunft‹, *morfarb* ›dunkelfarbig‹, *moriak* Bild, Figur eines *moren, morian* ›Söldner, Sklave‹, *mörisch* 2 (von einer Sprache, im Beleg vom Arabischen gesagt; dazu bdv.: *arabisch*).

Abb. 1: *mor* im *Frühneuhochdeutschen Wörterbuch* (Band 9, 2811).

Das Substantiv *mor* zählt offensichtlich zu den Ausdrücken, die in frnhd. Zeit anders semantisiert und pragmatisiert wurden als im heutigen Deutschen. Dies gilt nicht nur in dem Sinne, dass eine bestimmte Gruppe von Menschen mit einem Ausdruck belegt wird, dessen Bedeutung mit all ihren darstellungs-, kognitions- und handlungsfunktionalen Nuancen Schwierigkeiten bereitet: Mohren „gibt" es in einem sinnvollen realistischen Sinne des Wortes *geben* nicht, man prädiziert über ‚Mohren' aber außerordentlich unterschiedlich, man verbindet mit ihnen je andere Wertungen und damit jeweils andere Handlungsdispositionen. Insofern „gibt" es sie dann doch, aber nur textinhärent als Bestandteil eines Sprechhandlungskonstruktes. Diese Aussagen betreffen die Relation ‚Lexikograph zu sprachgeschichtlicher Realität'. Hinzu kommt die Relation ‚Lexikograph zu Rezipient', in die der ‚mor' natürlich als irgendwer eingearbeitet werden muss, und zwar so, dass der politischen Korrektheit und vielem anderen Genüge getan wird. Synonyme wie *Schwarzer*, *Mohr*, *Neger* verbieten sich also gleich aus mehreren Gründen; sie wären falsch, veraltet, stilistisch gezwungen, politisch immer inkorrekt und hätten kaum einen Mitteilungswert. In dieser Situation verwendet der Lexikograph Wortbildungen wie *Dunkelhäutiger*, um vor allem weiteren die berühmte Information „auf einen Schlag" im Sinne Jacob Grimms (1854: XLVI) zu geben, dennoch wohl wissend, dass sie im Falle *Dunkelhäutiger* höchst vage ist. Das alles heißt umgekehrt, dass zusätzlich eine phrastische, genau gesprochen eine voraussetzungsarme komplexe Erläuterung her muss, die in der Handreichung volle 10 Spaltenzeilen umfasst und dann nochmal um einen von der Erläuterung kaum zu trennenden sog. *semantischen Kommentar* von 20 Zeilen ergänzt wird.

Die Erläuterung hat die Basisform *Person, die [...]*. Das ist die Form der klassischen Definition nach Genus und differentia specifica, wobei die differentiae wie übrigens auch das Synonym *Dunkelhäutiger* auf einige relativ zweifelsfreie natürliche Gegebenheiten wie die Farbskala (*schwarz, dunkle Farbe*) und körperliche Merkmale (*dickes maul*) rekurrieren. Jeder Anflug von natürlicher Vorgegebenheit wird dann aber systematisch konterkariert. Wenn solche Gegebenheiten dennoch aufgerufen werden, haben sie nur die Funktion, das Konstrukt irgendwie an eine vermeintliche physische Realität anzubinden. Der ganze Ductus der Erläuterung zielt also nicht auf Abbildung, Bezeichnung, auch nicht auf Darstellung, sondern spiegelt das Bemühen, den geschichtlichen Gebrauchsskopus eines Wortes als Ergebnis von Beleginterpretation mit dem Auge auf antizipierte Fragen heutiger Rezipienten zu umreißen. Ich verweise auf folgende Bauteile der Erläuterung: Das Genus *Person* ist kein genus proximum, sondern meint etwas viel Allgemeineres. Sodann ist die Rede von *Unterschieden*, von *klassifizieren* (z. B. als *weis*) und *kategorisieren*, von gleich einem ganzen Bündel soziomorpher *Kriterien und Wertungen*, von *diskriminierenden Handlungsabsichten*, von *zuschreiben*. Im semantischen Kommentar folgen dann Angaben zur *Extension* von ‚mor'; die Rede ist von *zurechnen*, *semantisieren* und *pragmatisieren*, dazu wird eine *Eigengruppe* ins Spiel gebracht und eine ‚Fremdgruppe' suggeriert; diese letztere erscheint aber nicht unter einer generischen Bezeichnung, sondern in Form der Nennung einer offenen Reihe von Textsynonymen (*türke*, *araber* usw.), nicht also von Languesynonymen; ihr kleinster gemeinsamer Gegensatznenner lautet dann *christ*. In dieser Weise geht es noch einige Zeilen weiter, in denen z. B. auch noch Genderaspekte von ‚mor' angedeutet werden. Unter linguistisch-fachtextlichem Aspekt sei auf die Häufung von Verben des kognitiven Gestaltens hingewiesen; es gibt also keine Dominanz des substantivischen Wortschatzes; wenn dieser begegnet, dann gehäuft z. B. in *-ung-*Bildungen (*Wertung*, *Handlung*). Inhaltlich scheint mir entscheidend zu sein – und ich habe das vorhin schon angedeutet –, dass alles, was ich gerade gesagt habe, gleichsam eine Speerspitze aufweist: Es geht immer um Kennzeichnungen, die im heutigen Interessefokus liegen. Die Projektion der geschichtlichen Semantik von *mor* auf die heutige Diskussion um *schwarz*, *weiß*, *dunkelhäutig*, *farbig* und die gängigen Substantive liegt auf der Hand, und zwar so weit unter eher vergleichenden Aspekten; die frnhd. Antonymie von *christ* und *mor* wird man eher unter differenzsemantischen Gesichtspunkten sehen. Dies alles beutet, dass ich die Bezeichnung von Menschen als *mor* als geschichtliches Erkennen, als Prozess der Bildung einer offenen kognitiven Werdensidentität durch Synonymisierungen und Unterscheidungen, verstanden habe. Und ich habe versucht, dies sprachlich als Erkennen an heutige Rezipienten so zu vermitteln, dass ihr eigener Erkenntnisstand zumindest affiziert werden könnte. Ein expliziter Aufruf zu einem diesem Erkennen adäquaten Handeln fehlt. In dem Maße, in dem aber das Handeln erkenntnisgeleitet (und zum Beispiel nicht interessegeleitet) erfolgt, kann dem Artikel implizit auch die Intention zugeschrieben werden, zumindest die Handlungsdisposition des Rezipienten auf dem Prüfstand zu halten. – Zur Vernetzung von *mor* in seinen Sinnzusammenhängen verweise ich auf die an die Bedeutungserläuterung und an den semantischen Kommentar anschließenden Informationspositionen.

7.2 Das Beispiel *mund*:

mund, *der;* -*(e)s/e,* auch **münder**; vgl. generell: RWB 9, 965 ff. einschließlich der Kompositenstrecke.

4. ›Mund als Ort und Organ der Artikulation von Lauten, des partnerbezogenen sprachlichen Handelns, der Schaffung von Realitätsbildern‹; Vollzieher dieses Handelns ist der sprechende Mensch mit dem Blick auf die ihm vorgegebene Gegenständlichkeit, mit dem Blick auf die Kommunikation mit anderen Menschen sowie mit dem als sprechend / hörend gedachten Gott, damit auch reziprok mit dem Blick auf dessen Sprechen mit anderen. Demnach steht *mund* für alle Einzelaspekte verbalsymbolischer Tätigkeit vom bloßen Ausdrücken und Bezeichnen bis hin zur Setzung gesellschaftlicher Realitäten, sozialer Beziehungsverhältnisse und allseitiger Bewertungen positiver wie negativer Art (in letzterem Falle z. B. gegen unnützes, eitles Sprechen). In den Belegen lassen sich bei Anerkennung dichter wechselseitiger Überlagerungen gewisse illokutive Dominanzen erkennen: die deklarative Konstitution von Welt (vor allem dem sprechenden Gott zugeschrieben), unter kommunikativem Aspekt: ausdrücken, bekennen, bewerten, beten, (be)zeugen, anmaßend reden, sich widersetzen, schwören, erbauen, lehren, lügen, betrügen, (be)urteilen, schweigen (jeweils vom Menschen gesagt); als pars pro toto tendiert *mund* vielfach zu ›sprechende Person‹ unter dem Aspekt ihrer persönlichen und verantwortlichen Beteiligung an Rechtsgeschäften (dies gehäuft in Rechtstexten; s. dazu differenziert und mit reicher Belegung in RWB 9, 966; man beachte ferner die in Folgenden genannten Phraseme / rechtssprachlichen Formeln); in ütr. Gebrauch mit Bezugsgrößen verbunden, die mit *mund* unter dem Aspekt des Sprechens assoziiert werden (z. B. mit *warheit*). — Phras.: *als viel / manig mund als viel / manig man* o. ä. steht für die erbrechtliche Teilung nach Personen; *mit mund* ›mit mündlichem Bescheid‹; ⌐*von mund, mund gegen / wieder mund*⌐ ›persönlich, in persönlichem Gegenüber‹; *mund unter mund* ›mündlich‹; *eigenes mundes* ›eigens, persönlich‹; *von mund zu mund* o. ä. (Ggs.: *mit briefen*); *aus einem mund etw. tun* (z. B. *bekennen / erzälen*): *bei beschlossenem mund* ›unter Wahrung der Schweigepflicht‹; *mit lachendem munde* ›zustimmend‹; *durch einen mund* o. ä. ›übereinstimmend, einvernehmlich‹; *mit gichtigem mund; mit goldenem mund* ›schmeichelnd, schönrednerisch‹; *nach beschlossenem munde* ›nach dem Tod‹; *den mund undrehen* ›seine Meinung ändern‹; ⌐*den mund in meisterschaft halten; dem mund hute setzen*⌐ ›seine Zunge hüten‹; *reinen mund halten* ›schweigen‹, auch: ein Zeichen für die Unschuld einer der Hexerei beschuldigten Person; *den mund zämen; jm. den mund auftun* ›jn. in Erstaunen versetzen‹ */ stopfen / zuschoppen; den mund in (den) himmel setzen / legen / stossen* o. ä. ›Gott ins Handwerk pfuschen, sich anmaßend verhalten‹; *mund zu mund kommen* ›innere Einheit herrschen‹; *dem mund ein schlos anschlagen; kalt und warm aus einem munde blasen; jm. im munde liegen* ›Gesprächsgegenstand sein‹; *in seinen mund liegen* ›sich selbst etwas vormachen‹; *mit hand und mund etw. geloben* o. ä. ›etw. eidlich beteuern‹; *mit mund, hand und heln etw. tun* (z. B. *etw. aufgeben, jn. rechtlich einsetzen*); *es wäre mit dem mund oder dem ars* ›wie auch immer‹; *jm. nach dem munde reden.* — Bdv.: ¹*maul* 5, *rache, zunge.* — Synt.: *einen m. haben, seinen m. auftun / hüten / bewaren / zusperren* (z. B. der *warheit*), *in den himmel heben* ›kritisch gegen Glaubensinhalte richten‹, *js. m. beschümeln; jm. den m. verstricken; der m. vol der fliegen* (des *Geredes*) *sein, die kraft der sele sein, nach dem himmelreich sein* ›stehen‹, *der m. e. S.* (Gen.) *übergehen, jm. überlaufen, der m. sprechen, sich auftun, etw. sagen / vorbringen, nicht felen; amen drein tun, beschnitten sein; gottes m. glauben; Christo am munde hangen, jm. an den m. greifen, j. aus dem munde sprechen, durch den m. betriegen, etw. sagen, j.* (z. B. *got*) *aus / durch js.* (z. B. *der propheten*) *m. reden / sprechen, das gebet im munde käuen, im munde des menschen arbeit sein, die worte jm. im munde wachsen, js. lob im eigenen munde erstinken, js. m. begabt / schnell sein, zeugen, das [...], jm. mit dem munde dienen, etw. abbrechen, got mit dem munde anbeten / haben, mit dem munde leren, jn. bekennen / schmieren, etw. aussprechen, sich mit dem munde* ›nur mit Worten‹ *minnen, von js. m. hören, etw.* (Subj.) *von gottes m. kommen, von dem m.* ›laut päpstlicher Aussage‹ *auf gegen den himmel faren; der m. gottes / Christi, der sele, des gerechten, des weibes; der beschlossene* ›schweigende‹ */ böse / eigene / falsche* (auf die Person bezogen) */ geschübelte / heilige / heuchlerische / lebende / offene / reine / teilende /* ›klar unterscheidende, urteilende‹ */ schweigende m.; der geist, die beichte / rede, das gebet des mundes.* Wbg.: *mundaffe,* wohl Parallelbildung zu *maulaffe* (s. d.), aber mit partiell anderer Bedeutung (s. auch *munaffe* in SCHMIDT, Hist. Wb. Elsaß 247): a) ›großsprecherische Mißgestalt‹; b) ›Grimasse‹, *mundbeichte, mundberer* ›Schwätzer‹ (Gw zu ²*beren* 1; dazu bdv.: vgl. *maulberer*), *mundfällig* ›strafbar wegen eines verbalen Vergehens‹, *mundmäre* ›Gerücht, Lügengeschichte‹ (Gw zu ¹*märe, die,* 3; 5; 6), *mundmassen* ›etw. sprachlich ausformulieren‹ (Bw volksetymologische Umdeutung von *mut,* Gw zu *massen,* V., 5), *mundraum, mundrichter* (dazu bdv.: *faustrichter, scharfrichter*), *mundrute, mundschwert, mundsüsse* ›Verlockung, Schmeichelei‹, *mundtot.*

Abb. 2: *mund* 4 im Frühneuhochdeutschen Wörterbuch (Band 9, 2964–2967).

Dieser Text ist wiederum unter meinen Fragestellungen zu charakterisieren. Wenn man will, ist zunächst wieder das bekannte Definitionsschema nach ‚genus' (also *Mund*) und ‚differentia' (als Ort und Organ usw.) zu erkennen; man weiß also, um was es thematisch geht. Bei der Füllung des Schemas fällt auf, dass die Partikel *als* gebraucht wird, die jede weitere Aussage aus dem Bereich strikter logischer Gültigkeit heraushebt und bestimmten Aspekten unterwirft. Diese Aspekte sind offensichtlich der Sprechhandlungstheorie entlehnt: Es geht innerhalb der Bedeutungserläuterung um die ‚Artikulation von Lauten', um ‚partnerbezogenes sprachliches

Handeln', um die ‚Schaffung von Realitätsbildern'. Und in dem – wie bei *mor* – dann folgenden semantischen Kommentar wird die Linie dieser Tätigkeiten fortgesetzt mit nochmaligem ‚Handeln', mit dem ‚Blick auf Kommunikation', auf ‚Sprechen', ‚Ausdrücken', ‚Bezeichnen', auf ‚Setzung von Realitäten' usw. Dazu passend wird ‚der sprechende Mensch' als ‚Vollzieher' dieses Tuns genannt; speziell Gott wird ‚als sprechend und hörend gedacht'. Die Klimax dieser Linie bildet die Aufzählung illokutiver Dominanzen: *ausdrücken, bekennen, bewerten, beten, [...], sich widersetzen, schwören, erbauen* usw. Neben dieser Linie und teilweise in Überlappung mit ihr steht eine zweite Reihe, die erkenntnisfunktional orientiert ist. Sie findet sich ausgesprochen mit *Schaffung von Realitätsbildern* (nunmehr unter Erkenntnisaspekten), mit *Blick auf [...] vorgegebene Gegenständlichkeit, Setzung gesellschaftlicher Realitäten*, darunter von *Beziehungsverhältnissen, deklarative Konstitution von Welt* usw. Vorwiegend verwendete Wortart ist das Verb, daneben das Verbalabstraktum mittels der dafür zur Verfügung stehenden Suffixe (vor allem *-ung*). Fragt man nach der Gewichtung beider Stränge (also des sprechakttheoretisch motivierten und des erkenntnisbezogenen), dann scheint mir eine eindeutige Entscheidung nicht möglich. Offensichtlich gilt der Mund (laut Ansatz 4) als Organ des Sprechens zugleich als Organ des Setzens von Realitäten und umgekehrt: als Organ der Realitätssetzung zugleich als Sprechorgan. Und ich meine, dieses Ineinandergreifen von geschichtlichem Sprechen und Erkennen als solches vermittelt zu haben, und zwar zum Zwecke von heutiger Erkenntnis. Der ganze Duktus des Artikels ist so angelegt, dass man sich bei der Rezeption dauernd differenzsemantisch fragen kann/muss/wird (?): Ist das auch heute noch so? Wer kommuniziert in welchen dominanten geschichtlichen Illokutionen und erkennt in welchen Propositionen welches Etwas als ein sprachstufentypisches Etwas? Und wer setzt sprechende Realitäten? Wer konstituiert gar Neues? Hier würde Gott als Handelnder/Deklarierender auffallend deutlich ins Spiel kommen. Es wäre zudem ein Leichtes, die Häufung von Phrasemen aus den Sinnwelten ‚Alltag', Moral', ‚Recht' mit Fragen dieser Art zu verbinden. Entsprechendes gilt für den dokumentierten Kumulus von Syntagmen, nicht verstanden als Formen, sondern als Prädikationen über *mund* 4.

Literatur

Adelung, Johann Christoph (1783–1801*): Grammatisch kritisches Wörterbuch der Hochdeutschen Mundart, mit beständiger Vergleichung der übrigen Mundarten, besonders der Oberdeutschen.* 4 Theile. Zweite vermehrte und verbesserte Ausgabe. Leipzig: Breitkopf und Compagnie.

Besch, Werner u. a. (Hrsg.): *Sprachgeschichte. Ein Handbuch zur Geschichte der deutschen Sprache und ihrer Erforschung* (1998–2004). Zweite, vollständig neu bearbeitete und erweiterte Auflage. 4 Teilbände. Berlin/New York: De Gruyter.

Bühler, Karl (1934): *Sprachtheorie. Die Darstellungsfunktion der Sprache.* Jena: Fischer.

Dittmer, Ernst (1990): Über den Wortschatz der mittelhochdeutschen Urkundensprache. In: Schützeichel, Rudolf/Seidensticker, Peter (Hrsg.): *Wörter und Namen. Aktuelle Lexikographie. Symposium Schloß Rauischholzhausen., 25.–27. September 1987.* Marburg: Hitzeroth, 46–58.
DWB 1854–1971 = *Deutsches Wörterbuch von Jacob Grimm/Wilhelm Grimm.* 16 Bände [in 32]. Leipzig. Lizenzausgabe 1984. Deutscher Taschenbuch Verlag.
FWB = *Frühneuhochdeutsches Wörterbuch.* Hrsg. v. Robert R. Anderson [für Bd. 1]/Ulrich Goebel/Anja Lobenstein-Reichmann/Oskar Reichmann. Bearb. von Anja Lobenstein-Reichmann [ab Bd. 5 fortlaufend]/Joachim Schildt [Bd. 6., erste Hälfte]/Oskar Reichmann [Bände 1–3 und fortlaufend]/Vibeke Winge [Bd. 8]/Akademie der Wissenschaften zu Göttingen [seit 2013, ab Bd. 5, zweite Lieferung] u. a.
Goethe-Wb. 1978ff. = *Goethe-Wörterbuch.* Hrsg. v. der Akademie der Wissenschaften der DDR, der Akademie der Wissenschaften zu Göttingen und der Heidelberger Akademie der Wissenschaften. Berlin/Köln/Mainz 1978 ff.: Böhlau.
Grimm, Jacob (1854): [Vorwort], zu DWB 1, Sp. I–LXIII.
Kästner, Hannes J./Schütz, Eva/Schwitalla, Johannes (2000): Die Textsorten des Frühneuhochdeutschen. In: *Sprachgeschichte* 2. Berlin/Boston: De Gruyter, 1605–1623.
Kirkness, Alan (2017): Es leben die Riesenschildkröten! Plädoyer für die wissenschaftlich-historische Lexikographie des Deutschen. In*: Lexicographica, Internationales Jahrbuch für Lexikographie* 32. Berlin/Boston: De Gruyter, 17–137.
Klein, Wolfgang (2004): Vom Wörterbuch zum Digitalen Lexikalischen System. [...]. In: Ders. (Hrsg.): *Philologie auf neuen Wegen*, 10–55. Stuttgart/Weimar: Metzler.
Lexer, Matthias von (1873–1878): *Mittelhochdeutsches Handwörterbuch. Zugleich ein Supplement und alphabetischer Index zum Mittelhochdeutschen Wörterbuch von Benecke-Müller-Zarncke.* 3 Bände. Leipzig, Hirzel. Reprographischer Nachdruck Stuttgart 1979.
Malige-Klappenbach, Helene (1986): *Das »Wörterbuch der deutschen Gegenwartssprache«. Bericht, Dokumentation und Diskussion.* Hrsg. v. Franz Josef Hausmann. Berlin/New York: De Gruyter.
Marx-Engels-Wörterbuch 1963: *Grundsätze und Proben.* Berlin (Deutsche Akademie der Wissenschaften zu Berlin. Institut für deutsche Sprache und Literatur): Akademie-Verlag.
Münkler, Herfried (2017): *Der Dreißigjährige Krieg, Europäische Katastrophe, deutsches Trauma 1618–1648.* Berlin: Rowohlt.
Nietzsche, Friedrich (1874): Unzeitgemäße Betrachtungen. Zweites Stück. Vom Nutzen und Nachteil der Historie für das Leben. In: Ders., *Sämtliche Werke. Kritische Studienausgabe in 15 Bänden.* Bd. 1, 873–890. München/Berlin/New York: De Gruyter 1967–1977. Neuausgabe: München 1999.
Peirce, Charles Sanders (1958): *Collected Papers of Charles Sanders Peirce.* Vol. 8. Ed. by Arthur Burks. Cambridge/Mass.: Harvard University Press.
Peirce, Charles Sanders (1983), *Phänomen und Logik der Zeichen.* Hrsg. und übersetzt v. Helmut Pape. Frankfurt a. M.: Suhrkamp.
Reichmann, Oskar (1996): Der rationalistische Sprachbegriff und Sprache, wo sie am sprachlichsten ist. In: Batts, Michael S. (Hrsg.): *Alte Welten – Neue Welten. Akten des IX. Kongresses der Internationalen Vereinigung für germanische Sprach- und Literaturwissenschaft.* Bd. 1: Plenarvorträge. Tübingen: Niemeyer, 15–31.
Reichmann, Oskar (2012): *Historische Lexikographie. Ideen, Verwirklichungen, Reflexionen an Beispielen des Deutschen, Niederländischen und Englischen.* Berlin/Boston: De Gruyter.
Schlaefer, Michael (2006): Neue Perspektiven der historischen Lexikographie? In: Götz, Ursula/Stricker, Stefanie (Hrsg.): *Neue Perspektiven der Sprachgeschichte. Internationales Kolloquium des Zentrums Mittelalterstudien der Otto-Friedrich-Universität Bamberg. 11. und 12. Februar 2005.* Heidelberg: Winter, 173–179.

Schmid, Hans-Jörg (1993): *Cottage und Co., idea, start vs. begin. Die Kategorisierung einer differenzierten Bedeutungsbeschreibung.* Tübingen: Niemeyer.
Seibert, Thomas (2017): *Die Lehre vom Rechtszeichen. Entwurf einer allgemeinen Rechtslehre.* Berlin: Dunker und Humblot.
Straßner, Erich (1987): *Ideologie – Sprache – Politik. Grundfragen ihres Zusammenhangs.* Tübingen: Niemeyer.
WdG 1975 = *Wörterbuch der deutschen Gegenwartssprache.* Hrsg. v. Ruth Klappenbach/Wolfgang Steinitz. 6 Bände. Berlin: Akademie Verlag.
WMU = Wörterbuch der mittelhochdeutschen Urkundensprache auf der Grundlage des Corpus der altdeutschen Originalurkunden bis zum Jahr 1300 (1994–2010). Unter Leitung von Bettina Kirschstein/Ursula Schulze erarbeitet von Sibylle Ohly/Daniela Schmidt/Peter Schmitt u.a. 3 Bde. Veröffentlichungen der Kommission für Deutsche Literatur des Mittelalters der Bayerischen Akademie der Wissenschaften. Berlin: Schmidt.

Francisca Loetz
Wenn Quellentexte sprechen könnten: Eine Historikerin in einem fiktiven Gespräch

Zusammenfassung: Textquellen historisch auszuwerten, heißt mit einer Sprache der Vergangenheit konfrontiert zu sein. Quellensprache stammt grundsätzlich aus einer Welt vergangener und damit „anderer" Worte, die es für die Auswertung einer historischen Quelle zu verstehen gilt. Historische Semantik und historische Lexikographie bewegen sich an der Schnittstelle von Geschichtswissenschaft und Sprachwissenschaft, verfolgen jedoch unterschiedliche Interessen. Damit die Geschichtswissenschaft von den Chancen einer pragmatischen Semantik bzw. die historische Sprachwissenschaft von der Reflexion ihres Quellenkorpus und ihrer Textsorten profitieren, müssen deswegen die jeweiligen methodologischen Voraussetzungen der beiden Disziplinen reflektiert werden.

Schlüsselwörter: Quellensprache, Intuition, Alteritätshermeneutik, Sprechhandlung, Bedeutung, historische Semantik, historische Lexikographie, Korpusbildung, Gebrauchstexte, semantische Pragmatik

1 Einleitung

Als Historikerin in einem Band das Wort zu ergreifen, in dem Spezialistinnen und Spezialisten für Lexikographie, linguistische Semantik und Sprachtheorie ihre sprachwissenschaftlichen Argumentationen vorstellen, weckt in mir das Gefühl, mich in die Höhle des Löwen zu begeben. So kommt mir ein gern zitierter Aphorismus des Philosophen Wittgenstein in den Sinn: „Wenn der Löwe sprechen könnte, ich würde ihn nicht verstehen." Nun, weder bin ich Linguistin noch bin ich Philosophin. Zu unser aller Beruhigung werde ich mich deswegen hüten, es mit den linguistischen und philosophischen Löwen aufzunehmen. Ich will mich aber trotzdem um gegenseitige Verständigung bemühen und mich dazu vom bekannten Aphorismus inspirieren lassen. Ich drehe den Spieß um und stelle die Frage: Wenn historische Textquellen mich verstehen könnten, was würden sie mit mir sprechen? Ich erlaube mir zur Beantwortung in einer akademisch ungewohnten Form vorzugehen: Ich lasse die Historikerin der Frühen Neuzeit, die ich bin, mit einer historischen Textquelle in einem fiktiven Dialog zu Wort kommen, um zu hören, was sich die beiden zu sagen haben.

Prof. Dr. Francisca Loetz: Universität Zürich, Historisches Seminar, Karl Schmid Strasse 4, CH-8006 Zürich, E-Mail: f.loetz@hist.uzh.ch

2 Das Gespräch

Historikerin:	**Textquelle:**
Na Du Textquelle, bist Du für meine Fragestellung relevant?	
	Dann lies doch mal los!
Du bist schon ganz anders und doch auch ganz vertraut: Ich verstehe ja, worum es geht.	
	Wirklich? Das musst *Du* beurteilen. Wie verhält sich Dein sprachliches Vorverständnis zu meiner Quellensprache? Gibt es in Deiner Alltags- oder Fachsprache des 21. Jahrhunderts noch „*Herren*"? Und was ist bei Euch „*unverantwortlich, hoch ärgerlich und fehlbar*"?
Du hast schon Recht, die Wörter gibt es in meiner Sprache noch, aber ihre Bedeutung hat sich verändert. Meistens verlasse ich mich auf meine Intuition. Ich reime mir aus meinen historischen Kenntnissen irgendwie aus dem Quellenkontext die Bedeutung des Textes zusammen.	
	Irgendwie? Intuition? Ich dachte Du bist Wissenschaftlerin und willst mich wirklich verstehen.
Na ja, ich könnte es schon akademischer formulieren: Ich trete in einen hermeneutischen Interpretationsprozess. Ich mache mir bewusst, wo ich in meiner Sprachwelt stehe, um die Andersartigkeit Deiner Sprache zu begreifen.[1] Ich betreibe eine Alteritätshermeneutik, in der ich die Distanz zwischen Deiner, der anderen, fremden Welt und meiner eigenen Lebenswelt verdeutliche, um historische Erkenntnis zu gewinnen.	
	Hermeneutik, die Welt, das Fremde: Willst Du mich jetzt etwa durch Kilometer von Fachliteratur führen? Ich dokumentiere einfach nur einen Vorgang in der Vergangenheit, ich bezeuge Fakten.

---

[1] Nach Monika Schwarz-Friesel können sprachliche Äußerungen nicht ausschließlich als kognitiver Prozess verstanden werden. Sowohl in der Sprachproduktion wie auch in der Sprachrezeption wirken emotionale Prozesse mit (Schwarz-Friesel 2013: 126–130). Welche Rolle Intuition als implizites, aber nicht reflektiertes Wissen zusätzlich in der Verwendung und Auswertung von Sprache spielt, bliebe zu diskutieren.

| **Historikerin:** | **Textquelle:** |

Nein, Du bist etwas Gemachtes, wie das lateinische „Faktum" ganz richtig sprachlich ausdrückt. Du dokumentierst genauso wenig einfach nur reale Fakten wie Bilder ein Abbild der Realität sind. Wenn Leonardo seine Mona Lisa lächeln lässt, bietet er uns eine Perspektive auf ein bestimmtes Frauenbild, nicht die abgebildete Dame selbst. Genauso ist Deine Sprache ein textliches Abbild eines Vorgangs in der Vergangenheit, verschriftete Handlung in der Perspektive der Sprecherin oder des Sprechers im Kontext der zeitgenössischen Handlungsmuster.[2]

Könnte sein, dass Du Recht hast. Du bist ja nicht die erste, die von Texten als Handlung in Sprache spricht. Die meisten Deiner Fachkollegen und Fachkolleginnen interessieren sich allerdings für einzelne Wörter, besser Begriffe.[3]

Ich weiß, Du meinst die historische Semantik oder Begriffsgeschichte. In meinem Fach trennen wir sie faktisch nicht wirklich voneinander.[4] Im Unterschied zur Linguistik verfolgt sie nicht den innersprachlichen Wandel und die Variabilität sprachlicher Zeichen. Wer in der Geschichtswissenschaft historische Semantik betreibt, greift aus Quellen Schlüsselbegriffe heraus und betrachtet sie als Chiffre für Phänomene ihrer Zeit.[5] So können hundertseitige Abhandlungen über einen einzigen Begriff wie Liberalismus, Antisemitismus, Freundschaft oder Furcht entstehen (vgl. Leonhard 2003; Berger Waldenegg 2003; Kühner 2013; Bähr 2013). Angesichts dieses

---

2 Zur Gegenüberstellung von Verschriftung und Verschriftlichung vgl. Bertelsmeier-Kierst (2008: 59).
3 „Wörter", „Worte" und „Begriff" werden häufig nicht genügend voneinander unterschieden. Zur Vermeidung von Missverständnissen weise ich daher darauf hin, dass ich mit „Wörter" die einzelnen Bedeutungseinheiten einer Sprache meine, während „Worte" sprachliche Aussagen ausdrücken und „Begriff" ein gedankliches Konzept oder – in der historischen Semantik Koselleck'scher Prägung – eine sprachliche Verdichtung eines gesellschaftlichen Phänomens bezeichnet.
4 Zur Abgrenzung zur philosophischen Begriffsgeschichte vgl. Freeden (2003: 51–63); Dutt (2013: 68–71).
5 Wie Dutt herausstellt, werden in der historischen Semantik Koselleckscher Prägung die jeweiligen Begriffe als Indikatoren wie Faktoren gesellschaftlicher Entwicklungen betrachtet. Vgl. Dutt (2013: 73–74).

Historikerin:	Textquelle:
Aufwands werde ich nie einen ganzen Text historisch semantisch erfassen können!	
	Ich habe da u. a. von einem Herrn Koselleck oder später einem Jörn Leonhard, in letzter Zeit auch von einem Andreas Bähr oder einer Claudia Garnier gehört. Mich haben Sie allerdings nicht in die Hand genommen. Ich interessiere sie nicht. Ich bin nicht das verschriftete Denken von Intellektuellen. Ich bin ein handschriftliches Alltagsprodukt in einem Archiv.
Zugegeben, ganz abgesehen vom Aufwand der paläographischen Entzifferung handschriftlicher Quellen, ist die Frage der Korpusbildung und der Textsorten noch einmal ein Problem für sich.[6] Über dieses Problem haben sich die Linguistik und die Geschichtswissenschaft bislang kaum miteinander ausgetauscht.[7] Tröste Dich vorerst mit dem Hinweis, dass die Linguistik immer mehr die Kanzleisprache für sich entdeckt und Dir dadurch, zumal als frühneuzeitliche obrigkeitliche Quelle, näher kommt.	
	Wie schön! Aber ich möchte nicht nur von der Linguistik in meiner sprachlichen Form beschrieben werden.[8] Ich möchte auch verstanden werden![9] Gibt es denn niemanden, der mich verstehen kann!?

---

6 Kennzeichnend hierfür ist u. a. Meiers Feststellung, es fehle in der Linguistik an einer historischen Textsortenanalyse (Meier 2004: 36–37).
7 Hierbei sollte die Notwendigkeit einer Binnendifferenzierung selbst innerhalb einer Textsorte berücksichtigt werden. Gerichtsakten von Hexenprozessen etwa sind angesichts der unterschiedlichen Aussagenbedingungen der Befragten nicht mit den Gerichtsakten vor einem Ehegericht oder einem Ratsgericht gleichzusetzen. Zu dieser mangelnden Unterscheidung in der Sprachwissenschaft vgl. Loetz (2017: 428f.).
8 Nicht umsonst weist etwa Angelika Linke darauf hin, dass bei der Untersuchung sprachlichen Handelns „der sprachlichen Form, den Routinen und Mustern des Sprachgebrauchs" mehr Aufmerksamkeit geschenkt werden solle. Vgl. Linke (2003: 39–49).
9 So plädiert Jörg Meier für eine historische Textanalyse aus soziopragmatischer Perspektive, die diverse Blickwinkel „auf die sozialen, kulturellen, politischen und medialen Faktoren eröffne (Meier 2004: 45–54, 238), die die Sprache einer Kommunikationsgemeinschaft mitgestalten" (ebd.: 237). Ebenso erhebt nach Ingo Warnke die derzeitige Kanzleisprachenforschung den Anspruch, sie arbeite nicht allein strukturalistisch sprachliche Regeln von Bedeutungssystemen heraus, sondern untersuche die „Einbindungen von Handlungsroutinen der Kanzleien in die Bewältigung der Sinngebungsprozesse spätmittelalterlicher und frühneuzeitlicher Gesellschaften" (Warnke 2012: 47). Als

Historikerin:	Textquelle:
Tja, da wirfst Du aber Grundsatzfragen auf! Was ist Sprache? Was geschieht bei der Verwendung von Sprache? Kann ich jemanden anderen überhaupt verstehen?	
	Nun gut, lassen wir mal die Philosophie, Sprachtheorie und Psychologie bei Seite. Hast Du nicht eine andere Idee?
Weißt Du, ich behaupte frech, als Historikerin anspruchs*voller* als die Linguistik, aber anspruchs*loser* als die Philosophie, die Sprachtheorie oder Psychologie zu sein. Ich begnüge mich mit der Vorstellung, zwar andere nicht bis aufs Letzte verstehen, aber mich mit ihnen dennoch verständigen zu können. Wie sich genau die Laute, die Grammatik und die Syntax einer Sprache oder die philologischen Formen eines Textes verändern, daraus kann ich nur selten relevante Erkenntnisse gewinnen. Um mich mit Quellen zu „verständigen", muss ich verstehen, was gemeint ist. Ich konzentriere mich auf Inhalte statt auf Formen.	
	Klingt interessant. Haben wir also doch eine Chance, uns einigermaßen zu verstehen, ich meine zu verständigen. Und das, obwohl ich als Text nicht selbst auf Deine Fragen antworten kann.
Nein, kannst Du nicht. Ich kann Dich aber als Sprechen auffassen, das in schriftlicher Form überliefert ist.	
	Und, was hast Du davon?
Ich verstehe Dich als Text, als sprachlich zusammenhängende Darstellung einer vergangenen Situation. Weder behandle ich Wörter als rein innersprachliche Elemente noch mache ich	

Historikerin vermisse ich allerdings den Nachweis dieser Faktoren wie auch Ausführungen zum Erkenntniswert, der im entsprechenden Nachweis liegen könnte. Für mich ist aufschlussreich, was mir sprachliche Dokumente für Indizien auf vergangene Gesellschaften „liefern". Bei Schriftstücken aus der nachreformatorischen Zeit z. B. kann man immer wieder beobachten, dass in evangelischen Gebieten die Datenangaben weiterhin auf katholische Feiertage verweisen. Aus einer solchen Spannung zwischen der Kontinuität in der sprachlichen Form der Datumsangabe und der theologischen Abschaffung katholischer Feiertage im Protestantismus könnte ich etwa Schlüsse über die Konfessionalisierung der Bevölkerung ziehen. Ich würde damit die Datumsangaben historisch interpretieren, sie in einer bestimmten Weise verstehen, statt sie lediglich zu beschreiben.

Historikerin:	**Textquelle:**

Historikerin: aus ihnen Begriffe, die außersprachliche gesellschaftliche Phänomene zu einem sprachlichen Zeichen verdichten. Du bist für mich nicht eine Ansammlung von Wörtern oder historischen Chiffren, sondern eine Darstellung einer historischen Welt in Worten.

Textquelle: Scheint mir einleuchtend, wenn ich auch noch nicht alles verstehe. Bei der historischen Semantik von Koselleck und wie sie alle heißen, habe ich nie nachvollziehen können, wie sie ihre Schlüsselbegriffe auswählen. Den Vorwurf, sie bezögen sich mit ihrer Begriffswahl ausschließlich auf Höhenkammliteratur, halte ich nicht für ausschlaggebend. Er trifft nicht das methodische Vorgehen an sich.[10] Aber warum nur Konzepte wie „Volk", „Affekt", „Furcht"? Wenn sich die Geschichtswissenschaft auch langsam für andere Texte öffnet, konzentriert sie sich doch noch sehr auf normative Texte und programmatische Schriften aus der Politik, den Wissenschaften und der Erziehungsliteratur.[11] Welche Begriffe würde aber eine geschichtswissenschaftlich arbeitende historische Semantik[12] wählen, die eher Gebrauchstexte auswerten und damit stärker auf die soziale Wirklichkeit zugreifen würde? Wie würde sie den repräsentativen Stellenwert ihrer Begriffe erkennen?

Historikerin: Das kann ich Dir nicht beantworten. Diejenigen, denen in meinem Fach das Etikett „historische Semantik" angeklebt wird, sind zwar alle theoriebewusst, aber das heißt nicht, dass sie die

---

10 Zu neueren Entwicklungen der Historischen Semantik: Busse (1991), Steinmetz (2008). Zur Einordnung des Ansatzes für eine Erfassung der politisch-sozialen Sprache des 20. Jahrhunderts vgl. Dutt (2013: 71–80).

11 Hier wäre eine historische Semantik „von unten" zu leisten, welche sich für Gebrauchstexte ländlicher und nicht bürgerlicher bzw. aristokratischer Sprecherinnen und Sprecher öffnen und die Vormoderne mit berücksichtigen würde. Zur Programmatik einer germanistischen „Sprachgeschichte von unten" vgl. Elspass (2005: 12–18).

12 Die Geschichtswissenschaft bezeichnet mit historischer Semantik einen spezifischen Ansatz. In der Sprachwissenschaft hingegen scheint mir eine historisch arbeitende Semantik nicht einen spezifisch anderen Zugriff zu verfolgen als die Semantik. Um dies zu markieren, wechsle ich zwischen Groß- und Kleinschreibung im Adjektiv.

Historikerin:	Textquelle:
theoretischen Fragen thematisieren bzw. lösen, die ihre Arbeitsweise aufwirft.[13] Die Historikerinnen und Historiker um Ute Frevert z. B. betreiben Emotionsgeschichte. Dazu werten sie aus, wie sprachliche Ausdrücke für Emotionen in historischen Konversationslexika definiert werden. Ohne zwischen den einzelnen Lexikographen zu unterscheiden und deren Arbeitsweise für die heutige Interpretation mit zu bedenken, machen sie deutlich, dass sie normative Emotionsverständnisse herausarbeiten.[14] Sie betreiben somit eine Wissensgeschichte von Emotionen, nicht aber eine Geschichte, wie Emotionen gelebt und erlebt wurden. Die Frage, was Furcht, Ehre, Liebe usw. für eine bestimmte Gesellschaft bedeutete, beantworten sie nicht.	
	Wieso denn nicht? Lexika der Vergangenheit halten doch fest, was die Gesellschaft ihrer Zeit über etwas dachte.
Eben: über etwas *dachte*, nicht welchen sozialen Stellenwert etwas in einer Gesellschaft hatte, welche Bedeutung einer Sprechhandlung zukam, was sie bewirkte, wie sie aufgefasst wurde.	
	Vielleicht solltest Du das Deinen Kolleginnen und Kollegen hinter ihre wissenschaftlichen Ohren schreiben: „Unterscheidet je nach Euren Fragestellungen zwischen der Wissensorientierung in einem historischen Konversationslexikon und dem Wissensgebrauch in der sozialen Wirklichkeit einer vergangenen Gesellschaft, zwischen Sprach- und Sachebene in Texten!"
	Aber wie schließt Du eigentlich auf die Bedeutung einer sprachlichen Äußerung? Ist das nicht auch einer dieser ominösen Be-

---

[13] So wertet die Historikerin Lynn Hunt Sprache als aktiven Faktor der Französischen Revolution und nicht als Reflex der revolutionären Entwicklungen aus, wogegen Wengeler einwirft, es sei für ihn als Linguisten nicht nachvollziehbar, „welche Texte sie genau in welcher Weise untersucht und interpretiert hat" (Wengeler 2002: 48). Zur Kritik an der Theorieschwäche Kosellecks vgl. Dutt (2011; 2013); Wengeler (2002).

[14] Vgl. Frevert u. a. (2011). Im Unterschied zu dieser wissensgeschichtlichen Betrachtung als Beispiel einer linguistisch historisch-semantischen Emotionsgeschichte vgl. Lobenstein-Reichmann (2005) sowie das Lemma „Liebe" im Frühneuhochdeutschen Wörterbuch.

Historikerin:	**Textquelle:**
	griffe, von denen niemand wirklich weiß, wie man diese Bedeutung in einem Text erhaschen soll?
Ja, die Sache mit der Bedeutung ist ein Problem. Linguistisch meint „Bedeutung" die Regeln des Gebrauchs eines Wortes in einer Sprache (vgl. Keller/Kirschbaum 2003: 7). Ich verstehe unter Bedeutung mit Ute Daniel die „Wahrnehmungsstrukturen, Sinnstiftungsprozesse und Wertorientierungen" (Daniel 1993: 92) einer Gesellschaft. Weil Sprachgebrauch Konventionen folgt, sind natürliche Sprachen Ausdruck solcher gesellschaftlicher Wahrnehmungsstrukturen, Sinnstiftungsprozesse und Wertorientierungen. Daher setze ich ganz pragmatisch an:[15] Ich gehe erstens davon aus, dass die Bedeutung jeglichen sprachlichen Zeugnisses darin beruht, dass das Zeugnis einen Zweck verfolgt und folglich einen Sinn macht.[16] Die Autorinnen und Autoren eines Textes geben mir etwas zu verstehen. Deswegen stelle ich mir zweitens die Frage: Was macht die Autorin eigentlich, wenn sie mit ihrer Niederschrift etwas macht? Unter welchen Voraussetzungen entfaltet ihre verschriftete Handlung eine Wirkung oder auch nicht. Ich starte mit der soziolinguistischen pragmatischen Lasswell-Formel „wer kommuniziert was mit wem, für wen, warum, wie, unter welchen Umständen und mit welchen (un-)beabsichtigten Konsequenzen?" Ich fahre dann mit der historischen Maxime fort: „Was kann ich aus der sprachlichen Auswertung	

---

15 Wie Linguistik bzw. Geschichtswissenschaft die Bedeutung sprachlicher Äußerungen zu erfassen suchen, hängt von ihrem jeweiligen realitätsspiegelnden oder wirklichkeitskonstruierenden Verständnis von Sprache ab. Vgl. hierzu in einer konzisen Zusammenfassung der geschichtswissenschaftlichen Diskussion der 1990er-Jahre: Wengeler (2002). Der Historiker Thomas Welskopp lehnt aus theoretischen Gründen das Verständnis von Sprache als dualistisches Verhältnis von inner- und außersprachlichen Referenzen ab und plädiert – wohl im Anschluss an Wittgenstein – stattdessen dafür, Sprachpraxis als Anwendung sprachlicher Register zu verstehen, die ständig von den sprachlichen Akteurinnen und Akteuren durch Kommunikation und soziales Handeln erlernt, erweitert und abgeändert werden. Vgl. Welskopp (2014: insb. 117–121). Soweit ich sehe, ist dieser programmatische Vorschlag für die historische Quelleninterpretation folgenlos geblieben.
16 Sprachliche Zeugnisse von geistig verwirrten Menschen schließe ich hier aus, aber nicht sprachliche Anarchismen wie den Dadaismus. Dieser „funktioniert" deswegen, weil er gezielt sprachliche Regeln verletzt. Sein Sinn, seine Bedeutung liegt darin, sprachliche Verhältnisse ex negativo zu kommentieren.

Historikerin:	Textquelle:
der Quellen auf deren gesellschaftliche Konstruktion der Wirklichkeit hinsichtlich meiner Fragestellung schlussfolgern?"	
	Semantische Pragmatik also, die nicht allein auf die begrifflichen Inhalte, sondern auch auf die kommunikativen Funktionen und Wirkungen von Worten zielt. Komm, demonstriere mal an mir, wie Deine nicht systemlinguistisch, sondern handlungsorientierte Welt der Worte aussieht.
Kann ich machen. Da ist jetzt aber etwas Geduld gefragt. Schauen wir uns Dich näher an. Als Gerichtsurteil bist Du sowohl für die Linguistik wie auch die Geschichtswissenschaft eine vertraute Textsorte. Du dokumentierst einen berühmten Fall aus dem Zürich des 17. Jahrhunderts. Wie Du weißt, musste sich General Rudolf Werdmüller 1657 vor dem Ratsgericht wegen Gotteslästerung verantworten. Er war bereits zuvor 1652 wegen anderer Vorwürfe vom Gericht belangt worden. Die Lage spitzte sich über die Jahre dermaßen zu, dass der reiche und exzentrische Mann aus vornehmem Zürcher Hause nach Frankreich ins Exil ging und von dort aus die Unterstützung Ludwigs XIV. in seiner Auseinandersetzung mit Zürich gewann. Um nach Zürich zurückkehren zu können, nahm Werdmüller schriftlich zu den Vorwürfen Stellung. Das Ratsgericht ließ ihn darauf mehrfach verhören. Außerdem gab der Rat ein ausführliches kirchliches Gutachten über die Gotteslästerungsvorwürfe in Auftrag. Was der Rat am 27. April 1659 endlich für ein Urteil fällte, hältst Du als Ratsmanual fest:[17]	

Nachdem M[eine] Gn[ädigen] H[er]r[e]n in verschiedenen großen Ratstagen ablesend angehört, was Herr Oberst Werdmüller und syner Religionsdiscursen halber für Bericht und Kundschaften ufgenommen worden, und nit allein, was er darüber zu Bescheid und Antwort gegeben, sondern auch die Herren Kirchen- und Schuldiener für ein Bedenken abgefaßt, item was underschiedenlichen syner alten und neuen Sachen halber wyters für- und angebracht worden, habend dieselben in Erdur- und ryfer Erwägung befundner der Sach Verloffen- und Beschaffenheit den Handel folgendermaßen ußgesprochen:

---

17 Staatsarchiv Zürich, B.II.504, 62–64.

Namblich, obglychwolen syne geführten Religionsdiscursen, nebent etlichen synen Actionen, als synem bekannten Verhalten in Dalmatien, welchenhalber es by dem Urteil vom Sept. 1652 syn Verblyben hat, desglychen syn Ußtritt uß den Rechten, syne Schirmsuchung und Correspondenzen by und mit frömbden Herren, und derglychen Sachen mehr, unverantwortlich, hoch ärgerlich und fehlbar, auch also bewandt, daß wenn man sy den Kundschaften nach fassen und verstehen, auch dafür halten täte, daß sy uß bösem Gemüt und Vorsatz beschehen, sy eine hohe Straf verdienen würden. Sintemal aber nit nur ein Teil der Kundschaften unluter, sondern derselbe [Werdmüller] auch syn Glaubensbekanntnus gantz christenlich und in bester Form getan und sich sowohl gegen den Herren Nachgängern mündlich, als auch selbsten schriftlich erklärt und bekannt, daß obglych solche Reden von Ihme in keiner bösen Intention und zu keinem bösen Ende beschechen, daß er doch damit zu viel getan, welches ihm leyd syge, auch deswegen umb Gnad und Verzychung gebeten, so sollen derowegen und in Ansehung underschiedlicher gewüsser Motiven und sonderlich auch syner wohlbestellten Hushaltung, Herrn Oberst Johann Rudolf Werdmüller diese verloffenen Sachen nit auf dem bösesten, sondern dem milderen Weg ußgedütet werden, Ihme aber zur Bezügung oberkeitlichen hohen Mißfallens uferlegt werden, daß er bevorderist vor den Herren an der Gstift im Bywesen Herrn Burgermeister Wasers, Herrn Statthalter Spöndlins, Herrn Statthalter Heideggers, Herrn Obmann Müllers, H. Ratsherrn Landolten, H. Schultheißen Hirzels, H. Amptmann Scheuchzers, H. Husschryber Thomans, H. Stallherr Grebel, wie auch H. Quartierhauptmann Hirzels und Herrn Rittmeister Meyers sich stellen, und die vor M[eine] Gn[ädigen]H[erren] yngegebne schriftliche Glaubensbekanntnus auch daselbst, mit Erkenntnuß synes Fehlers, von Mund ablege und bezüge, auch darüber Ihme durch die Herren Pfarrherren die Notdurft zugesprochen werde.

Demnach solle er gemeiner Statt also bar und ohne Verzug 1200 Pfund Gelds zu Buß zu bezahlen haben, auch bis uff nächst künftige Wienacht übers Jahr des Regiments wyters yngestellt syn, alsdann aber by der Regimentsbesatzung auch wieder abgelöst werden und sowohl als übrige alte Rät, der Wahl fähig syn.

Darmit aber zuglych auch dasjenige alles, was wyters sowohl jüngsten Kriegs und anderer Sachen halber, als auch mit Herrn Spitalmeister Schufelberger und Herrn Ratsherr Zimbermann bedenklich fürgefallen, von Oberkeit wegen völlig ufgehept und eröteret syn soll: Alles mit dem heiteren Anhang, daß man sich zu Ihme gäntzlich versehe, Er sich dies eine Warnung syn lasse und fürs künftig gwahrsamer fahren werde. Wo nit, daß M[eine]Gn[ädigen]H[erren] Ihme alsdann alles zusammen rechnen und das oberkeitlich Empfinden mit mehr Ernst zu verstahn geben zu lassen, sich vorbehalten haben wollind.

Historikerin:	Textquelle:
Linguistinnen und Linguisten würden in diesem Text die typischen Kennzeichen der Kanzleisprache ausmachen können.[18] Historische Lexikographinnen und Lexikographen könnten sich z. B. für das Wort „Religionsdiscurs" erwärmen. Sie könnten den Unterschied zwischen dem Quellenbegriff „Discurs", dem linguistischen oder historischen Fachbegriff „Diskurs" und der heutigen umgangssprachlichen Verflachung von „Diskurs" verdeutlichen. Die geschichtswissenschaftliche historische Semantik könnte bei-	

---

18 Vgl. die Beiträge in Greule/Meier/Ziegler (2012).

Historikerin:	Textquelle:

spielsweise die Begriffe „Herr", „Bedenken", „Gemüt" herausfiltern, um an ihnen frühneuzeitliche Vorstellungen von Herrschaft bzw. vom Subjekt zu demonstrieren. Ich frage weiter: Welche historische Erkenntnis kann ich aus dem sprachlichen Geschehen dieses Textes gewinnen? Ich will das nur an einigen Passagen exemplarisch ausführen:

Es geht um „Berichte und Kundschaften", die an mehreren Gerichtssitzungen abgelesen, also aus einer schriftlichen Vorlage vorgetragen worden sind. Strittig sind „Religionsdiscurse". Werdmüller hat über sie „Bescheid und Antwort" gegeben, die „Herren Kirchen- und Schuldiener" ein „Bedenken" über sie abgefasst. Der Rat stellt fest, ein Teil der protokollierten Zeugenaussagen sei „unlauter". Werdmüller habe „syn Glaubensbekanntnus gantz christenlich und in bester Form getan". Er habe sich mündlich wie auch schriftlich dem Gericht gegenüber verantwortet. Die mutmaßlich blasphemischen Worte seien „in keiner bösen Intention und zu keinem bösen Ende" geschehen. Doch habe er „damit zu viel getan, welches ihm leyd syge, auch deswegen umb Gnad und Verzychung gebeten". Doch seine Reden sollten u. a. angesichts „syner wohlbestellten Hushaltung … nit auf dem bösesten, sondern dem mildern Weg ußgedütet werden". „Zur Bezügung oberkeitlichen hohen Mißfallens" solle er vor den Magistraten der Stadt öffentlich sein schriftlich eingereichtes Glaubensbekenntnis „mit Erkenntnuß synes Fehlers, von Mund ablege[n] und bezüge[n]". Ferner solle ihm durch „die Herren Pfarrherren die Notdurft zugesprochen" und ihm eine Geldstrafe von 1200 Pfund auferlegt werden.

Ein solcher Text lässt sich nicht in unser gegenwärtiges Deutsch „übersetzen".[19] Unsere heutigen Gerichte richten im Namen des Volkes, nicht in der Stellvertreterschaft Gottes auf Erden. Deswegen sprechen sie eine andere Sprache. Historische Wörterbücher erleichtern das Textverständnis. Eigentlich müssten wir als Historikerinnen im Idiotikon oder FWB konsequent nachschlagen, was z. B. „Bedenken", „gantz", „böse", „die Notdurft zusprechen" heißen. Wir müssten ebenfalls nachprüfen, ob die

---

19 Zur Problematik, Begriffe der Vergangenheit über die zeitlichen Differenzen hinweg in die Gegenwartssprache über zu setzen vgl. Lanieri (2014).

Historikerin:	Textquelle:
diachronen und semantischen Bedeutungsvarianten, die uns historische Wörterbücher anbieten, auf unsere Quelle passen (vgl. Lobenstein-Reichmann 2011: 67, 73). Das will ich nicht weiter verfolgen, sondern die anderen Passagen, die für mich den Text als sprachliche Handlung historisch aussagekräftig machen, betrachten.	
Auffällig ist, dass das Urteil mehrfach den schriftlichen wie auch mündlichen Vollzug von Handlungen festhält. Offenbar ist im frühneuzeitlichen Zürich ausschließliche Mündlichkeit keine genügende Rechtsgrundlage, wie umgekehrt Schriftlichkeit noch der mündlichen Bestätigung bedarf. Das Urteil beruhe auf „Erdur- und ryfer Erwägung" der Aussagen. Weiterhin heißt es im Urteil, Werdmüller habe seinen Fehler bekannt und die Obrigkeit um „Verzeihung" gebeten. Daher lasse der Rat angesichts der mildernden Umstände, zu denen die ordentliche „Hushaltung" gehört, „Milde" walten, nicht aber ohne für eine förmliche Ermahnung, einen öffentlichen Widerruf und eine extrem hohe Geldstrafe zu sorgen. Hier setzt sich sprachlich ritualisiert eine Obrigkeit als besonnene, strenge und zugleich gnädige Instanz in Szene, die vom letztlich gehorsamen Untertan und reuigen Sünder Werdmüller förmlich anerkannt wird. Was passiert hier eigentlich in diesem offiziös formulierten Urteil? Hätte das Manual allein die Funktion gehabt, das Urteil zu registrieren, hätte ein in frühneuzeitlicher Sprache formuliertes, lapidares „wurde nach Beurteilung der Aussagen und Akten zu einem öffentlichen Widerruf, einer Ermahnung durch die Geistlichen und zu einer Geldstrafe in Höhe von 1200 Pfund verurteilt" gereicht. Im gereizten Klima der Affäre Werdmüller geht es dem Rat offensichtlich um mehr: Das Ratsgericht markiert einen autoritären Sprechakt, der durch Ritualisierung der sprachlichen Form und Ausführlichkeit der Begründung in der Öffentlichkeit der frühneuzeitlichen Anwesenheitsgesellschaft seine Wirkung erzielen soll.	
Du runzelst die textliche Stirn?	
	Ich frage mich gerade, was Du mit Deinem Ansatz von pragmatischer Semantik gewonnen hast.
Ich kann spezifischer bezeichnen, wie ich aus den sprachlichen Passagen zu historischen Aussagen komme, indem ich sie in einen Handlungskontext	

Historikerin:	Textquelle:
setzte: „Antwort", „böse", „Hushaltung", „Notdurft zusprechen" usw., das könnte man ganz anders ver- bzw. missverstehen, wenn man die Wörter vom textlichen oder vom historischen Kontext losgelöst als vereinzelte sprachliche Ausdrücke nehmen würde.	
	In diesen Begriffen, die Du eben als Beispiele aufgezählt hast, würden Deine Kolleginnen und Kollegen aus der historischen Semantik vermutlich keine relevanten Ausdrücke der frühneuzeitlichen politisch-sozialen Sprache[20] erkennen und sie daher erst gar nicht untersuchen.
„Hushaltung" hätte eine Chance, denn es würde zur berühmten These Otto Brunners vom „ganzen Haus" passen. Schließen wir also nicht aus, dass die geschichtswissenschaftlich orientierte historische Semantik ihr Quellenkorpus noch stärker erweitern und damit auf sprachliche Konstruktionen anderer Ausschnitte von vergangenen Wirklichkeiten kommen wird.	
	Kann es sein, dass Du mit der historischen Lexikographie mehr Überschneidungen im Verständnis von Sprache siehst?
Wenn Du eine pragmatisch orientierte Lexikographie meinst, ja. Was mich als Sozial- und Kulturhistorikerin bei einem Wörterbuch wie dem FWB nicht so richtig befriedigt, ist u. a. die Zusammenstellung des Quellenkorpus. Es ist mir zu stark an Quellen orientiert, die Soll-Vorstellungen und nicht Ist-Zustände beschreiben. Sprechen als kognitives, intentionales *und* emotionales Geschehen kommt in diesem Quellenkorpus zu kurz. Aber ich muss zugeben, dass ich die Frage, wie ich für eine Gesellschaft ein repräsentatives und bearbeitbares Quellenkorpus bilden soll, auch nicht befriedigend beantworten kann. Ich kann mir allerdings vorstellen, dass man thematische Schneisen durch die Masse überlieferter Quellen schlagen könnte. Das Thema „Liebe" z. B. fände sich dann für die Frühe Neuzeit nicht nur in idealisierenden Konversationslexika, theologischen Schriften und litera-	

---

20 Zur Programmatik dieser sozialgeschichtlich erweiterten historischen Semantik vgl. Reichardt (1998).

Historikerin:	Textquelle:
rischen Zeugnissen, sondern z. B. auch in Akten der Sittengerichte, in Testamenten, Briefen, Selbstzeugnissen. Man könnte fragen, was die Gegen- und Begleitbegriffe sind. Als Gegenbegriffe zu Liebe kenne ich z. B. die Quellenbegriffe „Unfriede", „Liederlichkeit", „Hurerei", d. h. Streit, Trunkenheit und Faulheit, bzw. eheliche Untreue. Als Begleitbegriffe sind mir, modern gesprochen, vertraut: „Zuwendung", „eheliche Pflicht zum Geschlechtsverkehr", „verantwortungsvolles gemeinsames Wirtschaften". Da müsste man noch weiter überlegen.	
	Du klingst, als ob Du noch an etwas Anderem herumgrübelst.
Da hast Du ganz richtig gehört. Es führt uns zu unserem Ausgangspunkt zurück. Auch pragmatische Lexikographie kommt zu ihren Ausdifferenzierungen von Wortbedeutungen nur über einen hermeneutischen Interpretationsprozess. Wie der erfolgt, darüber schweigt sich die historische Lexikographie jedoch aus.	
	Aber Du hast doch selbst eingeräumt, dass auch Du ungeachtet aller philosophischen Abhandlungen über Hermeneutik „irgendwie" interpretierst.
Ich muss es offen bekennen – aber das ist kein Schuldbekenntnis, sondern eine explizite, wenn auch nicht genauer begründete geschichtstheoretische Position –,[21] ich kann nicht bis aufs Letzte darlegen, wie ich z. B. von der Quellenformulierung „Erkentnis seines Fehlers" zu dem Schluss „gehorsamer Untertan, der das Ratsgericht durch ein förmlichen Widerruf als von Gott eingesetzte Obrigkeit anerkennt" gelange. Ich kann nur sagen, ich verknüpfe eine Textpassage mit außertextlichen historischen Überlegungen. Ich stelle einen Zusammenhang her. Um meine hermeneutischen Schritte nachvollziehbar und überprüfbar zu machen, belege ich meine Schlussfolgerungen konsequent mit Quellen. Ich mache meine Darstellung als historiographische Konstruktion kenntlich.	
	Kommen daher in Deinen historischen Darstellungen Ausdrücke wie „vermutlich", „eher als", „am plausibelsten" so

---

21 Zum Desiderat einer „Beleghermeneutik" vgl. Fritz (2011: 8).

Historikerin:	Textquelle:
	häufig vor?
Diese wichtigen kleinen Wörter bringen zum Ausdruck, dass jegliche historische Argumentation eine Konstruktion von Vergangenheit ist, die auf Quellen beruht. Aber Achtung: konstruieren heißt nicht erfinden oder leugnen. Wir können nicht Auschwitz rekonstruieren, als ob wir es als ein gegebenes Ding objektiv ent-decken könnten. Wir können es aber nach den Regeln unseres wissenschaftlichen Handwerks aus den Quellen intersubjektiv und überprüfbar konstruieren. Wir können somit nachweisen, dass Auschwitz ein historisches Faktum ist und diejenigen widerlegen, die Auschwitz leugnen.[22]	
	Jetzt wirst Du richtig leidenschaftlich.
Sicher, denn für mich sind Textquellen nicht etwas, in dem ich ein gegebenes Objekt, etwa ein sprachliches Regelwerk, vorfinde. Textquellen sind für mich in ihrer Alterität prinzipiell sperrige schriftliche Überlieferungen, die von Menschen der Vergangenheit zeugen. Herauszufinden, was diese Menschen in spezifischen Situationen gesagt bzw. geschrieben haben und wie sie ggf. verstanden wurden, heißt einen Zugang zu ihnen zu suchen.	
	Formulierungen wie „die Bibel sagt", „das Gesetz schreibt vor", „die Quellen sprechen für sich" müssen für Dich unhaltbar sein.
Mich stört noch etwas Anderes. Die Geschichtswissenschaft arbeitet zwar *sehr viel* mit Textquellen und versucht sie dann zum Sprechen zu bringen, aber dafür denkt sie *sehr wenig* über Sprache nach. In puncto Sprachreflexion sollten wir über den literarisch orientierten *linguistic turn* hinaus kommen.	
	Was soll ich da sagen?! Ich glaube, wir sind dabei uns darüber zu verständigen, wie aus Wörtern Worte über historisch spezifische Welten werden. Das letzte Wort haben wir aber wohl noch lange nicht gesprochen.

---

22 Zur schnellen Orientierung über die vom *linguistic turn* ausgelöste Diskussion über das Verhältnis von Fakten und Fiktionen in der Geschichtswissenschaft vgl. Goertz (2001); Gabriel (2013). Zur gerichtlichen Auseinandersetzung mit dem Holocaustleugner David Irving vgl. Lipstadt (2006).

Ich breche an dieser Stelle den fiktiven Dialog zwischen der Historikerin und ihrer Quelle ab. Ob Geschichtswissenschaft oder Sprachwissenschaft, wir könnten diesen Dialog als vergebliche Spielerei bei Seite legen und argumentieren, dass Textquellen nicht reden und, täten sie es, wir sie gemäß Wittgenstein ohnehin nicht verstehen könnten. Doch, so mein Fazit, ich brauche nicht vor dem Problem Halt zu machen, ob Textquellen für uns unverständliches Löwengebrüll sind oder nicht. Ich stelle als Historikerin erst gar nicht die Frage, ob mir eine Textlöwin oder ein Textlöwe etwas zubrüllen. Vielmehr frage ich aus der Perspektive meiner Welt, was ich mittels der Textquelle über die Vergangenheit erkennen kann. Ich gehe nicht davon aus, dass die Quelle – in welcher Sprache auch immer – zu mir redet, sondern ich bringe sie in der Sprache meiner Gegenwart zum Sprechen. Der Dialog mit der Quelle findet in mir als hermeneutischer Prozess statt, in dem ich die Textquelle als Antworten auf meine Fragen an die Vergangenheit zu interpretieren suche, statt sie als Mitteilung der Vergangenheit an mich entschlüsseln zu wollen. Soweit ich sehe, geht die Sprachwissenschaft analog vor. Eine gegenseitige Annäherung der beiden Fächer sollte daher nicht ein fiktiver Wunsch bleiben müssen, sondern zu einem reellen Dialog zwischen den beiden Disziplinen beitragen können.

Literatur

Bähr, Andreas (2013): *Furcht und Furchtlosigkeit. Göttliche Gewalt und Selbstkonstitution im 17. Jahrhundert*. Göttingen: V&R unipress.

Berger Waldenegg, Georg Christoph (2003): *Antisemitismus: „Eine gefährliche Vokabel?" Diagnose eines Wortes*. Wien u. a.: Böhlau.

Bertelsmeier-Kierst, Christa (2008): *Kommunikation und Herrschaft. Zum volkssprachlichen Verschriftlichungsprozeß des Rechts im 13. Jahrhundert*. Stuttgart: Hirzel.

Busse, Dietrich (1991): Der Bedeutungswandel des Begriffs „Gewalt" im Strafrecht. Über institutionell-pragmatische Faktoren semantischen Wandels. In: Ders. (Hrsg.): *Diachrone Semantik und Pragmatik. Untersuchungen zur Erklärung und Beschreibung des Sprachwandels*. Tübingen: Niemeyer, 259–275.

Daniel, Ute (1993): „Kultur" und „Gesellschaft". Überlegungen zum Gegenstandsbereich der Sozialgeschichte. In: *Geschichte und Gesellschaft* 19, 69–99.

Dutt, Carsten (2011): Historische Semantik als Begriffsgeschichte. Theoretische Grundlagen und paradigmatische Anwendungsfelder. In: Riecke, Jörg (Hrsg.): *Historische Semantik*. Berlin/Boston: De Gruyter, 37–50.

Dutt, Carsten (2013): Begriffsgeschichte als Historie der Moderne. Semantik und Pragmatik nach Koselleck. In: Ders./Laube, Reinhard (Hrsg.): *Zwischen Sprache und Geschichte. Zum Werk Reinhard Kosellecks*. Göttingen: Wallstein, 65–80.

Elspass, Stephan (2005): *Sprachgeschichte von unten. Untersuchungen zum geschriebenen Alltagsdeutsch im 19. Jahrhundert*. Tübingen: Niemeyer, 12–18.

Freeden, Michael (2003): Concepts, Ideology and Political Theory. In: Dutt, Carsten (Hrsg.): *Herausforderungen der Begriffsgeschichte*. Heidelberg: Winter, 51–63.

Frevert, Ute u. a. (2011): *Gefühlswissen. Eine lexikalische Spurensuche in der Moderne*. Frankfurt a. M./New York: Campus.

Fritz, Gerd (2011): Historische Semantik – einige Schlaglichter. In: Riecke, Jörg (Hrsg.): *Historische Semantik*. Berlin/Boston: De Gruyter, 1–19.

FWB = *Frühneuhochdeutsches Wörterbuch*. Hrsg. v. Robert R. Anderson [für Bd. 1]/Ulrich Goebel/Anja Lobenstein-Reichmann/Oskar Reichmann. Bearb. von Anja Lobenstein-Reichmann [ab Bd. 5 fortlaufend]/Joachim Schildt [Bd. 6., erste Hälfte]/Oskar Reichmann [Bände 1–3 und fortlaufend]/Vibeke Winge [Bd. 8]/Akademie der Wissenschaften zu Göttingen [seit 2013, ab Bd. 5, zweite Lieferung] u. a.

Gabriel, Gottfried (2013): Fakten oder Fiktionen? Zum Erkenntniswert der Geschichte. In: *Historische Zeitschrift* 297, 1–25.

Goertz, Hans-Jürgen (2001): *Unsichere Geschichte. Zur Theorie historischer Referentialität*. Stuttgart: Reclam.

Greule, Albrecht/Meier, Jörg/Ziegler, Arne (Hrsg.) (2012): *Kanzleisprachenforschung. Ein internationales Handbuch*. Berlin/Boston: De Gruyter.

Hermanns, Fritz (1994): Linguistische Anthropologie. Skizze eines Gegenstandsbereiches linguistischer Mentalitätsgeschichte. In: Busse, Dietrich/Hermanns, Fritz/Teubert, Wolfgang (Hrsg.): *Begriffsgeschichte und Diskursgeschichte. Methodenfragen und Forschungsergebnisse der historischen Semantik*. Opladen: Westdeutscher Verlag, 29–59.

Keller, Rudi/Kirschbaum, Ilja (2003): *Bedeutungswandel. Eine Einführung*. Berlin/New York: De Gruyter.

Kühner, Christian (2013): *Politische Freundschaft bei Hofe. Repräsentation und Praxis einer sozialen Beziehung im französischen Adel des 17. Jahrhunderts*. Göttingen: V&R unipress.

Leonhard, Jörn (2003): Semantische Deplazierung und Entwertung. Deutsche Deutungen von *liberal* und *Liberalismus* um 1850 im europäischen Vergleich. In: *Geschichte und Gesellschaft* 29, 5–39.

Lianeri, Alexandra (2014): A Regime of Untranslatables. Temporalities of Translation and Conceptual History. In: *History and Theory* 53, 473–497.

„Liebe". In: FWB. Bd. 9.1: L – maszeug. Bearb. v. Anja Lobenstein-Reichmann u. Oskar Reichmann. Berlin/New York: De Gruyter 2013.

Linke, Angelika (2003): Begriffsgeschichte – Diskursgeschichte – Sprachgebrauchsgeschichte. In: Dutt, Carsten (Hrsg.): *Herausforderungen der Begriffsgeschichte*. Heidelberg: Winter, 39–49.

Lipstadt, Deborah (2006): *History on Trial. My Day in Court with a Holocaust Denier*. New York u. a.: Harper Perennial.

Lobenstein-Reichmann, Anja (2005): Passion, Affekt und Leidenschaft im Frühneuhochdeutschen. Anmerkungen zu einem ganz besonderen Fall von Sprachwandel. In: Steiger, Johann Anselm (Hrsg.): *Passion, Affekt und Leidenschaft in der Frühen Neuzeit*. Bd. 1. Wiesbaden: Harrassowitz, 251–269.

Lobenstein-Reichmann, Anja (2011): Historische Semantik und Geschichtswissenschaften. Eine verpasste Chance? In: Riecke, Jörg (Hrsg.): *Historische Semantik*. Berlin: De Gruyter, 62–79.

Loetz, Francisca (2017): Beziehungsprobleme. Eine Historikerin interpretiert frühneuzeitliche Ehegerichtsakten. In: Linke, Angelika/Schröter, Juliane (Hrsg.): *Sprache und Beziehung*. Berlin/New York: De Gruyter, 417–441.

Macha, Jürgen (2006): Sprachgeschichte und Kulturgeschichte. Frühneuzeitliche Graphien als Indikatoren konfessioneller Positionierung. In: *Zeitschrift für germanistische Linguistik* 34, 105–130.

Meier, Jörg (2004): *Städtische Kommunikation in der Frühen Neuzeit. Historische Soziopragmatik und Historische Textlinguistik*. Frankfurt a. M.: Lang.

Reichardt, Rolf (Hrsg.) (1998): *Aufklärung und historische Semantik. Interdisziplinäre Beiträge zur westeuropäischen Kulturgeschichte*. Berlin: Duncker & Humblot.

Riecke, Jörg u. a. (Hrsg.) (2004): *Einführung in die historische Textanalyse.* Göttingen: Vandenhoeck & Ruprecht.
Riecke, Jörg (Hrsg.) (2011): *Historische Semantik.* Berlin/Boston: De Gruyter.
Schwarz-Friesel, Monika (2013): *Sprache und Emotion.* 2., aktualisierte u. erw. Aufl. Tübingen/Basel: Francke.
Steinmetz, Willibald (2008): 40 Jahre Begriffsgeschichte. The State of the Art. In: Kämper, Heidrun/Eichinger, Ludwig M. (Hrsg.): *Sprache – Kognition – Kultur. Sprache zwischen mentaler Struktur und kultureller Prägung.* Berlin/New York: De Gruyter, 174–197.
Warnke, Ingo H. (2012): Kanzleisprachenforschung und Kulturgeschichte. In: Greule, Albrecht/Meier, Jörg/Ziegler, Arne (Hrsg.): *Kanzleisprachenforschung. Ein internationales Handbuch.* Berlin/Boston: De Gruyter, 43–52.
Welskopp, Thomas (2014): Sprache und Kommunikation in praxistheoretischen Geschichtsansätzen. In: Ders. (Hrsg.): *Unternehmen Praxisgeschichte. Historische Perspektiven auf Kapitalismus, Arbeit und Klassengesellschaft.* Tübingen: Mohr Siebeck, 105–131.
Wengeler, Martin (2002): ‚Bedeutung' und ‚Sprache' in der Geschichtsschreibung. Ein Blick auf Nachbardisziplinen der germanischen Sprachwissenschaft. In: Cherubim, Dieter/Jakob, Karlheinz/Linke, Angelika (Hrsg.): *Neue deutsche Sprachgeschichte. Mentalitäts-, kultur- und sozialgeschichtliche Zusammenhänge.* Berlin/New York: De Gruyter, 43–64.

Peter O. Müller
Lexikographische Wortwelten in der Frühen Neuzeit

Zusammenfassung: Die Lexikographie der Frühen Neuzeit ist lange durch die lateinorientierte humanistische Lexikographie geprägt. Dies gilt auch für Wörterbücher mit dem Anspruch, primär den Wortschatz des Deutschen zu dokumentieren. Dies führte zunächst zu deutsch-lateinischen bzw. deutsch-lebendfremdsprachigen Werken, die aus Vorlagen mit lateinischen Lemmata erarbeitet wurden. Die Wortwelt, die sie präsentieren, ist einerseits unterbelichtet, da sie durch den lateinischen Wortschatz gesteuert wird. Andererseits bieten Sie aber auch in Gestalt von Übersetzungswörtern Neologismen, die ebenfalls nicht den Sprachusus des Deutschen abbilden. Erst allmählich löst sich zu Beginn des 17. Jahrhunderts durch eigene Quellenexzerption diese starke Lateinabhängigkeit. Gegen Ende dieses Jahrhunderts entsteht mit dem Wörterbuch von Kaspar Stieler ein weiteres Werk, das den Sprachgebrauch nicht adäquat erfasst. Es enthält unzählige Selbstbildungen Stielers, der damit das Wortbildungspotential und die *copia verborum* des Deutschen aufzeigen will. Im Übergang zum 18. Jahrhundert konzipiert Matthias Kramer dann erstmals ein umfangreiches Wörterbuch, das als Maßgabe für die Aufnahme von Wörtern vorsieht, dass diese *gang und gäb* sind; Kramer richtet damit seine lexikographische Wortwelt auf den allgemeinen Sprachgebrauch aus. Im 18. Jahrhundert ist dieser Ansatz zur Regel geworden und mit dem striktalphabetischen, auf lateinische Erläuterungen verzichtenden Wörterbuch von Adelung ist der Weg in die lexikographische Moderne geebnet.

Schlüsselwörter: humanistische Lexikographie, lateinorientierte Wörterbuchtradition, lexikographische Bearbeitungsverfahren, Neologismen, Quellenexzerption, Sprachusus, Thesaurus, Wörterbuchfamilie, Wörterbuchwörter, Wortgenerierung

1 Einleitung

Schlagen wir heute in einem einbändigen Wörterbuch wie dem *Deutschen Universalwörterbuch* von Duden nach, so finden wir dort ein abgerundetes Bild des gegenwartssprachlichen Wortschatzes und können uns über das Bedeutungsprofil von Wörtern hinreichend informieren. Und wir wissen auch, dass man im Allgemeinwörterbuch keine Wörter findet, die mit den Wortbildungsregeln des Deut-

---

Prof. Dr. Peter O. Müller: Department Germanistik und Komparatistik, Friedrich-Alexander-Universität Erlangen-Nürnberg, Bismarckstraße 1, 91054 Erlangen, E-Mail: peter.o.mueller@fau.de

schen zwar bildbar sind, aber im Sprachgebrauch nicht vorkommen. Diese für uns selbstverständliche Eigenschaft von Wörterbüchern ist allerdings lexikographiegeschichtlich relativ jung und hat sich erst zu Beginn des 18. Jahrhunderts ausgebildet. Für die vorherige Zeit gilt dagegen, dass lexikographische Wortwelten den aktuellen Sprachgebrauch nur partiell erfassen, und dies hat mehrere Gründe, die ich im Folgenden für die Frühe Neuzeit näher erläutern möchte. Grundsätzlich sind die Wörterbücher dieser Zeit, die den Anspruch erheben, den Wortschatz des Deutschen abzubilden, entweder lexikalisch defizitär oder überschüssig, bieten also zu wenig bzw. zu viel.

2 Wörterbücher im Kontext humanistischer Lexikographie

2.1 *Linguae Teutonicae Thesaurus*: Anspruch und Wirklichkeit

Ich beginne mit dem 16. Jahrhundert, das im Wesentlichen durch die humanistische Lexikographie geprägt und gerade im Bereich umfangreicher alphabetischer Wörterbücher nahezu ausschließlich auf die Wissenschaftskoine Latein ausgerichtet ist. Wörterbücher mit deutschen Lemmata sind dagegen selten,[1] und nur eines erhebt dezidiert den Anspruch eines deutschen Thesaurus: Es handelt sich dabei um *Die Teütsch spraach* des Schweizer Pfarrers Josua Maaler, das nur in einer einzigen, 1561 in Zürich gedruckten Ausgabe vorliegt.[2] Dieses deutsch-lateinische Werk gilt im Allgemeinen als Höhepunkt der humanistischen Lexikographie im deutschen Sprachraum. Schon für Jacob Grimm war es

> ein reich ausgestatteter schatz von wörtern und redensarten, aus der lebenden Schweizersprache hervorgegangen, in der that des erste wahrhafte deutsche wörterbuch, das die trockenheit des teutonista und DASYPODIUS verlassend ein muster aufstellte, wie man in allen landstrichen unsere sprache hätte verzeichnen sollen (DWB 1: XXI).

Auch der im Untertitel formulierte Anspruch, *Die Teütsch spraach* enthalte *Alle wörter/ namen/ vñ arten zů reden in Hochteütscher spraach/ dem ABC nach ordentlich gestellt/ vnnd mit gůtem Latein gantz fleissig vnnd eigentlich vertolmetscht/ dergleychen bißhår nie gesåhen*, scheint mit Grimms Einschätzung zu konvergieren,

---

1 Zur Rolle des Deutschen als Wörterbuchsprache in der Frühen Neuzeit vgl. Müller (2002). Bibliographische Angaben zur Lexikographie des 16. und 17. Jahrhunderts bieten Claes (1977), Jones (2000), VD16 und VD17.
2 Zu diesem als Nachdruck zugänglichen Wörterbuch vgl. Müller (2001: 214–224; 2015) und Kettler (2008: 594–625).

doch zeigt die Entstehungsgeschichte ein anderes Bild. Denn dieses Werk geht in weiten Teilen auf das 1556 ebenfalls in Zürich erschienene *Dictionarium Latinogermanicum* des Schweizer Theologen und Pädagogen Johannes Frisius, den sog. Großen Fries,[3] zurück, der zusammen mit dem Arzt, Naturforscher und Universalgelehrten Conrad Gessner[4] *Die Teütsch spraach* auch anregte. Maalers Werk ist das Ergebnis humanistisch-sprachpatriotischer Überlegungen von Frisius und Gessner, geleitet von der Einsicht, dass dem Deutschen anders als anderen Nationalsprachen ein umfangreiches Wörterbuch zur Dokumentation des Sprachreichtums fehle. Man habe deshalb, wie Gessner in seiner Leservorrede berichtet, Maaler gebeten, das als Bearbeitungsgrundlage gewählte *Dictionarium* von Frisius – und damit das umfangreichste vorliegende lateinisch-deutsche Wörterbuch – in ein deutsch-lateinisches Wörterbuch umzukehren, da Maaler mehr Zeit für die Übernahme dieser Aufgabe zur Verfügung stand. Maaler ist somit nicht der kreative Kopf des Unternehmens, sondern lediglich der Ausführende einer Auftragsarbeit.

Die Abhängigkeit vom Großen Fries zeigt sich überall: an der alphabetisch-teilmorphologischen Lemmasortierung (mit linkserweiterten Wortfamilienlexemen als Sublemmata), an mikrostrukturellen Artikelkomponenten, an den im Vorspann stehenden Benutzerhinweisen und an der typographischen Einrichtung der Artikel.

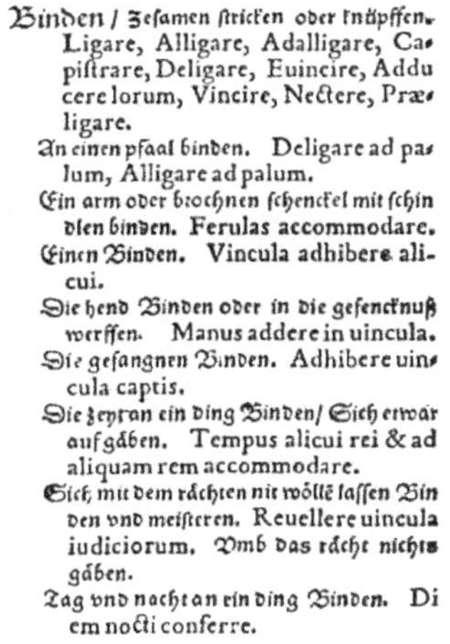

Binden / Zesamen stricken oder knüpffen.
  Ligare, Alligare, Adalligare, Capistrare, Deligare, Euincire, Addu cere lorum, Vincire, Nectere, Præligare.
An einen pfaal binden. Deligare ad palum, Alligare ad palum.
Ein arm oder brochnen schenckel mit schinblen binden. Ferulas accommodare.
Einen Binden. Vincula adhibere alicui.
Die hend Binden oder in die gefencknuß werffen. Manus addere in uincula.
Die gefangnen Binden. Adhibere uincula captis.
Die zeyt an ein ding Binden/ Sich etwar auf gäben. Tempus alicui rei & ad aliquam rem accommodare.
Sich mit dem rächten nit wölle lassen Binden vnd meisteren. Reuellere uincula iudiciorum. Vmb das rächt nichts gäben.
Tag vnd nacht an ein ding Binden. Diem nocti conferre.

Abb. 1: Art. *Binden* bei Maaler (1561: 69ʳ).

---

3 Zu diesem umfangreichen Wörterbuch mit wissenschaftlichem Anspruch und seiner Vorgeschichte sowie den weiteren lexikographischen Werken von Fries (latinisiert: Frisius) vgl. Müller (2001: 102–117, 209–213, 394–401) und Kettler (2008: 487–593).
4 Zu Gessners Leben und Werk vgl. Wellisch (1984) und Leu (2016). Speziell zu Gessners fachlexikographischen Werken (u. a. *Catalogus plantarum Latine, Graece, Germanice, & Gallice* Zürich 1542, *Teütsche nammen der Fischen vnd Wasserthieren* Zürich 1556) vgl. Müller (2001: 483–487) und Kettler (2008: 631–763).

Doch auch der Große Fries ist kein eigenständiges Werk, sondern aus dem lateinisch-französischen *Dictionarium Latinogallicum* (Paris 1552) von Robert Estienne[5] mittels Substitutionsverfahren, d. h. Ersatz französischer durch deutsche Interpretamente, erarbeitet. Damit bietet *Die Teütsch spraach* einen zweifach gefilterten deutschen Wortschatz, dessen Aufnahme sowohl durch die lateinischen Lemmata der Estienne-Frisius-Tradition als auch durch die französischen Interpretamente Estiennes gesteuert ist, an denen sich Frisius in vielen Fällen für seine deutschen Erklärungen orientierte. Der deutsche Wortschatz in Maalers Wörterbuch erweist sich in nuce als „Abbild des klassischen lateinischen: dieser liefert die Auswahlprinzipien und Aufnahmekriterien, durch ihn ist er nicht nur gesiebt [...], sondern sicherlich stellenweise überhaupt erst erzeugt" (Grubmüller 1986: 155). Eine angemessene Dokumentation des gebrauchsrelevanten Wortschatzes – geschweige denn ein *Linguae Teutonicae superioris praesertim Thesaurus* (so der lateinische Untertitel von Maalers Wörterbuch) – war damit nicht zu erreichen, und zu welchen lexikalischen Lücken Maalers Vorlagenabhängigkeit führen musste, hat Gerhardt Powitz (1959: 75–80) am Beispiel des Artikels *Schlag* gezeigt und konstatiert, dass „der Wortgebrauch in seinem Gesamtumfang nicht wirklichkeitsgetreu erfasst worden ist" (Powitz 1959: 77).[6]

Lexikographische Wortwelten in lateinabhängigen Wörterbüchern wie dem von Josua Maaler erweisen sich somit einerseits als defizitär, da sie den usuellen frühneuzeitlichen Wortschatz und dessen Bedeutungsprofil nur partiell erfassen; sie sind andererseits aber auch lexikalisch überschüssig, denn sie enthalten zugleich Wörter, die erst im Zuge der Übersetzung lateinischer Lemmata geprägt wurden und die – didaktisch motiviert – zum Teil eng an die Vorlage anschließende Imitationsbildungen darstellen. So finden sich bei Maaler zum Beispiel die Lexeme *Späheschiff* (377ᵛ: *Spåchschiff/ Schiff auff dem meer darinn man wacht haltet.* Speculatoria nauigia, Speculatoriæ naues), *Spängleinkrämer* (378ʳ: *Spånglekråmer (der) Ein kråmer der schlåchte vnnd liederlich ding feil hat.* Friuolarius) und *werkig* (489ᵛ: *Werckig/ Redlich vnd handtlich mit werckē.* Operosus), bei denen es sich – auch nach Ausweis des DWB[7] – lediglich um Wörterbuchwörter handelt, die außerhalb der lexikogra-

---

5 Robert Estienne (latinisiert: Robertus Stephanus) ist der einflussreichste Lexikograph des 16. Jahrhunderts. Zu seinen Werken und seiner Wirkung vgl. Lindemann (1994, 1999).
6 Auch ein Vergleich mit dem FWB lässt bestimmte Rückschlüsse zu. So sind dort s. v. *binden* (FWB 4: 431–440) 16 Bedeutungspositionen angesetzt, von denen drei nur mit Belegen aus der Zeit vor dem 16. Jh. gefüllt sind. Von den übrigen 13 Bedeutungen sind lediglich fünf mit Wörterbuchbelegen versehen.
7 Zu *Spähschiff* (DWB 16: 1844) reichen die Wörterbuchbelege von Dasypodius bis Campe (1810), zu *Spangenkrämer* (DWB 16: 1880) bis Stieler (1691), zu *Spängleinkrämer* (DWB 16: 1881) bis Frisch (1741) und zu *werkig* bis Dentzler (1716). Zu *Spähschiff* vermerkt DWB, es sei „in neuerer zeit nicht mehr üblich". Nach der Beleglage ist es aber nie „üblich" gewesen, sondern erweist sich als rein lexikographisches Phänomen.

phischen Tradition nicht sprachgebrauchsrelevant geworden sind. Andere Lexeme, die ebenfalls nach heutigem Wissen als Wörterbuchwörter geprägt wurden, sind dagegen später in den allgemeinen Sprachgebrauch übergegangen, wie etwa die bei Maaler bezeugten Substantive *Raubvogel* (325^v: *Raubuogel/ Happich (der)* Accipiter), *Schirmherr* (353^v: *Schirmherr/ Der einem in gfaren beystadt vnd schirmpt.* Patronus) und *Sonnenuhr* (376^v: *Sonnenur (die) Quadrant oder compassz vnd sonnenzeiger/ der die stunden nach der sonnen lauff anzeiget.* Horologium solarium; 396^v: *Sunnenur (die)* Solarium), die Frisius – ebenso wie *Späheschiff* und *werkig* – aus dem lateinisch-deutschen *Dictionarium* von Petrus Dasypodius übernommen hatte, auf das ich noch zurückkomme.

Dass mittels Umkehrung eines lateinisch-deutschen Wörterbuchs kein deutscher Thesaurus erarbeitet werden konnte, war den Anregern von Maalers Bearbeitung, Johannes Frisius und Conrad Gessner, durchaus bewusst. Gessners ausführliche Leservorrede zeigt sehr deutlich, dass Maalers Werk nur als Kompromisslösung betrachtet wurde (*non omnia perfecit, ut uoluit, aut fieri potuisset*). Dieser Vorspanntext enthält das eigentliche innovative Moment an Maalers Wörterbuch, das methodisch ganz konventionell erarbeitet wurde. Gessner entwickelt hier wegweisende Vorstellungen über die Möglichkeiten der quellenfundierten Erarbeitung eines deutschen Thesaurus und nennt dabei auch geeignete Quellen für verschiedene Wortschatzbereiche wie Eigennamen, Sprichwörter, Bibel, Recht, Medizin, Botanik, Zoologie, Bergbau, Geologie. Dass ein deutsches Gesamtwörterbuch ausschließlich mittels Quellenexzerption zu erarbeiten war, hat Gessner sehr deutlich gesehen, und insofern ist es auch kein „schlimmes zeichen [...], dasz keine weiteren auflagen erfolgten" (J. Grimm in DWB 1: XXI). Dass *Die Teütsch spraach* kein zweites Mal gedruckt wurde, ist wohl eher Gessners Einsicht in die methodische Unzulänglichkeit dieses Unternehmens zuzuschreiben. Hinzu kommt, dass Maalers Werk durch helvetische Residuen geprägt ist, die es mit dem *Dictionarium* von Frisius teilt, die aber einer weiterreichenden Rezeption entgegenstanden.

2.2 Die Anfänge der deutsch-lebendfremdsprachigen Lexikographie

Auch ein zweites alphabetisches Wörterbuch des 16. Jahrhunderts, das deutsche Lemmata enthält, weist eine ähnliche, in diesem Fall noch erstaunlichere Entstehungsgeschichte auf. Es handelt sich dabei um das *Dictionarium Teutsch-Frantzösisch vnd Frantzösisch-Teutsch* von Levinus Hulsius, das 1596 zum ersten Mal in Nürnberg gedruckt wurde und mit dem die Tradition der deutsch-lebendfremdsprachigen Lexikographie beginnt.[8] Hulsius, als Calvinist aus Gent geflohen und damals als Sprachlehrer für Französisch in Nürnberg tätig, hat sein bidirektionales Wörterbuch nicht, wie zu erwarten wäre, im Umkehrverfahren (deutsch-französisch > französisch-deutsch bzw. französisch-deutsch > deutsch-französisch) ausgearbeitet, sondern dafür zwei ganz unterschiedliche Wörterbuchvorlagen mittels Substitutionsverfahren in ein französisch-deutsches und ein deutsch-französisches Teilwörterbuch verwandelt, wobei beide Vorlagen wiederum in den Kontext der lateinischen humanistischen Lexikographie eingebettet sind.

Für den französisch-deutschen Teil hat Hulsius den – indirekt auf der Wörterbuchtradition Robert Estiennes fußenden – *Dictionaire ou Promptuaire Francois-Flameng* (Rotterdam 1592) des Flamen Elcie Édouard Léon Mellema[9] herangezogen und die niederländischen Interpretamente häufig wörtlich ins Deutsche übersetzt.

Der deutsch-französische Teil beruht dagegen auf dem *Dictionarium Latinogermanicum et vice versa Germanicolatinum* von Petrus Dasypodius, der am Straßburger Gymnasium unterrichtete. Dieses beliebte und bis ins 18. Jahrhundert nachgedruckte Schulwörterbuch, vor allem aus Calepinus und dem *Dictionarium* von Robert Estienne erarbeitet, war zuerst 1535 lateinisch-deutsch erschienen und wurde dann ab 1536 um einen im Umkehrverfahren erstellten deutsch-lateinischen Teil ergänzt.[10] Diesen zog Hulsius heran und ersetzte bei starker Reduzierung des Lemmabestands die lateinischen Interpretamente durch französische.

---

8 Die erste und dritte Auflage dieses Wörterbuchs ist als Mikrofiche-Edition zugänglich. Neben diesem Werk hat Hulsius auch ein *Dictionarium Teutsch-Italiänisch vnd Italiänisch-Teutsch* (Erstdruck: Frankfurt a. M. 1605; Mikrofiche-Edition Erlangen: Fischer 1992) publiziert, mit dem die alphabetische deutsch-italienische Lexikographie einsetzt. Beide Werke wurden in späteren polyglotten Ausgaben fusioniert, vgl. Hausmann (1984) und Müller (2001: 241–247, 263–267).
9 Zu diesem erfolgreichen französisch-niederländischen Wörterbuch (Erstdruck: Antwerpen 1587) und seiner lexikographischen Tradition vgl. Lindemann (1994: 434–437).
10 Die Ausgabe Straßburg 1536 ist als Nachdruck zugänglich. Zu diesem sehr einflussreichen Schulwörterbuch vgl. Wetekamp (1980), West (1989), Müller (2001: 62–73, 394–398 bzw. 2012) und Kettler (2008: 430–472). Speziell zu der späteren Bearbeitung für das katholische Schulwesen als *Dasypodius Catholicus* vgl. Müller (2018b).

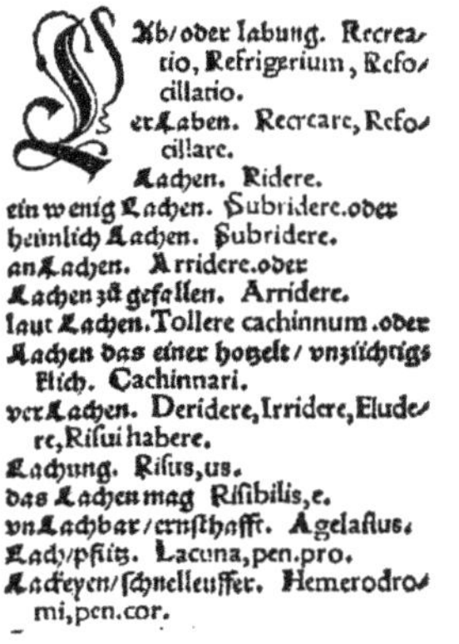
Lab/ oder labung. Recreatio, Refrigerium, Refocillatio.
erLaben. Recreare, Refocillare.
Lachen. Ridere.
ein wenig Lachen. Subridere. oder
heimlich Lachen. Subridere.
anLachen. Arridere. oder
Lachen zů gefallen. Arridere.
laut Lachen. Tollere cachinnum. oder
Lachen das einer hotzelt / vnzüchtigklich. Cachinnari.
verLachen. Deridere, Irridere, Eludere, Risui habere.
Lachung. Risus, us.
das Lachen mag Risibilis, e.
vnLachbar / ernsthafft. Agelastus.
Lachpfütz. Lacuna, pen. pro.
Lackeyen/ schnelleuffer. Hemerodromi, pen. cor.

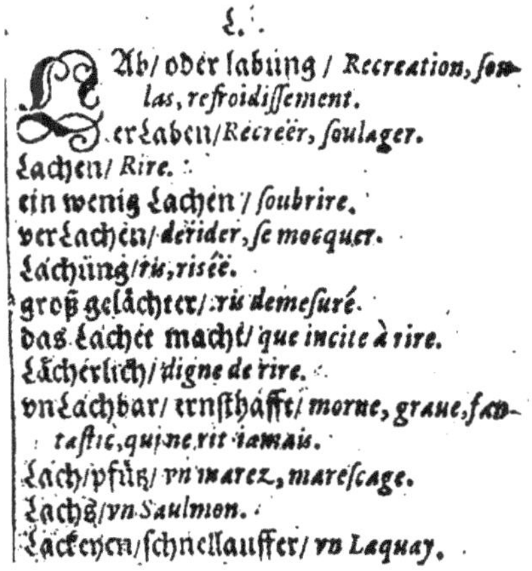
L.
Lab/ oder labung / Recreation, soulas, refroidissement.
erLaben/ Recreer, soulager.
Lachen/ Rire.
ein wenig Lachen / soubrire.
verLachen/ derider, se mocquer.
Lachüng/ ris, risée.
groß gelächter/ ris demesuré.
das Lachet macht/ que incite à rire.
Lächerlich/ digne de rire.
vnLachbar/ ernsthafft/ morne, graue, fantastic, qui ne rit iamais.
Lachpfütz/ vn marez, marescage.
Lachs/ vn Saulmon.
Lackeyen/ schnellauffer/ vn Laquay.

Abb. 2: Dasypodius (1536: V 3^{v}). Hulsius (1596: K $iiij^{v}$).

So kamen auch Übersetzungswörter aus der Dasypodius-Tradition wie *werkig* oder *Sonnenuhr*[11] in ein Wörterbuch, dessen Intention es doch war, französischen Rezipienten einen sprachgebrauchsrelevanten deutschen Wortschatz zu vermitteln. Bezeichnenderweise ist im Vorwort zur dritten, stark überarbeiteten Ausgabe von Hulsius' Wörterbuch vermerkt, man habe ihn *hart censuriert/ vnd theils sein Frantzoͤsisch/ theils sein Teutsch stumpffiert*, da *vorgedachtes Leuini erste Arbeyt* [...] *nicht dermassen beschaffen* [war]/ *wie zu wuͤnschen gewesen* († 3^{v}).

Auch Hulsius' zweites deutsch-lebendfremdsprachiges Wörterbuch, das zuerst 1605 erschienene *Dictionarium Teutsch-Italiaͤnisch vnd Italiaͤnisch-Teutsch*, erfuhr ähnliche Kritik: Matthias Kramer, der – wie noch zu zeigen ist – 100 Jahre später ein wegweisendes *Teutsch-Italiaͤnisches Dictionarium* erarbeitet hat, nennt folgende Gründe: *Erstlich/ dieweil es sehr mangelhafft/ und dasjenige/ so am meisten darinn gesucht wird/ am wenigsten zu finden ist: Zum Andern/ dieweil er der Italiaͤnischen Woͤrter Verstand nicht allerdings recht begriffen/ und im Teutschen die eine Bedeutung von der andern nicht unterschieden hat* (*Allgemeiner Schau-Platz*, Nürnberg 1672: Vorrede)(3^{v}).

Das Beispiel Hulsius erweist, dass auch an und für sich unverdächtige Werke ohne Beteiligung des Lateins als Wörterbuchsprache im Kontext der lateinischen

11 Während *werkig* über den Status eines Wörterbuchwortes nicht hinausgekommen ist, wurde *Sonnenuhr* in den allgemeinen Sprachgebrauch übernommen, allerdings erst mit großer zeitlicher Verzögerung. In DWB (16: 1690 f.) finden sich vom 16. (Erstbeleg: Dasypodius) bis zum 18. Jahrhundert nahezu ausschließlich Wörterbuchnachweise, und noch bei Adelung (1793–1801, Bd. 4: 147 f.) ist vermerkt, dass anstelle von *Sonnenuhr* „im gemeinen Leben der Sonnenweiser, Sonnenzeiger" üblich sind.

humanistischen Lexikographie stehen, für die die Wörterbuchserie von Robert Estienne vielfach den Ausgangspunkt bildet. Wie die detaillierte, aber keineswegs vollständige Zusammenstellung von Margarete Lindemann (1999, Abb. 59.1–59.4) im Folgenden zeigt, ist die von Estienne initiierte Wörterbuchfamilie europaweit verbreitet und umschließt außer der primär lateinbezogenen Lexikographie auch auf moderne Sprachen zentrierte Wörterbücher bis weit in das 17. Jahrhundert hinein.

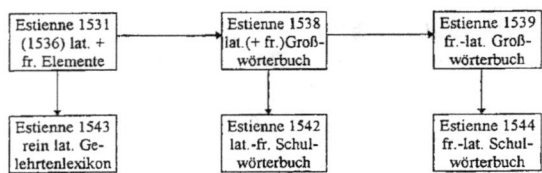

Abb. 3: Die Basis der von Robert Estienne ausgehenden Wörterbuchfamilie (aus: Lindemann 1999: 713).

lat. + fr. Elemente	→ lat. + lebende Sprache	fr.-lat.	→ fr. + lebende Sprache
Estienne 1538	→ Cholinus/Frisius 1541 (lat.-dt.)	Estienne 1544 (+Estienne 1549)	→ Meurier 1557 u. nachfolgende Editionen, später Sasbout, Mellema etc. (fr.-fl.)
Estienne 1552a	→ Frisius 1556a (lat.-dt) → Cooper 1565 (lat.-engl.)	Estienne 1544 (spätere Ausgabe)	→ *Dictionarie* 1571 (Holyband 1580, 1593) (fr.-engl.)
Estienne 1531 (spätere Bearbeitungen + Frisius 1556a)	→ Schelling/Emmel 1586 (lat.-gr.-dt.)	Estienne 1544 (spätere Ausgabe)	→ Fenice 1584 (Canal 1598 etc.) (fr.-ital.)
Estienne 1542 (spätere Ausgabe) Estienne 1552b + Frisius 1556a	→ Toscanella 1558 (lat.-it.) → Frisius 1556b (lat.-dt.)		

Abb. 4: Ausbau der Wörterbuchfamilie durch Substitution von Interpretamentsprachen (aus: Lindemann 1999: 716).

lat.-fr.	→ 3 Sprachen	→ 2 Sprachen	→ 4 Sprachen
Estienne 1542	→ Frisius 1548 (lat.-fr.-dt.) → Veron 1552 lat.-eng.-fr.) → Morel 1551 (1558) (lat.-gr.-fr.) ⇓ Morel 1583 (lat.-gr.-engl.)	→ Waddigton 1575 (lat.-engl.)	→ *Dict. tetragl.* 1562 (lat.-gr.-fr.-fl.)
fr.-lat.			
Nicot 1573	→ Hornkens 1599 (fr.-sp.-lat.) Victor 1609 (fr.-sp.-it.)	→ Palet 1604(fr.-sp.) ⇓ ⇐ Oudin 1607 (fr.-sp.)	

Abb. 5: Ausbau der Wörterbuchfamilie durch Erweiterung bzw. Reduktion von Interpretamentsprachen (aus: Lindemann 1999: 718).

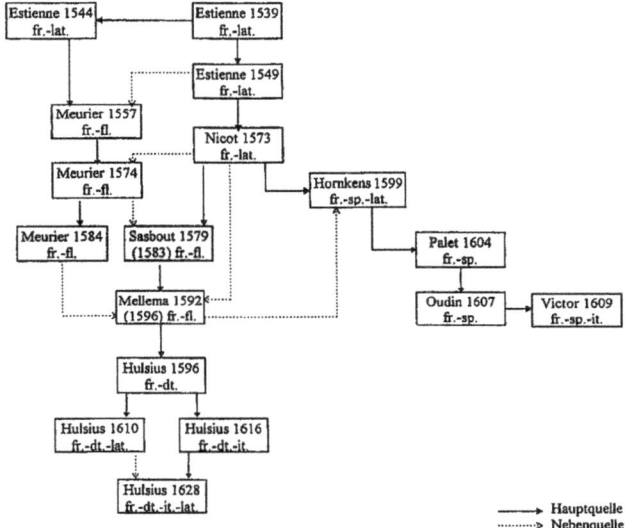

Abb. 6: Die Ausbildung der französisch-niederländischen, französisch-deutschen und französisch-spanischen Lexikographie auf Basis der Estienne-Tradition (aus: Lindemann 1999: 719).

Diese sehr erhellenden Übersichten von Lindemann (1999) zeigen die verschiedenen Ausbauformen innerhalb der alphabetischen humanistischen Lexikographie ausgehend von Estiennes *Dictionarium, seu Latinae linguae Thesaurus* von 1531, einem lateinischen Wörterbuch mit wissenschaftlichem Anspruch und wenigen französischen Äquivalenten als Keimzelle. Mit diesem Werk wollte Estienne das sehr erfolgreiche, aber im Hinblick auf die Präsentation klassischen Wortschatzes noch unvollkommene *Dictionarium* von Ambrosius Calepinus (Erstdruck: Reggio nell'Emilia 1502) ersetzen.[12] Daraus hat Estienne fünf lexikographische Grundtypen entwickelt (Abb. 3): ein rein lateinisches Gelehrtenlexikon (1543) sowie vier zweisprachige Wörterbuchformate: ein lateinisch-französisches Großwörterbuch mit wissenschaftlichem Anspruch (1538), auf dessen Ausgabe von 1552 der Große Fries fußt, ein daraus im Umkehrverfahren erarbeitetes französisch-lateinisches Großwörterbuch (1539), und aus beiden durch inhaltliche Ausdünnung je ein lateinisch-französisches und ein französisch-lateinisches Schulwörterbuch (1542, 1544). Dieses lexikographische Geflecht wurde dann in weiteren Schritten durch verschiedene Bearbeitungsverfahren für die lexikographische Präsentation weiterer Sprachen genutzt. Dabei konnten entweder die Lemma- bzw. Interpretamentsprachen Latein und Französisch durch andere Sprachen substituiert werden oder durch die Ergänzung weiterer Sprachen polyglotte Wörterbücher entstehen (Abb. 4–6). So wurde durch Substitution der französischen Interpretamente durch deutsche der Große Fries aus Estiennes *Dictionarium Latinogermanicum* konzipiert, während Frisius' Schulwörterbuch *Dictionariolum puerorum tribus linguis Latina, Gallica, & Germanica conscriptum* (Zürich 1548)[13] eine um deutsche Interpretamente erweiterte Fassung von Estiennes lateinisch-französischem Schulwörterbuch *Dictionariolum puerorum* darstellt. Durch den Ersatz der Wörterbuchsprache Latein entstehen so auch zwei oder mehrsprachige Wörterbücher, in denen nur moderne Sprachen präsent sind, und deren Abhängigkeit von der lateinischen (Estienne-)Lexikographie *prima facie* nicht erkennbar ist. Das deutsch-französische und französisch-deutsche *Dictionarium* von Hulsius ist dafür ein Musterbeispiel, geht es doch einerseits auf Dasypodius zurück, zu dessen lexikographischen Hauptquellen Calepinus und Estienne gehören, und andererseits auf das französisch-niederländische Wörterbuch von Mellema, das über das französisch-lateinische Wörterbuch von Nicot ebenfalls auf Estienne zurückgeht (vgl. Abb. 6). So zeigt sich eine grundsätzliche Abhängigkeit der Lexikographie des 16. und weitgehend auch noch des 17. Jahrhunderts von der lateinorientierten Wörterbuchtradition des Humanismus, die die Auswahl des Wortschatzes moderner Sprachen lange Zeit steuert und gemessen am allgemeinen Sprachgebrauch zu einer lexikographischen Unterbelichtung – nur solcher Wortschatz ist lexikographisch präsent, der für die Erläuterung des Lateins notwendig ist – bzw. Überbelichtung – dort, wo es für die Erklärung lateinischer Lemmata keine deutschen Äquivalente gab – führen. So kommt etwa West (1989: 248, 401) für das *Dictionarium* von Dasypodius zu dem Ergebnis, dass rund 26 % des untersuchten Substantivwortschatzes potentielle Neologismen darstellen, von denen ca. 29 % nur

---

12 Zum Wörterbuch von Calepinus, das zu einem polyglotten Werk erweitert wurde (z. B. sechs-, sieben-, acht-, elfsprachige Ausgaben) und bis ins 18. Jahrhundert in über 200 Ausgaben gedruckt wurde, vgl. Müller (2001: 117–128).
13 Zu diesem Wörterbuch vgl. Müller (2001: 89–95) und Kettler (2008: 516–531).

bei Dasypodius (z. B. *Unwahrnehmumg*), ca. 31 % auch in späteren Wörterbüchern (z. B. *Späheschiff*) und 29 % allgemeinsprachlich (z. B. *Bargeld, Schirmherr, Sonnenuhr, Verlobung*) dokumentiert sind. Dasypodius' Vorgehen bei der Neologismenbildung charakterisiert West (1989: 439) folgendermaßen:

> [...] Dasypodius depended heavily, but not exclusively on the Latin in his creation of new words. In general he did not borrow directly from the Latin, but used Latin and Graeco-Latin models to extend his German lexicon through word formation. This debt is not a slavish dependence: loan translations are common, but Dasypodius uses loan blends and loan creations more frequently (witness the large number of his compounds which correspond to Latin derivations). His creations are not artificial, as this would run counter to his didactic purpose, which was to explain the target language, Latin, in as appropriate a way as possible.

Zumindest die letzte Aussage muss aber relativiert werden, denn auch Dasypodius arbeitet – wie bereits frühere Lexikographen (vgl. Grubmüller 1987: 179–180) – mit imitativen deutschen Interpretamenten, deren Bauform den lateinischen Vorlagen nachgebildet ist.[14] Kritik daran üben Petrus Cholinus und Johannes Frisius in ihrem *Dictionarium Latinogermanicum* von 1541,[15] dem Vorläufer des Großen Fries, der im Wesentlichen auf dem *Dictionarium Latinogallicum* von Robert Estienne basiert. Ohne Dasypodius namentlich zu erwähnen, grenzen sie sich von ihm ab und betonen, dass sie im Gegensatz zu anderen Wörterbuchautoren auf unübliche Ausdrücke (*dictionibus inusitatis*) verzichten, um nicht aus gutem Latein schlechtes Deutsch zu machen (*ne ex bene Latinis male Germanica faceremus*). Sie nennen dafür Beispiele, die aus dem *Dictionarium* von Dasypodius stammen, und bezeichnen deren Gebrauch als lächerlich und auch als schädlich, weil diese bei den Lernenden nur Widerwillen erzeugten, deren Sprache vergifteten und zu einer holprigen Muttersprache führten (*Tales autem sunt (ut paucas exempli gratia notemus)* Abthůung/Endechtig für endtlich/Enthaltig/Nachlåßig *pro indulgente*, Leugnechtig *pro inficiali*, Leerung/Vnwågig *pro inuio*, werckig *pro operoso*, Schwårigkeit *pro mole, & talia innumera*). Eine Reihe dieser und weiterer imitativer Bildungen ist in der Frisius-Lexikograpie substituiert, z. B. *werckig* (*operosus* → Cholinus/Frisius 1541: *geschåfftig/redlich mit wercken*), *lugenredig* (*falsiloquus* → Kleiner Fries 1556:[16]

---

14 Typische Beispiele sind etwa *außlauffung* („excursio'), *gůts redung* („benedictio'), *måssiger* („moderator'), *mitendung* („confinium'), *schmeychel redig* („blandiloquus'), *sóllung* („debitio'). Bei den in DWB erfassten Bildungen dieser Gruppe erfolgen ausschließlich Wörterbuchverweise, bei *Mäsziger* (DWB 12: 1745) auf Maaler, bei *schmeichelredig* (DWB 15: 987) auf Dasypodius und Hulsius, bei *Sollung* (DWB 16: 1505) auf Dasypodius und Stieler.
15 Zu diesem Vorläufer des Großen Fries vgl. Müller (2001: 102–111) und Kettler (2008: 494–515).
16 Johannes Frisius: *Novum Dictionariolum puerorum Latinogermanicum et e diverso Germanicolatinum*. Die Editio princeps dieses Wörterbuchs erschien 1556, also im gleichen Jahr wie der Große Fries. Mit dem Kleinen Fries, der bis ins 18. Jahrhundert gedruckt wurde, wollte Frisius ein Konkurrenzwerk zum *Dictionarium* von Dasypodius schaffen, mit dem es auch konzeptionell (zwei alphabetische Wörterbücher, zwei Sachgruppenvokabulare, jeweils lateinisch-deutsch und deutsch-

Der luge redt), *zwüschen werffung* (*interiectio* → Kleiner Fries 1556: *Eynwurff/ Eyntrag*), *außschreyung* (*exclamatio* → Kleiner Fries 1556: *Eyn Geschrey*).

3 Zwischen lateinischer Tradition und Quellenexzerption

Auch das zweite Wörterbuch aus dem deutschsprachigen Raum, das den Anspruch erhebt, einen *Thesaurus* darzustellen, steht noch sehr deutlich in dieser lateinischen Tradition, wenn auch nicht mehr so eng wie die mittels Umkehr- bzw. Substitutionsverfahren erarbeiteten Werke von Maaler und Hulsius. Es handelt sich dabei um Georg Henischs *Teütsche Sprach vnd Weißheit. Thesaurus linguae et sapientiae Germanicae*, 1616 in Augsburg erschienen.[17] Der Untertitel lautet: *In quo vocabula omnia Germanica, tam rara, qvam communia, cum suis Synonymis, deriuatis, phrasibus, compositis, epithetis, proverbijs, antithetis, continentur, & Latine ex optimis qvibusq[ue] autoribus redduntur, ita, ut hac nova & perfecta methodo quilibet cum ad plenam utriusq[ue] linguæ cognitionem, tum rerum prudentiam facile & cito pervenire possit. Adjecta sunt qvoq[ue] dictionibus plerūq[ue] Anglicæ, Bohemicæ, Gallicæ, Græcæ, Hebraicæ, Hispanicæ, Hungaricæ, Italicæ, Polonicæ. Pars prima.* Aus diesem Untertitel gehen die wesentlichen Charakteristika des Wörterbuchs hervor, das allerdings Torso geblieben ist und nur die Alphabetstrecke A–G umfasst: Henischs Ziel ist ein innovativer Thesaurus des Deutschen, der sich im Umfang und dem Bemühen, auch seltene Wörter zu erfassen, von der lexikographischen Tradition unterscheidet. Sein Werk weist einen ausführlichen Beschreibungsteil auf und bietet zu den Lemmata Synonyme, Antonyme, Kollokationen, Sprichwörter und Redensarten. Zudem soll der Wortbildungsreichtum des Deutschen aufgezeigt (Henisch lemmatisiert auch Affixe wie *Be, Ent, Er*) und neben Sprach- auch Sachwissen (*Weißheit*) vermittelt werden. Trotz der Ausrichtung auf das Deutsche, an dem Henisch vor allem das hohe Alter, die Reinheit, die weite Verbreitung und die *copia verborum* rühmt, enthält das Wörterbuch auch Äquivalente weiterer Sprachen. Mit dieser Konzeption betritt Henisch, in Augsburg als Pädagoge am St.-Anna-Gymnasium, als Arzt sowie als Stadtbibliothekar tätig, tatsächlich Neuland und geht insbesondere

---

lateinisch) übereinstimmt. Der alphabetische deutsch-lateinische Teil stammt aber nicht von Frisius, sondern von seinem Schüler und Freund Johannes Christophorus von Rotberg. Zum Kleinen Fries vgl. Müller (2001: 78–84, 209–213, 394–401) und Kettler (2008: 562–593) sowie die Einleitung von Müller (2018a) zum Nachdruck der Erstausgabe mit Dokumentation der Druckgeschichte.

17 Zu diesem Wörterbuch liegt noch keine eingehende quellenkritische Untersuchung vor, vgl. Wiegand (1998: 652–654) bzw. Kämper (2001). Eine solche wird auch dadurch erschwert, dass Henisch seine Quellen nur unregelmäßig und in abgekürzter Form (z. B. Maaler: *Pict.* bzw. *Helu.*; Schwenckfeld: *Schvv.*; Zehner: *Zeh.*) nennt.

auch über Josua Maalers *Die Teütsch spraach* von 1561 hinaus, obwohl er, wie bereits der Titel zeigt, an Maaler anknüpft und viele seiner Artikel entweder unverändert oder in überarbeiteter Form übernimmt. Innovativ ist bei Henisch vor allem die extensive Berücksichtigung von Eigennamen, Sprichwörtern und Redensarten, für die er auch deutsche Sprichwörtersammlungen (z. B. Friedrich Petri: *Der Teutschen Weißheit*, Hamburg 1605)[18] rezipierte und damit die von Conrad Gessner in seiner Vorrede zu Maalers Wörterbuch erhobene Forderung nach Quellenexzerption zumindest teilweise erfüllte. Sein Wörterbuch erhält dadurch einen enzyklopädischen Charakter. Auch für die Aufnahme weiterer Wortschatzbereiche (Bibel, juristischer bzw. medizinisch-naturkundlicher Wortschatz) hat Henisch Quellen ausgewertet. Sehr häufig verweist er z. B. auf Conrad Gessner und Caspar Schwenckfeld.[19] Allerdings ist auch Henischs *Thesaurus* kein modernes Wörterbuch: Er ist noch stark der lateinischen lexikographischen Tradition verhaftet[20] und bietet auch zahlreiche Hinweise auf lateinische Quellen, die die deutschen Wörter und Erklärungen als Übersetzungen erweisen, also eigentlich als Interpretamente. Auch die Berücksichtigung englischer, niederländischer, französischer, spanischer, italienischer, polnischer, tschechischer und ungarischer Äquivalente, mit denen sich Henisch an den polyglotten Calepinus-Ausgaben orientierte, ist nicht zukunftsweisend, sondern traditionell.

---

[18] Vgl. den von Wolfgang Mieder herausgegebenen und eingeleiteten Nachdruck Bern, Frankfurt a. M.: Lang 1983.
[19] Zu dessen Fachwörterbuch *Stirpium & fossilium Silesiae catalogus* (Erstdruck: Leipzig 1600) vgl. Müller (2001: 477–479).
[20] Neben Maaler nutzt er auch den *Nomenclator Latino-Germanicus* von Joachim Zehner (Erstdruck: Schleusingen 1609) als Hauptquelle. Dieses Werk stellt mit 247 Sachgruppen das umfangreichste Sachgruppenwörterbuch des 16. und 17. Jahrhunderts dar. Vgl. dazu Müller (2006: 66–69).

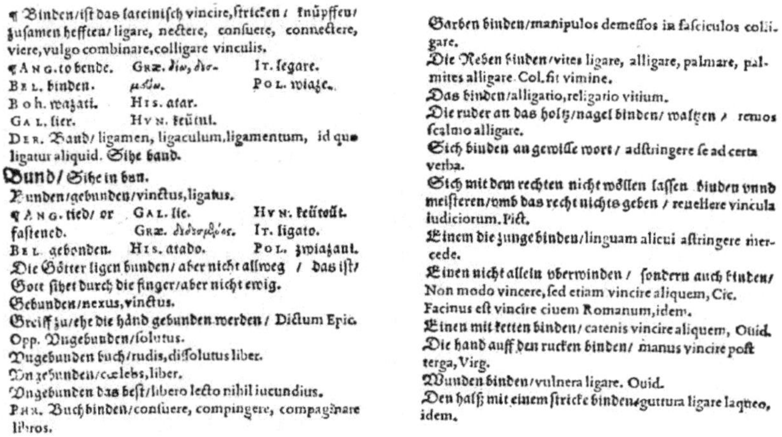

¶ Binden/ist das lateinisch vincire, stricken/ knüpffen/ zusamen hefften/ ligare, nectere, consuere, connectere, viere, vulgo combinare, colligare vinculis.
¶ ANG. to bende. Græ. δέω, δεσμέω. It. legare.
Bel. binden. His. atar. Pol. wiaze.
Boh. wazati. Hun. keütni.
Gal. lier.
Der. Band/ ligamen, ligaculum, ligamentum, id quo ligatur aliquid. Sihe band.
Bund/ Sihe in ban.
Bunden/gebunden/vinctus, ligatus.
¶ ANG. tied/ or fastened. Gal. lie. Græ. δεδεσμευμένος. Hun. keütett. It. ligato.
Bel. gebonden. His. atado. Pol. zwiazany.
Die Götter ligen bunden/ aber nicht allweg / das ist/ Gott sihet durch die finger/aber nicht ewig.
Gebunden/nexus, vinctus.
Greiff zu/ehe die händ gebunden werden/ Dictum Epic.
Opp. Vngebunden/solutus.
Vngebunden buch/rudis, dissolutus liber.
Vngebunden/cœlebs, liber.
Vngebunden das best/libero lecto nihil iucundius.
Phr. Buchbinden/consuere, compingere, compaginare libros.
Garben binden/manipulos demessos in fasciculos colligare.
Die Reben binden/vites ligare, alligare, palmare, palmites alligare. Col. fit vimine.
Das binden/alligatio, religatio vitium.
Die ruder an das holtz/nagel binden/ waltzen / remos scalmo alligare.
Sich binden an gewisse wort / adstringere se ad certa verba.
Sich mit dem rechten nicht wöllen lassen binden vnnd meisteren/vmb das recht nichts geben / reuellere vincula iudiciorum. Pict.
Einem die zunge binden/linguam alicui astringere mercede.
Einen nicht allein vberwinden / sondern auch binden/ Non modo vincere, sed etiam vincire aliquem, Cic.
Facinus est vincire ciuem Romanum, idem.
Einen mit ketten binden/ catenis vincire aliquem, Ouid.
Die hand auff den rucken binden/ manus vincire post terga, Virg.
Wunden binden/vulnera ligare. Ouid.
Den halß mit einem stricke binden/guttura ligare laqueo, idem.

Abb. 7: Art. *binden* bei Henisch (1616: Sp. 385).

Von seinen Nachfolgern wurde Henisch eingeschränkte Anerkennung zuteil. So lobt Matthias Kramer im Vorwort seines *Das herrlich grosse Teutsch-Italiånische Dictionarium* (s. u.) am Ende des 17. Jahrhunderts Henischs Werk *der schônen/ und in sehr grosser Menge zusammen-gelesener Sprůche und Sprůchwôrter/ und vieler anderen teutschen Sachen und Urkundschafften wegen*, kritisiert aber, dass Henisch *die rechte Wissenschaft nicht gehabt/ alle teutsche abgeleitet- und gedoppelte unter ihre gewisse Stamm-wôrter zu ordnen/ und die Deutungen und die Red-arten recht zu scheiden/ sondern alles zimlich untereinander wirfft* (*Hochnôthiger Vor-Bericht*, (f) 3r). Georg Philipp Harsdörffer kritisiert hingegen grundsätzlich, Henisch habe *nur auf das latein gesehen* (Krause 1855: 389).

Mit beiden Kritikpunkten, der Ausrichtung auf das Latein sowie der unvollkommenen Darstellung von Stammwörtern und den daraus bildbaren Komposita und Derivaten, war das Wörterbuch von Henisch aus Sicht der Bemühungen um eine Kultivierung des Deutschen als Literatur- und Hauptsprache ungeeignet für das Aufzeigen der *copia verborum*, die am Reichtum an Stammwörtern und an den zahlreichen Möglichkeiten der deutschen Wortbildung zu erweisen ist. So konstatiert auch Justus Georg Schottelius in seiner *Ausführlichen Arbeit Von der Teutschen Haubt-Sprache* (1663: 159),

> dass bishero kein recht vôlliges Lexicon der Teutschen Sprache herauskommen/ darůber sich nicht unbillich auch die Auslånder beklagen/ die denn ja so wenig/ als die Teutschen selbst/ im Fall/ sie die Teutschen Wôrter recht verstehen/ oder die Teutsche Sprache grůndlich lernen wollen/ einig ander Hůlfmittel haben/ als etwa ein Lateinisches oder Frantzôsisches Lexicon aufzuschlagen/ und daselbst das Teutsche aufzusuchen; Dadoch die Teutsche Sprache in frômden Lexicis, nur wie eine Magd und Nachsprecherin gehandhabt/ auch keine teutsche Wôrter mehr alda befindlich/ als durch welche nur hat můssen das frômde erklåret werden.

Und ist also die Teutsche Sprache in solchen Bücheren/ nach dero reinen und völligem Vermögen/ guten Teihls übergangen und nur Stükweis zufinden.

4 *Voll erdichteter neuer Wörter*: Lexikographie als Kunst der Wortgenerierung

Es folgten Diskussionen vor allem im Rahmen der Fruchtbringenden Gesellschaft über die adäquate Form der lexikographischen Erfassung des Deutschen, bei der neben Schottelius auch Georg Philipp Harsdörffer wichtige Anregungen gab. Das Programm eines Stammwörterbuchs (vgl. Reichmann 1989: 231–233) wurde aber zunächst nicht realisiert. Erst 1691 legte Kaspar Stieler, als leitender Sekretär an mehreren mitteldeutschen Fürstenhöfen tätig, ein Wörterbuch vor, das an die Vorstellungen von Harsdörffer und Schottelius anknüpfte: *Der Teutschen Sprache Stammbaum und Fortwachs/ oder Teutscher Sprachschatz/ Worinnen alle und iede teutsche Wurzeln oder Stammwörter/ so viel deren annoch bekannt und ietzo im Gebrauch seyn/ nebst ihrer Ankunft/ abgeleiteten/ duppelungen/ und vornemsten Redarten/ mit guter lateinischen Tolmetschung und kunstgegründeten Anmerkungen befindlich.*

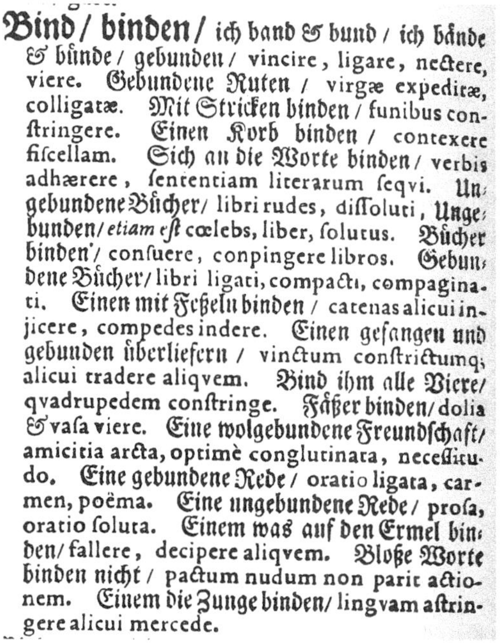

Bind/ binden/ ich band & bund / ich bände & bünde/ gebunden/ vincire, ligare, nectere, viere. Gebundene Ruten / virgæ expeditæ, colligatæ. Mit Stricken binden / funibus constringere. Einen Korb binden / contexere fiscellam. Sich an die Worte binden / verbis adhærere, sententiam literarum seqvi. Ungebundene Bücher/ libri rudes, dissoluti, Ungebunden/ *etiam est* cœlebs, liber, solutus. Bücher binden/ consuere, conpingere libros. Gebundene Bücher/ libri ligati, compacti, compaginati. Einen mit Feßeln binden / catenas alicui injicere, compedes indere. Einen gefangen und gebunden überliefern / vinctum constrictumq; alicui tradere aliqvem. Bind ihm alle Viere/ qvadrupedem constringe. Fäßer binden/ dolia & vasa viere. Eine wolgebundene Freundschaft/ amicitia arcta, optime conglutinata, necessitudo. Eine gebundene Rede / oratio ligata, carmen, poëma. Eine ungebundene Rede/ prosa, oratio soluta. Einem was auf den Ermel binden/ fallere, decipere aliqvem. Bloße Worte binden nicht / pactum nudum non parit actionem. Einem die Zunge binden/ lingvam astringere alicui mercede.

Abb. 8: Art. *binden* bei Stieler (1691: Sp. 152).

Mit diesem Werk,[21] das Stieler unter seinem Gesellschaftsnamen „der Spate" publizierte, erhalten die Bemühungen um einen deutschen Thesaurus allerdings eine ganz andere Richtung: Denn Stielers entscheidendes Kriterium für die Aufnahme von Wörtern ist nicht deren Sprachgebrauchsrelevanz, sondern deren analoge Bildbarkeit mit den Mitteln deutscher Wortbildung. Als Ergebnis enthält sein Wörterbuch eine Vielzahl an Wörtern, die von ihm selbst gebildet wurden, um die Leistungsfähigkeit des Deutschen zur Erweiterung der *copia verborum* zu demonstrieren. Dadurch ist der Anteil an reinen Wörterbuchwörtern bei Stieler um ein Vielfaches höher als in den früheren Werken, die eng an der lateinischen Tradition ausgerichtet waren. Am Beispiel von Wortbildungen mit dem adjektivischen Suffix -*icht* – heute standardsprachlich nur in der Reliktform *töricht* erhalten – soll dies kurz verdeutlicht werden: Dieses Suffix ist in Schottels *Ausführlicher Arbeit von der Teutschen HaubtSprache* als X. Hauptendung erfasst (1663: 346 f.) und war im 17. Jahrhundert usuell, allerdings im Wesentlichen zur Bildung von Adjektiven aus Substantiven, vor allem in ornativer Funktion wie Schottels Beispiele *buschicht* und *spitznasicht*. Stieler nutzt dieses Suffix extensiv zur Neubildung von Adjektiven. Allein im Abschnitt A finden sich rund 60 solcher Adjektive, von denen weit über 90 % außerhalb von Stielers Wörterbuch nicht nachweisbar sind. Dazu nur folgende Beispiele:

> *abnagicht, absteigicht, abweichicht, anklebicht, anschleichicht, anstrengicht, aufbrausicht, aufspringicht, aufweckicht, aussaugicht, ausschweificht, austilgicht.*

Bei diesen und zahlreichen weiteren Bildungen fällt vor allem auf, dass sie der gewöhnlichen Wortbildungsfunktion von -*icht* überhaupt nicht entsprechen, denn sie sind deverbal gebildet und damit gerade nicht analog.[22]

Für andere Wortbildungsmorpheme wie etwa -*ung* ergibt sich ein ähnliches Bild hinsichtlich der extensiven Neologismenprägung, weshalb Johann Christoph Gottsched rund 60 Jahre später völlig zu Recht konstatiert: *Caspar Stielers Wörterbuch ist voll erdichteter neuer Wörter, die niemals in Schwang gekommen* (25. Mai 1752; vgl. Schachinger 1889: 105).

Die Bindung an die lateinische Wörterbuchtradition ist bei Stieler weitgehend zurückgedrängt: Zwar verwendet er als lexikographische Hauptquellen neben den Werken von Henisch und Maaler auch Andreas Corvinus' lateinisch-deutschen *Fons*

---

[21] Zu Stielers Wörterbuch sind die Publikationen von Ising (1956, 2001a) grundlegend. Auf Forschungsdesiderata verweist Wiegand (1998: 654–658).

[22] Nach Haltenhoff (1904: 28) beläuft sich die Gesamtzahl der -*icht*-Adjektive in Stielers Wörterbuch auf über 1000. Die Auswertung eines Textkorpus von Schulz (2002: 275–285) zeigt, dass deverbale -*icht*-Bildungen nicht usuell sind. Ising (2001: 88) verweist zurecht darauf, dass „Stieler die Ableitungs- und Verdoppelungskunst vor allem von ihrer formalen Seite fasst" und „die Bedeutungsfunktion der einzelnen Wortbildungselemente oft nicht genügend beachtet".

latinitatis bicornis,[23] so dass sein Wörterbuch auch Wörterbuchwörter aus der lateinischen Tradition enthält wie *Spähschiff* oder *Spangenkrämer*, aber der Gesamtcharakter von Stielers Werk ist ein anderer: Es ist ein Wörterbuch, das unabhängig von einer Fremdsprache die Grundrichtigkeit des Deutschen am Beispiel von dessen Wortbildungspotential vorführen will. Ebenso wie bei Maaler und Henisch ist das Latein auch bei Stieler als Erklärungssprache präsent, steuert aber anders als bei seinen Vorgängern nicht mehr in markanter Weise die Wortschatzauswahl. Stieler betont, dass sein Werk

> kein Lateinisches/ sondern ein Teutsches Wörterbuch heißet: Wie wol kein Zweifel/ es werde solches/ in und auser den Schulen/ zu Ubersetzung in die Lateinische Sprache/ mit gutem Nutzen gebrauchet werden können (Vorrede)( )( )(ij^v).

Stielers lexikographische Wortwelt reflektiert aber dennoch nicht – im Grunde sogar weitaus weniger als in der lateinischen Tradition – den zeitgenössischen Sprachgebrauch, auch wenn der Grund hier ein sprachtheoretischer ist. Wer wissen möchte, welcher Wortschatz Ende des 17. Jahrhunderts gang und gäbe gewesen ist, braucht ein Wörterbuch mit einem anderen Zuschnitt.

5 Lexikographie und Sprachusus

Ein solches Wörterbuch hat rund zehn Jahre nach der Publikation von Stielers Werk der in Nürnberg als Sprachmeister tätige Matthias Kramer vorgelegt. Kramer, Autor zahlreicher deutsch-fremdsprachiger Wörterbücher und der erste deutsche Metalexikograph von Rang,[24] veröffentlicht mit seinem *Das herrlich grosse Teutsch-Italiänische Dictionarium*, 1700–1702 in Nürnberg erschienen, ein Werk, das sich von der lexikographischen Tradition in Anspruch und Methodik fundamental unterscheidet und zum ersten Mal eine am Sprachgebrauch orientierte lexikographische Wortwelt bietet. In seinem *Hochnöthigen Vor-Bericht* ((e) 2$^{r/v}$) stellt Kramer dazu fest:

> Sonsten/ wie groß und wie dick dieses Werck jemand vorkommen könte/ so kann ich dennoch meinen Hochwerthen Leser versichern/ daß ich in selbiges nicht ein eintziges teutsches weder Stamm-/ noch abgeleitetes/ einfach- noch zusam̃-gesetztes Wort/ will geschweigen Red-art eingebracht habe/ so nicht gäng und geb/ das ist/ rein teutsch/ und das nicht beydes bey hohen/ mittern und niedern Stands-Personen in täglichem Schwange gehen und Gebrauch wäre;

---

23 Die Erstausgabe dieses umfangreichen alphabetischen lateinisch-deutschen Wörterbuchs mit deutschem Register erschien 1623 in Leipzig. Spätere Ausgaben (z. B. Frankfurt a. M. 1650, 1660, 1663) sind als Volltextdigitalisate zugänglich (vgl. VD17 s. v. Corvinus, Andreas).
24 Eine Bibliographie der Werke Kramers bietet Bray (2000). Zu dem hier interessierenden deutsch-italienischen Wörterbuch von 1700/1702 ist nach wie vor Ising (1956, 2001b) maßgebend. Auf Defizite der Forschung verweist Wiegand (1998: 656–658).

> und daß ich mit nichten verfahren sey wie ein anderer sonst trefflicher *Lexico-graphus,* welcher/ nebst denen Poetischen/ *Romant*zischen hochfliegenden *Derivatis* und *Compositis,* welche in die Lufft verstieben/ auch solche mit einverleibet/ die sich zwar nach den Gesetzen der teutschen *Derivir-* und *Componir-*Kunst von einem Stamm-wort abstammen lassen/ aber noch nie nirgend in gangbare Ubung kommen seynd; dann lieber/ was ist doch *ex. gr.* Behemden rc. salbhaft/ Falckenhaft rc. Fehlerisch rc., gråbicht/ grånzicht/ grůnicht/ gröbicht/ heimeln/ haubarlichkeit/ hofsrachen/ keuschhaft/ knebelhaft/ lamhaft/ leiterhaft/ mördlich/ průficht/ purtzelhaft rc. Rechtsam/ redhaft/ Salbhaft/ Saltzhaft/ sammelicht/ sauffict/ Sauf-kleid/ Sauigkeit/ Såuischkeit/ scheidhaft/ schůrtzicht/ schutzhaft rc. Samt tausend und tausend dergleichen/ welche seine Tage nie gehört worden/ noch in Ewigkeit aufkommen werden/ womit selbiger sein Buch angefüllet.

Neben dieser verdeckten Kritik an Stielers extensiver Aufnahme selbsterfundener Wörterbuchwörter und seiner bevorzugten Orientierung an der poetischen Sprache weist Kramer an anderer Stelle, in der Vorrede des italienisch-deutschen Wörterbuchteils von 1676 (*Il Nuovo Dizzionario delle due Lingue, Italiana-Tedesca e Tedesca-italiana,*[25] Nürnberg, Vorrede): (4$^{r/v}$), auf einen weiteren, allgemeinen Mangel der Lexikographie seiner Zeit hin, wenn er feststellt:

> Die Klagen aber seynd insgemein diese: I. Daß schier der halbe Theil der Wörter/ so sie [die Wörterbücher, P.O.M.] inhalten/ alt/ verlegen und nunmehr unbrauchbar und lächerlich geworden/ ja auch niemal bey guten Scribenten und Rednern üblich gewesen.

In beiden Zitaten weist Kramer gerade *den* Wortschatz als lexikographisches Beschreibungsobjekt zurück, der nicht *gång und geb* ist: dazu zählen Residuen der am Latein ausgerichteten Wörterbuchtradition einschließlich reiner Wörterbuchwörter und speziell auf Stieler gerichtet der Vorwurf, massenweise Selbsterfundenes aufgenommen und die poetische Sprache bevorzugt zu haben. Kramers Sicht ist dabei die eines Pragmatikers, der auf der Basis einer eigenen Wörterbuchtheorie den Bedürfnissen von Fremdsprachenlernern entsprechen will. Auch Kramer bietet nicht den ganzen deutschen Wortschatz, sondern spricht von einer *quintessentz von unserer Hoch-teutschen Sprache* ((h) 4^r). Restriktiv verfährt er mit allem, was zwar gebrauchsrelevant, aber nicht *gång und geb* ist: Mundartliches, manches Fachsprachliche und Dichterische gehört dazu. Der Wortschatz, den er verzeichnet, ist also gewollt lückenhaft, aber im Unterschied zu seinen Vorgängern ist die Orientierung am Sprachgebrauch das oberste Kriterium, auch wenn selbst Kramer nach dem Vorbild Stielers noch Wörter wie *Späheschiff* und *Spangenkrämer* aus der lexikographischen Tradition mitschleppt. Seine lexikographische Wortwelt, ebenfalls in Form einer Stammwortalphabetisierung dargeboten, bietet dennoch zum ersten Mal in

---

25 Das Exemplar der BSB München (L. lat. f. 440–1) ist als Volltextdigitalisat zugänglich (vgl. VD17 s. v. Kramer, Matthias).

der Geschichte der deutschen Lexikographie ein veritables Abbild des aktuellen Sprachusus.[26]

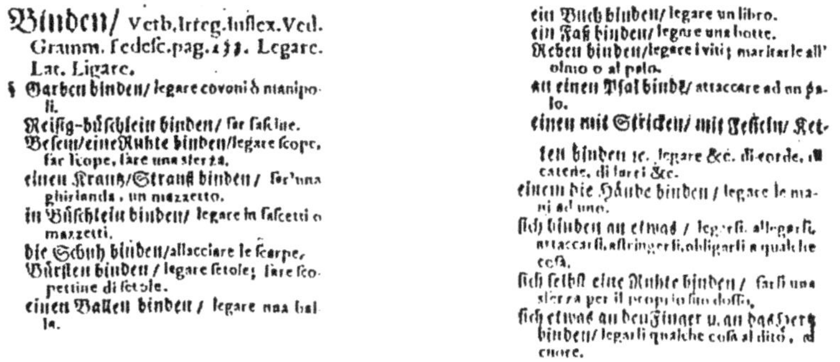
Binden/ Verb. Irreg. Inflex. Ved. Gramm. sedesc. pag. 133. Legare. Lat. Ligare.
§ Garben binden/ legare covoni ò manipoli.
Reisig-büschlein binden/ far fascine.
Besen/eine Ruhte binden/legare scope, far scope, fare una sferza.
einen Krantz/Strauß binden/ far'una ghirlanda, un mazzetto.
in Büschlein binden/ legare in fascetti o mazzetti.
die Schuh binden/allacciare le scarpe.
Bürsten binden / legare setole; fare scopettine di setole.
einen Ballen binden / legare una balla.
ein Buch binden/ legare un libro.
ein Faß binden/ legare una botte.
Reben binden/legare i viti; maritarle all' olmo o al palo.
an einen Pfal binden/ attaccare ad un palo.
einen mit Stricken/ mit Fesseln/ Ketten binden rc. legare &c. di corde, di catene, di ferri &c.
einem die Hände binden / legare le mani ad uno.
sich binden an etwas / legarsi, allegarsi, attaccarsi, astringersi, obligarsi a qualche cosa.
sich selbst eine Ruhte binden / farsi una sferza per il proprio suo dosso.
sich etwas an den Finger u. an das Hertz binden/ legarsi qualche cosa al dito, al cuore.

Abb. 9: Art. *binden* bei Kramer (1700/1702: 112).

6 Sprachgebrauchsdokumentation als lexikographischer Standard im 18. Jahrhundert

Damit war ein lexikographischer Standard erreicht, der auch für Kramers Nachfolger bindend war. Eine Orientierung am allgemeinen Sprachgebrauch findet sich im *Vollståndigen Deutschen Wörter-Buch*[27] von Christoph Ernst Steinbach von 1734, in Johann Leonhard Frischs *Teutsch-Lateinischem Wőrter-Buch*[28] von 1741 und auch in Johann Christoph Adelungs *Versuch eines vollständigen grammatisch-kritischen Wörterbuches Der Hochdeutschen Mundart,*[29] in erster Auflage 1774–1786 erschienen.

---

26 Ganz grundsätzlich besteht zwischen dem an Fürstenhöfen tätigen Juristen Stieler und dem in der Handelsstadt Nürnberg als Fremdsprachenlehrer arbeitenden Pädagogen Kramer eine lebensweltliche Distanz, die auch auf beide Wörterbücher Auswirkungen hat. Ising (2001b: 102–103) kommt z. B. zu dem Ergebnis, dass *-ei*-Derivate bei Stieler „meist noch im Sinne einer handwerklichen Tätigkeit oder eines Gewerbes erklärt werden (z. B. *Backerey, Brauerey, Giesserey, Spinnerey*)", während Kramer sie „entsprechend der heutigen Bedeutung bereits als die Arbeitsstelle [erläutert], wo dieses Handwerk ausgeübt wird. In diesem Sinne tritt das *ei*-Suffix bei Stieler seltener auf; dagegen überwiegt bei ihm die noch ältere Ausbaurichtung dieses Suffixes im Sinne eines Amtes, einer Verwaltung oder eines Verwaltungsbereiches (z. B. *Bürgermeisterey* ‚consularis dignitas', *Försterey* ‚jurisdictio sylvatica', entsprechend *Renterey, Schalterey, Stadthalterey*)".

27 Steinbachs Wörterbuch liegt als Nachdruck vor; maßgebend sind immer noch die Publikationen von Schröter (1970, 2001).

28 Zu diesem als Nachdruck vorliegenden Werk vgl. vor allem Powitz (1959, 2001).

29 Vgl. dazu vor allem Dill (1992), Wiegand (1998: 662–677), Henne (2001). Die zweite Auflage (1793–1801) ist als Nachdruck zugänglich.

Unterschiedlich verfahren wurde nur in der Frage, welche Wortschatzbereiche über den allgemeinen Sprachgebrauch hinaus berücksichtigt werden sollten, also inwiefern mundartlicher, fachsprachlicher, literarischer, schichtenspezifischer, historischer und fremder Wortschatz aufzunehmen war und wie die Wortschatzdarstellung zu erfolgen hat. Hier setzte Adelung mit dem Übergang zur striktalphabetischen Lemmasortierung und der Verwendung des Deutschen als Erklärungssprache neue Maßstäbe. Damit war am Ende der Frühen Neuzeit ein deutsches Wörterbuch erschienen, an dem sich im Grunde alle Nachfolger orientierten und das in seiner Konzeption und repräsentierten Wortwelt den heutigen lexikographischen Vorstellungen sehr nahe kommt.

Binden, verb. irreg. act. Imperf. ich band, Supin. gebunden. 1. In der eigentlichsten Bedeutung, biegen, krümmen, besonders einen langen schmalen biegsamen Körper um die Oberfläche eines andern biegen und daselbst befestigen. Ein Tuch um den Kopf binden. Einen Strick um ein Faß, einen Faden um den Finger binden. In dieser Bedeutung kommt binden größten Theils mit dem verwandten Verbo winden überein, welches auch in andern Fällen dieser Bedeutung gebräuchlich ist.

2. In weiterer Bedeutung. 1) Vermittelst eines Bandes, d. i. eines langen, dünnen, biegsamen Körpers an etwas befestigen. Den Baum an einen Pfahl, das Pferd an die Thüre, den Kahn an das Schiff binden. Einem die Hände auf den Rücken binden. * Einem etwas auf die Nase binden, in der niedrigsten Sprechart, so wohl es ihm entdecken, als auch ihn einer Unwahrheit überreden. * Einen Verlust an das Bein binden, ihn verschmerzen. 2) Mit Banden belegen, durch Anlegung der Bande seiner Freyheit berauben. Einen Übelthäter binden. Einem die Hände binden, auch figürlich, ihn hindern, nach seinem freyen Willen zu handeln. Die Hände sind mir gebunden. Ich werde mir die Hände nicht binden lassen. Nichts als deine eigene Wohlfahrt bindet mir die Hände, wenn ich deine Wünsche nicht erfülle, Dusch. Auf eine etwas uneigentliche Art sagt man auch, mit Ketten binden, ungeachtet fesseln in diesem Falle angemessener wäre. 3) Zusammen binden und dadurch verfertigen. Garben binden, durch das Zusammenbinden vieler Halme Garben hervor bringen. So auch, Besen binden, Bürsten binden, Kränze binden, Ballen binden, Fässer binden u. s. f. Ein Buch binden, oder einbinden, die einzelnen Bogen zusammen häften und das daraus entstandene Buch mit einem Bande versehen. 4) Ein Clavier heißt gebunden, wenn Eine Saite zwey Töne ausdrücken muß. S. Bundfrey.

3. Figür-

3. Figürlich. 1) Ohne Band befestigen. So sagt man z. B. von dem Leime, daß er binde, wenn er anfängt zu erkalten, und die zusammen geleimten Körper zu verbinden. Sich binden, wird auf eben diese Art von dem Sande, Thone u. s. f. gesagt, wenn sie angefeuchtet worden, und nunmehr eine Art von Festigkeit bekommen, so daß ihre Theile zusammen halten und sie sich ballen lassen. Der Kalk bindet sehr gut, wenn er die Steine gehörig befestiget. 2) Die freye Bewegung eines Körpers hemmen. So wird der Flugsand gebunden, wenn man ihn durch allerley Mittel zum Stehen bringt, so daß er die benachbarten Gegenden nicht überschwemmen kann. Ein innerlicher Kampf band meine Zunge, benahm mir die Sprache. Ingleichen, einschränken. Die gebundene Rede, deren Gang in ein gewisses Sylbenmaß eingeschränket ist; im Gegensatze der ungebundenen oder prosaischen Rede. So auch die gebundene Schreibart in der Musik, welche alle Regeln der Harmonie genau beobachtet; zum Unterschiede von der freyen. Die gebundene Zeit, in der Römischen Kirche, die siebenzig Tage von dem Sonntage Septuagesima an, da kein Halleluja in der Kirche gesungen wird, und auch keine Hochzeit gemacht werden darf. 3) In noch weiterer Bedeutung, die Freyheit eines vernünftigen Geschöpfes hemmen. Ich bin gebunden, ich kann nicht so handeln wie ich will. Ich bin an die Stadt gebunden, bin verpflichtet, in der Stadt zu bleiben. Er lässet sich durch nichts binden. Da ihn kein Gesetz weiter band. Sich an etwas binden, sich dadurch hindern lassen das Gegentheil zu thun. Er will sich an sein Versprechen nicht binden. Ich werde mich daran nicht binden. Sie sind ja nicht an ihr Wort gebunden, nicht verpflichtet, ihr Wort zu halten.

Ein Schäfer pflegt sich nicht stets an sein Wort zu binden, Gell.

4) Von etwas abhängig machen, mit dem Vorworte an. Der Himmel hat deine Glückseligkeit nicht an Schätze gebunden, welche der Betrieger öfter besitzet, als der Redliche, Dusch.

Zufriedenheit ist nicht an Geld und Gut gebunden, Can.

Es ist das wahre Glück an keinen Stand gebunden, Haged.

5) Im Kirchenstyle ist binden, die kirchliche Vergebung der Sünde versagen, und dadurch von der Kirchengemeinschaft ausschließen; im Gegensatze des lösen. S. Bindeschlüssel.

Daher die Bindung, von der Handlung des Bindens, obgleich selten, und auch hier nur in den eigentlichen und weitern Bedeutungen. In der Musik wird die Verbindung zweyer Noten durch einen halben Zirkel eine Bindung genannt, wie denn auch wohl solche zusammen gehängte Noten selbst Bindungen heißen.

Anm. Binden, bey dem Ulphilas bindan, bey dem Kero pintan, bey dem Ottfried bintan, im Angels. bindan, im Engl. to bind und to band, im Dänischen binde, im Schwed. binda, ist mit winden genau verwandt, obgleich das letztere mehr die eigentlichste Bedeutung aufbehalten hat. Das Latein. vincire, und vielleicht auch das Griech. σφιγγω sind mit demselben vermuthlich aus Einer Quelle hergeflossen. S. auch Binde, Band und Bund, ingleichen Spannen, Winden und Fahne.

Abb. 10: Art. *binden* bei Adelung (1793–1801, Bd. 1: 1022–1023).

Literatur

Adelung, Johann Christoph (1793–1801): *Grammatisch-kritisches Wörterbuch der Hochdeutschen Mundart mit beständiger Vergleichung der übrigen Mundarten, besonders aber der Oberdeutschen.* Zweite vermehrte und verbesserte Ausgabe. 2. Nachdruck der Ausgabe Leipzig 1793–1801 mit einer Einführung und Bibliographie von Helmut Henne. 4 Bde. Hildesheim u. a.: Olms 1990.

Bray, Laurent (2000): *Matthias Kramer et la lexicographie du français en Allemagne au XVIIIe siècle. Avec une édition des textes métalexicographiques de Kramer.* Tübingen: Niemeyer.

Claes, Franz (1977): *Bibliographisches Verzeichnis der deutschen Vokabulare und Wörterbücher, gedruckt bis 1600.* Hildesheim/New York: Olms.

Dasypodius, Petrus (1536): *Dictionarium latinogermanicum.* Mit einer Einführung von Gilbert de Smet. 2. Nachdruck der Ausgabe Straßburg 1536. Hildesheim u. a.: Olms 1995.

Dill, Gerhard (1992): *Johann Christoph Adelungs Wörterbuch der ‚Hochdeutschen Mundart'. Untersuchungen zur lexikographischen Konzeption.* Frankfurt a. M. u. a.: Lang.

DWB 1854–1971 = *Deutsches Wörterbuch von Jacob Grimm/Wilhelm Grimm.* 16 Bände [in 32]. Leipzig. Lizenzausgabe 1984. Deutscher Taschenbuch Verlag. [Unter: <www.dwb.uni-trier.de/index.html>; letzter Zugriff: 15.01.2018].

Frisch, Johann Leonhard (1741): *Teutsch-Lateinisches Wörter-Buch.* Nachdruck der Ausgabe Berlin 1741 mit einer Einführung und Bibliographie von Gerhardt Powitz. 2 Bde. in 1 Bd. Hildesheim u. a.: Olms 2007.

FWB = *Frühneuhochdeutsches Wörterbuch.* Hrsg. v. Robert R. Anderson [für Bd. 1]/Ulrich Goebel/Anja Lobenstein-Reichmann/Oskar Reichmann. Bearb. von Anja Lobenstein-Reichmann [ab Bd. 5 fortlaufend]/Joachim Schildt [Bd. 6., erste Hälfte]/Oskar Reichmann [Bände 1–3 und fortlaufend]/Vibeke Winge [Bd. 8]/Akademie der Wissenschaften zu Göttingen [seit 2013, ab Bd. 5, zweite Lieferung] u. a. [Unter: <https://fwb-online.de/>; letzter Zugriff: 15.01.2018].

Grubmüller, Klaus (1986): Vokabular und Wörterbuch. Zum Paradigmawechsel in der Frühgeschichte der deutschen Lexikographie. In: Hildebrandt, Reiner/Knoop, Ulrich (Hrsg.): *Brüder-Grimm-Symposion zur Historischen Wortforschung. Beiträge zu der Marburger Tagung vom Juni 1985.* Berlin/New York: De Gruyter, 148–163.

Grubmüller, Klaus (1987): Wörterbücher aus Wörterbüchern. Methodisches zum Quellenwert von Vokabularien und Lexika des 15. bis 18. Jahrhunderts. In: Wiegand, Herbert Ernst (Hrsg.): *Theorie und Praxis des lexikographischen Prozesses bei historischen Wörterbüchern.* Tübingen: Niemeyer, 173–189.

Haltenhoff, Julius (1904): *Zur Geschichte des nhd. Adjektivsuffixes -icht und seiner Verwandten.* Diss. Heidelberg. Gruben: König.

Hausmann, Franz Josef (1984): Das erste deutsche Wörterbuch. Levinus Hulsius' Dictionaire von 1596–1607. In: *Zeitschrift für romanische Philologie* 100, 306–320.

Henisch, Georg (1616): *Teütsche Sprach vnd Weißheit. Thesaurus linguae et sapientiae Germanicae.* Nachdruck der Ausgabe Augsburg 1616. Hildesheim: Olms 1973.

Henne, Helmut (2001): Einführung und Bibliographie zu Johann Christoph Adelung, Grammatisch-Kritisches Wörterbuch der Hochdeutschen Mundart (1793–1801). In: Ders. (Hrsg.): *Deutsche Wörterbücher des 17. und 18. Jahrhunderts. Einführung und Bibliographie.* 2., erweiterte Aufl. Hildesheim u. a.: Olms, 145–178.

Hulsius, Levinus (1596/1607): *Dictionaire françois-alemand et alemand-françois. Non paravant veu ni imprimè. Dictionarium teutsch-frantzösisch und frantzösisch-deutsch.* Mikroreproduktion der Ausgaben Nürnberg 1596 und Frankfurt a. M. 1607. Erlangen: Fischer 1992.

Ising, Gerhard (1956): *Die Erfassung der deutschen Sprache des ausgehenden 17. Jahrhunderts in den Wörterbüchern Matthias Kramers und Kaspar Stielers*. Berlin: Akademie-Verlag.

Ising, Gerhard (2001): Einführung und Bibliographie zu Kaspar Stieler, Der Teutschen Sprache Stammbaum und Fortwachs oder Teutscher Sprachschatz (1691). In: Henne, Helmut (Hrsg.): *Deutsche Wörterbücher des 17. und 18. Jahrhunderts. Einführung und Bibliographie*. 2., erweiterte Aufl. Hildesheim u. a.: Olms, 75–93.

Jones, William Jervis (2000): *German Lexicography in the European Context. A descriptive bibliography of printed dictionaries and word lists containing German language (1600–1700)*. Berlin/New York: De Gruyter.

Kämper, Heidrun (2001): Einführung und Bibliographie zu Georg Henisch, Teütsche Sprach vnd Weißheit. Thesavrvs lingvae et sapientiae Germanicae (1616). Mit einer deutschen Übersetzung der Vorrede. Von Claudia Barthold und Peter Barthold. In: Henne, Helmut (Hrsg.): *Deutsche Wörterbücher des 17. und 18. Jahrhunderts. Einführung und Bibliographie*. 2., erweiterte Aufl. Hildesheim u. a.: Olms, 39–73.

Kettler, Wilfried (2008): *Untersuchungen zur frühneuhochdeutschen Lexikographie in der Schweiz und im Elsass. Strukturen, Typen, Quellen und Wirkungen von Wörterbüchern am Beginn der Neuzeit*. Bern u. a.: Lang.

Kramer, Matthias (1672): *Allgemeiner Schau-Platz/ auf welchem vermittelst einer kurtzen Frag-Ordnung vorgestellet wird die Teutsche und Italiänische Benennung aller Haupt-Dinge der Welt/ gantz neu gestellt/ vor die Liebhaber beyder Sprachen [...]*. Nürnberg: In Verlegung Johann Andreæ/ und Wolfgang Endter deß Jüngern Sel. Erben. [Volltextdigitalisat unter: <http://diglib.hab.de/drucke//xb-2972/start.htm>; letzter Zugriff: 15.01.2018].

Kramer, Matthias (1700/1702): *Das herrlich-große Teutsch-Italiänische Dictionarium*. Nachdruck der Ausgabe Nürnberg 1700–1702 mit einer Einführung und Bibliographie von Gerhard Ising. 2 Bde. Hildesheim u. a.: Olms 1982.

Krause, Gottlieb (1855): *Der Fruchtbringenden Gesellschaft ältester Ertzschrein. Briefe, Devisen und anderweitige Schriftstücke*. Leipzig: Dyk. Nachdruck: Hildesheim u. a. 1973.

Leu, Urs B. (2016): *Conrad Gessner (1516–1556). Universalgelehrter und Naturforscher der Renaissance*. Zürich: Verlag Neue Zürcher Zeitung.

Lindemann, Margarete (1994): *Die französischen Wörterbücher von den Anfängen bis 1600. Entstehung und typologische Beschreibung*. Tübingen: Niemeyer.

Lindemann, Margarete (1999): Robert Estienne, Dictionarium (1531) und die Entwicklung der Lexikographie. In: Leonhard, Joachim F. u. a. (Hrsg.): *Medienwissenschaft. Ein Handbuch zur Entwicklung der Medien und Kommunikationsformen*. 1. Teilbd. Berlin/New York: De Gruyter, 710–725.

Maaler, Josua (1561): *Die Teütsch spraach. Dictionarium Germanicolatinum novum*. Zürich. 2. Nachdruck mit einer Einführung von Gilbert de Smet. Hildesheim u. a.: Olms 2013.

Müller, Peter O. (2001): *Deutsche Lexikographie des 16. Jahrhunderts. Formen und Funktionen frühneuzeitlicher Wörterbücher*. Tübingen: Niemeyer.

Müller, Peter O. (2002): Deutsch als Wörterbuchsprache in der mittelalterlichen und frühneuzeitlichen Lexikographie. In: Wiegand, Herbert Ernst (Hrsg.): *Studien zur zweisprachigen Lexikographie mit Deutsch VIII*. Hildesheim u. a.: Olms (= Germanistische Linguistik 166/2002), 21–54.

Müller, Peter O. (2006): Semantische Makrostrukturen in der frühneuzeitlichen Lexikographie. *Lexicographica* 22, 56–71.

Müller, Peter O. (2012): Dasypodius, Petrus. In: Kühlmann, Wilhelm u. a. (Hrsg.): *Frühe Neuzeit in Deutschland. 1520–1620. Literaturwissenschaftliches Verfasserlexikon – VL 16*. Bd. 2. Berlin/Boston: De Gruyter, 113–119.

Müller, Peter O. (2015): Maaler, Josua. In: Kühlmann, Wilhelm u. a. (Hrsg.): *Frühe Neuzeit in Deutschland. 1520–1620. Literaturwissenschaftliches Verfasserlexikon – VL 16*. Bd. 4. Berlin/Boston: De Gruyter, 233–238.

Müller, Peter O. (2018a): Einleitung. In: Johannes Frisius & Johannes Christophorus von Rotberg: *Novum Dictionariolum puerorum Latinogermanicum, et e diverso Germanicolatinum*. Nachdruck der Ausgabe Zürich 1556. Hrsg. und eingeleitet v. Peter O. Müller. Hildesheim u. a.: Olms, 1*–38*.

Müller, Peter O. (2018b): *Dasypodius Catholicus*. Lexikographie und konfessionelle Ideologie im 17. Jahrhundert. In: Habemann, Mechthild (Hrsg.): *Sprache, Reformation, Konfessionalisierung*. Berlin/Boston: De Gruyter, i. Dr., 235–258.

Powitz, Gerhardt (1959): *Das deutsche Wörterbuch Johann Leonhard Frischs*. Berlin: Akademie-Verlag.

Powitz, Gerhardt (2001): Einführung und Bibliographie zu Johann Leonhard Frisch, Teutsch-Lateinisches Wörter-Buch (1741). In: Henne, Helmut (Hrsg.): *Deutsche Wörterbücher des 17. und 18. Jahrhunderts. Einführung und Bibliographie*. 2., erweiterte Aufl. Hildesheim u. a.: Olms, 129–144.

Reichmann, Oskar (1989): Geschichte lexikographischer Programme. In: Hausmann, Franz Josef u. a. (Hrsg.): *Wörterbücher. Ein internationales Handbuch zur Lexikographie*. 1. Teilbd. Berlin/New York: De Gruyter, 230–246.

Schachinger, Rudolf (1889): Die Bemühungen des Benedictiners P. Placidus Amon um die deutsche Sprache und Literatur. *Studien und Mittheilungen aus dem Benedictiner- und dem Cistercienser-Orden mit besonderer Berücksichtigung der Ordensgeschichte und Statistik* 10, 96–106.

Schottelius, Justus Georg (1663): *Ausführliche Arbeit Von der Teutschen HaubtSprache*. Braunschweig: Zilliger. Nachdruck, hrsg. v. Wolfgang Hecht: Tübingen: Niemeyer ²1995.

Schröter, Walther (1970): *Steinbach als Lexikograph. Studien zu Christoph Ernst Steinbachs „Vollstaendigem Deutschen Woerterbuch" 1734*. Hamburg: Lüdke.

Schröter, Walther (2001): Einführung und Bibliographie zu Christoph Ernst Steinbach, Vollständiges Deutsches Wörter-Buch (1734). In: Henne, Helmut (Hrsg.): *Deutsche Wörterbücher des 17. und 18. Jahrhunderts. Einführung und Bibliographie*. 2., erweiterte Aufl. Hildesheim u. a.: Olms, 108–127.

Schulz, Matthias (2002): Wortbildung in Wörterbüchern des 17. Jahrhunderts. In: Habermann, Mechthild/Müller, Peter O./Munske, Horst H. (Hrsg.): *Historische Wortbildung des Deutschen*. Tübingen: Niemeyer, 269–287.

Steinbach, Christoph Ernst (1734): *Vollständiges Deutsches Wörter-Buch*. Nachdruck der Ausgabe Breslau 1734 mit einer Einführung von Walther Schröter. 2 Bde. Hildesheim/New York: Olms 1973.

Stieler, Kaspar: *Der Teutschen Sprache Stammbaum und Fortwachs oder Teutscher Sprachschatz. Nachdruck der Ausgabe Nürnberg 1691 mit einem Nachwort von Stefan Sonderegger*. 3 Bde. München: Kösel 1968 [weiterer Nachdruck: Mit einer Einführung und Bibliographie von Gerhard Ising. 3 Bde. Hildesheim: Olms 1968].

VD16 = Das Verzeichnis der im deutschen Sprachraum erschienenen Drucke des 16. Jahrhunderts. [Internet-Edition unter: <http://www.vd16.de>; letzter Zugriff: 15.01.2018].

VD17 = Das Verzeichnis der im deutschen Sprachraum erschienenen Drucke des 17. Jahrhunderts. [Internet-Edition unter: <http://www.vd17.de>, letzter Zugriff: 15.01.2018].

Wellisch, Hans H. (1984): *Conrad Gessner. A Bio-Bibliography*. Zug: IDC.

West, Jonathan (1989): *Lexical Innovation in Dasypodius' Dictionary. A contribution to the study of the development of the Early Modern German Lexicon based on Petrus Dasypodius' Dictionarium Latinogermanicum. Straßburg, 1536*. Berlin/New York: De Gruyter.

Wetekamp, Sylva (1980): *Petrus Dasypodius, Dictionarium Latinogermanicum et vice versa (1535). Untersuchungen zum Wortschatz*. Göppingen: Kümmerle.

Wiegand, Herbert Ernst (1998): Historische Lexikographie. In: Besch, Werner u. a. (Hrsg.): *Sprachgeschichte. Ein Handbuch zur Geschichte der deutschen Sprache und ihrer Erforschung.* 2., vollständig neu bearbeitete u. erweiterte Aufl. 1. Teilbd. Berlin/New York: De Gruyter, 643–715.

Jörg Riecke
Zur Lexikographie der historischen medizinischen Fachsprache

Zusammenfassung: Der Text begründet die Notwendigkeit eines neuen medizinhistorischen Wörterbuchs für den deutschen Sprachraum. Wegen der besonderen Bedeutung der Medizin für Laien (als Patienten) und für Experten (für ihre medizinische Fachsprache) soll das Wörterbuch Laien- und Fachwortschatz enthalten. Durchmustert wird zunächst die dafür verfügbare althochdeutsche Textgrundlage unter Einschluss der Pflanzenbezeichnungen, dann in Auswahl die mittel- und insbes. frühneuhochdeutsche medizinische Textlandschaft.

Schlüsselwörter: Sprachgeschichte, Medizingeschichte, Fachsprache, Fachwortschatz, Verfachlichung, Entterminologisierung

1 Zur Einleitung: Fachwortschatz und Allgemeinwortschatz

Nachdem ich mich an anderer Stelle (2016a: 239–249) bereits bemüht habe, den Wert und die Konzeption eines neuen historischen medizinischen Wörterbuchs des Deutschen zu begründen, sollen hier nun einige Überlegungen zur Textgrundlage eines solchen Wörterbuchs folgen. Dabei wird vorausgesetzt, dass sich die Beurteilung von Fachlichkeit und damit auch der Fachsprachen nicht an heutigen Definitionen einer Fachdisziplin orientieren darf, sondern von ihren geschichtlichen Erscheinungsformen ausgehen muss. Ein einzelsprachliches medizinhistorisches Wörterbuch hat daher jeweils an den Anfängen des Schreibens über den menschlichen Körper, über seine Krankheiten und seine Heilung einzusetzen, obwohl die Begriffe „Fach" und „Fachsprache" zu dieser Zeit noch ganz anders als heute gefüllt waren. Im Falle des Deutschen kommt dann bereits das Althochdeutsche in den Blick, denn Texte medizinischen Inhalts wie die „Basler Rezepte" stehen bekanntlich ganz am Anfang seiner schriftlichen Überlieferung. Zwar ist die Zahl der fachspezifischen Gebrauchstexte anfangs noch recht gering, doch lassen sich in den frühmittelalterlichen medizinischen Schriften durchaus schon fachspezifische Muster, wie etwa Rezepteingänge, erkennen. Zugleich fällt aber auf, dass die frühen Texte in der Regel zweisprachig sind und durchaus noch nicht alle Teile eines Re-

---

Prof. Dr. Jörg Riecke: Universität Heidelberg, Germanistisches Seminar, Hauptstr. 207–209, 69117 Heidelberg, E-Mail: riecke@gs.uni-heidelberg.de

https://doi.org/10.1515/9783110632866-005

zepts in eindeutiger Weise althochdeutsch ausgedrückt werden können. Der volkssprachliche Aneignungsprozess des zumeist lateinischen zeitgenössischen medizinischen Wissens ist im Althochdeutschen noch nicht abgeschlossen und erstreckte sich über das ganze Mittelalter. Er spiegelt sich zunächst weniger in den medizinischen Texten selbst, sondern im gesamten Wortschatz der alt- und mittelhochdeutschen Zeit. Der fachspezifische Wortschatz, mit dem die fachsprachlichen Textmuster in den frühen Fachtexten gefüllt werden, entwickelt sich also anfangs gerade auch außerhalb dieser Textmuster. Damit ist ein wesentlicher Unterschied zu den meisten anderen wissenschaftlichen und technischen Lebensbereichen und ihrer Sprachen benannt. Im Gegensatz etwa zur Rhetorik, Grammatik, Dialektik, Musik oder Mathematik, deren Fragestellungen stets nur einem kleinen Teil von Spezialisten und Kennern etwas zu sagen haben, betrifft die Medizin alle Menschen, Ärzte wie Patienten, Fachleute wie Laien, gleichermaßen zu allen Zeiten. Die Medizin steht daher wie kein zweiter Bereich des Lebens im Spannungsfeld von fachwissenschaftlicher Spezialisierung und menschlichen Alltagserfahrungen. Aspekte des Schreibens über Körper, Krankheit und Heilung können so in den unterschiedlichsten Textzusammenhängen aufgegriffen werden. Vor allem in der benediktinischen Auseinandersetzung mit der altorientalisch-biblischen und antiken Kultur gibt es zahlreiche Anlässe, medizinisches Wissen auszudrücken. Damit gerät der gesamte althochdeutsche Wortschatz in den Blick. Spezifische heilkundliche Verwendungsweisen eines Wortes sind bezeugt, wann immer – auch in nicht medizinischen Texten – von medizinischen bzw. anatomischen Zusammenhängen die Rede ist. Der Bestand einer ausreichenden Menge von fachlich bezeichnungsadäquaten Wörtern wird auch in den Fachsprachen durch die Ausbildung und Differenzierung des Alltagswortschatzes vorbereitet. In dieser breit angelegten Aneignung des traditionellen medizinischen Wissens liegt auch die eigentliche Leistung der althochdeutschen Schreiber auf diesem Gebiet. Während die fachspezifischen Textmuster aus der lateinischen Schriftlichkeit und zumindest im Falle der Zaubersprüche auch aus der einheimischen mündlichen Tradition entlehnt werden konnten, musste der fachspezifische Wortschatz selbst erst neu geformt werden.[1]

Aus diesen Überlegungen ergibt sich, dass die Begriffe „Fachsprache" und „Fachwortschatz" in einer historischer Perspektive, die nicht von fertigen Fachsprachen, sondern von ihrer Entwicklung ausgeht, nicht allzu eng ausgelegt werden dürfen. Auch Hans Ulrich Schmid (2015: 13) betont in seiner Einführung „Historische deutsche Fachsprachen" im Anschluss an Wilfried Seibicke, dass der Begriff „Fachsprache" „weit gefasst und nicht auf die Kommunikation zwischen gleichrangigen Experten eingeengt" werden darf. Es gab „keine scharfe Abgrenzung zwischen Fach-, Gruppen- und Allgemeinsprache" (Schmid 2015: 13). Am Beginn der Geschichte der deutschen Sprache ist daher alles Schreiben über einen Gegenstand

---

1 Zu diesem Problemkreis vgl. Riecke (2004a; 2005: 91–102).

in dem Sinne „fachlich", wenn man annimmt, dass alle Beteiligten versucht haben, ihr Wissen über den Gegenstand so genau wie möglich darzustellen. In den Diskursen des Schreibens (und Sprechens) über Körper, Krankheit und Heilung entwickelt sich also zunächst ein fachspezifischer Wortschatz und in diesem Fall durch die Herausbildung spezieller Textmuster in Rezepten und Zaubersprüchen – anders etwa als in der Sprache von Imkern und Jägern über den Fachwortschatz hinaus – auch eine Fachsprache. Der kleinere Teil dieses Wortschatzes stammt in althochdeutscher Zeit als Entlehnung oder Lehnübersetzung unmittelbar aus der Auseinandersetzung mit lateinischen medizinischen Texten, der größere Teil – Körperteilbezeichnungen, Verben für heilende Handlungen – aus der Allgemeinsprache. Die Zahl der fachlichen Entlehnungen und Lehnübersetzungen steigt dann im Verlauf der Sprachgeschichte kontinuierlich an. Im Hinblick auf den einheimischen Wortschatz spricht auch Seibicke für das Verhältnis von Fachwortschatz und Allgemeinsprache von einer „allmählichen Verfachlichung von Wortschatzelementen nichtfachlicher Sprache" (Schmid 2015: 13). Hans Ulrich Schmid führt dafür die Beispiele *Lichter* ‚Augen' und *Blut* ‚Schweiß' aus der historischen Jägersprache an und nennt für den umgekehrten Fall der Übernahme von Fachwörtern unter Verlust ihrer terminologischen Funktion in die Alltagssprache die Beispiele *Fundgrube* oder *vor Ort* aus der Bergmannssprache (Schmid 2015: 13). Man muss sich das Verhältnis zwischen „Verfachlichung" und „Entterminologisierung" wohl im Idealfall als Kreislauf vorstellen. Das wird aber im althochdeutschen Wortschatz nur erst ansatzweise deutlich.[2] Ein jüngeres medizinisches Beispiel zur Bezeichnung eines psychisch auffälligen Verhaltens wäre aber etwa das Adjektiv *läppisch*, das in der Geschichte des Neuhochdeutschen beständig zwischen „fachlich" und „alltagssprachlich" als ‚kindisch, unreif', bis hin zu ‚zurückgeblieben' hin und her schwankt.[3] Fragt man zum Beispiel, welche Lexeme am Beginn des 20. Jahrhunderts überhaupt zur Bezeichnung des psychischen Zustandes der Patienten zur Verfügung standen, so findet man neben *läppisch* eine ganze Reihe von unterschiedlichen Adjektiven:

ängstlich; *aggressiv*; *albern*; *asozial*; *aufgeregt*; *beherrscht*; auch in der Kombination *gesperrt, beherrscht sich jedoch*; *debil*; *dösig*; *einförmig*; *erregt*; *freudig*; *froh*; *gedrückt*; *gemeingefährlich*; *gemütskrank*; *geordnet*; *geschwätzig*; *gesperrt*; *heftig*;

---

2 Der Kreislauf ist vergleichbar dem wechselseitigen Geben und Nehmen zwischen Volksmedizin und wissenschaftlicher oder Schulmedizin im Verlauf der Medizingeschichte; man vgl. dazu Grabner (1967: 2–3).
3 Man vgl. dazu auch die Angaben im Deutschen Wörterbuch der Brüder Grimm (DWB 6: 200–201 *läppisch*, mit der Kurzform *läppsch*); sowie die 275 Belege des Deutschen Textarchivs (DTA), die allerdings kaum Hinweise auf die medizinisch-fachsprachliche Bedeutungsentwicklung enthalten. Es sei darauf hingewiesen, dass bei der Suche nach dem Lemma *läppsch* im DTA 16 Belege erscheinen, von denen jedoch 15 zu *lasch* und *löschen* zu stellen wären. Zur Entstehung einer Fachsprache der Psychiatrie insgesamt siehe Schuster (2010), zu *läppisch* Schuster (2010: 8).

heiter; indolent; kataton; läppisch; lebhaft; lustig; matt; nervös; orientiert; reizbar; schwachsinnig; schwankend; stimmungslabil; stumpf; traurig; umständlich; unauffällig; unbeherrscht; unstet; untröstlich; vergnügt; verstimmt; völlig verwirrt, wankelmütig; weinerlich; wenig zugänglich, weitschweifig, zerfahren; zerklüftet.[4]

Diese Wörter kommen in medizinischen Gutachten der Jahre zwischen 1900 und 1930 vor und es wäre willkürlich, heute nur eine Teilmenge, etwa die Entlehnungen, als „fachlich" zu klassifizieren. Die Abgrenzung ist also selbst im 19. und 20. Jahrhundert zumindest in manchen Bereichen der Medizin keineswegs eindeutig. Mit dem gleichen weiten Blick soll daher auch die Überlieferung des Althochdeutschen betrachtet werden.

2 Die althochdeutsche Textgrundlage

Als Textgrundlage für den ältesten medizinhistorischen deutschen Wortschatz gilt also die gesamte althochdeutsche Überlieferung. Sie lässt sich allerdings insoweit weiter untergliedern, dass Textsorten, die heilkundliche Gegenstände behandeln, von den übrigen unterschieden werden können. Es gibt als Texte medizinischen Inhalts:
(1) Reflexe der Beschäftigung mit lateinischen medizinischen Schriften durch (spät-)althochdeutsche Glossen und Glossare
(2) Volks- oder mischsprachige medizinische Rezepte zur Heilung mit Hilfe von pflanzlichen, mineralischen oder organischen Substanzen.
(3) Volkssprachige Zaubersprüche zur magisch-spirituellen Heilung durch die Kraft des Wortes.

Während die Glossen und Glossare zu lateinischen medizinischen Schriften neben einigen Körperteilbezeichnungen überwiegend Pflanzenbezeichnungen enthalten, deren Aufnahme in ein medizinhistorisches Wörterbuch zumindest zweifelhaft ist, zeigen die volks- oder mischsprachigen medizinischen Rezepte bereits deutlich mehr für das Wörterbuch einschlägige appellativische Lexeme. Die Dominanz der Pflanzenbezeichnungen zeigt sich aber auch in der frühen Rezeptüberlieferung und bekräftigt die Bedeutung dieser Wortgruppe für die medizinische Lexikographie.

---

[4] Die Belegsammlung beruht auf der Durchsicht von 50 psychiatrischen Krankenakten der „Landes-Heil- und Pflegeanstalt Gießen" und der „Psychiatrischen und Nervenklinik der Ludwigs-Universität Gießen" aus dem Zeitraum zwischen 1897 und 1945. Die Akten befinden sich als „Sonderbestand" im Universitätsarchiv der Justus-Liebig-Universität Gießen. Man vgl. dazu Riecke (2008).

Man erkennt dies gut an den ältesten Rezepten in deutscher Sprache, dem ersten und zweiten „Basler Rezept" aus dem 8. Jahrhundert.⁵

„Basler Rezept I":

> murra, seuina, uuiroh daz rota, peffur, uuiroh daz uuizza, uueramote, antar, suebal, fenuhal, pipoz, uuegabreita, uuegarih, heimuurz, zua flasgun uuines, deo uurzi ana zi ribanne, eogiuuelihha suntringun. enti danne geoze zisamane enti laze drio naht gigesen enti danne trincen, stauf einan in morgan, danne in iz fahe, andran in naht, danne he en petti gange. feorzuc nahto uuarte he e tages getanes, daz he ni protes ni lides ni neouuihtes, des e tages gitan si, ni des uuazares nenpize, des man des tages gesohe, ni in demo niduuahe ni in demo nipado, ni cullantres niinpiize ni des eies, des in demo tage gilegit si. ni eino nisi, ni in tag ni in naht, eino nislaffe, ni neouuiht niuuirce, nipuz de gisehe, de imo daz tranc gebe enti simplum piuuartan habe. erist do man es eina flasgun, unzin dera giuuere; ipu iz noh danne fahe, danne diu nah gitruncan si, danne gigare man de antra flasgun folla.

Eine neuhochdeutsche Übersetzung könnte lauten:

> Myrrhe, Sadebaum, der rote Weihrauch, Pfeffer, der weiße Weihrauch, Wermut, Andorn, Schwefel, Fenchel, Beifuß, Großer Wegerich, (Spitz-)Wegerich, Schutt-Bingelkraut, zwei Flaschen Wein. Die Pflanzen zerreiben, jede gesondert, und dann gieße man zusammen und lasse drei Tage gären und dann trinken. Einen Becher am Morgen, wenn es ihn [den Kranken] befällt, den zweiten am Abend, wenn er zu Bett geht. Vierzig Tage hüte er sich vor früh am Tage Zubereitetem, so dass er weder Brot noch Obstwein, nichts was am frühen Tag zubereitet ist, nichts vom Wasser zu sich nehme, das man an diesem Tag holt, sich darin nicht wasche und nicht darin bade, nicht Koriander zu sich nehme und nicht das Ei, das an diesem Tag gelegt wird. Nicht alleine bleibe er, nicht bei Tag und nicht bei Nacht, schlafe nicht allein und tue nichts, es sei denn, es gibt derjenige acht, der ihm den Trank gibt und ständig behütet hat. Zunächst bereite man davon eine Flasche vor, bis dass es für ihn reicht. Falls es dann noch immer befällt, wenn diese nahezu ausgetrunken ist, dann mache man die zweite Flasche voll. (eigene Übers., JR)

„Basler Rezept II":⁶

> uuidhar cancur: braenni salz endi saiffun endi rhoz aostorscala. al zesamene gemiscę. mit aldu uuaiffu aer Þu hręne; rip anan daz simplę, unz dęz iz blode. filu oft analęgi, simplę Þu ana, od dę, itzs arinne lot Þęt al aba arinnę. ende nelaz iz naezen nesmeruen hrinan daemo dolge. thanne iz al ob siae rhaeno, do zęsamone aegro dęz uuizsae aende hounog rhene: lachina mit diu daez dolg.

---

5 Zur Textgrundlage vgl. Riecke (2004a, 1: 117).
6 Zur Textgrundlage vgl. ebd.

Eine neuhochdeutsche Übersetzung könnte lauten:

> Gegen Krebs: Verbrenne Salz und Seife und Schleim der Austernschale, alles zusammengemischt. Zuerst zerdrücke es mit einer Binde aus Werg, reibe das immerzu daran [an der Wunde], bis es blutet. Lege es sehr oft auf, drücke immer darauf. Und wenn etwas herunter läuft, passe auf, dass alles herunter rinnt und lass es nicht nässen, nicht schmieren, auf die Wunde rinnen. Wenn sie bis ganz oben rein ist, tue von Eiern das Weiße und Honig zusammen. Reinige und heile damit die Wunde. (eigene Übers., JR)

Es begegnen Bezeichnungen für die betreffende Krankheit – die allerdings etwas im Ungewissen bleibt –, die Ursache der Krankheit, Anweisungen für die Heilhandlung und für die benötigten Heilmittel. Eine Bezeichnung für ein ggf. betroffenes Körperteil begegnet in den „Basler Rezepten" nicht. Trägt man den dort verwendeten medizinischen Wortschatz zur Verdeutlichung in eine Tabelle ein, so ergibt sich das folgende Bild; zwischen „Krankheit" und „Krankheitsverursacher" lasst sich dabei nicht immer genau unterscheiden. Die Pflanzenbezeichnungen werden zunächst noch ausgespart.

Tab. 1: Basler Rezepte.

Text	Krankheit	Verursacher	Körperteil	Anweisung	Heilmittel
Basler Rezept I				ana zi ribanne geoze zisamane laze drio naht gigesen danne trincen danne gigare man	uuiroh suebal uuin
Basler Rezept II	cancur (?) dolg	cancur (?)		brenni zesamene gemiscę rip anan unz dęz iz blode rhene lachina	salz saiffun rhoz aostorscala

Während die Bedeutung der Texte aus den beiden ersten Gruppen, also der Glossen, Glossare und Rezepte, für die Entwicklung der medizinischen Fachsprache unter den eingangs geschilderten Vorzeichen unstrittig ist, soll auf die Zuordnung der althochdeutschen Zaubersprüche hier noch einmal eigens hingewiesen werden. Auch sie sind Teil des frühmittelalterlichen Diskurses „Schreiben und Sprechen über Körper, Krankheit und Heilung" und gehören daher zur Textgrundlage hinzu, auch wenn sie im Sinne der heutigen Schulmedizin nicht fachwissenschaftlich sind. Zur Verdeutlichung sei auf den sog. Wurmsegen „Pro Nessia" verwiesen:[7]

> *Gang uz, Nesso, mit niun nessinchilinon, uz fonna marge in deo adra, vonna den adrun in daz fleisk, fonna demu fleiske in daz fel, fonna demo velle in diz tulli. Ter Pater noster!*

In neuhochdeutscher Übersetzung:

> Weiche fort, Wurm, mit (Deinen) neun Würmchen, aus dem Mark in die Sehnen, aus den Sehnen in das Fleisch, aus dem Fleisch in die Haut, aus der Haut auf diesen (Huf-)Strahl.

Der Zauberspruch enthält Bezeichnungen für den Verursacher der Krankheit, für die betroffenen Körperteile und für eine Heil-Anweisung. Wenn auch diese Bezeichnungen – und dazu beispielhaft die medizinischen Bezeichnungen aus einigen weiteren medizinischen Zaubersprüchen – in eine Tabelle übertragen werden, so ergibt sich folgendes Bild:

Tab. 2: Medizinische Zaubersprüche.

Text	Krankheit	Verursacher	Körperteil	Anweisung	Heilmittel
Pro Nessia		nesso nessinchilinon	marg adra fleisk fel tulli	gang ûz	
Merseb. Zauberspruch II	birenkit benrenki bluotrenki lidirenki		vuoz bluot ben lid	sose gelimida sin	biguolen
Longinus Blutsegen			(sanguis)		(adiuro)
Trierer Pferdesegen	entphangan spurihalza			geuuertho gibuozian	
Bonner Geschwürsegen	tolc tôthoupet	swam		ni gituo	bimuniun

---

7 Zur Textgrundlage vgl. Riecke (2004a, 1: 95).

Text	Krankheit	Verursacher	Körperteil	Anweisung	Heilmittel
Straßburger Blutsegen	wunta		situn plot	uerstande uersegene	
Münchener Augensegen	regenplint			ganc zu	
Züricher Pferdesegen	marisere ?		munt marh	var in dinee cipríge	
Abdingh. Blutsegen	bluod		cesewen sidin bluod		biden ich dir
Münchener Halssegen	kela virswilit		kela	sprich	

Man findet Krankheitsbezeichnungen und Körperteilbezeichnungen in fast größerer Dichte als in den Rezepten. Zaubersprüche machen gelegentlich den Krankheitsverursacher namhaft, auch Lexeme wie *nesso* müssen also aufgenommen werden,[8] in den frühen Rezepten bleibt diese Position meist unbesetzt. Nicht immer eindeutig ist in den Zaubersprüchen allerdings zu entscheiden, ob es sich im Einzelfall um humanmedizinische oder tiermedizinische Bezeichnungen handelt.

Charakteristisch für Zaubersprüche ist aber vor allem, wie hier die Spalte „Heilmittel" gefüllt wird. Das Handlungsmuster dieses Typs ist die Tätigkeit des Heilens durch den Akt der Beschwörung. Manchmal wird die Beschwörungshandlung durch ein explizit performatives Verb wie *bigalan, bimunian, biden, gibiuden, besueren* oder *runen* kenntlich gemacht. Wenn über die Handlungsanweisung hinaus ein solches „Verbum der Beschwörung", etwa in *Ih bimuniun dih* „ich beschwöre dich", *tu rune imo in daz ora* „raune es ihm in das Ohr" oder *thu biguolen Uuodan* „da besprach ihn Wodan ..." erscheint, dann vertritt das performative Verbum der Beschwörung im Zauberspruch den Platz des Heilmittels. Es muss daher konsequenterweise in ein historisches medizinisches Wörterbuch aufgenommen werden.[9] Be-

---

[8] Auch in Höflers „Deutschem Krankheitsnamenbuch" von 1899 ist ein Lemma *Nesso (Nestel) Nösch* zusammen mit einer Abbildung und weiteren jüngeren Belegen enthalten; vgl. Höfler (1899: 448).

[9] Das Problem wurde bereits im Kommentarband meines Wörterbuchs diskutiert, die Verben wurden damals allerdings noch nicht in das Wörterbuch aufgenommen; vgl. Riecke (2004a, 2: 112–115). Grenzfälle der Aufnahme sind aber weiterhin die Aufforderungsverben als Teil eines Heilverfahrens, wie etwa *gang ûz, ni gituo, var in*.

trachtet man diese Verben in syntaktischer Hinsicht aus der Perspektive ihrer Valenz, dann zeigt sich auch in diesem Bereich eine fachsprachliche Konzentration auf die wesentlichen Aspekte der Heilhandlung unter Aussparung zusätzlicher Angaben. Auch dies kann als Merkmal bei der Herausbildung einer Fachsprache betrachtet werden.[10]

Als Zwischenfazit im Hinblick auf die althochdeutsche Textgrundlage und ihre Fachsprachlichkeit lässt sich folgendes festhalten: Alles, was in den althochdeutschen Fachtextsorten „Rezept" und „Zauberspruch" in den tabellarisch aufgelisteten Sparten eingesetzt wird, kann als Fachwortschatz gelten. Alle Wörter medizinischen Inhalts, deren Existenz durch nicht medizinische Schriften bezeugt ist und die in den althochdeutschen Fachtextsorten eingesetzt werden könnten, wenngleich sie dort nicht belegt sind, sollen als Kandidaten für den Fachwortschatz gelten. Wörter aus beiden Gruppen gehören daher zum Kernbestand eines deutschen medizinhistorischen Wörterbuchs. Da nur ein kleiner Teil des im Althochdeutschen Realisierten verschriftlicht wurde und nur ein kleiner Teil davon überliefert worden ist, ist hier keine Grenzziehung möglich. Die Kandidaten für den althochdeutschen Fachwortschatz erscheinen in Bibelglossen und philosophischen Texten wie Notkers Boethius-Übertragung (Riecke 2004b). Der Weg zu einem eindeutigen Fachbegriff ist meist noch sehr weit, das Althochdeutsche ist die Erprobungsphase des deutschen Wortschatzes, auch für die Fachsprachen ein Laboratorium der Begriffsbildung.

3 Ansätze zu einer onomasiologischen und morphologischen Vernetzung

Über die alphabetische Anlage des Wörterbuchs hinaus müssen durch Verweise nach Möglichkeit auch die onomasiologischen und morphologischen Beziehungen zwischen den Lexemen kenntlich werden. Der Wortschatz von Körper, Krankheit und Heilung lässt sich mit Riecke (2004a) auf einer ersten Ebene ausgehend von der Topographie des Körpers und der verschiedenen Formen von Erkrankungen und Verletzungen unterteilen, die so entstehenden onomasiologischen Felder lassen sich auf einer zweiten Ebene aber noch weiter untergliedern. Zu unterscheiden sind metaphorische Bildungen wie *blasa*, *stein*, *swam*; die Bezeichnung der Symptome in Verbindung mit einem Körperteil, etwa *beinrenki* oder *hirnwuotig* und eine kleinere Gruppe von Bezeichnungen, die sich auf die Verbindung von Mikrokosmos zum Makrokosmos bezieht, etwa auf:

---

10 Man vgl. dazu jetzt Riecke (2016b); zur Sprache der medizinischen Zaubersprüche siehe auch Riecke (2012); zum Wortschatz der medizinischen Zaubersprüche siehe Riecke (2009).

– Dämonen:
albe ‚Alpdrücken', *angasezzo* ‚Geschwür' (zu „eng" und „sitzen" für etwas dicht auf der Haut Sitzendes); *scalm* ‚Seuche' (der „Schelm" galt als böser Krankheitsdämon); die Komposita mit *tiufal* wie *tiufalsuhtig* ‚vom Teufel besessen' und *wurm* (als „dämonischer Krankheitserreger" [vgl. Riecke 2004a, 2: 530]);
– Götter und Gottheiten:
regenblint ‚blind' (eigentlich ‚durch göttlichen Ratschluß blind', vgl. russ. *rok* ‚Schicksal', mit volketymologischer Anbindung an Regen, im „Regensburger Augensegen" soll man zu einem fließenden Wasser gehen, dann segnet der allmächtige Gott den *regenplinten*);
– zu Elementen:
die *mānōd*-Komposita wie *mānōdfallōnti*, *mānōdwīlīg* ‚mondsüchtig, irrsinnig', *mānōdwentīg* ‚mondsüchtig, epileptisch', *mānōdtuldo* ‚Mondsüchtiger, Irrer'.

Die Kontaktaufnahme mit dem Makrokosmos erfolgt durch Beschwörung bei: *giht* ‚Schlaganfall, Körperlähmung' (zu ahd. *jehan* ‚sagen, sprechen, bekennen'). Dagegen verweisen einige wenige Bezeichnungen, die an die Qualitäten „warm" und „kalt" der humoralpathologischen Tradition anknüpfen, auf das Vordringen eines neueren medizinischen Verständnisses. Die Adjektive mit der Bedeutung „kalt", „warm", „heiß", „feucht", oder „trocken" selbst sind aber althochdeutsch in medizinischer Bedeutung noch nicht eindeutig belegt. In mittelhochdeutschen Kräuterbüchern sieht das bereits anders aus (vgl. Gloning 2007: 54f.), die Adjektive müssten also spätestens von diesem Zeitpunkt an in ein medizinhistorisches Wörterbuch aufgenommen werden. Auch bei Höfler kommen sie mit Verweis auf den humoralpathologischen Zusammenhang vor.

Auf ein Zuviel der Qualität „kalt" verweisen möglicherweise aber schon die spätalthochdeutschen, bisher in der Lexikographie im etymologischen Sinne kaum richtig verstandenen Bezeichnungen *āhhalm*, *āhhelmo* ‚Geschwür, Frostbeule' (?) oder *tobohalmo* ‚Raserei' (alle zu *kalan* ‚frieren'). Daher ist für *âhhalm* und *âhhelmo*, die lat. *malannus* ‚Albdrücken, Geschwür' glossieren, die alleinige Bedeutungsangabe ‚Frostbeule' der Wörterbücher keineswegs zwingend. Sie transportiert falsch verstandenes etymologisches Wissen in ein zeitgenössisches medizinisches Konzept. Wie bei *tobohalmo* als Übersetzung von lat. *furor* ‚Raserei, Wut' kann der Anschluss an *kalan* ‚frieren' ebenso gut auf ein Übermaß der inneren Qualität „Kälte" verweisen, die dann nichts mit äußerer Kälte in Form von Frostbeulen zu tun hätte.

Mit einem Überschuss der Qualität „heiß" verbunden sind Bezeichnungen wie *bronado* ‚juckender Grind', *brunnido* und *brunnihizza* ‚das brennende Jucken der Haut', *brunst* ‚Hautentzündung' (alle zu *brinnan* ‚brennen, glühen'), *fiebar* ‚Fieber' (zu lat. *febris* ‚Hitze'), *fiur*, *wildfiur*, *wildaz fiur*, *flehtantaz fiur* ‚Wundrose, Antoniusfeuer' (zu *fiur* ‚Feuer, Brand'), *frat* ‚entzündet, eitrig' (zu einer Wurzel *prē-* ‚anzünden, anfachen'), *heis* ‚heiser, dumpf', *heisar* ‚heiser', *heisarunga* ‚Heiserkeit' u. a. (neben ahd. *gihei* ‚Hitze'), *līhloa*, *līhlōi* ‚Narbe', *lohafiur* ‚Hautgeschwulst', *lohanti*

‚räudig, schorfig' (zu *lohen* ‚lodern, leuchten'), *sōde* ‚Sodbrennen' (zu *siodan* ‚sieden'). Auch die charakteristischen Merkmale des Schmerzes, die mit diesen Qualitäten verknüpft werden können, begegnen im althochdeutschen Material wieder. Der „zusammenziehende Schmerz" motiviert ahd. *angasezzo* und *ango* ‚Geschwür', *angust* ‚körperliche Bedrängnis', *angweiz* ‚Hautbläschen, Hautausschlag' (alle zu *engi* ‚eng'), *dampfo* ‚Katarrh', *demphi* ‚Erstickung', *dumpfe* ‚Schwindsucht' (zu *dimpfan* ‚dampfen' und *dempfen* ‚bedrängen, erwürgen'), *kramme, krampfo,* ‚Krampf' (zu **krampa* ‚gekrümmt') und *zuckōn* ‚sich verkrampfen' (zu *ziohan* ‚ziehen'). Der „punktförmige Schmerz" schließlich begegnet in *magabiz* u. a. ‚Bauchschmerzen' (zu *biz* ‚Biss'), *nagado* ‚Bauchschmerz' (zu *-nagan* ‚nagen'), *scurf* ‚Schorf, Grind, Krätze' (zu *sceorfan* ‚abnagen, beißen') und *stehhado* ‚Seitenstechen' (zu *stehhan* ‚stechen'), der „trennende Schmerz" in den Krankheitsbezeichnungen *balcbrust* ‚Bluterguss' (zu *brust* ‚Riss') und *gibrāhhi* ‚Katarrh' (zu *brehhan* ‚brechen').

Ansätze zur Fachsprachlichkeit über die lexikalische Ebene hinaus zeigen die Bildungen mit dem „Krankheitsnamensuffix" *-ado/-ido*: *bronado* ‚juckender Grind', *lebado* ‚Muttermal, Auswuchs', *magabizzado* ‚Bauchschmerzen', *nagado* ‚Bauchschmerzen', *scabado* ‚Räude, Krätze, Aussatz', *stehhado* ‚Seitenstechen', *swerado* ‚Schmerzen, Leiden', *runnido* ‚das brennende Jucken der Haut', *juckido* ‚Krätze, Räude, Scabies', *klâwido* ‚Schorf', *magabizzido* ‚Bauchschmerzen', *swilido* ‚Katarrh', *unwillido* ‚Ekel, Erbrechen', *willido* ‚Übelkeit, Ekel', *wullido* ‚Übelkeit, Ekel'. Zur onomasiologischen Vernetzung treten bereits in althochdeutscher Zeit also auch erste Ansätze zu einer „morphologischen Vernetzung" des medizinischen Wortschatzes. Für die frühneuhochdeutsche Zeit belegt Höfler zahlreiche weitere Bildungen wie *Lähmde* zu *lahm* (Höfler 1899: 345; vgl. Riecke 2004a, 1: 421).

4 Das Problem der Pflanzenbezeichnungen

Bei der Klassifikation des althochdeutschen medizinischen Wortschatzes in Rezepten und Zaubersprüchen wurde die Gruppe der Pflanzenbezeichnungen oben zunächst ausgespart. Hans Ulrich Schmid bezeichnet die Heilpflanzenbezeichnungen allerdings völlig zu Recht „im weiteren Sinne" als Teil des „medizinischen Fachvokabulars" (Schmid 2015: 13). Aber auch wenn man sich auf die Beschreibung von denjenigen Pflanzen beschränken wollte, die als Heilmittel verwendet werden konnten, wären noch immer mehr als 1000 Pflanzenbezeichnungen zu bearbeiten.[11] Ohnehin fehlt weiterhin ein Wörterbuch der althochdeutschen Pflanzenbezeichnungen, das die Wörter nicht nur sprachlich nach ihrer Herkunft erläutert, sondern auch ihre medizinische Bedeutung erklärt. Eine gewisse Zahl der Pflanzenbezeich-

---

11 Man vgl. das vorläufige Verzeichnis bei Riecke (2004a, 2: 597–634).

nungen trägt aber schon in der Bezeichnung selbst einen Hinweis auf ihre medizinische Funktion. Zumindest auf sie müsste auch in einem medizinhistorischen Wörterbuch hingewiesen werden. Als Beispiele können gelten:
(1) Pflanzenbezeichnungen, die eine Krankheitsbezeichnung enthalten oder auf eine Krankheit hinweisen;
Beispiel:
aizbresta ‚Gemeines Kreuzkraut' zu ahd. *eiz* ‚Eiter'.
Die Pflanze gilt als eiterziehend.
(2) Pflanzenbezeichnungen, die eine Körperteilbezeichnung enthalten oder auf eine Körperfunktion hinweisen;
Beispiel:
bluotwurz ‚Hirtentäschel' zu ahd. *bluot* ‚Blut'.
Die Pflanze gilt als blutstillend.
Ebenso *lungwurz* ‚Lungenkraut' gegen Lungenkrankheiten, *magenwurz* ‚Tausendgüldenkraut' gegen Appetitlosigkeit und Magenschwäche etc.
(3) Pflanzenbezeichnungen, die eine Heilmittelbezeichnung enthalten oder einen Heilvorgang kennzeichnen;
Beispiel:
selbezza ‚Gemeines Kreuzkraut' zu ahd. *selb* ‚selbst' als „selbstheilende Pflanze" und *ezzen* ‚ätzen' nach der ätzend-eiterziehenden Wirkung.
Ein Verweis auf die „schnellheilende" Wirkung.
(4) Pflanzenbezeichnungen, die einen Heiligennamen enthalten oder religiös motiviert sind;
Beispiele:
sancte marien minze ‚Frauenblatt'; zum Heiligennamen wegen der hilfreichen Heilwirkung, hier gegen Menstruationsbeschwerden.

Oft ist aber nicht von vorn herein zu entscheiden, ob es sich im medizinischen Sinne um eine Heilpflanze handelt oder zumindest nach älterem Verständnis um eine Heilpflanze gehandelt hat. Wünschenswert wäre daher die Darstellung aller Pflanzenbezeichnungen in einem gesonderten Wörterbuch, auf das ein medizinhistorisches Wörterbuch dann ggf. verweisen könnte. Zwei Probeartikel sollen verdeutlichen, wie ein solches Wörterbuch, dann möglichst ergänzt durch eine Abbildung, aussehen könnte:

brünwurz ‚Kleine Braunelle' – Prunella vulgaris L.

> III, 525,51 *Brunata* : *brunwůrz*; Pflanzenglossar, München, Clm 615; Katalog 455, 14. Jh., obd. (md.-obd.).
> III, 531,24 *Policaria* : *brunwurz*; Pflanzenglossar, München, Clm 615; Katalog 455, 14. Jh., obd. (md.-obd.). [Die Zugehörigkeit ist unsicher, *policaria* gilt sonst für eine Wegerich-Art, Plantago psyllium.]

III, 550,3 *Brunella* : *brunwrz*; Pflanzenglossar, München, Clm 615; Katalog 455, 14. Jh., obd. (md.-obd.) – *brimwrz*; Pflanzenglossar, München, Clm 13057, f. 105a; Katalog 559, 14. Jh., frk.; – *brunwrze*; Pflanzenglossar, Innsbruck 355; Katalog 285, 14. Jh., bair. (bair.-obd.)
Ahd.WB 1,1440; StWGl. 81. 796; EWA 2,383f.; Marzell 3,1085f.; Björkmann 176.
[III, 537,14 *Baltamonia* : *brunworz*; Pflanzenglossar, Wien, ÖNB 2524; Katalog 947, letztes Viertel 13. Jh., frk. (frk.-obd.): verschrieben aus *berenworz*, Marzell 3,1087.]
Eine Komposition aus ahd. *brūn ‚Bräune' und *wurz* ‚Kraut, Wurzel'.
Ein immergrüner, meist ausdauernder Hemikryptophyt; in Mitteleuropa vom Flachland bis ins Hochgebirge bis etwa 2000 m Höhe weit verbreitet; zur Behandlung der Bräune-Krankheit (=Diphtherie, Angina). Die Krankheitsbezeichnung bezieht sich auf die braunrote Verfärbung der Schleimhäute, das Wort ist jedoch ahd. nicht bezeugt, dafür gilt *kelastopfe*, *kelasuht*, *kelwarch*; vgl. Riecke 2004a, 1: 383 u. ö.; dort auch 531–535 die Auflösung der Abkürzungen.

buozwurz ‚Purgierwinde' – Convolvulus Scammonia L.

III, 479,44 *Diagredio* : *pozwrz*; Pflanzenglossar, Wien, ÖNB 2400; Katalog 945, Anf. 13. Jh., bair.
IV, 357,2 *Apozima .i. bŏzwh*; Versus de arboribus, München, Clm 5125; Katalog 493, 13./14. Jh.
IV, 360,2 *Diagredio .i. puozwrz, ipsa scīmonia*; Kräuterglossar, München, Clm 7999; Katalog 546, 13. Jh., obd.
Ahd.WB 1,1518f.; StWGl. 85; EWA 2,454; Marzell 1,1149 (anders 1,1027).
Eine Komposition aus ahd. *buoza* ‚Besserung' und *wurz* ‚Kraut, Wurzel'.
Die Wurzel der Purgierwinde und das daraus gewonnene Harz dienen als Heilmittel mit abführender Wirkung.

5 Die Entfaltung des volkssprachigen medizinischen Wortschatzes in frühneuhochdeutscher Zeit

Wenn ein medizinhistorisches Wörterbuch nicht nur den ältesten Wortschatz aus althochdeutscher Zeit erfassen, sondern auch die weitere Entwicklung dokumentieren soll, kommen zahlreiche weitere Aufgaben hinzu. Schon in mittelhochdeutscher Zeit begegnet nicht nur ein deutlicher Anstieg sondern auch eine deutliche Ausdifferenzierung des medizinischen Wortschatzes. Dies sei an einem Beispiel aus Konrads von Megenberg „Buch der Natur" von 1348/1350, einer Übersetzung des „Liber de natura rerum" des flämischen Dominikaners Thomas von Cantimpré von 1241 gezeigt. Konrads von Megenberg in mehr als 100 Handschriften verbreitetes „Buch der Natur" ist in seinen anatomischen Abschnitten noch kein medizinisches Lehrbuch, sondern will – zum Lob der göttlichen Schöpfung – das zeitgenössische Wissen über den menschlichen Körper bei den gebildeten Laien verbreiten. Man vergleiche Kapitel I, 43, nach der Münchener Hs. Cgm. 38, *Von den adern*:

> Nvn schüll wir sagen von den adern, als daz puoch sagt, wie daz sei, daz der ertzt pücher anders da von reden; wan hie ist ain chrieg zwischen den ärtzten vnd den maistern von der natür. Vnd daz man daz dester pazz verste, daz unser puoch sagt, schol man wizzen, daz dreirlai adern sint in dem menschen. Die ersten sint runstadern, da daz pluot inn rint vnd flevzt von dem hertzen oder von der lebern in alliv andriu glider, vnd daz sint rörn nevr von ainem rock vnd haizzent ze latein vene. Die andern adern sint gaistadern vnd haizzend ze latein arterie. Daz ist als vil gesprochen sam eng weg, vnd in den vliezzend die natürleichen gaist vnd die lebleichen gaist [...]. Die dritten adern sint pantadern vnd haizzend ze latein nervi. Mit den pint div natur die herten pain in den glidern zesamen.

Bis auf einzelne Wörter ist auch dieser Text gut verständlich. Konrad unterscheidet mit seiner lateinischen Vorlage „Venen", „Arterien" und „Nerven" und weist ihnen drei deutsche Termini zu: *vena* : *runstader* ‚Blutader' (zu mhd. *runst* ‚das Fließen, Rinnen'); *arteria* : *gaistader* ‚Luftader, Lebensader' (zu mhd. *geist* ‚Geist [im Gegensatz zum Körper], vgl. lat. *spiritus* ‚Lufthauch') und *nervus* : *pantader* ‚Sehne' (zu mhd. *bant* ‚Band'). Des weiteren kennt er die Wörter *gruntader* ‚die vom Ausgangsort des Blutes in der Leber ausgehende Ader' (lat. *epatica, basilica*), *hauptader* ‚Hauptader' (lat. *vena cephalica*) und *mittlerinne* ‚Mittelader' (lat. *medianae*). Der medizinische und sprachliche Gliederungsversuch erscheint aus heutiger Perspektive unzutreffend, bildet aber den damaligen Wissensstand auf diesem besonders schwierigen Gebiet getreu ab und muss daher so im Wörterbuch dokumentiert werden. Zudem ist damit zu rechnen, dass heutige Leser die Bedeutung derartiger Lexeme zu wörtlich nehmen und deshalb vorschnell als „unwissenschaftlich" ablehnen. Wenn man nämlich bedenkt, dass auch unsere Schulmedizin Venen als sauerstoffarm und Arterien (die „Luftadern") als sauerstoffreich bezeichnet, dann bekommt die mittelalterliche Terminologie plötzlich doch einen konkreteren Sinn, dem vielleicht ein älteres medizinisches Wissen zu Grunde liegt. Darüber hinaus legt auch Konrad Wert auf die Tatsache, dass die anatomische Beschreibung – hier der Gefäße des menschlichen Körpers – nicht nur sprachliche, sondern auch medizinische Probleme aufwirft: *wan hie ist ain chrieg zwischen den ärtzten vnd den maistern von der natür* („denn hier herrscht ein Streit zwischen den Ärzten und den Naturkundigen"). Die Wahl der Terminologie ist – besonders auf derart umstrittenen Gebieten – stets abhängig von der zu Grunde gelegten medizinischen Theorie; auch solche Diskurse müssen im Wörterbuch abgebildet werden.

Wenn sich in frühneuhochdeutscher Zeit das Schreiben über Körper, Krankheit und Heilung schließlich noch weiter differenzieren lässt und Fachdiskurse, Laiendiskurse sowie verschiedene Mischformen unterschieden werden können, wird die Frage nach der Abgrenzung von Fachwortschatz und Allgemeinwortschatz noch einmal deutlich komplizierter. Das soll ein kurzer Auszug aus einem noch kaum untersuchten Fachtext verdeutlichen.

Im Jahr 1583 erscheint in Dresden unter dem Titel „Ophtalmodouleia, das ist, augendienst. newer vnd wolgegründter bericht von vrsachen vnd erkenntnis aller gebrechen [...] der augen vnd des gesichtes" durch den Dresdener Arzt Georg Bartisch. Er ist zugleich wohl der erste größere medizinische Fachtext, der nicht aus dem Lateinischen übersetzt ist. Bartisch stellt sein Fachgebiet auf 247 Blättern umfassend dar und erreicht im Bereich des Wortschatzes einen hohen Grad an Differenziertheit. Er verwendet Fachlexeme und – in geringerer Zahl – Nominalgruppen, die dann aber nicht selten durch *und* koordiniert zu längeren Syntagmen auswachsen. Stärker noch als andere zeitgenössische Autoren versucht Bartisch, vorhandene einheimische Fachtermini aufzugreifen oder selbst neue zu bilden.

> *Das XV Capitel meldet vom Blick und Fewerflammen der Augen.*
>
> *Es ist vielen Menschen / das es ihnen vor den Augen / sonderlichen bey der nacht vnd im schlaffe / erscheinet vnd firkombt / als schwebete vnd fünckelte ihnen glantz / fewer und flammen für den Augen (welches gemeine Leute das wetterleuchten der Augen nennen) zu Latein / Splendores nocturni* [...].

Bartisch beschreibt, daß einige Menschen in der Nacht den Eindruck haben, als schwebte und funkelte ihnen ein Lichtstrahl, Feuer und Flammen vor den Augen. Aus der Doppelformel „Feuer und Flammen" leitet er für die Kapitelüberschrift ein neues Fachwort, das „Feuerflammen" der Augen ab. Er benötigt solche Termini für sein ausgeklügeltes Registersystem, da hier die volksprachigen Termini, und nicht mehr lateinische Termini zur Orientierung im Text dienen sollen. Dabei handelt es sich zum Teil um Wörter, die schon in anderen Kontexten gebräuchlich waren, so etwa *Feuerflammen* bei Hans Sachs, aber auch *Iris* oder *Regenbogen*, die aber vor Bartisch noch nicht in einem medizinisch-fachsprachlichen Kontext verwendet wurden. Zum Teil handelt es sich aber um Wörter, die wie *Blutschebigkeit* oder *Feuerschreben* von Bartisch selbst gebildet oder aus alltagssprachlichem Gebrauch übernommen wurden. Im Falle von *Feuerflammen* fällt auf, dass Bartisch dieses Fachwort prägt, obwohl mit *Wetterleuchten* bei den „gemeinen Leuten" bereits ein anderes Wort vorhanden ist. Auf die medizinischen Alltagswortschatz des „gemeinen Mannes" weist Bartisch an mehreren Stellen hin, so etwa für das nur im „Augendienst" bezeugte Wort *Ascherschrimpff*.

> *Das beiszen, jucken und krimmen der augen nennet der gemeine man das Ascherschrimpff und die gelehrtern / aspretudinem / und vermeinen dieselbigen leute, wenn sie gehen uber einen ort / dahin man einen ascher / darvon lauge gemacht ist / hat aufgeschuttet / so sei es desselben schuld und ursach.*

Daneben treten noch einige fachmedizinische volkssprachige Termini, die bei den Ärzten der Zeit in Gebrauch gewesen sein müssen:

> [...] *es ist eine art des uberstulpens der Augenliede / welches geschiehet an den obern Augenliedern, das nennen etzliche erzte Hasenaugen, oder Hasenschlaff, bei den Gelehrten leporinus oculus genant, ist eine solche art, das die menschen die obere liede nicht können zuthun.*

Zu Grunde liegt lat. *lepus* ‚Hase'. *Hasenschlaff* findet sich in derselben Bedeutung 1597 in einer späteren Auflage des Arzneibuchs des Heidelberger Mediziners Christoph Wirsung; *Hasenauge* wird noch heute in dieser Bedeutung verwendet. Bei Bartisch bezeugte volkstümliche Bezeichnungen für Augenkrankheiten wie *Hasenschlaff* und *Fliegenmaul, Katzenauge, Muckenmahl, Sonnenschuß* oder *schwarzes kindlin* geben einen kleinen Einblick in Bereiche des historischen medizinischen Wortschatzes, die für gewöhnlich den Weg aufs Papier nicht gefunden haben. Im Idealfall bietet Bartisch damit außer der Beschreibung der Krankheitssymptome ein daraus abgeleitetes neues volkssprachiges Fachwort wie *Feuerflammen*, einen bereits bestehenden volkssprachigen Ausdruck aus der fachmedizinischen Alltagssprache wie *Hasenauge* oder *Hasenschlaff* („das nennen etzliche erzte Hasenaugen, oder Hasenschlaff"), ein laienmedizinisches Alltagswort wie *Wetterleuchten* und *Ascherschrimpff* („welches gemeine Leute das wetterleuchten der Augen nennen"; „nennet der gemeine man das Ascherschrimpff") sowie einen lateinischen und oft auch einen griechischen Fachausdruck. Es stehen sich also nebeneinander ein lateinisches oder griechisches Fachwort, ein einheimisches medizinisches Fachwort und ein einheimisches laienmedizinisches Alltagswort. Die Übergänge zwischen den einheimischen medizinischen Fachwörtern und den einheimischen laienmedizinischen Alltagswörtern sind sicher fließend. Es besteht daher auch kein Grund, die einheimischen laienmedizinischen Alltagswörter aus der Geschichte des deutschen medizinischen Fachwortschatzes auszuschließen, und schon gar nicht Wörter wie *Hasenauge* und *Hasenschlaff*, die ja nach Bartischs Aussage von den Ärzten selbst verwendet werden. Die Beispiele machen noch einmal deutlich, dass ein medizinhistorisches Wörterbuch nicht von den Vorstellungen der heutigen Schulmedizin, sondern vom jeweils zeitgenössischen medizinischen Wissen ausgehen muss.

Literatur

Bartisch, Georg (1583): *Ophtalmodouleia, das ist, augendienst. newer vnd wolgegründter bericht von vrsachen vnd erkenntnis aller gebrechen [...] der augen vnd des gesichtes*. Dresden.

DTA = *Deutsches Textarchiv. Grundlage für ein Referenzkorpus der neuhochdeutschen Sprache*. Hrsg. von der Berlin-Brandenburgischen Akademie der Wissenschaften. [Unter: <http://www.deutschestextarchiv.de/>; letzter Zugriff: 29.10.2018].

DWB 1854–1971 = *Deutsches Wörterbuch von Jacob Grimm/Wilhelm Grimm*. 16 Bände [in 32]. Leipzig. Lizenzausgabe 1984. Deutscher Taschenbuch Verlag.

Gloning, Thomas (2007): Deutsche Kräuterbücher des 12. bis 18. Jahrhunderts. Textorganisation, Wortgebrauch, funktionale Syntax. In: Meyer, Andreas/Schulz-Grobert, Jürgen (Hrsg.): *Gesund und krank im Mittelalter. Marburger Beiträge zur Kulturgeschichte der Medizin*. Leipzig: Eudora, 9–88.

Grabner Elfriede (Hrsg.) (1967): *Volksmedizin. Probleme und Forschungsgeschichte*. Darmstadt: Wissenschaftliche Buchgesellschaft.

Höfler, Max (1899): *Deutsches Krankheitsnamenbuch*. München: Piloty & Loehle. Neudruck. Mit einem Vorwort von Heinz Weimann. Hildesheim/New York: Olms 1970.

Riecke, Jörg (2004a): *Die Frühgeschichte der mittelalterlichen medizinischen Fachsprache im Deutschen*. 2 Bde., Bd. 1: Untersuchungen. Bd. 2: Wörterbuch. Berlin/New York: De Gruyter.

Riecke, Jörg (2004b): Texttraditionen frühmittelalterlicher Fachprosa. In: Greule, Albrecht/Meineke, Eckhard/Thim-Mabrey, Christiane (Hrsg.): *Entstehung des Deutschen. Festschrift für Heinrich Tiefenbach*. Heidelberg: Winter, 383–394.

Riecke, Jörg (2005): Von der Ungleichzeitigkeit des Gleichzeitigen. Zum Verhältnis von Fachwortschatz und Fachtextsorten in der mittelalterlichen deutschen Fachsprache der Medizin. In: Riha, Ortrun (Hrsg.): *Das Mittelalter. Perspektiven mediävistischer Forschung. Bd. 10. Heilkunde im Mittelalter*. Berlin: Akademie Verlag, 91–102.

Riecke, Jörg (2008): Laien-Texte in psychiatrischen Krankenakten. Ein Beitrag zum Sprachgebrauch „kleiner Leute" und seiner Quellen am Beginn des 20. Jahrhunderts. In: *Dituria* 4, 46–56.

Riecke, Jörg (2009): Zum Wortschatz von Zauber und Weissagung. In: Bergmann, Rolf/Stricker, Stefanie (Hrsg.): *Die althochdeutsche und altsächsische Glossographie. Ein Handbuch. Bd. 2*. Berlin/New York: De Gruyter, 1149–1160.

Riecke, Jörg (2012): Über althochdeutsche medizinische Zaubersprüche. In: Braun, Christian (Hrsg.): *Sprache und Geheimnis. Sondersprachenforschung im Spannungsfeld zwischen Arkanem und Profanem*. Berlin: Akademie Verlag, 107–122.

Riecke, Jörg (2016a): Vom Nutzen eines neuen medizinhistorischen Wörterbuchs. In: Lobenstein-Reichmann, Anja/Müller, Peter O. (Hrsg.): *Historische Lexikographie zwischen Tradition und Innovation*. Berlin/Boston: De Gruyter, 239–249.

Riecke, Jörg (2016b): Die althochdeutschen Verben im Feld von „Heilung und Gesundheit". Überlieferung, Morphologie, Syntax. In: Greule, Albrecht/Korhonen, Jarmo (Hrsg.): *Historisches syntaktisches Valenzwörterbuch. Valenz- und konstruktionsgrammatische Beiträge*. Frankfurt a. M.: Lang, 83–96.

Schmid, Hans Ulrich (2015): *Historische deutsche Fachsprachen. Von den Anfängen bis zum Beginn der Neuzeit*. Berlin: Erich Schmidt.

Schuster, Britt Marie (1999): Zwischen Populismus und Professionalisierung. Zur Entwicklung der psychiatrischen Fachsprache zwischen 1897 und 1945 in der Gießener Universitätspsychiatrie. In: Biester-Bronnen, Helga (Hrsg.): *Beiträge zur historischen Stadtsprachenforschung*. Wien: Edition Präsens, 183–202.

Schuster, Britt Marie (2010): *Auf dem Weg zur Fachsprache. Sprachliche Professionalisierung in der psychiatrischen Schreibpraxis (1800–1939)*. Berlin/New York: De Gruyter.

Andreas Deutsch
Das Deutsche Rechtswörterbuch – ein Fachwörterbuch zwischen Recht, Sprache und Geschichte

Zusammenfassung: Wie eine Analyse aktueller Gerichtsentscheidungen zeigt, dient das Deutsche Rechtswörterbuch (DRW) auch als Hilfsmittel für aktuellrechtlich arbeitende Juristen. Als Großwörterbuch zur älteren deutschen (und westgermanischen) Rechtssprache ist es jedoch zu allererst ein Nachschlagewerk für Menschen, die sich mit historischen Texten befassen. Längst sind dies nicht nur Rechtshistoriker, sondern namentlich auch Historiker und Germanisten. Denn das Wörterbuch behandelt neben den Rechtswörtern im engeren Sinne auch Wörter der Allgemeinsprache, wenn diese beispielsweise in einem bestimmten Kontext rechtliche Relevanz erhalten. Bei der Erstellung neuer Artikel bleibt der interdisziplinäre Nutzerkreis stets im Blick. Anhand von Beispielen aus der neueren Redaktionsarbeit erläutert der Beitrag, worauf hierbei besonders zu achten ist.

Schlüsselwörter: Sprachgeschichte, Rechtssprache, interdisziplinäre Wörterbucharbeit, Fachwörterbuch, Bedeutungserklärung, Verweisstruktur, Hapaxlegomenon

1 Einleitung

In einer kürzlich publizierten Eilentscheidung hatte das Verwaltungsgericht Schwerin darüber zu befinden, ob einem Medizinprofessor und Chefarzt, gegen den ein Strafbefehl wegen versuchten Betrugs im Zusammenhang mit der Abrechnung von Wahlleistungen (sog. „Chefarztbehandlung") ergangen war, von Amts wegen die Befugnis zur Ausbildung von Fachärzten entzogen werden durfte.[1] Die zuständige Behörde machte „*berechtigte Zweifel an der persönlichen Integrität und Eignung*" des Arztes geltend, weshalb sich das Gericht über die „*Unbescholtenheit*" des betroffenen Arztes Gedanken machte – und hierfür unter anderem auf den Artikel „*bescholten*" im „Deutschen Rechtswörterbuch" rekurrierte, um dann im Sinne einer Unschuldsvermutung – in der vorläufigen Eilentscheidung – zugunsten des Arztes zu votieren.

---

1 VG Schwerin, Beschluss vom 29.09.2014 – Aktenzeichen 7 B 743/14 BeckRS 2015, 46239.

Prof. Dr. Andreas Deutsch: Deutsches Rechtswörterbuch, Heidelberger Akademie der Wissenschaften, Karlstraße 4, 69117 Heidelberg, E-Mail: drw@adw.uni-heidelberg.de

https://doi.org/10.1515/9783110632866-006

Obgleich es sich beim „Deutschen Rechtswörterbuch" um das Großwörterbuch zur historischen deutschen Rechtssprache handelt, sind Gerichtsbeschlüsse und Urteile, in welchen auf das Deutsche Rechtswörterbuch Bezug genommen wird, durchaus nicht selten. In den meisten Fällen konsultieren die Richter das DRW, wenn sie einen Rechtsfall mit historischen Bezügen, insbesondere mit historischen, heute nicht mehr eindeutigen Rechtsbegriffen, zu entscheiden haben. So hatte das Oberlandesgericht Karlsruhe am 11. August 2014 darüber zu befinden, ob Inhaber einer vor Inkrafttreten des BGB im Jahre 1900 im württembergischen Güterbuch eingetragenen „Erdengerechtsamen", die fehlerhaft ins heutige Grundbuch übertragen wurde, infolge der Eintragung einen Schutz vor Verlust der Gerechtsamen haben. Die heutigen Eigentümer des betreffenden Weinbergs machten gutgläubigen lastenfreien Erwerb geltend, nachdem die Gerechtsame seit über dreißig Jahren von niemandem mehr beansprucht worden war. Nach einem Blick ins Deutsche Rechtswörterbuch erkannten die Richter:

> Das Wort „Erdengerechtsame" verweist darauf, dass den S-Berg-Weinberg-Besitzern kein Eigentum, sondern lediglich ein Nutzungsrecht zugeschrieben werden sollte. ... Der im Güterbuch mit dem Präfix „Erden" verwendete Begriff der „Gerechtsame" war in der Rechtspraxis der deutschen Länder vor Inkrafttreten des Bürgerlichen Gesetzesbuchs ein anderer Ausdruck ... für ein (Vor-)Recht oder eine Berechtigung; sie ist in zahlreichen Ausprägungsformen – etwa als Beholzungs-, Mühlen-, Münz-, Weg- oder Jagd-Gerechtsame – verbreitet gewesen.[2]

Der einem Eigentümer zustehende Gutglaubensschutz brauchte den Inhabern einer solchen bloßen Dienstbarkeit nicht zugebilligt werden.

Seltener nehmen Richter auf das DRW Bezug, wenn eine Definition von Rechtswörtern oder Formeln der modernen Rechtssprache in Frage steht. Aber auch dies kommt vor. Um die Paarformel „Dach und Fach" ging es in einem Prozess vor dem Oberlandesgericht Hamm,[3] in dem sich die Eigentümergemeinschaft eines Bauwerks und dessen Pächterin darum bekriegten, wer die Kosten eines Rohrleitungsschadens zu tragen hätte. In dem auf das Jahr 1966 zurückreichenden Pachtvertrag war nämlich vereinbart worden, dass Instandhaltungsarbeiten Sache des Pächters sein sollten, wovon allerdings Schäden „an Dach und Fach" ausdrücklich ausgenommen wurden. Der zuständige Senat des Oberlandesgerichts erkannte zu Recht, dass es sich bei „Dach und Fach" – so wörtlich – „um eine alte Wendung" handelt und blickte daher, um die „vor allem wegen des mehrdeutigen Wortes ‚Fach'" im Vertrag „nicht sehr klar umrissene" Formel präziser fassen zu können, unter anderem ins Deutsche Rechtswörterbuch. Da „Dach und Fach" – wie bereits im DRW-Artikel „Dach" zu erfahren ist, für das gesamte Gebäude steht (DRW 2: 682–683, Art.

---

2 OLG Karlsruhe, Beschluss vom 11.08.2014 – 11 Wx 118/13FGPrax 2014: 232.
3 OLG Hamm, Urteil vom 27.04.1988 – 30 U 16/88, BeckRS 2010, 04173.

„Dach"), verwundert nicht, dass das Gericht die Kostenlast für den Leitungsschaden der Eigentümerseite auflud.

Diese drei – sehr unterschiedlichen – Beispiele illustrieren zweierlei: Zum einen dient die Arbeit am Deutschen Rechtswörterbuch – nicht zuletzt – einem präziseren Verständnis der historisch gewachsenen Semantik des Rechts. Zum anderen kann der aus der historischen Wortarbeit gezogene Nutzen aber weit über die historische Semantik hinausreichen und etwa, wie die Beispiele zeigen, zur Lösung aktueller Rechtsfragen beitragen. Ja, man könnte etwas zugespitzt sogar behaupten: Ganz konkret hatten die Ergebnisse der Wörterbucharbeit Einfluss auf Entscheidungen über den Ruf und Beruf eines Chefarztes, über die Eigentumsverhältnisse an einem Weinberg und über die Kostenlast bei einem Wasserschaden.

Freilich dürften die Aktuellrechtler, die das DRW konsultieren, nur eine kleinere Gruppe innerhalb des bunten und vielgestaltigen Nutzerkreises des DRW darstellen. Im Schnittpunkt zwischen Recht, Sprache und Geschichte angesiedelt, spricht es zweifellos in erster Linie historisch arbeitende Menschen an. Nicht zuletzt weil das DRW neben den eigentlichen Termini technici des Rechts auch den historischen Allgemeinwortschatz erläutert, sobald er rechtliche Bezüge (z. B. rechtliche Sonderbedeutungen) aufweist, ist das Wörterbuch ein wichtiges Hilfsmittel für die unterschiedlichsten Disziplinen.

2 Das DRW im Überblick

Seit Beginn der Arbeiten am DRW im Jahre 1897 ist das Wörterbuch interdisziplinär ausgerichtet – nicht nur hinsichtlich der Zielgruppen, sondern auch in Bezug auf die Erstellung.[4] Heute arbeiten in der Forschungsstelle an der Heidelberger Akademie der Wissenschaften unter der Leitung eines Juristen und Rechtshistorikers Sprachwissenschaftlerinnen mit unterschiedlicher Schwerpunktsetzung, Historiker, ein Philosoph und eine Bibliothekarin aufs Engste zusammen. Sie erstellen Jahr für Jahr etwa tausend neue Wörterbuchartikel. Im Druck erschienen sind bislang gut 95 000 Artikel von „Aachenfahrt" bis „Spielzettel", verteilt auf 12 Bänden mit 20 000 Druckspalten sowie mehrere Einzellieferungen.

Seit 1997 online, bietet www.deutsches-rechtswoerterbuch.de mittlerweile nicht nur alle fertiggestellten Artikel der Druckfassung (mit einer Moving Wall von einem Jahr), sondern auch zahlreiche Zusatzfunktionen: Beispielsweise gibt es direkt von den jeweiligen Wortartikeln aus Links zu entsprechenden Artikeln anderer Wörterbücher, und von mehr als der Hälfte der mittlerweile über 500 000 Belegzitate und Fundstellennachweise werden Links zu den Quellentexten angeboten, aus welchen

---

4 Zur Geschichte des Projekts: Deutsch (2010); Lemberg/Speer (1997).

die Belege stammen, sodass der Nutzer die Textstellen spielend überprüfen und auf Wunsch weiterlesen kann. Ein Doppelklick auf jedes beliebige Wort in einem Belegtext genügt, um weitere Informationen zu diesem Wort – bis hin zur Erklärung der Wortbedeutung – zu erhalten. Zusätzlich bietet DRW-Online weit über 40 000 Wort-Kurznachweise zu Wörtern, die zwar im DRW-Korpus nachgewiesen sind, aber (z. B. mangels rechtlicher Bedeutung) keinen Eingang ins eigentliche Wörterbuch gefunden haben.[5]

Das DRW-Korpus umfasst rund 8500 Quellensiglen. Hinter zahlreichen dieser Siglen verbirgt sich nur ein einzelner Quellentext, so meint „CCC." die Constitutio Criminalis Carolina, also die berühmte Peinliche Gerichtsordnung Kaiser Karls V. von 1532. Sehr viele Siglen beziehen sich aber auf ganze Zeitschriftenreihen oder komplette Quellensammlungen, „CorpAltdtOrUrk." etwa steht für das Korpus der Altdeutschen Originalurkunden bis zum Jahr 1300. Erschlossen wird das DRW-Korpus zum einen durch ein grob alphabetisch vorsortiertes Belegarchiv mit etwa 2,5 Millionen „Belegzetteln", auf welchen in der Anfangszeit des Projekts von (zumeist freiwilligen) Textexzerptoren die interessantesten Belegstellen der ausgewählten Quellen eingetragen wurden, zum anderen durch ein (behutsam wachsendes) elektro-nisches, also voll durchsuchbares Textarchiv.[6]

Da das DRW nicht nur das Hochdeutsche in allen seinen Sprachstufen miterfasst, sondern auch die weiteren westgermanischen Sprachen – vom Altenglischen über die Sprachen der frühmittelalterlichen Volksrechte, etwa Langobardisch, bis hin zum Altfriesischen, Mittelniederländischen und Mittelniederdeutschen, umspannt es zugleich einen extrem weiten Zeitraum. Die derzeit ältesten Belege stammen aus – jeweils mehrfach zitierten – Texten der Zeit um 380 n. Chr. (Wulfila-Bibel als vergleichende Quelle) bzw. 479 n. Chr. (Urkunde von Merowingerkönig Chlodwig I.). Spätestes Aufnahmedatum für Belege ist im Wörterbuch das Jahr 1815, für die Online-Kurznachweise 1835.[7]

Schon aufgrund dieses weiten Zeitrahmens ist der inhaltliche Rahmen der Rechtssprache notwendigerweise weit gefasst. Nicht nur rechtliche Fachtermini wie „Darleihvertrag" oder „Spezialhypothek" werden aufgenommen, sondern auch Wörter aus dem großen Bereich der Verfassung, Staats- und Kirchenorganisation samt Verwaltung, etwa „Krönungsakt" oder „Simpelanschlag". Ebenso im DRW berücksichtigt werden Münzen, Maße und Gewichte, denn sie waren amtlich definiert, Fälschung und Missbrauch wurden sanktioniert; so finden sich etwa auch „Achter" und „Sechsling" (als Münzen), „Bast" und „Binde" (als Maße) sowie „Butterstein" und „Schläfer" (als Gewichte) im DRW. Rechtliche Relevanz haben ferner Abgaben und Lasten, weshalb auch alle Wörter aus diesem Kontext im DRW abge-

---

5 Zu den besonderen Funktionen von DRW-Online etwa: Bedenbender (2014); Deutsch (2016a).
6 Hierzu: Deutsch (2016c). Grundlegend: Speer (2002).
7 Zur zeitlichen und sprachlichen Bandbreite des DRW etwa: Lemberg (2007).

handelt werden – von der „Abfuhrakzise" bis zum „Siebenkinderzehnt". Artikel finden sich ferner zu Berufen, die mit einer gerichtlichen, (im weitesten Sinne) amtlichen oder sonst rechtlichen Tätigkeit verbunden sind. Handwerksberufe werden insbesondere dann bearbeitet, wenn sich – zumindest mancherorts – eine zünftische Organisation nachweisen lässt. Für Namensforscher hat sich das Rechtswörterbuch daher schon oft als wahre Fundgrube erwiesen. So stößt man über DRW-Online mit einer linkstrunkierten Stichwortsuche nach *meier auf rund hundertfünfzig unterschiedliche „Meier" – vom „Alpmeier" über den „Obermeier" bis hin zum „Sedelmeier";[8] nicht ausgezählt sind die „-bäcker", „-müller" und „-schmiede". Über die Berufsbezeichnungen hinaus ergeben sich namentlich im Handel (z. B. Hanse) und Bergwesen zahlreiche rechtliche Implikationen, die zu einer Aufnahme von Wörtern führen.

3 Arbeiten im Schnittbereich von Recht, Sprache und Geschichte

Nicht nur der breite zeitliche Rahmen und die mehrsprachige Quellenbasis stellen bei der Artikelerarbeitung für das DRW immer wieder eine Herausforderung dar, sondern auch die heterogenen Rezipientenkreise. Steht doch außer Zweifel, dass Juristen, Sprachwissenschaftler und Historiker (um nur einige zentrale Nutzergruppen[9] zu benennen) mit höchst unterschiedlichen Vorkenntnissen und Erkenntnisinteressen auf das Wörterbuch zugreifen. Dies erfordert eine disziplinübergreifende Herangehensweise bereits bei der Erstellung der einzelnen Artikel. Ziel bei den Worterklärungen muss eine möglichst hohe Allgemeinverständlichkeit sein, weshalb (jedenfalls in den jüngeren Bänden), so irgend möglich, auf Fachausdrücke verzichtet wird – unabhängig davon, ob es sich um rechts-, sprach- oder geschichtswissenschaftliche Begriffe handelt. Wie schwierig dies bei manch einem Rechtsterminus sein kann, mag ein Beispiel aus den jüngeren Wörterbuchlieferungen andeuten, die Sequestration:

> **Sequestration**, *f. (gerichtlich angeordnete oder freiwillige) Hinterlegung eines umstrittenen Gegenstands bei einer Behörde oder einem → ¹Sequester bzw. Verwaltung einer Liegenschaft durch einen → ¹Sequester bis zur Klärung der Rechtslage; Zwangsverwaltung; bdv.: Kummer (II), Hinterlegung (II 2), ²Sequester, Sequestrierung. (DRW 13: 386–387)*

Der Verzicht auf Fachausdrücke darf – zumal bei einem juristischen Fachwörterbuch – keinesfalls zulasten der (insb. rechtlichen) Präzision oder lexikographischen

---

[8] Hierzu: Deutsch (2014).
[9] Zu den Nutzergruppen: Deutsch (2016b).

Klarheit gehen. Da dies kein leichtes Unterfangen ist, wird jede Artikelstrecke nach ihrer durch einzelne Lexikographinnen oder Lexikographen erfolgten Erstbearbeitung innerhalb des DRW-Teams gegengelesen und besprochen. Hierbei achten Juristen, Sprachwissenschaftler und Historiker jeweils aus ihrem eigenen Blickwinkel auf Korrektheit und Verständlichkeit.

Dies gilt beispielsweise auch für etymologische Informationen, die zwar für Sprachwissenschaftler von Interesse sind, Juristen und Historiker in vielen Fällen aber eher verwirren. Da sie unmittelbar hinter dem Lemma stehen, ist es für die Lesbarkeit des Artikels besonders wichtig, dass sie möglichst allgemeinverständlich formuliert sind. Wie dies aussehen kann, zeigt der (hier gekürzt abgebildete) Artikel „Sigental, Sigentor", der höchst unterschiedliche Varianten eines in der heutigen Sprache unbekannten Wortes zusammenfasst (DRW 13: 559):

> **Sigental, Sigentor** *n., ahd.* sigitari, sigindri, *mit zahlreichen Schreibvariationen; wie* → Sakristei; *vgl.* Sigerstein; *Literatur: Masser,BezGotteshaus, 141–147.* **sigantri** [*korrigiert in* **sigantori**]: oratorium *9. Jh. ChWdW9 722.* **sigiture**: secretario *9. Jh. ebd.* secretarius **sigindri** *11. Jh. AhdGl. II 759.* den kuster höret ouch an, zu büsliessen die kilchen ... den kor und das **sigoltür**, und die slüssel zu bühalten *1311 Luzern/SchweizId. VII 506.* [...] es söllend sweren die zunftmeister in dem **sigentor**, ir zunft ze verhüttend und ze vergömend *15. Jh. ZürichStB. III 149.* sol ein stempfel gemacht und darnach in das **sigental** gehalten werden *1601 ZSchweizKG. 25 (1931) 10.*

Schon aus Platzgründen geht das DRW mit etymologischen Erläuterungen sehr sparsam um, deckt die – grundsätzlich jeder Artikelstrecke zugrundeliegenden – etymologischen Überlegungen nur dann auf, wenn dies aus linguistisch-lexikographischer Perspektive, etwa zur Begründung von Homonymenangaben, unerlässlich ist. Zumeist genügt auch dann ein kurzer Hinweis; so heißt es beim Apothekergewicht „¹Skrupel" ganz knapp „zu lat. *scrupulum*", und beim „²Skrupel" im Sinne von „Bedenken, Zweifel" „zu lat. *scrupulus*".

Der beschränkte Platz gibt auch in Bezug auf rechtliche und historische Informationen einen engen Rahmen vor. Da das DRW zuallererst ein Sprachwörterbuch ist, also in erster Linie Wörter erklärt und belegt, müssen weitergehende Erläuterungen – etwa zu rechtlichen oder historischen Zusammenhängen – selbst in größeren Wortartikeln knapp gehalten werden. Um dem Nutzer in komplexeren Fällen dennoch eine Handreiche zu gewähren, erfolgen oftmals Hinweise zu weiterführender Literatur.

Ein Beispiel ist die „Sollizitatur" (DRW 13: 713). Da es sich um ein Fremdwort handelt, war der Artikel kurz zu halten. Im Material des DRW ist das Wort freilich mit einem recht weiten Bedeutungsspektrum belegt: „Gesuch um rasche Erledigung einer anhängigen Rechtssache; Betreibung, Förderung einer (Rechts-)Angelegenheit; Tätigkeit als → Sollizitator". Ein „Sollizitator" ist ein „(für ein Bittgesuch oder eine Verhandlung) entsandter Vertreter; → Sachwalt (III)", insbesondere aber eine „Person, die → Sollizitaturen ausführt". Diese weiten Erklärungen sind dem Umstand geschuldet, dass Sollizitatoren dem Belegmaterial zufolge an den unterschiedlichsten Stellen aktiv wurden, ihre Bittgesuche nicht nur bei Gerichten, sondern auch im Rahmen anderer Versammlungen einreichten oder vorbrachten. Aus Sicht der Rechtshistoriker stehen derweil die Sollizitaturen vor dem Reichskammergericht im Mittelpunkt des Interesses. Vor allem in der Wetzlarer Spätzeit dieses Gerichts erhofften nämlich zahlreiche Prozessparteien eine Beschleunigung der langatmigen Verfahren, indem sie Sollizitatoren damit beauftragten, beim Gerichtspersonal positiv einzuwirken. Diese Besonderheit wurde im DRW nicht nur bei der Belegauswahl berücksichtigt, sondern auch indem ein entsprechender Literaturhinweis auf die einschlägige Arbeit „B.C. Fuchs, Die Sollicitatur am Reichskammergericht (Köln 2002)" erfolgte.

Eher kulturgeschichtliche Bezüge stellt hingegen der Literaturhinweis im Artikel „Spielweib" her (DRW 13: 959). Das Wort mit zwei sehr unterschiedlichen Bedeutungen ist im Korpus des DRW nur schmal belegt, sodass die historische Rolle der „Spielweiber" im betreffenden Artikel nur eingeschränkt abgebildet werden konnte. Zum Teil mag die bescheidene Beleglage auf eine hohe Anzahl synonymer Wortbildungen zurückzuführen sein, wie der kurze Artikel durch die Verweise auf bedeutungsverwandte Wörter andeutet:

> **Spielweib** *n. I. berufsmäßige, häufig im fahrenden Gewerbe tätige Musikantin, Tänzerin, Gauklerin, Schaustellerin; bdv.:* Spielere, Spielmagd, Spielmännin; *vgl.* Spielmaid, Spielmann (I); *zS. vgl. W. Salmen, Spielfrauen im Mittelalter (Hildesheim 2000). 12. Jh. Oswald V. 989.* ein **spilwîb** si sande / die ir vater wol erkande *um 1210 Wolfram v. Eschenb., Parzival VII 362, 21.* nieman sol dúkeinen spilman noch **spilwib** dúkeime senden, noch sol man in dúkeine gabe geben *um 1295 StraßbStR.(Ro.) 47. vor 1366 Seuse 481.*
>
> **II.** *Geliebte, Nebenfrau; bdv.:* ¹Kebse, Schlafweib, Spielfrau; *vgl.* Spiel (XIV). David bevol sin hus to warende teyn spelewiven *Anf. 15. Jh. Schiller-Lübben IV 315.*

Bei der rechtlich relevanteren ersten Bedeutung dürfte die geringe Belegzahl aber vor allem damit zu erklären sein, dass in den Rechtsquellen die männliche Form „Spielmann" und das geschlechtsneutrale Pluralwort „Spielleute" als Überbegriff verwendet wurden (vgl. DRW 13: 951–955, Art. „Spielmann, Spielleute"), die Frauen also keine eigene Erwähnung fanden. Da aufgrund dieser Belegsituation leicht verdeckt wird, dass gerade im fahrenden Gewerbe auch zahlreiche Frauen berufstätig waren, zusammen mit männlichen Kollegen musizierten, tanzten und spielten, erfolgte der Literaturhinweis auf eine einschlägige Monographie.

Sicherlich seltener beziehen sich die Literaturhinweise auf etymologische Hintergründe, dienen etwa zur Erläuterung einer komplizierten Lemmatisierung. Ein Beispiel ist der Artikel „(Solagzucht)" – mit geklammertem, da konstruiertem hochdeutschen Lemmaansatz. Das im Korpus des DRW einzig im Werdener Urbar nachweisbare Hapaxlegomenon ließe sich aufgrund der Semantik leicht mit dem „Saulag" (Schweinepferch) in Verbindung bringen, der bereits um 830 als „sulage" im Pactus legis Salicae belegt ist (vgl. DRW 12: 12, Art. „Saulag"). Geht es doch in beiden Fällen um Schweinemast. Dementsprechend war der Beleg ursprünglich im Zettelkasten auch abgelegt. Allerdings ergaben weitere Recherchen, dass als Bestimmungswort hier ein altsächsisches „solag" mit der Bedeutung „Suhle" vorliegt.[10] Der erste Wortbestandteil „sol" meint eigentlich eine Vertiefung im Boden, die ständig Wasser führt, gehört mithin zu (nach der Lemmatisierung des DRW) „³Soll", weshalb im Artikel „Solagzucht" ein entsprechender Wortbildungsverweis erfolgte. Da im DRW kein Raum für weitere sprachliche Erläuterungen ist, wurde dem Nutzer zudem als Literaturangabe ein Blick in Heinrich Tiefenbachs Altsächsisches Handwörterbuch („ASächsHWB. 359") empfohlen; damit dabei erkennbar bleibt, dass bei der Lemmatisierung bewusst vom „Saulag" unterschieden wurde, ist außerdem noch ein Vergleiche-Hinweis zu letztgenanntem Artikel gesetzt (DRW 13: 688):

(Solagzucht) *f., zu ³Soll; (Recht auf) Schweinemast in der eigenen Suhle; vgl.* Sach, Saulag, Schargerechtigkeit, Schweinemast (III); *zS. vgl. ASächsHWB. 359.* de uilla Frimaraheim unusquisque is **sólagtúht** *10. Jh. WerdenUrb. I 19.*

Auch bei den angesprochenen wörterbuchinternen Verweisen sucht das DRW-Team unterschiedliche Nutzergruppen und ihre Ziele im Auge zu behalten. Vergleichsweise unkompliziert sind die Verweise auf bedeutungsverwandte Wörter („bdv."), also (wenigstens Teil-)Synonyme, die aufzufinden Juristen, Historiker und Sprachwissenschaftler gleichermaßen interessieren kann. Da es den Rahmen des Wörterbuches sprengen würde, von jedem Wort auf jedes bedeutungsverwandte andere Wort zu verweisen, erfolgt die Vernetzung durch sogenannte „Verweisnester" an zentralen Stellen, von welchen auch auf ältere Wortstrecken Bezug genommen wird (in der Regel aber nicht auf nachfolgende, noch nicht bearbeitete Wörter). Ein „prominentes" Beispiel für solch ein Nest bietet der Artikel „Scharfrichter" (DRW 12: 240–248) – hier nach der Onlineversion, in welcher alle Verweise als Link erscheinen:

Scharfrichter, *m., auch mit Flexion von* scharf-; *amtlich bestellter Strafvollstrecker; eigentlich jmd., der* → scharf *(I, V) richtet, insb. mit dem (scharfen) Schwert; zumeist mit zahlreichen weiteren Aufgaben betraut;* → Henker, → Nachrichter (II); *bdv.:* Angstmann, Balz, Besserer (II), ¹Büttel (II 3 a), Dalcher, Dallinger, Dammer, Diebhenker (I), Dieler, Dolmann (I), Drudenhenker, Feldmeister (II), Femer (I), Fetzer (I), Fiks, Fleischhauer (II), ²Gabler (II), Freimann (II), Haher, Halbmeister (I), Hämmerlein, Hämmerling, Hangmann, Hans (I), Kaiserdiener, Knüpfauf, Knütter, ²Kurt, Marterer, Matz, Meister (IV), Menschenzüchtiger, Notbote (II), Quäler, Racker, Schäler, Scharfcocke, Scharfmeister, Schinder, Schwertrichter, Züchtiger […]

Vergleiche-Verweise („vgl.") können demgegenüber sehr unterschiedliche Informationen enthalten. Häufig stellen sie inhaltliche Zusammenhänge her, vernetzen etwa unterhalb der Ebene der Bedeutungsverwandten in semantischer oder rechtli-

---

10 Hierzu auch: Reiche (1976: 328–333).

cher Hinsicht zusammengehörige Wörter. Manchmal verlinken sie aber auch Antonyme, die sonst nur in der Worterklärung abgebildet werden können („iU. zu" oder „iGs. zu"). Oft dienen die „Vergleiche-Hinweise" auch als Fingerzeig auf zentrale Artikel, in denen sich mehr (rechtliche oder historische) Sachinformationen nachlesen lassen. Bisweilen erscheint es ferner sinnvoll, in Fällen, in denen weder eine „sprachliche Erläuterung" im oben beschriebenen Sinne in Betracht kommt noch die strengen Voraussetzungen eines „Wortbildungsverweises" („zu...") erfüllt sind, im Wege eines „vgl." auf etymologische Zusammenhänge hinzudeuten.

4 Beispiele aus der Wörterbucharbeit

Im Folgenden soll dargestellt werden, wie sich die Wörterbucharbeit im Schnittbereich von Recht, Sprache und Geschichte konkret gestaltet. Ein fachübergreifender Blick ist während des gesamten Prozesses der Artikelerstellung vonnöten – von der Belegaufnahme und -auswahl bis zur Ausarbeitung der Wortbedeutung(en) und Artikelgliederung. Die hohe Bandbreite des bearbeiteten Materials und die hierdurch auftretenden unterschiedlichen Fragestellungen lassen sich am besten anhand von Beispielen illustrieren.

a. „Silberblick", „Sinnlichkeit" und „Schweinerei"

So mag es manch einen wundern, wenn der „Silberblick" im Rechtswörterbuch einen Artikel erhalten hat. Jedoch ist damit nicht das leichte Schielen gemeint, das bis heute manche Männer bezirzt. Vielmehr informiert DRW 13: 570–571:

> **Silberblick** m., in einer → Schmelzhütte *hergestellter Barren aus vom Blei geläutertem Rohsilber; Blicksilber;* [...] nachmalß sol er [einnember] die anzall der eingerachten **silberplickh** gegen der silber zaichner aufschreiben, was und wieuil silber dieselb wochen in yeder huetten geschmoelzt vnd abgetriben worden *1605 Schmidt,ÖBG. II 3, 539.* [...]

Es geht mithin um einen Begriff aus dem Bergwesen bzw. der Metallverarbeitung, der seine rechtliche Relevanz durch entsprechende Reglementierungen erhält. Auch weil das Wort dazu dient, andere Wörter der „Silber"-Strecke im DRW besser verständlich zu machen, erhielt es einen kurzen Artikel im DRW. Ähnliches gilt für den „Silberkuchen" – ein Silberblick in runder oder ovaler Form (DRW 13: 582). Und unter dem „Silberhüter" ist im Bergrecht „eine Amtsperson" zu verstehen, „die den Silberblick auf seinen Gehalt prüft." (DRW 13: 578)

Auch die „Sinnlichkeit" hat Eingang ins DRW gefunden (DRW 13: 621–622). Die erste, da nach dem Material des DRW älteste und zugleich rechtlich relevanteste Bedeutung des Wortes ist allerdings „Verstand, Vernunft" – mit einem ebenfalls im

DRW berücksichtigten Antonym „Sinnlosigkeit" mit der historischen Bedeutung „Geisteskrankheit, geistige Umnachtung" (DRW 13: 622). Eine zweite, im späten 15. Jahrhundert erstbelegte Bedeutung ist die „Fähigkeit zur Wahrnehmung durch die → Sinne (II)", also die Sinnesorgane. Und erst in der dritten Bedeutung kennt das DRW Sinnlichkeit als „von Lust oder Instinkt gesteuertes, → sinnliches (IV) Begehren, Verlangen; auch allg.: Bestrebung." Der erste Beleg von 1667 deckt noch allein die Bestrebung ab:

> daß eine jegliche parthey ... eigene rationes und **sinnligkeiten** haette, und zum gemeinen besten nicht viel anwandt *1667 Pufendorf,RZustand 164.*

Die moderne Konnotation des Lust- oder Instinktgesteuerten lässt sich aber schon wenige Jahre später nachweisen, wenn es 1686 bei Abraham a Sancta Clara heißt:

> betten vnd arbeiten seynd zwey zigel, mit denen deß menschen **sinnlichkeiten** gezaumet werden *1686 AbrahSCl.,Judas I 550.*

Wirklich etabliert ist die Bedeutung freilich erst im 19. Jahrhundert, wenn etwa der berühmte Strafrechtler Paul Johann Anselm Feuerbach argumentiert:

> der subjective grund aller rechtsverletzungen liegt in illegalen triebfedern der **sinnlichkeit**, welche zu der that bestimmen *1801 Feuerbach,PeinlR. 103.*

Wer sich für die Sinnlichkeit interessiert, für den lohnt vielleicht auch ein Blick in die DRW-Artikel „Kuß", „Liebe", „Lust" und „Schwärmerei". Auch diese Artikel haben freilich eine andere Zielrichtung, als es bei einem allgemeinsprachlichen Wörterbuch der Fall wäre.

Etwas handfester erscheint demgegenüber die „Schweinerei" (DRW 13: 22). Die „Schweinerei" ist allerdings nicht viel anderes als eine Schweineweide. Diese ist abgabenpflichtig und im Zugang reglementiert, weshalb man sie ins DRW aufgenommen hat. Vielleicht ist es interessant zu wissen, dass man darauf gegebenenfalls nicht nur viele Schweine (i. d. R. Neutrum) antrifft,[11] sondern dazu auch einen Schwein (Maskulinum). So hieß früher vielerorts ein Hirte, in unseren Belegen stets ein Schweinehirte (DRW 13: 14–15, Art. „²Schwein"). Weil er u. a. in Gemeindediensten tätig war, also im weitesten Sinne in einem Amtsberuf, findet er sich im DRW.

---

11 S. DRW 13: 10–14, Art. „¹Schwein"; in rechtlicher Hinsicht u. a. in erb- und schuldrechtlichem Kontext, ferner als Naturalabgabe und wegen Tierstrafen von Interesse. Vgl. ferner z. B. auch die DRW-Artikel „Mast" (DRW 9: 353–355), „Sau" (DRW 12: 1–2) und „Saubär" (DRW 12: 2–3).

b. „Schulberg"

Hierzu thematisch sehr viel näher als anfänglich erwartet ist der „Schulberg". Das Wort war ursprünglich als „nicht rechtlich, wohl Flurname" beiseitegelegt. Dann stellte sich allerdings die Frage, warum man sich in der Exzerptionsphase des DRW einst die Mühe gemacht hatte, für dieses Wort einen – freilich recht kryptischen – Belegzettel anzulegen. Außer einem sinnvollen Belegschnitt half auch eine alsbald recherchierte Parallelfundstelle:

> porcum den schůleren geordnet, den man nempt **schůlberg** *1420 Graubünden/SchulO. (Müller) 46*

> porcum scolaribus deputatum quem solent vocare **schůlbarg** *1326 BeroMünsterUB. II 171*

Es handelt sich mithin um einen verschnittenen Eber, der als Abgabe zur Schulfinanzierung diente. Als Lemma war folglich „Schulbarg" anzusetzen (vgl. DRW 12: 1275). Nun fanden sich auch ähnliche, im DRW bereits vorhandene Artikel: Bühelbarg, Gallenbarg, Martinbarg und Mühlbarg.

c. „Sielrichtersmark"

Rätsel gab auch die „Sielrichtersmark" auf. Nicht sehr aussagekräftig erschienen die Belege zum Wort selbst und zur offenbar synonymen „Sielfestermark"; sie verliefen weitgehend parallel zum (schließlich einzig abgedruckten) Erstbeleg:

> so iemant hyrop waer suimachtijch mochte worden, sullen verbrooken hebben 2 **sijlrechtersmarck**, *1569 VerslOudeR. 4 (1903) 176.*

Geringfügig früher ist das erste bekannte Vorkommen des Wortes „Sielfestermark":

> oock hebben de zijlvesten by 2 **zijlvester marck**, wesende elk mark elf arents guld., [<geordonneert>] dat ijder tusschen dit ende hogerkercke ende daer omtrent gelandet, met schuppen ende spaden selfs komen of volk zende soude, om de dycken te helpen holden, *1562 Beekman, DijkR. II 1843.*

In der Not zunächst anderen Nachschlagewerken folgend, lautete ein erster Erklärungsvorschlag: „Eine innerhalb der ‚Waterschaften' im Deichumland von Groningen verwendete Münze". Doch ergaben sich hierzu sehr schnell merkliche Zweifel. Denn warum sollten die Bauern im Deichland eine eigene Münze prägen oder prägen lassen? Warum hätte sich dann kein einziges Exemplar einer solchen Münze erhalten? Und warum sollte diese Münze mal „Sielrichtersmark", mal „Sielfestermark" heißen (beides Bezeichnungen des Vorsitzenden eines Sielgerichts, also Deich- und Schleusengerichts)? Warum endlich wurde mit dieser Münze, soweit die Belege zeugen, ausschließlich vor dem „Sielgericht" bezahlt? Und zwar ausschließlich Bußen? Diese Fragen stellen, hieß, die richtige Erklärung finden: Bei der „Sielrichtersmark" handelt es sich ausschließlich um eine Rechnungseinheit für Geldbußen, die an den Sielrichter zu leisten waren (DRW 13: 556). Eine Sielrichtersmark ist mit anderen Worten so viel wie eine einfache Buße, wie sie in Angelegenheiten vor dem konkreten Sielgericht üblich war; die im Beleg erwähnten zwei Sielrichtersmark stellen folglich eine doppelte Buße dar. Derartige Verdoppelungen oder Vervielfachungen einer feststehenden Buße waren weithin üblich.[12] So heißt es etwa in einem (aus derselben Region, nämlich von Fivelgo stammenden) Beleg von 1448:[13]

> geschiede ynich doetslach op den kerkhoue, in der wedemen, in den kraem ..., dat sal wesen **dubbelde bote** ende broke, *1448 Richth. 321.*

Im friesischen Recht haben sich zudem Komposita zur Bezeichnung solcher mehrfachen Bußen herausgebildet, so etwa „Dreibuße", „Fünfbuße", „Sechsbuße" und „Siebenbuße" (DRW 2: 1089; 3: 1069; 13: 123; 484). Die Bezeichnung „Sielrichtersmark" (bzw. „Sielfestermark") sagt nichts darüber aus, in welcher Währung oder mit welchen Naturalien die Schuld dann tatsächlich zu begleichen war oder beglichen wurde, deshalb der erläuternde Zusatz im Beleg zur „Sielfestermark": „wesende elk mark elf arents guld."

Besondere Betitelungen für Bußen oder Abgaben an ein Gericht waren im Übrigen weit verbreitet, wie diese kleine Auswahl entsprechender DRW-Artikel illustrieren mag: „Bruchpfennig", „Bußpfennig", „Gerichtsheller", „Kammergerichtsgulden", „Klageheller", „Kürmark II", „Milchpfennig", „Pfennig (V)", „Pöngulden" und „Schelmsgulden".

d. „Sipplaut"

Erneut im Anschluss an andere Nachschlagewerke sollte auch im DRW ein Artikel „Sipplaut" entstehen; der Erklärungsvorschlag in der ersten Bearbeitungsphase des Artikels lautete: „für eine → ¹Sippe (I) geltende Rechtsordnung, Sippenrecht." Auch bei intensiver Suche ließ sich für dieses – durch und durch merkwürdige – Wort nur

---

12 Vgl. noch folgende Beispiele: „beßron mit zwivalter buße, 13. Jh., Zürich/GrW. I 1"; „tuiwalde bote, ther wi and wepen uresueren hebbe thruch frethe and nethe [denen kommt (bei einer Verletzung des Friedens) doppelte Buße zu, die Kampf und Waffe um des Friedens und der Gnade (lat. Text: propter pacem et propter gratiam) willen abgeschworen haben], um 1300 HunsingoR. 26"; „wer eynen mitteman slehet ... ader fromde ader spelleute bekennet seyn emer he wettet den richter acht schillinge vnd busset her den cleger mit halber busse, daz sint vumfczen schillinge, 1386 GlogauRb. 37"; „nachtfreuel. alle die eynungen, so by nacht vnnd nebell verschuldet, sollent mit dryfacher buß ... gebüeßt werdenn", 1539 BernStR. I 340.
13 Abgedruckt im Art. „Kram", DRW 7: 1379–1381, hier 1380.

ein einziger Beleg finden, ein Umstand der des Wörterbuchmachers Alarmglocken läuten lässt:

> des oder der selben todtschlegern nechsten angebornen fründe im lanndt, so den oder die selben todtschleger ze rechen hetten nach dem **sipplut** und nach dem rechten,
> *1447 SchwyzLB. 67*

Um es kurz zu machen, das Ganze ist nur eine Frage der Silbentrennung. Das Wort ist nicht „Sipp-Lut" zu lesen, sondern „Sip-Plut" – es geht um die blutsverwandtschaftliche Zugehörigkeit zu einer bestimmten Sippe, also Großfamilie, aus welcher – wie der Beleg zeigt noch im 15. Jahrhundert – die (gewohnheitsrechtlich verankerte) Pflicht zur Blutrache erwuchs. Der Beleg gehörte mithin zu einem ganz anderen Artikel, nämlich „Sippblut", dessen kurzer erster Bedeutungspunkt nach Hinzufügung des Schwyzer Belegs nun so lautet:[14]

> I. *Blut einer* → ¹Sippe (I) *als Bild der Blutsverwandtschaft; meton. die Pflicht zur Blutrache, vgl.* rächen. *daz* **sippeblvt** *von wazzer niht vertirbet nach 1192 (Hs. 1320/30) ReinhartFuchs V. 266.* [die angebornen fründe, so den] todtschleger ze rechen hetten nach dem **sipplut** vnnd nach dem rechten *1447 SchwyzLB. 67. das sollich vorgemelt H. vss hern apptes* **sippblut** *hargeflossen ... vnd der selbigen libs erben, so elich sind, für vnd für dieselben wappen ... geniessen söllen 1494 Anz. für schweiz. Altertumskunde 5 (1884/87) 74.*

Die angeführten Beispiele mögen genügen, um die Position des DRW im Schnittbereich zwischen Recht, Sprache und Geschichte zu verdeutlichen.

5 Fazit

Obgleich das Deutsche Rechtswörterbuch auch als Hilfsmittel für aktuellrechtlich arbeitende Juristen dient und immer wieder für Gerichtsentscheidungen herangezogen wird, ist es als Großwörterbuch zur älteren deutschen (und westgermanischen) Rechtssprache zunächst ein Nachschlagewerk für Menschen, die sich mit historischen Texten befassen, egal ob Rechtshistoriker, Historiker, Sprachwissenschaftler oder Angehörige anderer Disziplinen. Schon bei der Artikelerstellung in der DRW-Forschungsstelle liegt das Augenmerk auf dieser interdisziplinären Ausrichtung.

Das DRW behandelt neben den Rechtswörtern im engeren Sinne auch Wörter der Allgemeinsprache, wenn diese beispielsweise in einem bestimmten Kontext (das Schwein als Abgabe, der Schwein als Gemeindediener) rechtliche Relevanz erhalten. Freilich gibt der verfügbare Platz einen engen Rahmen vor. Je seltener ein Wort

---

[14] DRW 13: 624. Vgl. auch die Artikel „Blut (I 2)" (DRW 2: 376–378), „Rache" (DRW 10: 1539–1543) und „rächen" (DRW 10: 1544–1547).

ist und je weniger rechtlich, desto kürzer muss ein Artikel ausfallen. Da gerade wenig belegte Wörter oft schwer verständlich sind (z. B. „Sielrichtersmark"), darf allerdings die Seltenheit eines Wortes allein nicht zum Weglassen führen. Manch ein scheinbares Hapaxlegomenon ist bei genauerer Betrachtung im breitgestreuten Quellenkorpus des DRW doch noch wenigstens ein weiteres Mal zu finden, sodass sich mithilfe des verfügbaren Materials eine sichere Belegzuordnung und damit auch Bedeutungserklärung erstellen lässt (z. B. „sipplut" als „Sippblut"). Manchmal ergibt sich die rechtliche Relevanz erst bei der genaueren zweiten Betrachtung (z. B. „Schulbarg" als Abgabe).

Bei der für die Wörterbuchmacher stets virulenten Frage, welche (begrenzt rechtlichen) Wörter oder Wortbedeutungen trotz allem entbehrlich erscheinen, spielt im Interesse der Nutzer die Frage eine Rolle, ob ein Wort oder eine historische Wortbedeutung aus heutiger Sicht noch verständlich ist. Wird beispielsweise ein bestimmter Gegenstand reglementiert („Silberblick") und es ist dem modernen Leser nicht ohne weiteres klar, worum es dabei geht, kann dies einen kurzen Artikel (oder einen knapp gehaltenen Bedeutungspunkt innerhalb eines Artikels) rechtfertigen. Wenn ein Wort in seiner Geschichte einen Bedeutungswandel durchgemacht hat („Sinnlichkeit"), erscheint es sinnvoll, diesen Wandel wenigstens in aller Kürze abzubilden. Bei bis heute allgemeinsprachlich verbreiteten Vokabeln wie „setzen" darf es einem historischen Rechtswörterbuch hingegen nur darum gehen, die rechtlich bedeutsamen Wortverwendungen zu erläutern; nichtsdestotrotz entstand zu „setzen" im DRW auf der Basis einer fünfstelligen Zahl von Belegen ein Artikel mit 39 Hauptbedeutungspunkten (DRW 13: 408–424). Dies illustriert, dass viele aus heutiger Sicht der Allgemeinsprache zugerechnete Wörter – wenigstens in Bezug auf die ältere Zeit – zugleich zum rechtlichen Fachvokabular zählen. Für den unbedarften Leser eines historischen Textes können gerade derartige scheinbar vertraute Vokabeln schnell zu Missverständnissen führen. Aufgabe des Lexikographen ist es, eine – möglichst fachübergreifend nutzbare – Handreiche zu liefern, um solchen Fehlinterpretationen vorzubeugen.

Zu diesem Zweck viele tausend Belegzettel nach einer noch nicht gebuchten Wortbedeutung durchzuarbeiten, ist das oft als entbehrungsreich beschriebene Täglich-Brot des Lexikographen. Freilich gestand schon der bedeutende Rechtshistoriker und einstige Leiter des DRW Eberhard Freiherr von Künßberg (1881–1941), dass die lexikographische Tätigkeit durchaus nicht nur karg und trostlos ist:

> Wörterbucharbeit gilt bei allen, die sie noch nicht mitgemacht haben, als eintönig, geisttötend und undankbar. Wer jedoch an einem solchen Werke mit offenem Auge und Ohre schafft, der wird nicht nur von dem Geisttöten wenig spüren, sondern er wird vielmehr für die Geduld und Entsagung reichlich belohnt durch die Buntheit des Stoffes, durch tausend Wunder und Anregungen. (von Künßberg 1940: 102)

Literatur

Bedenbender, Almuth (2014): Das Deutsche Rechtswörterbuch im Netz. In: Abel, Andrea/Lemnitzer, Lothar (Hrsg.): *Vernetzungsstrategien, Zugriffsstrukturen und automatisch ermittelte Angaben in Internetwörterbüchern*. Mannheim: Institut für Deutsche Sprache, 22–28.

Deutsch, Andreas (2010): Von „tausend Wundern" und einem „gewaltigen Zettelschatz". Aus der Geschichte des Deutschen Rechtswörterbuchs. In: Ders. (Hrsg.): *Das Deutsche Rechtswörterbuch – Perspektiven*. Heidelberg: Winter, 21–45.

Deutsch, Andreas (2014): Warum der Lachmayer nicht im Deutschen Rechtswörterbuch steht. Zu den Möglichkeiten der Namensforschung und Wortfamilienrecherche über DRW-Online. In: Schweighofer, Erich/Handstanger, Meinrad/Hoffmann, Harald u. a. (Hrsg.): *Zeichen und Zauber des Rechts – Festschrift für Friedrich Lachmayer*. Bern: Weblaw, 1015–1026.

Deutsch, Andreas (2016a): Auf Wortschatzsuche. Das Deutsche Rechtswörterbuch in einer digitalen Welt. In: *Rechtsgeschichte – Legal History. Zeitschrift des Max-Planck-Instituts für europäische Rechtsgeschichte* 24, 358–360.

Deutsch, Andreas (2016b): Wenn die Maus wissen will, was *Schirmherr* heißt. Rechtssprachgeschichte im Deutschen Rechtswörterbuch und ihre Vermittlung auch an nichtwissenschaftliche Zielgruppen. In: Harm, Volker/Runow, Holger/Schiwek, Leevke (Hrsg.), *Sprachgeschichte des Deutschen – Positionierungen in Forschung, Studium, Unterricht*. Stuttgart: Hirzel, 103–115.

Deutsch, Andreas (2016c): Zur Symbiose zwischen „Zettelkasten" und „Datenbank" bei der Artikelerstellung im Deutschen Rechtswörterbuch. In: Lobenstein-Reichmann, Anja/Müller, Peter O. (Hrsg.): *Historische Lexikographie zwischen Tradition und Innovation*. Berlin/Boston: De Gruyter, 271–286.

DRW = *Deutsches Rechtswörterbuch. Wörterbuch der älteren deutschen Rechtssprache*, bis Bd. 3 hrsg. v. der Preußischen Akademie der Wissenschaften, Bd. 4 hrsg. v. der Deutschen Akademie der Wissenschaften (Berlin, Ost), ab Bd. 5 hrsg. v. der Heidelberger Akademie der Wissenschaften (bis Bd. 8 in Verbindung mit der Akademie der Wissenschaften der DDR). Weimar: Böhlaus Nachfolger, derzeit 12 Bände und mehrere Lieferungen.

Künßberg, Eberhard von (1940): Aus der Werkstatt des Rechtswörterbuchs. In: *Festschrift für Ernst Heymann zum 70. Geburtstag*. Weimar: Böhlau, 102–109.

Lemberg, Ingrid (2007): Lexikographie und Kulturgeschichte. 1400 Jahre Rechtskultur im Spiegel des Deutschen Rechtswörterbuchs. In: Kämper, Heidrun/Eichinger, Ludwig M. (Hrsg.): *Sprache – Kognition – Kultur. Sprache zwischen mentaler Struktur und kultureller Prägung*. Berlin/New York: De Gruyter, 153–173.

Lemberg, Ingrid/Speer, Heino (1997): Bericht über das Deutsche Rechtswörterbuch. In: *Zeitschrift der Savigny-Stiftung für Rechtsgeschichte (Germ. Abt.)* 114, 679–697.

Reiche, Rainer (1976): *Ein rheinisches Schulbuch aus dem 11. Jahrhundert – Studien zur Sammelhandschrift Bonn UB. S 218 mit Edition von bisher unveröffentlichten Texten* (Münchener Beiträge zur Mediävistik und Renaissance-Forschung 24). München: Arbeo-Gesellschaft.

Speer, Heino (2002): Rechtssprachlexikographie und neue Medien. In: Ágel, Vilmos (Hrsg.): *Das Wort. Seine strukturelle und kulturelle Dimension. Festschrift für Oskar Reichmann zum 65. Geburtstag*. Tübingen: Niemeyer, 89–110.

Brigitte Bulitta
Wortwelten des Althochdeutschen und ihre Erschließung im Althochdeutschen Wörterbuch (Thesaurus)

Zusammenfassung: Dieser Beitrag thematisiert Besonderheiten der Überlieferung der ältesten Wortwelten deutscher Sprache und beschreibt exemplarisch, wie diese im Althochdeutschen Wörterbuch wissenschaftlich erschlossen werden. Zunächst werden materielle Aspekte des Schreibens und verschiedene Schreibpraktiken ausgeführt, die die Anfänge des Schreibens in deutscher Sprache auf dem Kontinent in karolingisch-ottonischer Zeit prägen. Dann wird die in sprachlicher, kodikologischer und thematisch-inhaltlicher Hinsicht bestehende Abhängigkeit der ersten deutschen Sprachzeugnisse vom (Mittel-)Lateinischen näher beschrieben sowie ein Überblick über die aktuell bekannten Umfänge deutscher Wortwelten gegeben. An Beispielen aus den von 2010 bis 2015 publizierten Wortstrecken von *M* bis *O* wird gezeigt, wie das Wortmaterial im Althochdeutschen Wörterbuch dokumentiert und ausgewertet wird. Eine Zusammenstellung von Literaturhinweisen aus dem Althochdeutschen Wörterbuch zu Fragen der semasiologischen Erschließung rundet den Beitrag ab.

Schlüsselwörter: Lexikographie, Wortforschung, Althochdeutsch, Latein, Paläographie, Glossen

1 Vorbemerkung

Um zu den ältesten Wortwelten der deutschen Sprache vorzudringen und sie zu erschließen, müssen Forschungen verschiedenster Fachdisziplinen zum Frühmittelalter im lateinischsprachigen Europa zusammenfließen: Paläographie und Kodikologie, Editionsphilologie, Sprach- und Literaturwissenschaft, Geschichtswissenschaft und Realienkunde, Theologie und Philosophie. Das Althochdeutsche Wörterbuch der Sächsischen Akademie zu Leipzig (AWB) eröffnet einen beleggestützten lexikographischen Zugang zum ältesten Deutsch. Wie sehr es dabei auf Arbeitsergebnisse der genannten Disziplinen angewiesen ist und mit welchen Besonderheiten der Überlieferung es umgehen muss, soll im Folgenden vor allem anhand von Beispielen aus den von 2010 bis 2015 publizierten Wortstrecken von *M* bis *O* veranschaulicht werden.

Dr. Brigitte Bulitta: Althochdeutsches Wörterbuch, Karl-Tauchnitz-Str. 1, 04107 Leipzig, E-Mail: bulitta@saw-leipzig.de

Zu den Wortwelten gelangen Sprachstufenwörterbücher wie das AWB nur über die Textwelten ihres jeweiligen Objektbereichs. Zu den Textwelten des Althochdeutschen (und im Wesentlichen auch des AWBs) gehören alle Formen der Schriftlichkeit, die die Anfänge des Schreibens in der Volkssprache seit dem 8. Jahrhundert widerspiegeln, also nicht nur fortlaufende, aus Sätzen gebildete kohärente althochdeutsche Texte, sondern auch Eintragungen zu lateinischen Texten (Glossen) sowie Wörter zu oder in Wörterlisten (Glossaren). In geringerem Umfang gibt es noch in lateinischen Textzusammenhängen gebrauchte Wörter (Einsprengsel, Zitatwörter) und Wörter in Abbildungen (z. B. in Windrosen, s. 1.2) oder in zufälligen Federproben.

„Deutsch" bzw. „düdisch" oder „theodisk"[1] meint im sprachhistorischen Kontext alle durch das kontinentalwestgermanische Kontinuum miteinander verbundenen Dialekte der sich im Karolingerreich etablierenden Schriftlichkeit: Althochdeutsch, Altniederländisch (bzw. Altniederfränkisch) und Altsächsisch (bzw. Altniederdeutsch). Das AWB erfasst den Wortschatz über den oberdeutsch-fränkischen Sprachraum hinaus aus Zeugnissen des gesamten Kontinums – bezogen auf die einzelnen Sprachdenkmäler seines Belegkorpus mit dem Anspruch der Vollständigkeit (Thesaurusprinzip).

2 Die paläographische Seite und die Schreibpraxis

Die deutschen (düdischen) Textwelten verbergen sich in den Handschriftenwelten des lateinischsprachigen Mittelalters. Seit Mitte des 19. Jahrhunderts bemühen sich Forscher darum, diese systematisch aufzuspüren und zu edieren (vgl. Bulitta 2010: 273–274). Ihr prominentester Vertreter ist Elias von Steinmeyer (1848–1922), der für seine Editionen (vgl. Steinmeyer 1916; Steinmeyer/Sievers 1879–1922) eine Vielzahl von Bibliotheksreisen unternahm und mit seinen Sammlungen das Belegarchiv des AWBs begründete. In den letzten 20 Jahren hat die Jagd nach bislang unbekanntem volkssprachigen Material neuen Schwung erhalten – vieles konnte erstmals entziffert oder verbessert gelesen werden. Die von der Paläographie, Kodikologie und Editionsphilologie gewonnenen Erkenntnisse sind auch für die lexikographische Analyse wichtig, zumal die Anfänge des Schreibens mit besonderen Praktiken einhergehen, die den äußeren Umständen des Schreibens und den Intentionen des jeweiligen Schreibers geschuldet sind.

---

1 Zu den Termini vgl. Seebold (2001: 4), De Grauwe (2003: 132–134, 149).

2.1 Materialität des Schreibens

So wurde noch nicht auf Papier, sondern auf Pergament geschrieben, und zwar normalerweise mit Feder und Tinte.[2] Daneben kamen aber auch Griffel und Wachstäfelchen zum Einsatz. Der Griffel, an einem Ende spitz, am anderen abgeflacht, war ein praktisches, vielseitig nutzbares Arbeitsinstrument. Man konnte damit zum Beispiel Linien in das Pergament einritzen, um die zu beschreibende Fläche vorzugeben. Andererseits ließen sich mit dem Griffel bequem Buchstaben in das Wachs der Schreibtäfelchen eindrücken und wieder auswischen – ideal für das Festhalten von Notizen. Diese Art zu schreiben findet in der „Hochzeit Merkurs mit der Philologie" eine anschauliche Beschreibung. Bei diesem Text handelt es sich um ein in der griechischen Mythologie angesiedeltes, allegorisch überformtes Wissenskompendium von Martianus Capella (5. oder 6. Jahrhundert), das der St. Galler Klosterlehrer Notker III. (um 950 bis 1022) in lateinischer und deutscher Sprache für den Unterricht aufbereitete:

> tanne sie (sc. die drei Parzen bzw. Schreiberinnen Jupiters) gesahin daz herote sih samenon in daz sprachhus ... so uuazton sie iro griffela . also scribun suln . unde dero buocchamero flegerun . unde blanoton iro tabellas . zescribenne die tate unde den rat tero himiliscon / *cum cernerent in curiam contrahi senatum ... accuunt stilos . utpote librariae superum . archivique custodes . cerasque componunt . in acta . i[d est] . decreta et consultum caelestium* Nc 740, 7–19 [56, 1b–8].[3]

Geritztes Althochdeutsch auf Wachstäfelchen wurde bislang noch nicht entdeckt, wohl aber eine Vielzahl von Griffeleintragungen in Pergamenthandschriften. In den letzten Jahren konnten immer mehr dieser äußerst schwer entzifferbaren Eintragungen von Spezialisten zu Tage gefördert werden, so dass ihr Anteil gegenüber den gewöhnlichen Federglossen derzeit stetig zunimmt (vgl. Glaser/Nievergelt 2009; Nievergelt 2013: 58–65). Mit der Verdrängung des Beschreibstoffes Pergament durch Papier kam diese Form des Schreibens jedoch außer Gebrauch, so dass Griffeleintragungen in den Textkorpora späterer Sprachstufen nicht mehr vorkommen.

---

[2] Andere Textträger wie Steininschriften spielen eine quantitativ untergeordnete Rolle, vgl. z. B. die Inschrift *„Hir maht thv lernan gvld bewervan welog inde wisduom siginvft inde rvom"* (Hier kannst du lernen, Gold zu erwerben, Reichtum und Weisheit, Sieg und Ruhm), die den Bibliothekseingang der seit dem 8. Jahrhundert bestehenden Kölner Domschule geziert haben soll (vgl. Kruse 1976: 165).
[3] Als sie (d. h. die drei Parzen) sahen, dass sich der Rat der Götter im Rathaus versammelte, schärften sie ihre Griffel, wie es die Schreiber und die Verantwortlichen der Bücherei machen sollen, und glätteten ihre Täfelchen, um die Taten und den Beschluss der Himmlischen aufzuschreiben. / Als sie sahen, dass der Senat sich in der Kurie versammelte ..., spitzten sie ihre Griffel, wie es für die Bücherschreiberinnen der Himmlischen und Aufseherinnen des Archivs natürlich ist, und bereiteten ihre Wachstafeln für die Akte d. h. Anordnungen und den Ratschluß der Himmlischen vor (vgl. Glauch 2000: 498).

2.2 Verschlüsseltes Schreiben

Neben diesen materiellen Gegebenheiten fallen in althochdeutscher Zeit bestimmte Schreibpraktiken auf, die die Identifizierung volkssprachigen Wortguts erschweren.

Dazu gehört der bis ins 12. Jahrhundert reichende spielerisch-experimentelle Umgang mit Alphabeten und Verschlüsselungstechniken, mit denen man die volkssprachigen Eintragungen optisch aus ihrem lateinischen Umfeld herausheben konnte. Zugleich ließ sich auf diese Weise auch die eigene Gelehrsamkeit zur Schau stellen bzw. die der Leser herausfordern (vgl. Nievergelt 2009b: 240–268; Nievergelt 2009a: 11–24). So ist zwar der überwiegende Teil der volkssprachigen Überlieferung in lateinischer Alphabetschrift (in karolingischer Minuskel und bis zum 9. Jahrhundert auch in insularen Schriftformen) geschrieben, doch bediente man sich gelegentlich auch anderer Alphabete: In einer kompassförmigen Windrose aus einer Handschrift des 11. Jahrhunderts[4] sind die vier Himmelsrichtungen in griechischen Majuskeln geschrieben: ⲰCΘAN[5] für ahd. *osthan* ‚Osten', *YYECΘAN* für ahd. *uuesthan* ‚Westen', *CYNΔAN* für ahd. *sundan* ‚Süden' und *NOPΘ* für ahd. *north* ‚Norden'.[6] Seit wenigen Jahren ist bekannt, dass Wörter in der Volkssprache vereinzelt auch in Runenzeichen aufgeschrieben wurden: In einer Sangaller Handschrift des 8. Jahrhunderts[7] finden sich neben normalschriftlichen Griffelglossen auch vier in Runenschrift, darunter z. B. ᚦᚢᚢᚢᛁᛋᚢᚱᚢᚾᚷᚨ über lat. *animositatem* aus dem Text *De fide ipsorum*, das als p̄uuisūrunga gelesen wird und vielleicht ‚innere Erregung, Zorn' bedeutet haben könnte (vgl. Nievergelt 2009a: 35–38). Und unlängst wurden auch in Neumen (Zeichen zur Notation der Tonführung beim Gesang) geschriebene Eintragungen erstmals umfassend aufgearbeitet.[8] Von diesem Substitutionsverfahren, bei dem fast alle Buchstaben des lateinischen Alphabets durch Neumen ersetzt wurden, machte ein Schreiber in einer Augsburger Handschrift des 9. Jahrhunderts in zehn Fällen Gebrauch, davon zweimal auch für das Lateinische. So trägt er z. B. direkt unter der normalschriftlichen Eintragung *scamet sich* am linken Rand einer Handschriftenseite, die mittels Verweiszeichen (eine Art Doppelpunkt) auf das zum

---

4 München, Bayerische Staatsbibliothek, Clm 15825, 11. Jh., fol. 1r. [BStK 619].
5 Statt Ω wurde ⲱ als Großbuchstabe verwendet, vielleicht, um das Wort fremder erscheinen zu lassen, vgl. dazu Ernst (2007: 396).
6 Vgl. die Abb. im AWB 6: II sowie AWB 6: 1333 s. v. *nord* st. n. und AWB 7: 129 s. v. *ôstan* st. n. m.; zu zwei weiteren Handschriften vgl. Nievergelt (2009b: 244); zu einer nur teilweise in griechischen Majuskeln geschriebenen Glosse vgl. Ernst (2007: 282–285, 396) und AWB 6: 1395 s. v. *ginôzsamî* st. f. ‚Gemeinschaft'.
7 St. Gallen, Stiftsbibliothek 11, fol. 55, Z. 3 [BStK 256l]; die Handschrift entstand vor 781 im St. Galler Skriptorium, die Glossen werden ins 8./9. Jh. datiert.
8 Vgl. die Dissertation über Funktionalität und Kontextualität mittelalterlicher Schriftlichkeit von Schiegg (2015).

Markusevangelium gehörende Textwort *confundetur* ‚er schämt sich' bezogen ist, das gleiche Wort noch einmal in Neumen ein.⁹

Neben solch seltenen Verfahren der vollständigen Substitution sind Verfahren der partiellen Substitution, also des Austauschs einzelner Buchstaben eines Wortes gegen andere Buchstaben oder Zeichen, sehr viel häufiger anzutreffen (vgl. Nievergelt 2009a: 13; Nievergelt 2009b: 242–243). Dazu gehören die sogenannte *bfk*-Geheimschrift (mit ihrer Abwandlung in der *cgl*-Geheimschrift) und die sogenannte Punkte-Geheimschrift (mit verschiedenen Ausformungen), bei denen jeweils die Vokale eines Wortes ersetzt werden: bei der *bfk*-Geheimschrift durch den ersten im Alphabet folgenden Buchstaben (das ist immer ein Konsonant) bzw. bei der Punkte-Geheimschrift durch ein aus einem bis fünf Punkten aufgebautes Zahlzeichen. Dass sich die Schreiber bei der Verwendung dieser Verfahren leicht vertun konnten und eine spätere Auflösung oft unsicher bleiben muss, liegt auf der Hand.

> So gibt es in einer Einsiedler Handschrift des 10. Jahrhunderts, die den Text der *Consolatio Philosophiae* des Boethius enthält,¹⁰ unter zahlreichen Glossen in *bfk*-Geheimschrift auch den Eintrag *nfxndfrfrszzf* Gl 2, 64, 1. Hier sind Lesung und Deutung schwierig (vgl. dazu Tax 2001: 347), Steinmeyer/Sievers (1882: 64) verzichteten gegen ihr sonstiges Editionsprinzip auf die Wiedergabe einer Auflösung. Unter der Annahme einer Verschreibung des *s* aus einem Schaft-*s* für *f* wird der Beleg im AWB (7: 1190) s. v. *neunderfrezze* diskutiert. Ebenso ist die Deutung einer *f*-Graphie bei mehreren *bfk*-verschlüsselten Wörter zweifelhaft, z. B. auch bei *pfstsxndbnxxknt* Gl 2, 62, 9 in einer Sangaller Boethius-Handschrift des 10. oder 11. Jahrhunderts.¹¹ Steinmeyer/Sievers (1882: 62) edieren die Glosse hier wie auch in allen weiteren Fällen ohne Berücksichtigung des *f* als *ostsundanuuint*,¹² wohingegen nach Tax (2001: 354 und 2002: 131 ff.) dieses *f* als Dehnungs-*e* zu werten und somit von einer Lesung *oestsundanuuint* auszugehen ist (vgl. AWB 7: 141 s. v. *ôstsundanuuint* st. m. ‚(östlicher) Südostwind'). Für die lexikalische Interpretation ist die Deutung der *f*-Graphie in diesem Fall unerheblich, nicht aber für die grammatische. Und besonders vertrackt wird es, wenn Verschlüsselungsverfahren wie *bfk*-Substitution und Punkte-Substitution in einem Wort gemischt werden und dann noch Editionskonventionen zu Mehrdeutigkeiten führen, wie im Falle von *nbgb:l* Gl 2, 569, 46 in einer Kölner Prudentius-

---

9 Augsburg, Archiv des Bistums Augsburg Hs. 6, fol. 93v, [BStK 14]; vgl. Schiegg (2015: 240–241). Bislang ist nur noch eine weitere Handschrift mit einer sicher lesbaren lateinischsprachigen und einer weiteren ausradierten neumenschriftlichen Eintragung bekannt, vgl. Schiegg (2015: 245–248). Erstmals wurden die volkssprachigen Glossen in Gl 5, 18 (Nr. CCCLXXVI) von Steinmeyer/Sievers (1922) ediert. Dort ist – den damaligen Kenntnisstand widerspiegelnd – von einer „eigentümlichen ... Geheimschrift" die Rede. Ediert werden die alleinstehenden neumenschriftlichen Glossen gleich normalschriftlich, in der Fußnote wird aber jeweils vermerkt, dass sie „in geheimschrift" geschrieben seien. Gibt es neben der neumenschriftlichen Glosse noch eine normalschriftliche, edieren Steinmeyer/Sievers nur letztere und vermerken in der Fußnote, dass dasselbe noch einmal „in geheimschrift" darunter stünde.
10 Einsiedeln, Stiftsbibliothek 149, 10. Jh., p. 78 [BStK 117].
11 St. Gallen, Stiftsbibliothek 845, Glossen 10. oder 11. Jh., p. 204 [BStK 243].
12 Zur Begründung dieses Verfahrens, das auf der Annahme beruht, es handle sich um „falsche *f* (s)", die „vielleicht aus übergeschriebenem f = francice" herrühren, vgl. Gl 2, 56, Anm. 19.

Handschrift des 10. Jahrhunderts.[13] Steinmeyer/Sievers (1882: 569, Anm. 10) geben eine Auflösung als *nagala* mit dem Hinweis „zwischen *b* und *l* rasur von *g*". Hier bezeichnet der erste Doppelpunkt die Rasur eines Buchstaben (vgl. dazu Gl 1, XII). Der zweite Doppelpunkt dagegen ist ein Zeichen aus der Punkte-Geheimschrift wohl mit dem Lautwert *a* (vgl. AWB 6: 981 s. v. *nagal* st. m. ‚[Finger-, Zehen-]Nagel'). Einen solchen Befund kann man letztlich nur an der Handschrift selbst nachvollziehen. Dankenswerterweise stehen mittlerweile viele Handschriften als Online-Digitalisat zur Verfügung.

Als später und unikaler Typ verschlüsselten Schreibens ist schließlich das Mitte des 12. Jahrhunderts entstandene, auf das Summarium Heinrici gegründete und nach Sachgruppen geordnete „Lingua-ignota"-Glossar der Hildegard von Bingen mit über 1000 Einträgen zu nennen.[14] Die nach einem unbekannten System in lateinischen Buchstaben[15] geschriebenen, teilweise auf morphologischer Ebene verschlüsselten Kunstwörter können lateinisch und deutsch, aber auch nur lateinisch oder nur deutsch oder gar nicht glossiert worden sein, vgl. z. B. die Einträge *oir auris* (1 Hs. noch ahd. *ora*) (Gl 3, 391, 33; vgl. AWB 7: 104 s. v. *ôra* sw. n. ‚Ohr'), *oirunguizol orsmero* (Gl 3, 391, 34; vgl. AWB 7: 122 s. v. *ôrsmero* st. n. ‚Ohrenschmalz') und *oirclamisil orcrosla* (Gl 3, 391, 35; vgl. AWB 7: 117 s. v. *ôrkrosel* mhd. (st. sw.?) f. ‚Ohrknorpel').

2.3 Unvollständige Schreibungen

Neben solchen Schreibpraktiken gibt es noch das vielschichtige Phänomen der unvollständigen Schreibungen volkssprachiger Wörter in glossierender Funktion.[16] Von diesen wird mal nur der Wortanfang wie bei *ma* wohl für *ma*[*nos*] (vgl. AWB 6: 260 s. v. *manôn* ‚erinnern'), mal nur das Wortende wie bei *tres* für [*munis*]*tres* (vgl.

---

13 Köln, Erzbischöfliche Diözesan- u. Dombibliothek 81, Glossen 10. und 11. Jh., f. 83a [BStK 348].
14 Überlieferungsträger sind die beiden Handschriften Wiesbaden 2, 12. Jh. [958] und Berl. Lat. 4° 674, 13. Jh. [51], ediert in Gl 3, 390–404 (ohne die wenigen in beiden Handschrifen nur lateinisch oder gar nicht glossierten Worte der Lingua ignota, vgl. Gl 3, 390, Anm. 1); vgl. jetzt die neue Edition mit einem „weitgehend diplomatischen Abdruck" beider Handschriften von Gärtner/Embach (2016: 270–272) in CCCM 226A, 239–366.
15 Zur Einstufung als nichtdiplomatische Geheimschrift vgl. Bischoff (1954: 11. 26); zu Ansätzen einer Entschlüsselung der Wortbildungsregeln vgl. Gärtner/Embach (2016: 241–243).
16 Zu Vorkommen, Formen und Funktionen der Kürzung in volkssprachigen Glossen vgl. den Überblick in Ernst (2009: 282–315). Prominentere Quellen dieses Phänomens sind Textglossierungen wie die Paulus-Glossen der Winithar-Handschrift zum Korintherbrief in der Handschrift Sg 70, 8. Jh. [BStK 179], die Gregor-Glossen im Clm 4542, 9. Jh. [BStK 477], die Freisinger Hieronymus-Glossen im Clm 6272, Hs. 9. Jh. [BStK 516] sowie die Vergilglossen im Clm 18059, Glossen 11. Jh.? [BStK 634] und Interlinearglossierungen wie die St. Pauler Lukasglossen (S. Paul XXV a/1, Glossen 8. Jh. [BStK 777]), die Benediktinerregel, die Murbacher Hymnen oder die Altalemannische Psalmenfragmente.

AWB 6: 838 s. v. *munist(i)ri* ‚Kloster(gemeinschaft)') oder *ru* für ?[*mihhile*]*ru*[17] geschrieben. Bisweilen findet sich auch eine Kombination aus beidem wie bei *ke t* für ?*ke*[*po*]*t* (vgl. Mayer 1994: 59, 97),[18] oder es kommen Suspensionen weiterer Wortteile dazu wie bei *formantliun* für *forman*[*on*]*tli*[*h*]*un* (vgl. Ernst 2009: 303; AWB 6: 264 s. v. *fir-manôntlîh* adj. ‚verachtenswert') oder *k n mont* für *k*[*i*]*n*[*uhtsa*]*mont*.[19] Die Kürzung muss nicht graphisch markiert sein. Wenn sie markiert ist, dann meistens durch einen Kürzungsstrich, vgl. *nordāt*.[20] Mit Zeit- und Platzersparnis ist nur ein kleiner Teil der abkürzenden Schreibungen zu erklären. Häufig spielt ein bewusster Verzicht auf nicht im Fokus stehende Informationen eine Rolle. Rechtskürzungen von Wortstämmen bieten vorrangig lexikalisch-semantische Informationen zu ihrem Bezugswort. Linkskürzungen, die z. B. nur aus Flexionsendung und vielleicht noch einem Buchstaben des Wortstamms bestehen, und Rechtskürzungen, bei denen nur das Präfix geschrieben steht, kodieren eher grammatisch-syntaktische Informationen. Bischoff (1952: 155) nennt die bei den verkürzten Schreibungen auftretenden Anfangs- oder Endsilben „Richtungssilben", die „gewissermaßen als Wegweiser für die Erinnerung notiert" seien. Kritisch bleibt die Frage, wie editionsphilologisch und lexikographisch mit diesem Material umzugehen ist, denn die Möglichkeiten und die Sinnhaftigkeit einer Konjektur sind außerhalb umfangreicherer Textzeugen schnell erschöpft. Wenn erkennbar ist, dass die lexikalische Interpretation eines lateinischen Wortes beim Glossierungsvorgang bewusst außen vor bleiben sollte, dann sollte seitens des Editors oder Lexikographen von einer Konjektur oder Lemmatisierung eher abgesehen werden. Im Althochdeutschen Wörterbuch wird in solchen Fällen normalerweise ein sogenannter Pseudoartikel geschrieben, insbesondere dann, wenn es mehrere Lemmatisierungsmöglichkeiten gibt. Sollte doch eine Zuordnung des Beleges zu einem Ansatz angeraten sein, wird dieser entsprechend vorsichtig mit „*Hierher vielleicht auch:* ..." von den übrigen Belegen abgesetzt. Bei verkürzten Schreibungen folgt das Wörterbuch in der Regel den zugrundegelegten Editionen. Aber auch hier wird der Beleg durch einen Vermerk als problematisch ausgewiesen.

Mit den hier benannten Schreibphänomenen, die überwiegend aus der lateinischen Schreibpraxis übernommen wurden, von denen einige aber auch spezifisch volkssprachlich sind, muss sich die Lexikographie späterer Sprachstufen nicht mehr auseinandersetzen. Man sollte sich stets vergegenwärtigen, wie unsicher das Aus-

---

[17] Vgl. AWB 6: 565 s. v. *mihhil* ‚groß' mit dem Vermerk „nur die Endg. geschrieben".
[18] Von Mayer (1994: 59, 97) wird auch eine Zuordnung zu *ke*[*scaf*]*t* oder *ke*[*ta*]*t* erwogen.
[19] Vgl. Ernst (2009: 302, 306); AWB 6: 1412 s. v. *gi-nuhtsamôn* sw. v. ‚reichlich vorhanden sein'. Im AWB sind statt der Spatien Punkte gesetzt.
[20] Vgl. AWB 6: 1334 s. v. *nordant* adv. ‚aus dem Norden' unter der Annahme, dass es sich um einen von *a* zu *t* verrutschten Nasalstrich handelt. Steinmeyer/Sievers (1895: 606, Anm. 2) erwägen dagegen eine Ausgangsform *nordāt* und die Auflösung als *norderat*, wonach der Beleg als *nordarot* adv. zu lemmatisieren wäre.

gangsmaterial aus der ältesten Sprache des Deutschen gelegentlich ist, auf das sich sprachhistorische Auswertungen beziehen müssen. Erschwerend können noch Faktoren wie Beschädigungen des Beschreibmaterials dazukommen.

3 Ohne Latein (fast) kein Deutsch

Neben ihrer starken Anlehnung an die lateinische Schreibkultur sind die ersten deutschen Sprachzeugnisse auch in sprachlicher, kodikologischer und thematischer Hinsicht an die (mittel-)lateinische Sprach- und Literaturtradition gebunden. Im frühen Mittelalter diente ausschließlich das Lateinische der schriftlichen und überregionalen Verständigung. Latein war die Sprache der Kirche, der Wissenschaften und der Reichsverwaltung, das Deutsche blieb der mündlichen Kommunikation vorbehalten.[21] Erst im Zuge der Christianisierung und als Folge der Kulturpolitik Karls des Großen setzte eine zunehmende, im Vergleich zum Lateinischen aber noch lange kaum ins Gewicht fallende Verschriftlichung auch in der Volkssprache ein.

Ein Großteil des erhaltenen volkssprachigen Wortguts beruht auf Übersetzungen aus dem Lateinischen. Es kann eingebettet sein in einigermaßen kohärente, aus Sätzen aufgebaute einsprachige Texte mit synoptisch kopräsentem Latein, vgl. Bilinguen[22] wie z. B. die *Exhortatio ad plebem christianam* (einer Verpflichtung zur religiösen Unterweisung), die althochdeutsche Isidor-Übersetzung, die Mondseer Fragmente, die Evangelienharmonie Tatians oder das Notker von St. Gallen zugeschriebene Computus-Fragment (der Computus war eine Schrift zur Berechnung des Ostertermins). Ebensogut kann es sich aber auch um isolierte Wörter oder kurze Syntagmen bzw. Glossen handeln, die zu erklärungsbedürftig erscheinenden Wörter eines lateinischen Textes eingetragen wurden. Normalerweise war dieser auch oder sogar vorrangig lateinisch glossiert, denn dies war die eigentlich übliche Art der Texterschließung.[23] Handelt es sich um eine ausschließlich volkssprachige Glossierung und sind die Glossen dicht oder sogar Wort für Wort über einen lateinischen

---

[21] Zur Beschreibung der Verteilung von Latein und Deutsch im frühmittelalterlichen Kommunikationsraum des östlichen Frankenreichs als Sprachen der Nähe bzw. der Distanz nach dem Modell von Wulf Österreicher und Peter Koch vgl. Schiegg (2015: 14–28).
[22] „Bilingue" impliziert die synoptische Kopräsenz eines Textstücks in zweierlei Sprachgestalt, sei es in zwei Spalten, sei es auf zwei gegenüberliegenden Seiten. Im Falle des nur fragmentarisch erhaltenen, zweispaltig geschriebenen Computus Notkers von St. Gallen folgt der deutsche Text nach dem lateinischen mit der Überschrift: *Iterum incipit compotus Notkeri magistri teutonice*; zu Formtypen synoptischer Kopräsenz von Latein und Deutsch im Deutschen Mittelalter vgl. Henkel (2003).
[23] Hierzu gehören ferner auch die am Ende oder innerhalb eines lateinischen Scholions eingetragenen volkssprachigen Wörter.

Text eingetragen, spricht man von einer Interlinearglossierung.[24] Diese bildet keinen selbstständig zu lesenden Text aus, sondern beinhaltet eine vertikale Leserichtung zur Erschließung des lateinischen Textes (vgl. Henkel 2003: 7–9; Müller 2003: 318 f.; Voetz 2009: 915–917). Nicht nur fortlaufende lateinische Texte, sondern auch lateinisch-lateinische Wörterbücher wie der althochdeutsche Abrogans oder die Versus de Volucribus (Merkverse in Hexametern zu lateinischen Tier-, Baum- oder Fischbezeichnungen) wurden in frühester Zeit ins Deutsche übersetzt. Daneben gibt es (mit Übergangsformen) schon früh auch zweisprachige lateinisch-althochdeutsche Glossare wie den Vocabularius Sancti Galli. Zu beachten ist, dass viele Texte mehr oder weniger direkt aus dem Lateinischen übersetzt worden sind, auch wenn das Latein selbst nicht in der Handschrift erscheint. Dazu gehören katechetische Texte wie etwa das Sangaller Paternoster und Credo, aber auch profane wie das Lex-Salica-Fragment. Um eine Übersetzung, deren genaue Vorlage unbekannt ist, handelt es sich auch beim Althochdeutschen Physiologus, einer Lehre der Natur und ihrer allegorischen Auslegung auf das Heilsgeschehen. In solchen Fällen geben die textkritischen Editionen vielfach den möglichen lateinischen Vorlagentext ergänzend mit an und bieten damit eine Grundlage auch für die lexikographische Analyse.[25]

Neben textnahen Übersetzungen gibt es auch prosaförmige Paraphrasierungen oder poetische Umgestaltungen lateinischer Textvorlagen. Dies ist etwa in den kommentierenden Passagen der gemischtsprachlichen Schulwerke Notkers von St. Gallen oder im Hohelied-Kommentar Williams von Ebersberg der Fall. Das gewaltige Reimepos Otfrids von Weißenburg dagegen dichtet Stücke des Evangeliums nach und reichert diese mit Ausdeutungen an, die auf lateinische Bibelkommentierungen zurückgehen.

---

24 Zur Abgrenzung dieser Textsorte und ihrer Vertreter vgl. Voetz (2009: 887–926), der die Murbacher Hymnen, die lateinisch-althochdeutsche Benediktinerregel, die Altalemannische Psalmenübersetzung, die Rheinfränkische Psalmenübersetzung, die St. Pauler Lukasglossen (St. Pauler Interlinearversion zu Lc 1, 64–2, 51) und die Johannesglossen der Handschrift St. Gallen 70 (St. Galler Johannesfragment zu Joh. 19, 38) [BStK 169], nicht aber das Carmen ad Deum, das Trierer Capitulare und die Altniederländischen (Wachtendonckschen u. a.) Psalmen als Interlinearglossierungen einstuft.
25 Vgl. z. B. die lateinischen Vorlagentexte zur Lex Salica bei Steinmeyer (1916: 55–57) oder zum Physiologus bei Steinmeyer (1916: 124–132). Dem dort zum Physiologus gebotenen lateinischen Vorlagentext ist der von Wilhelm (1916: 13–44) edierte vorzuziehen, der Steinmeyer nicht zur Verfügung stand. Besonders hervorzuheben sind die sehr viel umfangreicher und schwerer zu ermittelnden lateinischen Quellen, die Notker für seine althochdeutsch-lateinischen Kommentare ausschöpfte (kurz „Notker latinus" genannt). J. C. King & P. W. Tax investierten dafür viele Jahre ihrer von 1972 bis 2009 herausgegebenen 18-bändigen Neuedition. Hinzuweisen ist auch auf die Neuedition der Wessobrunner Predigten durch Hellgardt (2014), in der erstmals alle verstreuten lateinischen Vorlagentexte zusammengeführt sind.

So spiegeln die deutschen (düdischen) Wortwelten zum überwiegenden Teil lateinische Textwelten wider.[26] Sie stehen in engstem Zusammenhang mit dem lateinischen Lektürekanon der Männer- und Frauenkonvente des Früh- und Hochmittelalters, der der Wissensvermittlung im Rahmen der kirchlich-theologischen Ausbildung und der praktischen Religionsausübung diente.[27] Im religiösen Bereich findet eine intensive Auseinandersetzung mit der Bibel und der theologischen Literatur, im weltlichen Bereich mit Texten aus dem Wissenskanon der *Septem artes liberales* oder aus Sachbereichen wie der Heilkunde statt, wovon die Fuldaer (Basler) Rezepte zeugen. Ausnahmen sind selten. Bei den sogenannten Altdeutschen (Pariser) Gesprächen mit ihren bilinguen Mustersätzen und Redewendungen (vgl. Haubrichs 2009: 929–944) (*gueliche lande cumen ger . id est . de qua patria* ‚aus welchem Land kommt Ihr?') fällt auf, dass hier zum ersten Mal die Volkssprache der Ausgangspunkt und Latein die Zielsprache ist. Ganz ohne lateinischen Hintergrund sind wenige Texte vorwiegend aus dem weltlich-profanen Bereich wie z. B. das Hildebrandslied oder kleinere Reimereien, die unplanmäßig, als Lückenbüßer, randständig oder als Federproben ohne Textbezug in lateinischen Handschriften eingetragen sind.

In althochdeutscher Zeit gibt es keine rein deutschsprachigen Handschriften. Die Überlieferung ist immer – manchmal am äußeren Erscheinungsbild des Handschriftenlayouts oder der Verschriftlichungsform erkennbar, manchmal aber auch völlig unvermittelt[28] – in lateinische Codices eingebettet. Selbst in Otfrids Evangelienbuch, das auch als das „erste deutsche Buch" angesprochen wird, ist das Lateinische an wesentlichen Stellen gegenwärtig, wie etwa das Approbationsschreiben Otfrids an den Erzbischof Liutbert, die Inhaltsverzeichnisse und Kapitelüberschriften oder das Marginallatein beweisen.

Die Schwierigkeiten, die paläographisch und editionsphilologisch überwunden werden müssen, um Volkssprachiges aus der großen Fülle und dem Umfeld lateinischsprachiger Überlieferung herauszufiltern, können hier nur angedeutet werden. Bei fast jedem Beleg hat sich der Editor, aber auch der Lexikograph mit zwei Sprachen und mit der Frage, wie diese funktional aufeinander zu beziehen sind, ausei-

---

26 Vgl. dazu die textsortenübergreifende Darstellung der Textgeschichte des 8. und 9. Jahrhunderts mit genauen Quantifizierungen in Seebold (2001: bes. 17–61 und 2008: bes. 10–113) sowie die Darstellung zu Umfang und Verteilung der Text- und Textglossarglossierung biblischer und nichtbiblischer Texte von Bergmann (2009a: 54–82 und 2009b: 83–122), die auf einer Auswertung des BStK (2005) beruht.
27 Zum Hintergrund vgl. z. B. Glauche (1970) und El Kholi (1997).
28 Vgl. etwa die Überlieferung des fortlaufend geschriebenen lateinisch-deutschen Reimgebets Carmen ad Deum *Sancte sator uuiho fater* im Clm 19410, 9. Jh. (<http://daten.digitale-sammlungen.de/bsb00061517/image_43>; letzter Zugriff: 23.11.2018) oder die im lateinischen Text zitierten Straßburger Eide der Handschrift Paris lat. 9768, 10. Jh. (<http://gallica.bnf.fr/ark:/12148/btv1b84238417/f29.image.r=.langFR>; letzter Zugriff: 18.08.2017).

nanderzusetzen. Vor allem aber muss er, so gut es eben geht, versuchen, den Verstehens- und Interpretationsprozess des Lateinischen durch den althochdeutschsprachigen Schreiber vor dessen Wissenshorizont und Intentionen nachzuvollziehen. Die Relevanz des Lateinischen nimmt erst mit zunehmender Emanzipation des Deutschen als Sprache der Schriftlichkeit zum Mittelhochdeutschen und Frühneuhochdeutschen hin ab, wie auch die Tradition des Glossierens in der Volkssprache zurückgeht, die für das Althochdeutsche so ergiebiges und zugleich schwer erschließbares Material bereitstellt.

4 Zu den Umfängen deutscher (düdischer) Wortwelten

Damit kommen wir auf die ungefähren Gesamtumfänge frühdeutscher Handschriften- und Wortwelten einschließlich der altsächsischen und altniederfränkischen Überlieferung zu sprechen. Sie sind für das Althochdeutsche Wörterbuch, das sein Material quellenbezogen nach dem Prinzip der Vollständigkeit bearbeitet, von besonderem Interesse. Auf eine Ab- oder Aufrundung von Zahlen wird im Folgenden verzichtet, auch wenn die Angabe präziser Zahlen eine Genauigkeit vortäuscht, die aufgrund der Ungleichzeitigkeit der verschiedenen Bestandsaufnahmedaten und der laufenden Forschungen nicht gegeben und aktuell auch nicht erreichbar ist. Ebenso blieb unberücksichtigt, dass einige Handschriften sowohl Text- als auch Glossenüberlieferung enthalten.

In 239 Handschriften bis einschließlich des 12. Jahrhunderts sind Textdenkmäler überliefert (Stand 2013[29]). Daneben sind 1465 Handschriften als glossentragend bekannt (Stand 2015[30]), von denen über 202 Handschriften Griffel- oder auch Farbstiftglossen enthalten. Addiert man diese Zahlen, kommt man auf 1704 Handschriften, die deutsche Sprachzeugnisse enthalten.

Ausgehend von abgeschlossenen textsortenübergreifend angelegten Wörterbüchern zum Deutschen (Düdischen) gibt es folgende Zahlen zu jeweils enthaltenen

---

29 So lautet die Zahl der 2013 im Paderborner Repertorium [Unter <http://www.paderborner-repertorium.de/>; letzter Zugriff: 18.08.2017] verzeichneten Einträge nach brieflicher Auskunft von Elke Krotz (Wien), der ich dafür herzlich danke.
30 Vgl. Nievergelt (2015: 293); bis 2005 waren 1309 glossentragende Handschriften bekannt (vgl. Bergmann/Stricker 2005, Bd. 1: 84); seither neu als glossentragend bekannt gewordene Handschriften sind bequem und zeitnah über das „Online-Portal althochdeutsche und altsächsische Glossen" abrufbar: unter <http://glossen.ahd-portal.germ-ling.uni-bamberg.de/>; letzter Zugriff: 18.08.2017.

Ansätzen: Im Althochdeutschen Wörterbuch von Splett (1993)[31] sind 28 500 Ansätze gebucht.[32] Daneben verzeichnet das Altsächsische Handwörterbuch von Tiefenbach (2010) 6 866 Ansätze aus 85 Quellen (41 Text- und 44 Glossendenkmälern), basierend auf 96 Handschriften. Dazu kommen noch 171 lateinische Urkundentexte des 9. bis 11. Jahrhunderts.[33] Das 2009 in der ersten Auflage ausschließlich online publizierte Oudnederlands Woordenboek des Instituut voor Nederlandse Lexicologie verzeichnet 8 954 Einträge, darunter allerdings auch eine nicht genauer genannte Zahl von Toponymen.[34] Aus den in lateinischen Texten der kontinental-westgermanischen Leges barbarorum des 8. bis 11. Jahrhunderts vorkommenden volkssprachigen Einsprengseln sind ca. 1000 Ansätzen zu erwarten.[35] In dem online abrufbaren, aus Einzelglossaren zusammengestellten Althochdeutsch-Altsächsisch-Altniederfränkischen Wörterbuch (Altdeutsch) von Köbler (2014b) heißt es einleitend:

> Das Dokument verbindet das althochdeutsche Wörterbuch,[36] das altsächsische Wörterbuch und das altniederfränkische Wörterbuch zu einer neuen Wörterbucheinheit für das fränkisch-deutsche Frühmittelalter mit 51 491 Ansätzen.[37]

Das bis *P* publizierte Leipziger AWB enthält ungefähr 18 830 Wörterbuchartikel (Stand 2015). Mehrfach- und Verweisansätze sind in dieser Zahl nicht berücksichtigt.

Eine Aufschlüsselung der deutschen (düdischen) Überlieferung nach genaueren Zahlen zu Wortumfängen ist erst ansatzweise möglich.[38] Zum einen liegt das an den

---

31 Berücksichtigt werden Text- und Glossenzeugnisse aus dem ober- und mitteldeutschen Sprachraum. Die zeitliche Grenzziehung im Bereich der Textüberlieferung liegt im ersten Drittel des 11. Jahrhunderts.
32 Vgl. Splett (2000: 1197); 6500 Ansätze sind in beiden Quellentypen belegt, 24 100 Ansätze in Glossendenkmälern und 10 900 Ansätze in Textdenkmälern. Das Verhältnis hat sich in den letzten Jahren aufgrund vieler Neufunde weiter zugunsten der Glossenüberlieferung geändert.
33 Vgl. Tiefenbach (2010: XIII–XLI); die Zahl beruht auf dem Index retrogradus (Tiefenbach 2010: 499–543). Zieht man die dort als nicht altsächsisch (altenglisch und althochdeutsch) markierten Einträge ab, bleiben 6083 Ansätze übrig, darunter 64 mittellateinisch angesetzte, die auf Einsprengsel in lateinischen Sätzen zurückgehen.
34 Die Ansätze gründen sich auf ca. 30 000 Belegzitate; die überarbeitete Version enthält ca. 250 Wörter aus der Lex Salica, vgl. unter <http://www.inl.nl/onderzoek-a-onderwijs/lexicologie-a-lexicografie/onw>; letzter Zugriff: 18.08.2017.
35 Vgl. Stricker/Kremer (2014: 237–263), wo von ca. 40 000 Belegen aus dieser Überlieferungsform ausgegangen wird.
36 Zu dessen Bestandteilen vgl. das Vorwort zur 6. Auflage von Köbler (2014a).
37 Ausgedruckt hätte das Werk einen Umfang von etwa 4837 Din-A4-Seiten.
38 Zu einem ersten Versuch, Überlieferungsumfänge zu ermitteln, vgl. Köbler (1992: 129–155); für Textzeugen des 8. und 9. Jahrhunderts gibt es genaue Umfangszahlen in Seebold (2001; 2008) (vgl. auch Anm. 26); Stricker/Kremer (2014: 239) geben den Umfang der Glossenüberlieferung mit 250 000 Belegen zu 28 000 Lexemen aus 1 440 Handschriften des 1. Drittel des 8. Jahrhunderts bis

mischsprachlichen Texten (v. a. von Notker und Williram), bei denen die lateinischen Wörter aus den Passagen mit Mischprosa von Hand herausgesucht und abgezogen werden müssen, zum anderen an der Frage der Berücksichtigung der Parallelüberlieferung, des Weiteren auch an der wissenschaftlichen Tradition, Interlinearversionen zur Textüberlieferung anstatt zur Glossenüberlieferung zu stellen, und schließlich an der Grenzziehung zum Mittelhochdeutschen hin, z. B. was die Berücksichtigung der Beichten und Glauben betrifft.

Der Katalog der althochdeutschen und altsächsischen Handschriften von Bergmann/Stricker (2005) bietet zur Quantifizierung des Quellentyps Glossenüberlieferung folgende Zahlen: Erfasst werden insgesamt 206838 Glossierungseinträge, die auch aus mehreren Wörtern bestehen können.[39] Dabei verteilen sich Textglossen und Glossen in Glossaren zu biblischen und nichtbiblischen Texten nach Bergmann (2009a: 54–82; 2009b: 83–122) folgendermaßen: Von den 206838 Glossierungen sind etwas mehr als die Hälfte, nämlich 106348, textbezogene Eintragungen: am häufigsten wird die Bibel glossiert, gefolgt vom spätantiken kirchlich-theologischen Schrifttum des Kirchenvaters Gregor der Große (6. Jh.), den spätantiken christlichen Dichtungen des Schriftstellers Prudentius (4. Jh.), den klassisch-lateinischen Dichtungen Vergils (1. Jh. v. Chr.), den spätantiken Kirchenrechtsbestimmungen (Canones) und weiteren Autoren oder Werken klassisch-lateinischer, spätantiker oder mittelalterlicher Zeit.[40] Die Gesamtzahl aller volkssprachigen Glossen aus Text- und Textglossarglossen zur Bibel beläuft sich mit gewissen Einschränkungen auf 46014 und die zu nichtbiblischen Texten auf 60762 (einschließlich von Glossen aus Bibelzitaten).[41]

Der Umfang der in sachlich und alphabetisch geordneten Glossaren enthaltenen Glossierungen, die teilweise bis in das Druckzeitalter tradiert werden, ist mit 100490 Glossen fast genauso hoch wie der der Textüberlieferung. Bekannte Vertreter sachlich-thematisch nach Pflanzen-, Tier-, Körperteilbezeichnungen u. a. geordneter Glossare sind der schon erwähnte Vocabularius Sti. Galli aus dem 8. Jahrhun-

---

zum 13. Jahrhundert und den der Textüberlieferung mit 290000 Belegen zu 11000 Lexemen aus 125 Handschriften zu 74 Texten vom Ende des 8. Jahrhunderts bis 1022 an; Angaben zu Umfängen der Textüberlieferung können unter Rückgriff auf den "Query Builder" auch dem Referenzkorpus Altdeutsch entnommen werden (vgl. <https://korpling.org/annis3>; letzter Zugriff: 21.11.2018); vgl. dazu noch Anm. 41.
39 Vgl. Stricker (2009: 187); eine genaue Angabe der Anzahl dieser Einzelwörter setzt eine lexikographische Analyse des Glossenmaterials in jeder Handschrift voraus, was im Rahmen einer Handschriftenkatalogisierung nicht ohne Weiteres geleistet werden kann.
40 Vgl. Bergmann (2009a: 77–78); zum Ranking der glossierten Werke bzw. Autoren vgl. Bergmann (2009b: 118–122).
41 In diesen Zahlen ist aus wissenschaftsgeschichtlichen Gründen z. B. die Glossatur in Sg 21 (bzw. der sog. „Notkerglossator") im Umfang von ca. 12500 Wortformenbelegen (nach Köbler 1992: 142) oder die Interlinearversion in der Handschrift Sg 916 (Althochdeutsche Benediktinerregel) mit 8455 Wörtern nicht enthalten.

dert, ein individuell von einem angelsächsischen Gelehrten für seine Missionstätigkeit zusammengestelltes Werk, oder das seit dem 12. Jahrhundert überlieferte Summarium Heinrici, ein sehr erfolgreiches Wissenskompendium auf der Basis der Etymologien Isidors von Sevilla. Neben den sachlich geordneten Glossaren stehen die alphabetisch geordneten Glossare wie z. B. das schon Ende des 8. Jahrhunderts ins Deutsche übersetzte Abrogans-Glossar, die Salomonischen Glossare aus Handschriften seit dem 12. Jahrhundert oder das sogenannte Glossar Jc in einer Handschrift des 9. Jahrhunderts. Dieser Überlieferungsbereich bedarf besonderer lexikographischer Mühen und Darstellungsformen, da er nur Wortgleichungen bietet. Angesichts der Polysemien lateinischer Lemmata wie deutscher Interpretamente ist er semantisch oft nur eingeschränkt auswertbar.

5 Die Erschließung der Wortwelten durch das Althochdeutsche Wörterbuch

Das AWB der Sächsischen Akademie der Wissenschaften zu Leipzig entschlüsselt und dokumentiert die in Wortschätzen seines Objektbereichs gespeicherten Sach- und Vorstellungswelten im Verbund mit den anderen Sprachstadienwörterbüchern.

Das AWB selbst gründet sich auf die kontinuierlich aktualisierten Sammlungen des berühmten Philologen Elias von Steinmeyer (1848–1922). Es ist als Grundlagenwerk zur Erforschung der deutschen Sprache auf der Basis ihrer frühesten Zeugnisse konzipiert. Sein Ziel ist es, die in seinem Materialarchiv versammelten Text-, Glossen- und Glossarbelege einer aus sprachsystematischer Sicht möglichst umfassenden Aufarbeitung zuzuführen. Deshalb bestehen die Artikel aus mehreren Bestandteilen: einem Artikelkopf, einem Formen- und einem Bedeutungsteil sowie einem Wortbildungsteil.[42]

5.1 Zur Erschließung des Wortmaterials im Artikelkopf, Formen- und Wortbildungsteil

Wie jedes andere beleggestützt arbeitende Wörterbuch erschließt das AWB seine Wortwelten zuallererst durch die Ermittlung der Ansatzformen, die sich aus den belegten Wortformen abstrahieren lassen. Die Lemmatisierung ist insofern schwierig, als die Wortformen verschiedenen Schreibdialekten mit den ihnen jeweils eigenen Schreib-, Laut- und Formensystemen entstammen und es ungewöhnlich viele

---

[42] Zum Artikelaufbau vgl. Köppe (1999: 82–84).

Homographe gibt. Viele fragliche Formen werden für den Benutzer über einen Verweis auf den Ansatz auffindbar gemacht.

> Die Form *kinisit* beispielsweise findet sich erwartungsgemäß unter *gi-nesan* st. v. ‚sich von etw. erholen' (AWB 6: 1179). Die Form *nivuiholz* ist dagegen auf den Ansatz *niuuihtholz* st. n. ‚unnützer Strauch' verwiesen, wo sie den Zweitansatz *niuuuiholz* stützt (AWB 6: 1319). Die Form *niperuodit* Gl 2,191,8 erhält einen Wortformenartikel in eckigen Klammern, da sie sich dank einer edierten Neulesung *nup erudit*; als lateinische Fügung *nuper eruditus* ‚Neubekehrter' bestimmen und somit aus dem Korpus des Althochdeutschen ausscheiden lässt (AWB 6: 1283 und 3: 433 s. v. *eruodit*). Die bislang unklare Form *manchlotun* findet eine plausible Erlärung als Verschreibung für *mandilotun* und kann so *mendilôn* sw. v. ‚sich hör- und sichtbar freuen' zugeordnet werden (AWB 6: 413). Ebenso kann die Form *ovarmodigo* (AWB 7: 194), die bislang als eine Adverbbildung gedeutet wurde, als Verbalform von *ovarmôdigon* as. sw. v. ‚überheblich sein' bestimmt und auf diese Weise einer neuen und stimmigeren Zuordnung zugeführt werden. Das Wortbruchstück *nge* muss ungedeutet bleiben (AWB 6: 1203), das Wortstück *ta* aus den Murbacher Hymnen wird dagegen – einer Konjektur der Edition folgend – als verkürzte Schreibung unter *menden* ‚sich freuen' behandelt (AWB 6: 409). Die umstrittene Verbalform *ginand* aus Otfrids Evangelienbuch wird unter dem schwachen Verb *gi-nenden* ‚nach etw. streben' behandelt (AWB 6: 1172), was aufgrund der sprachhistorischen Relevanz für den Bestand der starken Verben an gesonderter Stelle außerhalb des Wörterbuchs ausführlicher begründet wird (vgl. Bulitta/Heidermanns 2015: 162–167).

Im Artikelkopf werden sämtliche bekannte Bildungsentsprechungen des Niederdeutschen (des Altsächsischen und Mittelniederdeutschen) und Hochdeutschen der späteren Sprachepochen (des Mittelhochdeutschen, Frühneuhochdeutschen und/ oder Neuhochdeutschen, gegebenenfalls auch dialektaler Formen) sowie der anderen altgermanischen Sprachen (Altfriesisch, Altenglisch, Altnordisch und Gotisch) angeführt. Auf diese Weise verknüpft sich das Wörterbuch (primär morphologisch, aber sekundär auch semasiologisch) in diachronischer und diatopischer Hinsicht mit Wortwelten, die in anderen lexikographischen Werken beschrieben werden.

> Das Substantiv *muot* ‚seelisch-geistiges Vermögen' (AWB 6: 865) ist beispielsweise im gesamten Germanischen verbreitet: mhd. *muot* m. n., nhd. *mut* m.; as. *môd* m., mnd. *môt* m. (auch f.), mnl. *moet* m.; afries. *môd* m. n.; ae. *môd* n.; an. *môðr* m.; got. *moþ(s)* m. oder n. Der Normalfall ist jedoch eine eingeschränktere Verbreitung, wobei allerdings auch die Zufälligkeit der Überlieferung zu bedenken ist. Das archaische Wort *fluobara* ‚Hilfe, Trost' mit dem Kompositum *fluobargeist* ‚Heiliger Geist' und dem Verb *fluobiren* ‚trösten' ist nur in einer einzigen althochdeutschen Quelle, im Tatian, belegt und kommt sonst nur noch im Westgermanischen, im Altsächsischen und Altenglischen vor (AWB 3: 1003–1004). Die Maßbezeichnung as. *malt* ‚Malter' (ein Hohlmaß) war demgegenüber nur im Alt- und Mittelniederdeutschen verbreitet (AWB 6: 150–151). Ohne Weiterleben und Verbreitung blieb z. B. *untar-mahhôn* sw. v. ‚anfügen, anschließen' (AWB 6: 120), das als Lehnbildung in der Benediktinerregel zu lat. *subiungere* geprägt wurde. Es gibt zwar im Neuhochdeutschen und dialektal ein Verb *untermachen* in der Bedeutung ‚etwas untergraben', dabei handelt es sich jedoch um eine Neubildung.

Eine große Besonderheit gegenüber anderen Sprachperiodenwörterbüchern ist der Formenteil des Althochdeutschen Wörterbuchs. Es müsse, so meinten seine Begründer, „neben der klar herausgearbeiteten Bedeutungsentwicklung für den Sprachwissenschaftler auch das Material für eine Entwicklungsgeschichte der Formen" zusammentragen (vgl. Karg-Gasterstadt/Frings 1936: 155). Im Formenteil findet der Benutzer eine vollständige Auflistung aller als zum Ansatz zugehörig erkannter Formenbelege mit ihrer grammatischen Bestimmung und in begründeten Fällen auch mit einer Kommentierung. Oft ist die Belegbasis so schmal, dass eine graphische und darauf aufbauende grammatische Interpretation kaum abzusichern ist. Die Gliederung folgt primär graphisch-lautlichen Kriterien, dann der morphologischen Bestimmung und schließlich der im Wörterbuch festgelegten Denkmälerreihenfolge. Ziel ist es, die Entwicklung der Formen im Laufe der Zeit und ihre räumliche Verbreitung ablesbar zu machen. Bei Mehrfachansätzen, Flexionsklassen- oder Genuswechsel wird in weitere Abschnitte untergliedert. Verschriebene, verstümmelte oder nicht sicher zuordenbare Formen werden ebenfalls in eigenen Absätzen dargestellt. Formen, die an anderer Stelle behandelt werden, aber unter dem fraglichen Ansatz gesucht werden könnten, werden verwiesen. Verschlüsselt geschriebene Formen werden in der aufgelösten Form geboten und nur dann als solche vermerkt, wenn dies für die Klärung eines Überlieferungsbefundes notwendig ist.

Am Ende eines Artikels findet sich gegebenenfalls ein Wortbildungsteil mit der Zusammenstellung aller zugehörigen Weiterbildungen.

> Zu *namo* (AWB 6: 1041–1053) gibt es zum Beispiel sechs Komposita mit *namo* als Zweitglied, fast alles Bildungen der Bedeutung ‚Beiname', darunter z. B. auch *miltinamo* (AWB 6: 590–591). Dann folgen die Ableitungen, erst die Substantive *namatî* ‚Nennung', dann Adjektive wie *namahaft* ‚berühmt, wichtig, eigentlich' und Verben wie *namôn* ‚bezeichnen, benennen'. Schließlich werden mit „*vgl.*" oder „*vgl. auch*" die morphologisch ferner stehenden Weiterbildungen angeführt, z. B. ?*nuomen* (nur im Part. Prät. belegt) ‚berühmt' (AWB 6: 1432).

5.2 Zur Erschließung des Wortmaterials im Bedeutungsteil und zum Thesaurusprinzip

Neben der Ausdrucksseite der im Material vorhandenen Wörter erschließt das Althochdeutsche Wörterbuch auch ihre inhaltlich-funktionale Seite, egal, ob es sich um appellativische Wörter handelt, wie z. B. *muozôn* sw. v. ‚Zeit haben' (AWB 6: 912–913), oder um Wörter mit grammatisch-syntaktischer Funktion (Pronomina, Pronominal- und Konjunktionaladverbien, Präpositionen, Konjunktionen, Partikeln und Interjektionen), wie z. B. die Präposition *mit* ‚mit (u. a.)' (AWB 6: 700–765).[43] Es gibt auch Wörter mit appellativischer und grammatischer Funktion wie z. B. ahd. *man*, das im Neuhochdeutschen graphisch als Substantiv *Mann* und Indefinitpro-

---

[43] Zur Behandlung der grammatischen Wörter ab Buchstabe „N" siehe jedoch unten.

nomen *man* geschieden wird, wobei beide Wörter homophon sind. Im Althochdeutschen ist dagegen das Appellativum *man* zum daraus hervorgegangenen Indefinitum *man* noch homograph und homonym.[44] Da im Althochdeutschen auch noch keine Artikelsetzung üblich ist, ist eine Trennung der riesigen Materialmengen in zwei funktional geschiedene Ansätze eine schwierige Aufgabe. Im Althochdeutschen Wörterbuch wurde eine Trennung vorgenommen (vgl. AWB 6: 162–188 s. v. *man* st. m. und AWB 6: 188–204 s. v. *man* pron. indef.), wobei die Kriterien der Grenzziehung zwischen beiden Ansätzen aus dem Material erarbeitet und jeweils in einem umfänglichen Vorspann erläutert wurden.[45]

Alle als Worteinheit erkannten Buchstabenfolgen werden also vollständig auf ihre Gebrauchsweisen hin untersucht. „Alle" heißt auch, dass nicht zwischen lexikalisierten Wortschatzeinheiten (Lexemen) des Althochdeutschen oder einmaligen Wortschöpfungen unterschieden wird, was im Übrigen auch nicht sicher oder konsequent möglich wäre.

Denn erstens gibt es einen großen Anteil didaktisch motivierter Bedarfsbildungen im althochdeutschen Korpus. Es handelt sich dabei zum einen um unikale Nachbildungen lateinischer Wörter, die diese ausdrucksseitig erschließen.

> Viele Beispiele dafür finden sich in Interlinearversionen, z. B. das schon erwähnte *untarmahhôn* für lat. *sub-iungere* ‚anfügen, anschließen' oder *furi-magan* zu lat. *praevalere* ‚jmdm. überlegen sein; etw. vermögen' (AWB 6: 55–56). Das Substantiv *muoterburg* in einer Canonesglosse findet sich als Entsprechung von lat. *metropolis* ‚Mutterstadt', womit eigentlich die ‚Hauptstadt, erste Stadt einer Kirchenprovinz' gemeint ist (AWB 6: 889). Ebenfalls aus einer Glosseneintragung stammt ein Beleg für das Adjektiv *nidarfellîg* zu lat. *deorsum cadens* ‚niederfallend' (vom Regen), einer lateinischen Glosse zu dem erklärungsbedürftigen Textwort *deciduus* (AWB 6: 1241–1242). In einem Text Notkers von St. Gallen steht *niun[h]lûtîg* für gr.-lat. *enneáp(h)thongos* ‚neuntönig' (bezogen auf die Lira, ein Saiteninstrument) (AWB 6: 1290). Bei Notker gibt es die Götterbezeichnung *mistgot* für lat. *Sterculus* ‚Gott des Mistes'. Die Bezeichnung erklärt sich als Beiname Saturns, der als Schutzgott der Düngung angerufen wurde.

Zweitens gibt es unikale Wortschöpfungen, die sich strukturell nicht an das lateinische Vorlagenwort anlehnen und die den Wortinhalt mit den Mitteln der eigenen Sprache zum Ausdruck zu bringen versuchen. Das Ziel solcher Bildungen ist hier also die Inhaltsebene einer lateinischen Bildung.

> Hierzu gehört vielleicht die von Notker gebrauchte Bildung *egitior* für lat. *monstrum* ‚Ungeheuer', womit die von Hercules besiegten Bestien (die Hydra, Harpyen und Centauren) gemeint

---

44 Vgl. die ganz parallele Entwicklung im Französischen von lat. *homo* zum Appellativum *homme* ‚Mensch' und zum Indefinitum *on* ‚man'.
45 An das Appellativum *man* knüpft wiederum der Vergleichbarkeit halber die Bedeutungsgliederung des Artikels ahd. *mennisco* ‚Mensch' an.

sind (AWB 3: 88).[46] Der Glossator[47] des Notkerschen Psalters schöpft Bildungen wie z. B. *nidarfal* und *nidarrîs*, die beide lat. *diabolus* ‚Teufel' als den ‚Herabgefallenen' wiedergeben (vgl. AWB 6: 1241 u. 1249–1250). Auffällig sind auch die in dieser Quelle bezeugten Entsprechungen von lat. *synogoga* wie z. B. *nôtsamanunga* ‚Bedrängnis zufügende und/oder erleidende Gemeinschaft' (AWB 6: 1387).[48]

Alle diese Bildungen spiegeln zum Teil eine mechanische, zum Teil aber auch eine bewundernswert kreative „Bewältigung" der lateinischen Textwelten im Bemühen um die Sprach- und Texterschließung, um Wissensaneignung und -vermittlung über das Lateinische wider.[49]

Zweitens gibt es im Frühdeutschen auch Wörter, die abschriftlich aus anderen Sprachen in die kontinentalgermanische Handschriftenüberlieferung geraten sind und nie im Althochdeutschen heimisch waren. Sie dürfen nicht als Versprachlichung tatsächlich gegebener Sach- oder Vorstellungswelten gewertet werden. Aus der altenglischen Tradition und nicht aus der heimischen Sprache stammt zum Beispiel das Wort *Möwe*, ae. *mæw*, das in kontinentalen Handschriften des 9. Jahrhunderts belegt ist.[50] Die Überlieferungsgeschichte des Wortes *Möwe* im Deutschen beginnt eigentlich erst im 13. Jahrhundert mit Belegen aus der Physica Hildegards von Bingen.[51]

Und drittens gibt es einen großen Bereich sogenannter Geisterwörter, Entstellungen mittelalterlicher Schreiber oder Fehllesungen der Editoren wie das oben schon erwähnte *niperuodit*. Auch das im Wiener Psalter aus dem 11. Jahrhundert belegte *maginlosi* sieht wie eine gegliederte deutsche Bildung aus, ist es aber nicht. Vielmehr legt die Parallelüberlieferung hier eine Entstellung aus *manigi lones* ‚eine

---

46 Zur Bestimmung der Bildung *egitior* als Kompositum mit dem Erstglied ahd. *egî* st. f. ‚Schrecknis' und dem Zweitglied *tior* ‚Tier' vgl. EWA (2: 964). Notker selbst bezieht die Bildung auf *egiso* sw. m., das ‚Schrecken (u. a.)' (vgl. AWB 3: 85–86) oder ‚Ungeheuerlichkeit' (vgl. Glauch 2000: 566–567) bedeutet. Vielleicht ist es aber auch mit *egi-* in *egidehsa* gleichzusetzen, hinter dem ein altes Wort für ‚Schlange' vermutet wird (zu *egidehsa* vgl. EWA 2: 959–961 u. Seebold 2011: 231 s. v. *Eidechse*).
47 Zur Frage eines „Notkerglossators" vgl. Hellgardt (2015: 33–57), Müller (2015: 59–68) und Woitkowitz (2017: 130, Anm. 9).
48 Vgl. hierzu noch die weitere Erörterung des Problems der Bedeutungsermittlung bei Woitkowitz (2017).
49 Vgl. z. B. Henkel (2009: 481); viele dieser bedarfsbedingt entstandenen Bildungen oder Wortschöpfungen wurden in denkmälerbezogenen Einzeluntersuchungen in der Tradition von Werner Betz erforscht (vgl. dazu Bulitta 2014: 21, Anm. 6).
50 Weitere Beispiele sind ae. *gicer* ‚Joch', *gillister* ‚Schleim, Eiter', *haefern* ‚Muschel', *hæt* ‚Kopfbedeckung des Priester', *heordan* ‚Werg', *healstan* ‚Fladenbrot' (vgl. Köppe 1998: 59, Anm. 5, Bulitta 2011: 145–177).
51 Für den Hinweis auf diese neue, gegenüber dem bisherigen Kenntnisstand nun um zwei Jahrhunderte vorzudatierende Erstbezeugung danke ich Jörg Riecke (Heidelberg). Nachgewiesen sind die Belege in Hildebrandt (2014: 234 s. v. *mêwa* und 183 s. v. *îsenbardo*).

Menge Lohn' nahe (AWB 6: 72–73). Dies lässt sich durch eine Reihe weiterer Beispiele für auf Hörfehler zurückgehende Formen in dieser Handschrift stützen.

Alle diese nicht lexikalisierten Bildungen zusammen machen einen erheblichen Anteil an der althochdeutschen Überlieferung aus. Aus sprachwissenschaftlicher Sicht liefern diese Bildungen vor allem Material für die ausdrucksseitig strukturierten Bereiche althochdeutscher Schreibdialekte. Für eine Wortgeschichte sind sie dagegen nicht aussagefähig, da sie keine Kontinuität und keine konventionalisierte Bedeutung aufweisen, die sich hätte wandeln können.[52]

Welche Informationen werden nun normalerweise in den Bedeutungsteilen der Wörterbuchartikel geboten? Wie in anderen Belegzitatwörterbüchern auch werden die vorhandenen Belege im Hinblick auf ihre Gebrauchsweisen analysiert. Daraus wird ein hierarchisch gegliedertes Bedeutungsgefüge erstellt. Bei der Bedeutungsermittlung werden logisch-semantische und syntaktische Strukturen des fraglichen Wortes sowie sein Verhältnis zum Vorlagenlatein, zur zugehörigen Wortfamilie, zu den Entsprechungen in späteren deutschen und altgermanischen Sprachausprägungen sowie zur Etymologie berücksichtigt.

Die auszitierten Belegkontexte stellen dem Leser originales Sprachmaterial zur weiteren Nutzung bereit. Sie dienen ihm zugleich auch zur Überprüfung der lexikographischen Analyseergebnisse. Belege mit gleichem Kontext werden ohne Rücksicht auf die sonst geltende Denkmälerreihenfolge mit „z. gl. St." („*zur gleichen Stelle*") aneinandergereiht. Solche Reihungen ermöglichen text- und damit auch wortvergleichende Studien. Bei Bedarf werden Belegkontexte kommentiert. Sie sollen die Satzgrenze möglichst nicht überschreiten, vorhandene pronominale Bestandteile werden deshalb nach Möglichkeit lexikalisch aufgefüllt, was zwar aufwendig ist, aber eine Verständnishilfe bietet. Auch die Sicherheit einer Zuordnung innerhalb des Bedeutungsgefüges wird nötigenfalls markiert. Ein häufiges Verfahren dafür ist die Abschnittseinleitung mit „*hierher wohl auch:* ...". Alle Belegzitate sind mit genauen Belegstellennachweisen zu den benutzten textkritischen Editionen versehen. Ebenso gibt es stellenbezogene Nachweise der lateinischen Quellen. Das semantische Bezugswort zum Lateinischen wird durch Sperrdruck markiert, so z. B. s. v. *mammunti* ,sanft, gutmütig' lat. *mansuetus*, *mitis* und *tractabilis* (AWB 6: 155–157) oder s. v. *muot* ,seelisch-geistiges Vermögen' lat. *mens*, *anima* und *spiritus* (AWB 6: 865–881). Von großem Wert für paradigmatische Fragestellungen sind lexikalische Varianten aus der Parallelüberlieferung, die stets angegeben werden, vgl. z. B. *firliosan* neben *zifuoren* ,zerstören', *mastboum* neben *segalboum* ,Mastbaum (auf dem Schiff)', *buohfel* neben *pergamīn* ,Pergament' oder *novan* neben *nibu* ,sondern'. Gelegentlich werden auch lexikalische Varianten bzw. zu einem Wortfeld gehörige Lexeme in die Bedeutungsangabe einbezogen, wie zum Beispiel im Artikel *muot* ,seelisch-geistiges Vermögen': „muot *neben weiteren Begrif-*

---

52 Zum Fortleben des althochdeutschen Wortschatzes vgl. Köppe (1998).

fen des Denkens u. Fühlens oder in Gegenüberstellung mit ‚Körper': neben githank/geist/hugu/firnumest/uuizzi ‚*Gedanke, Einsicht, Geist, Verstand, Vernunft, Verständnis': ...*" (AWB 6: 871).

‚Alle' im Material befindlichen Ansätze darzustellen heißt zu guter Letzt auch, dass es nicht darauf ankommt, ob sie nur einmal oder hochfrequent bezeugt sind. Ein sehr hoher Anteil aller althochdeutschen Ansätze ist nur niedrigfrequent belegt: 80 % aller Ansätze haben nämlich weniger als 10 Belege (vgl. AWB 4, Lfg. 24, V). Viele dieser Ansätze gründen sich gar auf nur einen einzigen Beleg in einer einzigen Handschrift. Typische Kandidaten dieses Bereichs sind die oben vorgestellten nichtlexikalisierten Bedarfsbildungen. Oft handelt es sich aber auch um Wörter, die synchron keiner Wortfamilie angeschlossen werden können, z. B. *nahho* sw. m. ‚Flußboot' (nhd. *Nachen*) (AWB 6: 1002), *narto* sw. m. ‚Becken, Schüssel' (dial. *Narte*) (AWB 6: 1064), *nehhal* st. m. und daneben auch *nehhala* st. f. ‚Beinschmuck, Beinbekleidung' (AWB 6: 1092) oder *nunna* sw. f. ‚Nonne' (AWB 6: 1419). Während in Sprachstadienwörterbüchern späterer Epochen die niedrigfrequente Bezeugung eines Wortes Grund für seine Ausgliederung aus dem Korpus sein kann, werden im Althochdeutschen Wörterbuch gerade diese Belege als möglicherweise letzte Zeugen vergangener Sach- oder Vorstellungswelten besonders sorgfältig bearbeitet. Dass die Bedeutungsermittlung hier aufwendig oder oft gar nicht möglich ist, braucht nicht eigens betont zu werden.

Und umgekehrt muss das Althochdeutsche Wörterbuch auch in der Lage sein, Wortschatzbestandteile seines Gegenstandsbereichs mit Hunderten, manchmal sogar Tausenden von Belegen nach ihrer Gebrauchsweise auszuwerten und in einem strukturierten Bedeutungsgefüge darzustellen. Zu den umfangreicher belegten Ansätzen mit stark ausgebauten Wortfamilien gehörten im sechsten Band (2015) mit 2662 Ansätzen zu M und N die Verben *magan* ‚vermögen', *mahhôn* ‚herstellen', *meinen* ‚im Sinn haben' und *neman* ‚nehmen', dann die Substantive *man* ‚Mensch oder Mann' und *mennisco* ‚Mensch', *minna* ‚Liebe', *muot* ‚seelisch-geistiges Vermögen', *gi-nâda* ‚Gnade, Barmherzigkeit', *namo* ‚Name', *nôt* ‚Bedrängnis' und die Adjektive *mihhil* ‚groß', *niuuui* ‚seit kurzem bestehend' und *ginuog* ‚ausreichend'. Außerdem waren in diesem Band überdurchschnittlich viele hochfrequent bezeugte Wörter mit grammatisch-syntaktischer Funktion enthalten wie zum Beispiel das schon erwähnte Indefinitpronomen *man* (in seiner diffizilen Abgrenzung zum Substantiv *man* st. m.), dann das Pronominaladjektiv *manag* ‚viele' (vgl. dagegen nhd. *manche* in der abgewandelten Bedeutung ‚mehrere'), die Adverbien *mêr* adv. comp., *meist* adv. superl. und *min* adv. comp. u. conj., das Possessivpronomen *mîn* und die Präpositi on *mit* ‚mit'. Im *N* gab es unter anderem die Ansätze *nalles, ni, niuuiht/niouuiht/ nieht, noh¹, noh²* und *nŭ*, im *O* den Ansatz *ouh*.⁵³

Während die mit *M* anlautenden Synsemantika noch in der herkömmlichen Form ausgearbeitet wurden, wurden die mit *N* anlautenden Synsemantika, darunter die zahlreichen Negationswörter, in weiter gestraffter Form als Indexartikel dargestellt. Dieser neu etablierte Artikeltyp, über den das Vorwort zum sechsten Band⁵⁴ informiert, besteht wie gewohnt aus einem Artikelkopf mit den Routineinformationen und einem Wortbildungsteil. An Stelle eines Formen- und eines Bedeutungsteils folgt dann jedoch lediglich eine Auflistung aller im Material des Althochdeutschen Wörterbuchs befindlichen Belegstellen in der bisher üblichen Reihenfolge der Denkmäler. Trotz des Verzichts auf bisher zu Funktionswörtern gebotenen Informationen kann das Althochdeutsche Wörterbuch auf diese Weise immerhin noch seinen Grundsatz wahren, die in seinen Materialien gesammelten Belege vollständig zu buchen und für eine vertiefte Bearbeitung bereitzustellen.

5.3 Literatur zur semasiologischen Erschließung des Althochdeutschen aus dem Althochdeutschen Wörterbuch

Der Einblick in einige Besonderheiten althochdeutscher Wort- bzw. Textwelten und ihre Erschließung im Leipziger AWB soll noch mit ausgewählten Literaturhinweisen abgerundet werden. Gerade zum Problemkomplex der Semantik gibt es Beiträge von ehemaligen und gegenwärtigen Wörterbuchmitarbeitern:⁵⁵ Zum theoretischen Hintergrund der Bedeutungserschließung ist Große (1977, 1998a), zu Konzeption und Praxis der Bedeutungserschließung Blum (1990), zum Einbezug der Verbsyntax Blum (1977, 1982, 1986), zur Abhängigkeit des Deutschen vom Lateinischen Götz (1977, 1994) und Köppe (1998) zu vergleichen. Semasiologisch-onomasiologische Auswertungen bieten Köppe (1996, 2001, 2007), Mikeleitis-Winter (2001, 2009a, 2009b) und Woitkowitz (2011, 2017).

---

53 Der Ansatz *odo*, einer Variante von *edo*, wurde bereits im *E* gedruckt (AWB 3: 57–74); zum Bearbeitungsmodus vgl. die Vorworte von Rudolf Große aus dem Jahr 1970 (AWB 3, Lfg. 1, III) und aus dem Jahr 1983 (AWB 3, Lfg. 16–18, III).
54 Vgl. das Vorwort zum Abschluss von Band VI (2015) im AWB 6, Lfg. 15–18, V–VI.
55 Zu den Beiträgen „Aus der Werkstatt des Althochdeutschen Wörterbuchs" vgl. die Zusammenstellung in Bulitta/Heidermanns (2015: 147–149).

6 Schlussbemerkung

Für eine systematische onomasiologische Erschließung althochdeutscher oder gar sprachepochenübergreifender Wortwelten kann das Althochdeutsche Wörterbuch nur die grundlegenden Vorarbeiten leisten – durch eine möglichst sorgfältige Interpretation und Dokumentation der Wortgestalt und des Wortgebrauchs eines jeden Lemmas. Die (im April 2017 erfolgte) Onlinestellung der ersten Bände des Wörterbuchs über das Wörterbuchnetz des Trierer Kompetenzzentrums wird die Arbeitsergebnisse leichter abrufbar machen und weitere wissenschaftliche Nutzerkreise erreichen. Das digitale Althochdeutsche Wörterbuch kann das enge Korsett des alphabetischen Zugriffs im gedruckten Buch sprengen und Forschenden in aller Welt auf vielfältige Weise Hilfestellung bieten, zu den rätselhaften Wortwelten des Althochdeutschen vorzudringen.

Literatur

AWB = *Althochdeutsches Wörterbuch*. Auf Grund der von Elias von Steinmeyer hinterlassenen Sammlungen im Auftrag der Sächsischen Akademie der Wissenschaften zu Leipzig. Bd. 1: A–B (Bearb. u. hrsg. v. Elisabeth Karg-Gasterstädt/Theodor Frings 1952–1968, Reprint 2007), Bd. 2: C–D (hrsg. v. Rudolf Große 1970–1997, Reprint 2007), Bd. 3: E–F (hrsg. v. Rudolf Große 1971–1985, Reprint 2007), Bd. 4: G–J (hrsg. v. Rudolf Große 1986–2002, Reprint 2007), Bd. 5: K–L (hrsg. v. Gotthard Lerchner/Hans Ulrich Schmid 2002–2009), Bd. 6: M–N (hrsg. v. Hans Ulrich Schmid 2013–2015), Bd. 7 ff.: O, P (hrsg. v. Hans Urich Schmid 2015 ff.). Berlin: Akademie (bis 2013), Berlin/Boston: De Gruyter (ab 2014).

Bergmann, Rolf (Hrsg.) (2003): *Volkssprachig-lateinische Mischtexte und Textensembles in der althochdeutschen, altsächsischen und altenglischen Überlieferung. Mediävistisches Kolloquium des Zentrums für Mittelalterstudien der Otto-Friedrich-Universität Bamberg am 16. und 17. November 2001*. Heidelberg: Winter.

Bergmann, Rolf (2009a): Umfang und Verteilung volkssprachiger Textglossierung und Textglossare: Bibel. In: Ders./Stricker, Stefanie (Hrsg.): *Die althochdeutsche und altsächsische Glossographie. Ein Handbuch*. 2 Bde. Berlin/New York: De Gruyter, Bd. 1, 54–82.

Bergmann, Rolf (2009b): Umfang und Verteilung volkssprachiger Textglossierung und Textglossare: Nichtbiblische Texte. In: Ders./Stricker, Stefanie (Hrsg.): *Die althochdeutsche und altsächsische Glossographie. Ein Handbuch*. 2 Bde. Berlin/New York: De Gruyter, Bd. 1, 83–122.

Bischoff, Bernhard (1954): Übersicht über die nichtdiplomatischen Geheimschriften des Mittelalters. In: *Mitteilungen des Instituts für Österreichische Geschichtsforschung* 62, 1–27.

Blum, Siegfried (1977): Probleme der Valenz bei althochdeutschen Verben. In: Große, Rudolf/Blum, Siegfried/Götz, Heinrich (Hrsg.): *Beiträge zur Bedeutungserschliessung im althochdeutschen Wortschatz*. Berlin: Akademie, 17–52.

Blum, Siegfried (1982): Prädikatives Attribut und Objektsprädikativ im Althochdeutschen. In: *Zeitschrift für Germanistik* 1, 85–93.

Blum, Siegfried (1986): Ahd. *habên* in Funktionsverbgefügen. In: *Beiträge zur Erforschung der deutschen Sprache* 6, 80–95.

Blum, Siegfried (1990): Althochdeutsches Wörterbuch. Charakteristik, Geschichte, Aspekte der Bedeutung und ihrer Darstellung. In: Goebel, Ulrich/Reichmann, Oskar (Hrsg.): *Historical Lexicography of the German Language*. Vol 1. Lewiston, N. Y. u. a.: Mellen, 1–58.

BStK = Bergmann, Rolf/Stricker, Stefanie (2005): *Katalog der althochdeutschen und altsächsischen Glossenhandschriften*. Unter Mitarbeit von Yvonne Goldammer und Claudia Wich-Reif. 6 Bde. Berlin/New York: De Gruyter. Vgl. dazu auch das Online-Portal *Althochdeutsche und altsächsische Glossen*: [Unter: <http://glossen.ahd-portal.germ-ling.uni-bamberg.de/>; letzter Zugriff: 13.08.2018].

Bulitta, Brigitte (2010): Stand und Perspektiven der Lexikographie des Althochdeutschen. In: Schmid, Hans Ulrich (Hrsg.): *Perspektiven der germanistischen Sprachgeschichtsforschung*. Berlin: De Gruyter, 269–291.

Bulitta, Brigitte (2011): Altenglisches Wortgut als Problem und Aufgabe der Lexikographie zum Frühdeutschen. In: *Sprachwissenschaft* 36, 145–177.

Bulitta, Brigitte (2014): Von *abrizza* über *libs* bis *modul*. Zum Lehnwortschatz im Althochdeutschen und seiner Behandlung im Althochdeutschen Wörterbuch (Thesaurus). In: Bambek, Andrea/Harm, Volker (Hrsg.): *Fremd- und Lehnwortschatz im sprachhistorischen Wörterbuch*. Hildesheim u. a.: Olms, 17–49.

Bulitta, Brigitte/Heidermanns, Frank (2015): Aus der Arbeit am Althochdeutschen Wörterbuch 1–7. In: *Sprachwissenschaft* 40, 147–180.

CCCM 226A = Deploige, Jeroen u. a. (Hrsg.) (2016): *Hildegardis Bingensis Opera minora II*. Turnhout: Brepols.

De Grauwe, Luc (2003): Theodistik. Zur Begründung eines Faches und ein Plädoyer für eine kontinentalwestgermanische Sicht auf die neuzeitliche Bifurkation Deutsch/Niederländisch. In: Berthele, Raphael u. a. (Hrsg.): *Die deutsche Schriftsprache und die Regionen. Entstehungsgeschichtliche Fragen in neuer Sicht*. Berlin/New York: De Gruyter, 127–156.

El Kholi, Susann (1997): *Lektüre in Frauenkonventen des ostfränkisch-deutschen Reiches vom 8. Jahrhundert bis zur Mitte des 13. Jahrhunderts*. Würzburg: Königshausen und Neumann.

Ernst, Oliver (2007): *Die Griffelglossierung in Freisinger Handschriften des frühen 9. Jahrhunderts*. Heidelberg: Winter.

Ernst, Oliver (2009): Kürzung in volkssprachigen Glossen. In: Bergmann, Rolf/Stricker, Stefanie (Hrsg.) (2009): *Die althochdeutsche und altsächsische Glossographie. Ein Handbuch*. 2 Bde. Berlin/New York: De Gruyter, Bd. 1, 282–315.

EWA = Lloyd, Albert/Lühr, Rosemarie/Springer, Otto (1988 ff.): *Etymologisches Wörterbuch des Althochdeutschen*. Göttingen/Zürich: Vandenhoek & Ruprecht.

Gärtner, Kurt/Embach, Michael (Hrsg.) (2016): Lingua ignota. In: CCCM 226A, 239–366.

Gl = Steinmeyer, Elias von/Sievers, Eduard (1879–1922): *Die althochdeutschen Glossen*. Bd. 1 (1879), Bd. 2 (1882), Bd. 3 (1885), Bd. 4 (1898), Bd. 5 (1922). Berlin: Weidmann.

Glaser, Elvira/Nievergelt, Andreas (2009): Griffelglossen. In: Bergmann, Rolf/Stricker, Stefanie (Hrsg.): *Die althochdeutsche und altsächsische Glossographie. Ein Handbuch*. 2 Bde. Berlin/New York: De Gruyter. Bd. 1, 202–229.

Glauch, Sonja (2000): *Die Martianus-Capella-Bearbeitung Notkers des Deutschen*. Bd. 2: Übersetzung von Buch I und Kommentar. Tübingen: Niemeyer.

Glauche, Günter (1970): *Schullektüre im Mittelalter. Entstehung und Wandlungen des Lektürekanons bis 1200 nach den Quellen dargestellt*. München: Arbeo-Gesellschaft.

Götz, Heinrich (1977): Zur Bedeutungsanalyse und Darstellung althochdeutscher Glossen. In: Große, Rudolf/Blum, Siegfried/Götz, Heinrich (Hrsg.): *Beiträge zur Bedeutungserschliessung im althochdeutschen Wortschatz*. Berlin: Akademie, 53–208.

Götz, Heinrich (1994): Übersetzungsweisen in althochdeutschen Texten und Glossen im Spiegel eines lateinisch-althochdeutschen Glossars. *Sprachwissenschaft* 19, 123–164.

Große, Rudolf (1977): Zur Problematik der Bedeutungserschließung im althochdeutschen Wortschatz. In: Ders./Blum, Siegfried/Götz, Heinrich (Hrsg.): *Beiträge zur Bedeutungserschliessung im althochdeutschen Wortschatz.* Berlin: Akademie, 5–16.

Große, Rudolf (1998a): Einleitende Überlegungen zum Verhältnis von praktischer Wörterbucharbeit und Entwicklung semantischer Theorien. In: Ders. (Hrsg.): *Bedeutungserfassung und Bedeutungsbeschreibung in historischen und dialektologischen Wörterbüchern. Beiträge zu einer Arbeitstagung der deutschsprachigen Wörterbücher, Projekte an Akademien und Universitäten vom 7. bis 9. März 1996 anläßlich des 150jährigen Jubiläums der Sächsischen Akademie der Wissenschaft zu Leipzig.* Stuttgart, Leipzig: Hirzel, 13–20.

Hellgardt, Ernst (Hrsg.) (2014): *Die spätalthochdeutschen ‚Wessobrunner Predigten' im Überlieferungsverbund mit dem ‚Wiener Notker'.* Berlin: Erich Schmidt.

Hellgardt, Ernst (2015): Ekkehart IV. und Notkers Psalter im Cod. Sang. 21. In: Kössinger, Norbert/Krotz, Elke/Müller, Stephan (Hrsg.): *Ekkehart IV. von St. Gallen.* Berlin/Boston: De Gruyter, 33–57.

Henkel, Nikolaus (2003): Synoptische Kopräsenz zweisprachiger Textensembles im deutschen Mittelalter. Überlegungen zu Funktion und Gebrauch. In: Bergmann, Rolf (Hrsg.): *Volkssprachig-lateinische Mischtexte und Textensembles in der althochdeutschen, altsächsischen und altenglischen Überlieferung. Mediävistisches Kolloquium des Zentrums für Mittelalterstudien der Otto-Friedrich-Universität Bamberg am 16. und 17. November 2001.* Heidelberg: Winter, 1–36.

Henkel, Nikolaus (2009): Glossierung und Texterschließung. Zur Funktion lateinischer und volkssprachiger Glossen im Schulunterricht. In: Bergmann, Rolf/Stricker, Stefanie (Hrsg.): *Die althochdeutsche und altsächsische Glossographie. Ein Handbuch.* 2 Bde. Berlin/New York: De Gruyter, 468–496.

Hildebrandt, Reiner (2014): *Hildegard von Bingen. Physica.* Bd. 3: Kommentiertes Register der deutschen Wörter. Berlin/Boston: De Gruyter.

Karg-Gasterstädt, Elisabeth/Frings, Theodor (1936): Ein Jahr Arbeit am Althochdeutschen Sprachschatz. Bericht über das erste Arbeitsjahr. In: *Deutsche Akademie, Mitteilungen.* München, 150–156.

King, James C. (Hrsg.) (1979): *Notker der Deutsche. Martianus Capella, De nuptiis Philologiae et Mercurii.* Tübingen: Niemeyer.

King, James C./Tax, Petrus W. (Hrsg.) (1972–2009): *Die Werke Notkers des Deutschen.* Neue Ausg. Bd. 1 (1986), Bd. 1A (2008), Bd. 2 (1988), Bd. 2A (2008), Bd. 3 (1990), Bd. 3A (2009), Bd. 4 (1979), Bd. 4A (1986), Bd. 5 (1972), Bd. 6 (1975), Bd. 7 (1996), Bd. 7A (2003), Bd. 8 (1979), Bd. 8A (1972), Bd. 9 (1981), Bd. 9A (1973), Bd. 10 (1983), Bd. 10A (1975). Tübingen: Niemeyer.

Köbler, Gerhard (1992): Vom Umfang des Althochdeutschen. In: Burger, Harald u. a. (Hrsg.): *Verborum amor. Studien zur Geschichte und Kunst der deutschen Sprache. Festschrift für Stefan Sonderegger zum 65. Geburtstag.* Berlin/New York: De Gruyter, 129–155.

Köbler, Gerhard (2014a): *Wörterbuch des althochdeutschen Sprachschatzes.* 6. Aufl. Paderborn u. a.: Schöningh (1. Aufl. 1993). [Unter: <http://www.koeblergerhard.de/ahdwbhin.html>; letzter Zugriff: 18.08.2017].

Köbler, Gerhard (2014b): *Althochdeutsch-Altsächsisch-Altniederfränkisches Wörterbuch (Altdeutsch).* [Unter: <http://www.koeblergerhard.de/ahd-as-anfrk-HP/altdWB(ahd+as+anfrk)51491abs20140326.htm>; letzter Zugriff: 08.01.2018].

Köppe, Ingeborg (1996): Kontinuität des deutschen Wortschatzes. In: Hertel, Volker u. a. (Hrsg.): *Sprache und Kommunikation im Kulturkontext. Beiträge zum Ehrenkolloquium aus Anlass des 60. Geburtstages von Gotthard Lerchner.* Frankfurt a. M. u. a.: Lang, 325–336.

Köppe, Ingeborg (1998): Das Fortleben des althochdeutschen Wortschatzes im Neuhochdeutschen und die Bedeutungsermittlung im Althochdeutschen Wörterbuch. In: Große, Rudolf (Hrsg.):

Bedeutungserfassung und Bedeutungsbeschreibung in historischen und dialektologischen Wörterbüchern. Beiträge zu einer Arbeitstagung der deutschsprachigen Wörterbücher, Projekte an Akademien und Universitäten vom 7. bis 9. März 1996 anläßlich des 150jährigen Jubiläums der Sächsischen Akademie der Wissenschaft zu Leipzig. Stuttgart/Leipzig: Hirzel, 57–64.

Köppe, Ingeborg (1999): Das Althochdeutsche Wörterbuch. In: Penzlin, Heinz (Hrsg.): *Sächsische Akademie der Wissenschaften zu Leipzig. Geschichte ausgewählter Arbeitsvorhaben*. Stuttgart/Leipzig: Hirzel, 73–90.

Köppe, Ingeborg (2001): Wörter im Wörterbuch. Versunkene Schätze. In: Barz, Irmhild/Fix, Ulla/Lerchner, Gotthard (Hrsg.): *Das Wort in Text und Wörterbuch*. Stuttgart/Leipzig: Hirzel, 145–156.

Köppe, Ingeborg (2007): Das Althochdeutsche Wörterbuch: Konzeption und Materialkorpus – Bedeutungswörterbuch und Kulturgeschichte. In: *Althochdeutsches Wörterbuch*. Auf Grund der von Elias von Steinmeyer hinterlassenen Sammlungen im Auftrag der Sächsischen Akademie der Wissenschaften zu Leipzig. Bd. 1: A–B (Bearb. u. hrsg. v. Elisabeth Karg-Gasterstädt/Theodor Frings 1952–1968, Reprint 2007), Bd. 2: C–D (hrsg. v. Rudolf Große 1970–1997, Reprint 2007), Bd. 3: E–F (hrsg. v. Rudolf Große 1971–1985, Reprint 2007), Bd. 4: G–J (hrsg. v. Rudolf Große 1986–2002, Reprint 2007), Bd. 5: K–L (hrsg. v. Gotthard Lerchner/Hans Ulrich Schmid 2002–2009), Bd. 6: M–N (hrsg. v. Hans Ulrich Schmid 2013–2015), Bd. 7 ff.: O, P (hrsg. v. Hans Urich Schmid 2015 ff.). Berlin: Akademie (bis 2013), Berlin/Boston: De Gruyter (ab 2014). (Reprint 2007), 5–11.

Kruse, Norbert (1976): *Die Kölner volkssprachige Überlieferung des 9. Jahrhunderts*. Bonn: Röhrscheid.

Mikeleitis-Winter, Almut (2001): *Der Bereich Nahrungszubereitung im althochdeutschen Wortschatz. Onomasiologisch-semasiologische Untersuchungen*. Berlin: Akademie.

Mikeleitis-Winter, Almut (2009a): Zum Wortschatz der Nahrung. In: Bergmann, Rolf/Stricker, Stefanie (Hrsg.): *Die althochdeutsche und altsächsische Glossographie. Ein Handbuch*. 2 Bde. Berlin/New York: De Gruyter, 1103–1123.

Mikeleitis-Winter, Almut (2009b): Wörter(buch) und Sachen. Alltagswortschatz im Althochdeutschen. In: *Denkströme. Journal der Sächsischen Akademie der Wissenschaften zu Leipzig* 2. Leipzig: Leipziger Universitätsverlag, 127–143.

Müller, Stephan (2003): Die Schrift zwischen den Zeilen. Philologischer Befund und theoretische Aspekte einer deutschen ‚Zwischen-Schrift' am Beispiel der Windberger Interlinearversion zum Psalter. In: Bergmann, Rolf (Hrsg.): *Volkssprachig-lateinische Mischtexte und Textensembles in der althochdeutschen, altsächsischen und altenglischen Überlieferung. Mediävistisches Kolloquium des Zentrums für Mittelalterstudien der Otto-Friedrich-Universität Bamberg am 16. und 17. November 2001*. Heidelberg: Winter, 315–329.

Müller, Stephan (2015): Deutsche Glossen in Notkers Psalter. In: Kössinger, Norbert/Krotz, Elke/Müller, Stephan (Hrsg.): *Ekkehart IV. von St. Gallen*. Berlin/Boston: De Gruyter, 59–68.

Nc: Marcianus Mineus Felix Capella, De nuptiis Philologiae et Mercurii. In: Piper, Paul (Hrsg.) (1882): *Die Schriften Notkers und seiner Schule*. Bd. 1. Freiburg i. Br./Tübingen: Mohr, 685–847; in eckigen Klammern dahinter die Ausgabe von King (1979).

Nievergelt, Andreas (2009a): *Althochdeutsch in Runenschrift. Geheimschriftliche volkssprachige Griffelglossen*. Stuttgart: Hirzel.

Nievergelt, Andreas (2009b): Geheimschriftliche Glossen. In: Bergmann, Rolf/Stricker, Stefanie (Hrsg.): *Die althochdeutsche und altsächsische Glossographie. Ein Handbuch*. 2 Bde. Berlin/New York: De Gruyter, Bd. 1, 240–268.

Nievergelt, Andreas (2013): „Sie wussten auch ohne Dinte zu schreiben und zu zeichnen". Griffeleintragungen in St. Galler Handschriften. In: Schnoor, Franziska/Schmuki, Karl/Frigg, Silvio

(Hrsg.): *Schaukasten Stiftsbibliothek St. Gallen. Abschiedsgabe für Stiftsbibliothekar Ernst Tremp.* St. Gallen: Verlag am Klosterhof, 58–65.

Nievergelt, Andreas (2015): Nachträge zu den althochdeutschen und altsächsischen Glossen (2014/15). In: *Sprachwissenschaft* 40, 289–340.

Oudnederlands Woordenboek ([1]2009). Hrsg. v. Instituut voor Nederlandse Lexicologie. [Unter: <http://gtb.inl.nl/?owner=ONW>; letzter Zugriff: 18.08.2017].

Schiegg, Markus (2015): *Frühmittelalterliche Glossen. Ein Beitrag zur Funktionalität und Kontextualität mittelalterlicher Schriftlichkeit.* Heidelberg: Winter.

Seebold, Elmar (2001): *Chronologisches Wörterbuch des deutschen Wortschatzes. Der Wortschatz des 8. Jahrhunderts (und früherer Quellen).* Berlin/New York: De Gruyter.

Seebold, Elmar (2008): *Chronologisches Wörterbuch des deutschen Wortschatzes. Der Wortschatz des 9. Jahrhundert.* Berlin/New York: De Gruyter.

Seebold, Elmar (2011): Friedrich Kluge. *Etymologisches Wörterbuch der deutschen Sprache.* 25., durchges. und erw. Aufl. Berlin/Boston: De Gruyter.

Splett, Jochen (1993): *Althochdeutsches Wörterbuch. Analyse der Wortfamilienstrukturen des Althochdeutschen, zugleich Grundlegung einer zukünftigen Strukturgeschichte des deutschen Wortschatzes.* Bd. I, 1: Einleitung. Wortfamilien A–L. Bd. I, 2: Wortfamilien M–Z. Einzeleinträge. Bd. II: Präfixwörter. Suffixwörter. Alphabetischer Index. Berlin/New York: De Gruyter.

Splett, Jochen (2000): Lexikologie und Lexikographie des Althochdeutschen. In: Besch, Werner u. a. (Hrsg.): *Sprachgeschichte. Ein Handbuch zur Geschichte der deutschen Sprache und ihrer Erforschung.* 2., vollst. neu bearb. und erw. Aufl. 2. Teilbd. Berlin/New York: De Gruyter, 1196–1206.

Steinmeyer, Elias von (Hrsg.) (1916): *Die kleineren althochdeutschen Sprachdenkmäler.* Berlin: Weidmann.

Stricker, Stefanie (2009): Quantitative Verhältnisse der Glossenüberlieferung. In: Bergmann, Rolf/Stricker, Stefanie (Hrsg.): *Die althochdeutsche und altsächsische Glossographie. Ein Handbuch.* 2 Bde. Berlin/New York: De Gruyter, Bd. 1, 186–198.

Stricker, Stefanie/Anette Kremer (2014): Das Bamberger LegIT-Projekt. Zur Erfassung des volkssprachigen Wortschatzes der Leges barbarorum in einer Datenbank. In: *Sprachwissenschaft* 39, 237–263.

Tax, Petrus W. (2001): Die althochdeutschen ‚Consolatio'-Glossen in der Handschrift Einsiedeln 179: Grundtext- oder Glossenglossierung? Ein neuer systematischer Ansatz (Teil 1). In: *Sprachwissenschaft* 26, 327–358.

Tax, Petrus W. (2002): Das Längezeichen e im Fränkischen und Alemannischen schon um 1000? In: *Sprachwissenschaft* 27, 129–142.

Tiefenbach, Heinrich (2010): *Altsächsisches Handwörterbuch (A Concise Old Saxon Dictionary).* Berlin/New York: De Gruyter.

Wilhelm, Friedrich (Hrsg.) (1916): *Denkmäler deutscher Prosa des 11. und 12. Jahrhunderts.* Abteilung B: Kommentar. München: Callwey.

Voetz, Lothar (2009): Durchgehende Textglossierung oder Übersetzungstext. Die Interlinearversionen. In: Bergmann, Rolf/Stricker, Stefanie (Hrsg.): *Die althochdeutsche und altsächsische Glossographie. Ein Handbuch.* 2 Bde. Berlin/New York: De Gruyter, Bd. 1, 887–926.

Woitkowitz, Torsten (2011): Zur althochdeutschen Musikterminologie. In: Riecke, Jörg (Hrsg.): *Historische Semantik.* Berlin/New York: De Gruyter, 253–268.

Woitkowitz, Torsten (2017): Was bedeutet die spätalthochdeutsche Wortbildung *nôtsamanunga* zur Übersetzung von lateinisch *synagoga* in der Glossierung von Notkers Psalter? In: Schaaf, Kathrin/Gieseke-Golembowski, Francis (Hrsg.): *Wörter bilden. Zum 25. Todestag von Bernd Barschel. 9. Jenaer Mai-Kolloquium.* Hamburg: Baar, 129–145.

Bernhard Luxner
gruntvriunt und *houbetvîant* – Augmentativbildungen im Mittelhochdeutschen

Zusammenfassung: Der folgende Beitrag behandelt sogenannte nominale Augmentativbildungen, also Wortbildungsprodukte, die gegenüber der Basis oder dem Grundwort um die Bedeutungsmerkmale [groß], [wichtig] und/oder [bedeutend] erweitert wurden (vgl. etwa nhd. *Sportler – Spitzensportler*). Im Fokus steht dabei das Mittelhochdeutsche, für das anhand von Bildungen mit mhd. *houbet* ‚Kopf' und *grunt* ‚Grund' dieses Wortbildungsphänomen näher untersucht werden soll. Nach einer kurzen Darstellung der Bedeutungsspektren der jeweiligen Simplizia *houbet* und *grunt* werden alle entsprechenden Bildungen, die im Korpus des Neuen Mittelhochdeutschen Wörterbuchs überliefert sind, anhand möglichst anschaulicher Belege vorgestellt und analysiert. Es zeigt sich, dass in den entsprechenden Bildungen sowohl bei *houbet* als auch bei *grunt* bereits von augmentativ funktionalisierten Wortbildungsmorphemen auszugehen ist, wobei besonders ab der zweiten Hälfte des 13. Jhs. ein signifikanter Anstieg dieser Bildungen zu konstatieren ist.

Schlüsselwörter: Augmentativbildung, Wortbildung, Mittelhochdeutsch, Verstärkung, Affixoid

1 Einleitendes zu den Augmentativbildungen im Deutschen

Unter dem Begriff Augmentativbildung versteht man jene Wortbildungsprodukte der nominalen Wortbildung, bei denen die Basis mithilfe eines weiteren Wortbildungselements semantisch so modifiziert wird, dass die Bedeutung dieser Basis um die Bedeutungsmerkmale [groß], [wichtig] und/oder [bedeutend] erweitert wird. Die Basis wird durch den Sprecher also hinsichtlich ihrer Quantität bzw. Dimension [groß] sowie ihrer Qualität [hervorragend, bedeutend] bewertet.

Die Zuweisung einer bestimmten Qualität zur Basis bringt es i. d. R. mit sich, dass den Augmentativbildungen im Deutschen neben objektiv-intersubjektiven Bedeutungsaspekten auch eher subjektive, emotional aufgeladene Bedeutungsnu-

---

Bernhard Luxner: Germanistisches Seminar der Christian-Albrechts-Universität zu Kiel, Leibnizstraße 8, 24118 Kiel. E-Mail: luxner@germsem.uni-kiel.de

ancen zugeschrieben werden können (vgl. DWb2: 1975: 135–160; Ruf 1995: 47–64; Kammerer 2001; Wiegand 2001; Erben 2006: 93; Bußmann 2008: 69; Fleischer/Barz 2012: 143–145, 261–262).[1]
Einige Beispiele aus dem Neuhochdeutschen sollen diesen Vorgang veranschaulichen (für weitere Beispiele vgl. DWb2: 136–138):
(1) das Problem – das **Haupt**problem ‚ein besonders großes, wichtiges Problem'
(2) der Erfolg – der **Riesen**erfolg/**Bomben**erfolg ‚ein besonders großer, wichtiger Erfolg'
(3) der Sportler – der **Spitzen**sportler ‚ein besonders guter, bedeutender Sportler'
(4) der Lärm – der **Höllen**lärm ‚ein besonders großer Lärm'

Als problematisch für die germanistische Wortbildungsforschung hat sich bis heute vor allem die Klassifikation des augmentativen Wortbildungselements (in den Beispielen (1)–(4) **fett** hervorgehoben) erwiesen. Da diese im Deutschen auch als selbständige Lexeme gebraucht werden können (*das Haupt, der Riese, die Bombe, die Spitze, die Hölle*), ist es zunächst naheliegend, sie in den hier vorgestellten und ähnlichen Bildungen als Kompositionsglieder und die Resultate konsequenterweise als Komposita zu klassifizieren. Allerdings lässt sich nicht von der Hand weisen, dass die Eigensemantik der als vorderes Kompositionsglied klassifizierten Elemente in den besagten Bildungen kaum noch eine oder gar keine Rolle mehr spielt. Vielmehr wurde diese Eigenbedeutung durch eine überwiegend verstärkende Funktion – die natürlich in der ursprünglichen Eigenbedeutung begründet ist – „verdrängt", sodass den Erstgliedern durchaus auch der Status eines funktionalisierten Wortbildungsmorphems zugesprochen werden kann. Als letzte Konsequenz müsste man bei den o. g. Bildungen also von Ableitungen sprechen.

In der Wortbildungsforschung der letzten Jahrzehnte hat sich für diese Kategorie der Wortbildungselemente der bisweilen kontrovers diskutierte Begriff des Affixoids, der diesen Hybridstatus besser fassen sollte, herausgebildet.[2]
In der Wortbildungslehre des Deutschen schränkt man den Begriff der Augmentation für gewöhnlich auf die Bildung von Substantiven ein; in Bezug auf Adjektive spricht man bei dieser Art der semantischen Modifikation meist von Gradation, wobei hierunter auch Formen des Vergleichs (*himmel-blau*) oder der semantischen Abschwächung (*kränk-lich*) subsumiert werden (vgl. Erben 2006: 110; Duden 4 2009: 743; Fleischer/Barz 2012: 310–314). Diese Adjektivbildungen, wenn auch „der Aug-

---

[1] Gelegentlich wird auch versucht, die Augmentation im Deutschen als eine ausschließlich „stark positiv oder negativ wertende Hervorhebung" zu beschreiben. Bildungen, denen ein eher allgemeiner und objektiver Charakter zugrunde liegt (z. B. ‚Hauptgebäude'), fallen dann unter die Kategorie der Taxierung (Duden 4 2009: 732).
[2] Zum Thema des Affixoidbegriffs vgl. u. a. Petermann (1971); Schmidt (1987); Ruf (1995: 41–45); Stopyra (1998: 48–50); Erben (2006: 29f.); Fleischer/Barz (2012: 59–63, dort mit weiterer Literatur).

mentation durchaus vergleichbar" (Erben 2006: 110), sollen in der folgenden Darstellung aus praktischen Gründen unberücksichtigt bleiben.

2 Das Augmentativum mhd. *houbet*

In Wilmanns' Grammatik wird mhd. *houbet* als Kompositionsglied, das u. a. auch als Mittel der Ableitung gebraucht werden kann, eingestuft und im betreffenden Kapitel zu den Wortbildungselementen mit vorwiegend steigernder Funktion behandelt (Wilmanns 1899: §414). In diesem Zusammenhang bemerkt Wilmanns, dass in solchen Bildungen im Ahd. zwar noch die Eigenbedeutung von ahd. *houbit* deutlich hervortritt, diese im Mhd. aber immer weiter zurücktritt und die verstärkende Funktion deutlicher wird (Wilmanns 1899: §414). Der Wandel vom Kompositionsglied zum funktionalisierten Wortbildungsmorphem ist wohl vor allem durch den gleichzeitig in mhd. Zeit eintretenden Wandel des Substantivs *kopf* von der Bezeichnung für eine Trinkschale über die Hirnschale hin zum Körperteil bedingt. Infolge dieser Entwicklung trat das Substantiv in direkte Konkurrenz zu *houbet*, wodurch zunächst dessen Gebrauch und schließlich auch dessen Bedeutungsspektrum zunehmend eingeschränkt wurde (DWb2: 156; vgl. ferner DWB 5: 1747–1748 sowie LexerHwb. 1: 1676).[3] Im Laufe der Entwicklung der deutschen Sprache avancierte nhd. *Haupt* schließlich zum produktivsten Präfix mit augmentativer Funktion (vgl. DWb2: 159).

Im Folgenden wird zunächst ein allgemeiner Überblick über das Bedeutungsspektrum des mhd. Simplex *houbet* gegeben. Anschließend werden jene Wortbildungsprodukte im Mhd. näher betrachtet, bei denen dem Wortbildungselement *houbet* eine augmentative Funktion zuzuschreiben ist. Dabei soll zunächst nicht unterschieden werden, ob *houbet* in einzelnen Bildungen eher Kompositionsglied- oder Affixcharakter hat. In einem ersten Schritt liegt der Fokus der Betrachtung lediglich auf der semantischen Klassifizierung und Einschätzung bzw. Beurteilung der Augmentativbildungen in Hinblick auf ihre Beleglage.[4] Erst dann soll der Versuch einer Unterteilung nach funktionalisiertem Wortbildungsmorphem bzw. Kompositionsglied unternommen werden.

---

3 Eine detaillierte Entwicklungsgeschichte von nhd. *Haupt* und *Kopf* bis 1550 bietet Augst (1970).
4 Von vornherein ausgeschlossen werden all jene Determinativkomposita, bei denen dem Erstglied *houbet* die konkrete Bedeutung ‚Kopf, Haupt' zukommt (vgl. etwa *houbet-gewant* ‚(um den Kopf gebundene) Kopfbedeckung', *houbet-hâr* ‚Kopfhaar' oder *houbet-polster* ‚Kopfkissen' usw.).

Der Analyse liegt das Textkorpus des Mittelhochdeutschen Wörterbuchs zugrunde (vgl. MWB 1: XIX–LIX und 2: VII–IX).[5]

2.1 Das Bedeutungsspektrum von mhd. *houbet*

Das Substantiv mhd. *houbet* (ahd. *houbit*, fnhd./nhd. *Haupt*) entwickelte neben seiner ursprünglichen, konkreten Bedeutung zur Bezeichnung des Körperteils ‚Kopf, Haupt' bereits sehr früh ein ausgeprägtes Bedeutungsspektrum, das vor allem auf einem verstärkten metaphorischen Gebrauch des Substantivs beruht. Diese Bedeutungsentwicklung ist bereits im Ahd. zu erkennen und tritt dann im Mhd. und Fnhd. noch deutlicher zutage (vgl. AWB 4: 1281–1287; BMZ 1: 718b–719b; LexerHwb. 1: 1346–1347; FWB 7: 1247–1260). Einige Beispiele aus dem Korpus des Mittelhochdeutschen Wörterbuchs sollen dies verdeutlichen:[6]

2.1.1 Mhd. *houbet* in seiner konkreten Bedeutung als ‚Kopf, Haupt'

Beim ersten Beleg für diese Bedeutungsposition handelt es sich um ein Beispiel aus Frau Avas *Leben Jesu*.[7] Es wird jene Szene geschildert, in der die Jünger von der Auferstehung Jesu erfahren und zum Grab eilen. Dort angekommen finden sie noch zwei Leichentücher vor, wovon eines um seinen Kopf, das andere um seinen Körper gewickelt war:

> zwei tuoch diu waren sunder gewunden,/ daz eine umbe sin houbet, […],/ daz ander umbe sinen lichnamen (AvaLJ 180,2)

Der zweite Beleg ist dem sog. *Jüngeren Physiologus* entnommen. Es wird hier das Verhalten einer Schlange bei Bedrohung bzw. Angriff geschildert: Sie hebt ihren Schwanz („zagil") und schützt damit ihren Kopf:

> so man diu natrun slâhen wil. so nimit si den zagil unt tuot in uber daz houbet. unt lazit sich alsa slahen (JPhys 11,37)

---

[5] Das dem Mittelhochdeutschen Wörterbuch zugrunde liegende Korpus bzw. die diesem Korpus zugrunde liegenden Quellen können auch unter folgendem Link eingesehen werden: Unter <http://www.mhdwb-online.de/quellenverzeichnis.php?buchstabe=A>; letzter Zugriff: 18.08.2017.

[6] Es werden hier nur die für die Untersuchung relevanten Bedeutungspositionen von mhd. *houbet* vorgestellt. Für einen vollständigeren Überblick sei auf die genannten Wörterbücher zum Mhd. verwiesen.

[7] Es werden die Quellensiglen des MWB verwendet. Sie sind stets am Ende der zitierten Belege zusammen mit der Stellenangabe zu finden.

2.1.2 Mhd. *houbet* in seiner übertragenen Bedeutung ‚Anfang, Spitze, Ende' bzw. ‚Ursprung, Ausgangspunkt' von etwas

Diese Bedeutung lässt sich gut im folgenden Beleg aus dem *Renner* Hugos von Trimberg veranschaulichen. Geschildert werden hier die sich auf bescheidene Art und Weise („einvelticlich") neigenden Enden einer Weinrebe:

> der nem guot bilde bî der wînreben,/ diu ir houbet gar einvelticlich/ neiget (Renner 10431)

Ein ähnlicher Gebrauch von *houbet* zeigt sich im mitteldeutschen *Marco Polo*, wo in der folgenden Textstelle das Ende eine Weges bezeichnet wird:

> obir eyne tage reyse von Corgagiu an dem houbete des wegis lyt eine stat (MarcoPolo 41,16)

2.1.3 Mhd. *houbet* drückt allgemein Bedeutsamkeit, Wichtigkeit des Bezeichneten aus

Da es sich bei der Bedeutungsposition (3) um den für die Untersuchung von mhd. *houbet* als Augmentativum zentralen Aspekt handelt, erscheint hier eine differenziertere Darstellung dieser Position angebracht.

2.1.3.1 allgemein das Wichtigste bzw. Maßgeblichste bezeichnend

Im folgenden Ausschnitt aus dem *Rheinischen Marienlob* wird der Hochmut („homuot") im Sinne der *superbia* als das *houbet* („houvet") des Teufels, also als das maßgeblichste der sieben Hauptlaster bzw. -sünden, beschrieben:

> homuot ist des diuvels houvet,/ dat manich sel der dügde rouvet (MarlbRh 37,9)

Im folgenden Beleg aus dem *Buch der Natur* wird die „vernunft" als das *houbet* („haupt") der menschlichen Seele bezeichnet:

> daz haupt unserr sêl [...], daz ist unser vernunft (BdN 198,31)

2.1.3.2 speziell ein Oberhaupt oder einen Anführer bezeichnend

Wichtig für die Interpretation der mhd. Bildungen mit *houbet* vor allem, was Personenbezeichnungen betrifft, ist ferner die Verwendungsmöglichkeit von *houbet* für Personen mit Führungsfunktion. Im folgenden Beleg aus den *Statuten des Deutschen Ordens* bspw. wird dies besonders deutlich, wenn der Herzog Heinrich von Brabant als das *houbet* eines Heeres bezeichnet wird:

> der herzoge Heinrîch von Brâbant, der dâ houbet was des heres (StatDtOrd 22,27)

Derselbe Gebrauch zeichnet sich ab, wenn Christus in der *Apokalypse* Heinrichs von Hesler als das *houbet* der „christenheit" bezeichnet wird:

> Jhesus Christ iz houbet, ob man der schrift geloubet,/ der christenheit (HeslApk 16873)

2.1.3.3 einen zentralen oder wichtigen Ort bezeichnend

Die dritte Unterposition betrifft jene Belege, in denen sich *houbet* auf in irgendeiner Weise wichtige oder zentrale Lokalitäten bezieht. Im Beispiel aus dem mitteldeutschen *Marco Polo* etwa bezeichnet *houbet* einen Ort („stat"), der das Zentrum eines Reiches bildet:

> uf der havin lit di selbe stat, di do ist eyn houbt eynis richis (MarcoPolo 9,25)

Deutlich ist auch der Beleg aus einem Spruch Heinrichs von Mügeln, in dem Rom als das *houbet* der Welt bezeichnet wird:

> Rom vor allen richen, ein houbt der werlde hieß (Mügeln 379,2)

Für die folgenden Betrachtungen ist die Bedeutungsposition (3), die das Wichtigste, Höchste, Maßgebliche bezeichnet, von besonderer Relevanz, denn in ihr liegt der Ausgangspunkt für die augmentative Funktion, die für *houbet* bei seiner Entwicklung vom eigenständigen Lexem (Kompositionsglied) hin zu einem überwiegend als Präfix(-oid) gebrauchten Wortbildungsmorphem im Nhd. ausschlaggebend war (zu den Verhältnissen im Fnhd. (Dürer) vgl. u. a. Müller 1993: 122–124; zum Nhd. vgl. DWb2: 156–157).

2.2 Mhd. Bildungen mit augmentativem *houbet*

2.2.1 Präsentation und Analyse des Materials

Im Folgenden werden alle im Korpus des Mittelhochdeutschen Wörterbuchs belegten Bildungen vorgestellt und untersucht, in denen man *houbet* eine augmentative Rolle i. w. S. zuschreiben kann. Dies bedeutet, dass zunächst alle Bildungen, in denen ein Substantiv durch *houbet* quantitativ und/oder qualitativ aufgewertet wird, gesammelt und vorgestellt werden. Erst in einem zweiten Schritt soll näher untersucht werden, ob *houbet* in den betreffenden Bildungen eher noch der Status eines Kompositionsgliedes ('X, das ein *houbet* ist') oder aber bereits der eines als „reines" Augmentativum funktionalisierten Wortbildungsmorphems ('großes/wichtiges X') zugeschrieben werden kann.

Für die Präsentation des Materials erschien es zunächst sinnvoll, sie nach den semantischen Klassen, zu denen die Basissubstantive gehören, zu ordnen. In der Klasse der Substantive mit dem Bedeutungsmerkmal [+belebt] fällt hier sogleich auf, dass ausschließlich Personenbezeichnungen nicht aber Tier- oder Pflanzenbezeichnungen belegt sind. Daneben steht die Klasse jener Bildungen mit dem Merkmal [-belebt], in der die Abstraktbildungen deutlich überwiegen.[8]

Tab. 1: Semantische Klassen der Bildungen mit *houbet*.

[+belebt]			[-belebt]	
Personenbez.	Tier-/Pflanzenbez.	Konkreta	Abstrakta	
-hërre	–	-arzâtîe	-veste	-buoʒe	-schar
-juncfrouwe		-buochstap	-vestene	-dinc	-schaz
-künic		-burc	-waʒʒer	-gëlt	-schulde
-mâlære		-gerihte		-guot	-smâcheit
-man/-liute		-hof		-last	-smërze
-meister		-hûs		-laster	-sorge
-meisterinne		-kirche		-list	-spruch
-phaffe		-klôster		-lôn	-strît
-rîtære		-lant		-luc	-stücke
-sachwaltære		-münster		-mein	-summe
-schuldenære		-porte		-missetât	-sünde
-smit		-rîche		-name	-swære
-sündære		-rigel		-nôt	-teil
-vater		-schuole		-phenninc	-tugent
-vîant		-stat		-pîn	-vaste
-vürste		-stein		-rëht	-vride
-wîsel		-stërn		-sache	-wünne
		-stuol		-schande	

Es folgt eine detaillierte Darstellung der einzelnen Bildungen. Hierfür wurden sie zunächst in unterschiedliche Subklassen eingeteilt.

Jedes Lexem wird dabei zunächst in Tabellenform präsentiert: Die erste Spalte enthält das Lexem in seiner normalisierten Form, in der zweiten Spalte stehen in „..." die nhd. Bedeutungen und in der vierten die Anzahl der im Korpus des MWB enthaltenen Belege für diese Bildung. In der dritten Spalte wird für jede Bildung ein exemplarischer Beleg aus dem Korpus vorgestellt.

---

[8] Lexeme werden hier als Abstrakta verstanden, wenn sie ein abstraktes Denotatum bezeichnen (semantisches Abstraktum). Vgl. die Ausführungen in Meineke (1994): „Das entscheidende Kriterium für das Abstraktum ist nach der hier vertretenen Auffassung der sprachliche Inhalt. Ein Abstraktum liege vor, wenn ein Substantiv einen Bedeutungsinhalt hat, der die Verdinglichung von Vorgängen oder Eigenschaften spiegelt, der Vorstellungen, begriffliche oder geistige Zusammenhänge betrifft. Die bedeutete Entität weist die Eigenschaft der Immaterialität auf [...]." (Meineke 1994: 131)

Ist die jeweilige Bildung in dieser Bedeutung bzw. Verwendung auch bereits im Ahd. oder noch im Fnhd. belegt, wird dies mit einem Verweis auf das AWB bzw. das FWB verdeutlicht.

2.2.1.1 Personenbezeichnungen

Bezeichnungen für Personen mit Herrschafts- oder Führungsfunktion
In diese Gruppe fallen die Bildungen ¹*houbethërre* (FWB 7: 1276), *houbetkünic*, ¹*houbetman/-liute* (AWB 4: 1294; FWB 7: 1280–1284), ¹*houbetmeister, houbetvürste* und *houbetwîsel*.

Tab. 2: Personen mit Herrschafts- und Führungsfunktion.

Lemma	Bedeutung	Beleg	Anzahl
¹houbet-hërre	‚Oberhaupt, Anführer' (bes. milit.)	in ain ander dar und dar/ begunden si sich werren,/ des strites hovbet herren (RvEWh 1242)	14
houbet-künic	‚oberster König'	das ist Maroch dú hovbitstat,/ da ist ein sidil in gesat/ dem hohstin houbit kúnege da (RvEWchr 2800)	1
¹houbet-man/-liute	‚Oberhaupt, Anführer' (bes. milit.)	swer samenunge hat, der dez hauptman ist, der gibt fuenf pfunt (NüP 98) romisch riche, als ich e sprach,/ so ho an gewalde uf brach,/ daz si die lant her und dar/ besatzten mit houbtluten gar (Pass I/II (HSW) 2224)	83
¹houbet-meister	‚Oberhaupt, Anführer'	da wart heupt meyster Rynolt von Meylan./ [...]/ ine bat der rych keyser vor sych gan (Alph 1696)	4
houbet-vürste	‚besonders wichtiger Herrscher'	dar quam Deiphebus vnde Polidamas,/ Antenor vnd Eneas,/ diese houbet fursten viere (Herb 2555)	2
houbet-wîsel	‚oberster (An-)Führer'	von siner schar wolt er [Ypomidon] die [Könige] nu ersetzen,/ beide durch houpt wisel und ouch durch ander mange vlust ergetzen (JTit 3898,4)	1

Der größte Teil der mit *houbet* gebildeten Personenbezeichnungen bezieht sich auf Bezeichnungen für Personen mit Herrschafts- bzw. Führungsfunktion. Dabei sticht *houbetman/-liute* mit 83 Belegen deutlich hervor.[9] Die restlichen Bildungen für diesen Bedeutungsbereich sind weniger häufig belegt. Die Bildung *houbethërre* ist mit ihren 14 Belegen ab ca. 1200 belegt; dasselbe gilt auch für *houbetkünic, houbetmeister* und *houbetwîsel* mit einer Ausnahme bei *houbetvürste*, das auch einen Beleg bei Herbort von Fritzlar vom Ende des 12. Jahrhunderts aufweist.

In den zahlenmäßig überwiegenden Bildungen mit *-man/-liute* scheint der selbständige Charakter von *houbet* als Kompositionsglied noch am deutlichsten durch, denn da das Simplex *man* an sich noch nichts über die Funktion der bezeichneten Person verrät, muss *houbet* hier in seiner Bedeutung ‚Anführer, Oberhaupt' interpretiert werden, damit sich für *houbetman* die Bedeutung ‚Anführer, Oberhaupt' ergibt. Paraphrasieren müsste man diese Bildung dann als qualifizierendes Gleichsetzungskompositum ‚*man*, der ein *houbet* (3.2) ist' (vgl. Mhd. Gr. Wb.: 283–290). Anders verhält es sich bei den übrigen Bildungen. Hier besitzen die jeweiligen Simplizia (*hërre, künic, meister, vürste* und *wîsel*) bereits das Bedeutungsmerkmal [+Herrscher, Oberhaupt] bzw. bezeichnen allgemein anderen überlegene Personen, sodass hier wohl nicht von Bildungen mit *houbet* 3.2 auszugehen ist. Vielmehr wird an dieser Stelle die bereits vollführte Funktionalisierung von *houbet* als augmentatives Wortbildungsmorphem deutlich, da es letztlich nur noch darum geht, das jeweilige Substantiv als ‚bedeutend, hervorragend' zu charakterisieren.

Bezeichnungen für Personen, die ihre Tätigkeit besonders gut/überragend beherrschen

In diese Gruppe fallen die Bildungen *houbetmâlære, houbetrîtære* und *houbetsmit*.

Tab. 3: Personen, die ihre Tätigkeit besonders gut beherrschen.

Lemma	Bedeutung	Beleg	Anzahl
houbet-mâlære	‚hervorragender Künstler, Maler'	ein bilder vürstelicher werk,/ ein houbetmaler reiner site,/ ein goltsmit ganzer triuwe (Damen 6,3)	1
houbet-rîtære	‚hervorragender Ritter'	von Kapell her Uolrîch,/ tuot einem wîsen manne gelîch,/ grîft iuwer grôzez guot an,/ füert dem fürsten hundert man;/ ûf mîn triuwe, den sît ir/ wol ein houbtritter, daz gloubt mir (Helbl 6,200)	1
houbet-smit	‚hervorragender, meisterlicher Schmied'	da wirdeclichen ufe saz/ von Strazburg meister Gotfrit,/ der als ein wæher [kunstreicher] houbetsmit/ guldin getihte worhte (KvWGS 98)	3

---

9 Zur Bedeutung bzw. Funktion von ahd. *houbitman* vgl. neben dem AWB besonders Voetz (1977: 144–148).

Auch in den drei Bildungen *houbetmâlære*, *houbetrîtære* und *houbetsmit* (alle in der zweiten Hälfte des 13. Jahrhunderts – mit Ausnahme von Mügeln [s. Fußnote 10]) wird die in erster Linie augmentative Funktion von *houbet* offenbar. Hier werden sämtliche Personen bezeichnet, die die mit ihnen verbundene Tätigkeit besonders gut ausführen. Anzumerken ist an dieser Stelle, dass die Bildung *houbetsmit* nur in übertragener Bedeutung zweimal für einen Dichter (KvWGS 98 und Mügeln 118,4)[10] und einmal für Gott (Martina 22,58) belegt ist (vgl. Mhd. Gr. Wb.: 19, Anm. 1). Für den Beleg in Martina (22,58) ließe sich dann auch argumentieren, dass nicht der ‚beste Schmied' sondern vielleicht der ‚oberste Schmied' i. S. des ‚obersten Schöpfers' gemeint sein dürfte:

> so danne der spehe hovbt smit [*d. i. Gott*]/ sinen erst irsehe/ so lerter in daz wehe/ werc vollebringen (Martina 22,58)

Das *houbet* in diesem Beleg wäre also im Sinne von ‚Oberhaupt' zu verstehen und in dieser Konsequenz die Bildung als Gleichstellungskompositum ‚*smit*, der ein Oberhaupt (aller *smide*) ist'. Es verbleiben noch die beiden anderen Belege, in denen aber *houbet* deutlich als augmentatives Wortbildungsmorphem funktionalisiert zu sein scheint.

Bezeichnungen für Personen mit einer hervorragenden Funktion oder Rolle
In diese Gruppe fallen die Bildungen ²*houbethërre* (FWB 7: 1276), *houbetphaffe*, *houbetsachwaltære*, *houbetschuldenære* (FWB 7: 1294–1295), *houbetsündære*, *houbetvater* und *houbetvîant* (FWB 7: 1257).

Tab. 4: Personen mit hervorragender Rolle.

Lemma	Bedeutung	Beleg	Anzahl
²houbet-hërre	‚Kirchenpatron, Haupttheiliger'	unde wil ein vrier man sich selben an eine kilchen geben. dem heiligen der da hovbetherre ist. daz mag in nieman erwenden (SchwSp 142a)	4
houbet-phaffe	‚(Hohe-)Priester'	des ginc di ungeschaffin/ zcu dem houbtphaffin/ des grozen gotis Ysidis (PfzdHech 297,11)	1
houbet-sachwaltære	‚Hauptschuldner'	welches mannes gut [...] zu den gefreyten marcken gebracht wird,	1

---

10 Interessant ist an dieser Stelle außerdem, dass Heinrich von Mügeln Konrad von Würzburg als *houbetsmit* im Sinne eines hervorragenden Dichters bezeichnet, der selbst wiederum Gottfried von Straßburg als solchen bezeichnete (s. Beispielbeleg oben): von Wirzburg Konrat [...] aller blünder sprüche was/ ein former und ein houbetsmit (Mügeln 118,4).

Lemma	Bedeutung	Beleg	Anzahl
houbet-schuldenære	‚Hauptschuldner'	umb damit marcket zu halten [...] soll niemandts gerichtlich kommern [*l.* kumbern] [...] anderst dann vff den mann, des dasselbe gut eygen und selbst schuldner oder hauptsachwalder ist (DRW 5: 345 (SaarbrückenLR; a. 1321))	1
		wer vor einig schuld bürgen nimpt, der mag sein bürgen nicht fordern, dringen oder pfenden, er habe dann den hauptschuldner zuerst erfordert und ußgepfant (DRW 2: 1112 (SaarbrückenLR; a. 1321))	
houbet-sündære	‚jmd., der eine *houbetsünde* begeht'	der ze unê bî einem fröuwelîn lît daz ist ein houbetsünder (PrBerth 2: 229,9)	1
houbet-vater	‚Stammvater'	und in got hiez Abraham,/ den houbit vatir manegir diet (RvEWchr 3284)	1
houbet-vîant	‚größter Feind'	baniere unde wâfen,/ diu der houbetvînde wâren,/ der begunde Tristan vâren/ und sîn geselle Kâedîn (Tr 18893)	1

Auch in diesen Bildungen lässt sich *houbet* relativ unproblematisch als augmentatives Wortbildungsmorphem interpretieren. Einige Anmerkungen zu einzelnen Bildungen dieser Gruppe:

Das Lemma *houbethërre* kann neben ‚(milit.) Oberhaupt, Anführer' (s. o.) auch ‚Kirchenpatron, Hauptheiliger' bedeuten. Gemeint ist damit jener Heilige, der in der betreffenden Kirche vornehmlich verehrt wird bzw. dem diese geweiht ist und der somit eine herausragende Rolle für die jeweilige Kirche spielt (vgl. LThK 7: 1478–1480).

Was den *houbetsündære* betrifft, so ist hier wohl eher von einer Ableitung von *houbetsünde* auszugehen als von einer Bildung *houbet* + *sündære*, da damit nicht einfach ein besonders schwerer Sünder gemeint ist, sondern jemand, der Hauptsünden begeht bzw. begangen hat (s. *houbetsünde*).

Die Bildung *houbetvater* ist hier eine Bezeichnung für Abraham als Stammvater „manegir diet" (RvEWchr 3284). Hier könnte man auch ein Kompositum in Erwägung ziehen, in dem das Erstglied als *houbet* i. S. v. ‚Anfang, Ursprung' zu lesen wäre. Einer Lesung als ‚wichtigster, bedeutendster *vater*' steht hier allerdings auch nichts entgegen.

Bezeichnungen für Personen, bei denen eine mit ihnen assoziierte Eigenschaft in besonderem Maße ausgeprägt ist

In diese Gruppe fallen die Bildungen *houbetjuncfrouwe*, ²*houbetman* und ²*houbetmeister(-inne)* (FWB 7: 1258).

Tab. 5: Personen mit besonders ausgeprägten Eigenschaften.

Lemma	Bedeutung	Beleg	Anzahl
houbet-juncfrouwe	‚bedeutende Jungfrau'	der houbit jungvrowen eine, heizet sancta Cordula, die vorbarc sich under den schiffen biz an den dritten tac, wanne si vorchte den tôt (HvFritzlHl 223,37)	1
²houbet-man	‚Bester' (in Hinblick auf einen best. Sachverhalt)	ouch gap der linden tolde/ ir schaten, als si solde,/ dem houbetman der wâren zuht (Parz 162,23)	1
²houbet-meister	‚hervorragender Meister, Großmeister'	was im [Hugdietrich] vor entwarf die schon meisterin,/ des wart er ein houbet meister zuo den handen sin (WolfdD 34,4)	1
houbet-meisterinne	‚hervorragende Meisterin, Großmeisterin'	ich wart ein houbetmeisterîn/ der buoche maneger hande (KvWPart 8086)	1

2.2.1.2 Konkretabezeichnungen (i. w. S.)

Bezeichnungen für Gebäude bzw. Institutionen

In diese Gruppe fallen die Bildungen *houbetburc* (AWB 4: 1289–1290),[11] *houbetgerihte* (FWB 7: 1270–1271), *houbethof*, *houbethûs*, *houbetkirche* (FWB 7: 1258), *houbetklôster*, *houbetmünster*, *houbetschuole* (FWB 7: 1258), ¹*houbetstuol* und *houbetveste (-ne)*.

Tab. 6: Gebäude und Institutionen.

Lemma	Bedeutung	Beleg	Anzahl
houbet-burc	‚Stammburg'	nochda hetten sie zwo mile biß zu Tauingwies, das des knappen heubtburg was (Lanc 333,24)	1
houbet-gerihte	‚oberstes Gericht'	darrinne [*in den nördl. Ländern*] was, als ichz las,/	1

---

11 Im Ahd. allerdings nur in der Bedeutung ‚Hauptstadt' belegt (vgl. ahd. *burg* AWB 1: 1524–1530).

Lemma	Bedeutung	Beleg	Anzahl
		der lande hovbt stat gelegen/ unde hovbt stuol, do man sach pflegen/ ir hovbet gerihtes ê da vor (RvEWchr 16670)	
houbet-hof	‚Amtssitz' (des Papstes)	binnen dirre zit geschach,/ daz der pabest tot gelac,/ der zu Rome da pflac/ des amtes an dem houbthove (Pass III 64,79)	1
houbet-hûs	‚Hauptsitz' (des Dt. Ordens)	dis ist beschriben vf deme houbethvse zv Marienburg (UrkWürzb 39,254 (a. 1324))	2
houbet-kirche	‚bedeutendste Kirche einer Region; Bischofskirche, Kathedrale'	dô diz volc was alliz gessamment in der houbit kirchen (HvFritzlHl 226,10)	3
houbet-klôster	‚Hauptkloster, Mutterkloster'	die kóniginn Alene von Bonewig macht dasselb closter, und wart ein heubtcloster (Lanc 42,19)	1
houbet-münster	‚Bischofskirche, Kathedrale'	er [Karl d. Gr.] machte ime selbe einen schœnen palas, dar in er gebot den bischoven, wâ [wenn] ir houbetmünster niht erbuwen [intakt] wæren, daz si diu wider braehten [wiederherstellen] (PKchr 181,5)	1
houbet-schuole	‚hervorragende, wichtige Schule'	der [wîse heide Diosus] waz in criechen landen von einer stat, heizit Athene, da warent houbtschuolen (MNat 11,16)	1
¹houbet-stuol	‚oberster Gerichtssitz'	darinne was, als ichz las,/ der lande hovbt stat gelegen/ unde hovbt stuol, do man sach pflegen/ ir hovbet gerihtes ê da vor./ dú stat geheizen was Azor (RvEWchr 16669)	1
houbet-veste	‚herausragende Festung'	si muesten werchen ane lon/ Ramassen und Phýton,/ zwo stet groz, da Pharao/ bi dén ziten wolte do/ sine besten houbit veste han (RvEWchr 8468)	3
houbet-vestene	‚herausragende Festung'	vnd [der Sultan] het di hobetvestene der cristenheit, Cesariam, also mit vntruwen gewnnen vnd bezezzet (UrkCorp (WMU) 93,29))	1

Die Interpretation dieser Bildungen ist mit Blick auf das Bedeutungsspektrum von mhd. *houbet* nicht unproblematisch. Betrachtet man die jeweiligen Zweitglieder der Bildungen (*burc, gerihte, hof, hûs, kirche, klôster, münster, schuole, stuol, veste(-ne)*) als Orte i. w. S., so lassen sie sich alle als sog. Gleichstellungskomposita mit *houbet* i. S. v. ‚wichtigster/zentraler Ort' interpretieren: ‚X, das ein *houbet* 3.3 ist'. Bedenkt man allerdings den institutionellen Charakter, den diese Bildungen besitzen, so erscheint diese Interpretation als unzureichend und es ist hier wohl in erster Linie von einem augmentativen Wortbildungsmorphem *houbet* auszugehen.

Eine andere Möglichkeit der Interpretation bieten die Bildungen *houbethof* und *houbethûs*, wenn man hier *houbet* i. S. v. ‚Anführer, Oberhaupt' interpretiert und die Bildungen als sog. existentiale Kennzeichnungskomposita (vgl. Mhd. Gr. Wb.: 328–335) auffasst. Mit solchen Bildungen wird in der Regel ein Ort bezeichnet, der dafür bestimmt ist, dass sich das im Erstglied genannte dort aufhält: ‚*hof/hûs*, an/in welchem sich das *houbet* aufhält'.

Die Bildungen *houbetgerihte* und *houbetstuol* sowie *houbetkirche*, *houbetklôster* und *houbetmünster* zeichnen sich vor allem dadurch aus, dass sie primär kirchlich bzw. rechtlich übergeordnete Instanzen bezeichnen, was eine Interpretation von *houbet* als ‚Oberhaupt' hier – wenn auch im übertragenen Sinne – durchaus möglich macht. Es verbleiben noch die Bildungen *houbetburc*, *houbetschuole* und *houbetveste* bzw. *-vestene*. Hier erscheint die rein augmentative Funktion von *houbet* am deutlichsten. Die Festungsanlagen (*burc*, *veste*(*-ne*)) werden als die für ein bestimmtes Individuum wichtigste oder beste bezeichnet, bei der *schuole* wiederum soll deutlich die überragende Qualität derselben hervorgehoben werden.

Bezeichnungen für lokale/geographische Entitäten (i. w. S.)

In diese Gruppe fallen die Bildungen *houbetlant* (FWB 7: 1258), *houbetrîche* (FWB 7: 1289), *houbetstat* (AWB 4: 1296–1297; FWB 7: 1296–1297) und *houbetwaȝȝer* (FWB 7: 1258).

Tab. 7: Lokale und geographische Entitäten.

Lemma	Bedeutung	Beleg	Anzahl
houbet-lant	‚großes, bedeutendes Land, Region'	daz Pârîs der wîgant/ Sidonje hâte ir houbetlant/ sô vîentlichen an geriten (KvWTroj 42674)	6
houbet-rîche	‚Weltreich'	dies unholden/ der heiligen cristenheit,/ [...]/ die quamen durch irslichen/ zu den vier houbetrichen,/ [...]/ die Romer und die Kriechen/ die Persen und die Medin (HeslApk 12366)	2
houbet-stat	‚wichtige, bedeutende Stadt'	Jerusalem diu waz ein haubtstat des liutes (PrOberalt 156,25)	63
houbet-waȝȝer	‚bedeutender Wasserlauf'	biz in mare Ponticum/ bringet si manic wazzer frum,/ der sint sehtzec nach der zal/ haupt wazzer (WhvÖst 926)	1

Da das Simplex *houbet* selbst bereits einen wichtigen bzw. zentralen Ort bezeichnen kann (s. o.), lassen sich zumindest die Bildungen *houbetlant*, *houbetrîche* sowie *houbetstat* als sog. Gleichsetzungskomposita i. S. v. ‚*lant/rîche/stat*, das/die der zentrale und wichtigste Ort ist' interpretieren. Eine weitere Möglichkeit stellt wieder die Interpretation als sog. existentiale Kennzeichnungskomposita dar (vgl. Mhd. Gr. Wb.: 328–333 und s. o.). Interpretiert man das *houbet* also i. S. v. 3.2. (‚Oberhaupt, Anführer'), könnte man besagte Bildungen paraphrasieren als ‚*lant/rîche/stat*, in welchem/-r sich das *houbet* aufhält'.

Einen interessanten Fall stellt allerdings *houbetstat* in jenen Fällen dar, in denen es nicht allgemein eine bedeutende oder wichtige (Haupt-)Stadt bzw. Metropole bezeichnet. In den sog. *Oberaltaicher Predigten* (viermal) sowie im deutschen *Speculum ecclesiae* (dreimal) wird mit *houbetstat* die Geburtsstadt Josefs bezeichnet, in die er im Rahmen von Augustus' Volkszählung zurückkehren musste (Bethlehem; vgl. Lc 2,1–5):

> wan er [*Josef*] von dem geslæhte was des herren Davides, vnde was Betlehem sin rehtiv hovbetstat (Spec 20,32)

In diesen Fällen ist *houbet* wohl im Sinne von ‚Ursprung, Ausgangspunkt' zu verstehen (s. o.), womit ein Gleichstellungskompositum mit der Bedeutung ‚*stat*, welche der Ursprung/Ausgangspunkt ist' (= ‚Geburtsort, Heimatstadt') vorliegt.

Bei der Gewässerbezeichnung *houbetwaʒʒer* (‚bedeutender Wasserlauf') allerdings ist *houbet* mit großer Wahrscheinlichkeit als augmentatives Wortbildungsmorphem zu bestimmen.

Bezeichnungen für Gebrauchsgegenstände, die ihre Funktion in besonderem Maße erfüllen

In diese Gruppe fallen die Bildungen *houbetarzâtîe* und *houbetrigel* (FWB 7: 1258).

Tab. 8: Gebrauchsgegenstände, die ihre Funktion besonders gut erfüllen.

Lemma	Bedeutung	Beleg	Anzahl
houbet-arzâtîe	‚maßgebliche, wirkungsvolle Arznei'	merretich nuchtir gessen ist ein houbt artztige [unicum remedium] wider di vergift (Macer 90,5)	1
houbet-rigel	‚Riegel, der etwas besonders gut befestigt, sichert oder schützt'	er ist [...]/ der êre ein vester houbetrigel (Reinfr 4424)	2

In beiden Bildungen fungiert *houbet* als augmentatives Wortbildungsmorphem, indem es die Funktion bzw. Wirkung des durch das Basissubstantiv bezeichneten Gegenstandes als besonders gut oder wirkungsvoll hervorhebt. Die Bildung *houbetrigel* wird dabei in beiden Fällen nur in einem übertragenen Sinn zur Beschreibung besonders hervorragender und tugendhafter Personen gebraucht (vgl. auch KvWGS 489).

Bezeichnungen für Entitäten, denen Alleinstellungscharakter zukommt

In diese Gruppe fallen die Bildungen *houbetbuochstap* (FWB 7: 1265), *houbetporte*, *houbetstein* (AWB 4: 1297; FWB 7: 1258), *houbetstërn* und ²*houbetstuol* (FWB 7: 1299–1300).

Tab. 9: Entitäten mit Alleinstellungscharakter.

Lemma	Bedeutung	Beleg	Anzahl
houbet-buochstap	‚Anfangsbuchstabe, Initiale'	wer die houbitbûchstabe/ von oben an biz niden abe/ ordenlîchen lesen kan (Erlös 1837)	3
houbet-porte	‚Haupttor'	die mvre in ir besloz/ alvmbe die stat./ der herre im wirken bat/ sehs houbet porten dar in (Herb 1841)	2
houbet-stein	‚wertvoller Edel- bzw. Schmuckstein'	rubin, smaragt, gamahú,/ die adamast, thopasius,/ saphier, granat, grisolitus,/ jaspis, baleis, die turgis/ und amatisten. […] die hopt stain,/ der zwelf sint allain/ und sint die edelsten bekannt (SHort 6969)	3
houbet-stërn	‚herausragender, hellster Stern in einem Sternsystem oder Sternbild; Hauptstern'	ein strâm dort her von Ôriente gât [*Milchstraße*],/ an dem wir michels mêr/ der houbet sterne vinden und ir ingesinde schar (Wartb (S) 153,9)	3
²houbet-stuol	‚Chorgestühl in einer Kirche'	unde alsus bliben nicht me wenne zwelf elen zwischen den stulen eynsiet und zwischen den stulen andersit. unde alsus mochtin dy houbtstule nebin der ture dri eynsit und dri andersiet sich nicht irgen (Cranc Uzl 267,41)	1

Der *houbetbuochstap* bezeichnet eine Initiale, einen irgendwie hervorgehobenen Anfangsbuchstaben in einem Text (vgl. Mhd. Gr. Wb.: 19, Anm. 3). Hier liegt es nahe, diese Bildung als Gleichsetzungskompositum zu interpretieren, wobei *houbet* als Erstglied die Bedeutung ‚Anfang, Beginn' zuzuschreiben ist.

Die Bildung *houbetstein* ist hier aufgrund ihres Bedeutungsspektrums von besonderem Interesse. Zum einen kann sie einen sog. Eckstein bezeichnen, als Übersetzung von lat. *caput anguli* wie im *St. Pauler Evangelienreimwerk* (vgl. Mt 21,42):

> daz stat geschriben nu:/ der stein, den der bumeister list/ verworfen hat, gesetzet ist/ zu haubetstein in einen bygen [l. bogen] (EvStPaul 9728)

Im *Wilhelm von Österreich* Johanns von Würzburg wird *houbetstein* in dieser Bedeutung übertragen als das ‚Wichtigste, Bedeutendste' gebraucht:

> het dir diu Aventuer niht geben/ aller tugende haupt stain,/ dich heten mensche nymmer kain/ lebende me gesehen (WhvÖst 5691)

Houbetstein ist also wohl als Kompositum zu verstehen, wobei sich das Erstglied *houbet* in erster Linie auf die exponierte Position des Steins im Mauerwerk bezieht (vgl. *houbet* i. S. v. ‚Anfang, Spitze'). Die Bedeutung, die bei Johann von Würzburg aktualisiert wird (‚das Wichtigste, Bedeutendste'), ist nicht mehr nur in *houbet* begründet, sondern im gesamten Wortbildungskonstrukt *houbetstein*, weshalb auch hier *houbet* keine augmentative Funktion zugewiesen werden kann. Anders verhält es sich allerdings beim Beleg im sog. *Sælden Hort*, der allgemein wertvolle Edel- bzw. Schmucksteine bezeichnet (s. o.). Hier muss *houbet* als funktionalisiertes augmentatives Wortbildungsmorphem interpretiert werden.

Mit der Bildung *houbetstërn* wird der hellste bzw. größte Stern in einem Sternsystem oder einem Sternbild bezeichnet. Das Wortbildungselement *houbet* modifiziert hier *stërn* also vor allem hinsichtlich seiner Dimension.
Schließlich sollen mit *houbetporte* und *houbetstuol* je Entitäten bezeichnet werden, die im Vergleich mit anderen Gegenständen ihrer Art durch ihre Relevanz hervortreten.

2.2.1.3 Abstraktbezeichnungen

Bezeichnungen für theologisch-ethische Sachverhalte

In diese Gruppe fallen die Bildungen *houbetbuoʒe* (FWB 7: 1265), *houbetlaster* (FWB 7: 1278), *houbetmein* (FWB 7: 1286), *houbetmissetât*, *houbetpîn* (FWB 7: 1258), *houbetschulde* (AWB 4: 1296; FWB 7: 1294 mit anderer Bedeutung), *houbetsünde* (AWB 4: 1297; FWB 7: 1301–1302) und *houbettugent* (FWB 7: 1258).

Tab. 10: Theologisch-Ethische Sachverhalte.

Lemma	Bedeutung	Beleg	Anzahl
houbet-buoʒe	‚Buße für eine schwere Sünde'	und nach dem so heizet daz ein houbet-sünde, die man büezet mit einer houbt-büeze [capitis poena] (ThvASu 190,17)[12]	1

---

[12] Daneben ist diese Bildung auch als Übersetzung von lat. „poena capitalis" in der Bedeutung ‚Todesstrafe' zu finden (vgl. DRW 5: 275). Es ist hier nicht entscheidbar, ob hier eine augmentative Bildung im Sinne einer ‚besonders schweren Strafe' vorliegt, oder vielmehr ein Determinativkompositum paraphrasierbar als ‚eine das Haupt betreffende, also tödliche, Strafe'.

Lemma	Bedeutung	Beleg	Anzahl
houbet-laster	‚schwere Sünde, Todsünde'	wan frâzheit ist der sünden houbetlaster einz (PrBerth 1:515,34)	4
houbet-mein	‚schwere Sünde'	und betes holz an und stein;/ daz ist ein hurlich houbet mein (HeslApk 3806)	2
houbet-missetât	‚schweres Vergehen, Sünde'	dô suochte si [Gregorius' Mutter] in [den Papst] durch rât/ umbe ir houbetmissetât,/ daz si der sünden bürde/ von im entladen würde (Greg 3838)	2
houbet-schulde	‚schwere Schuld, (Tod-)Sünde'	und die súnde allir tegelich/ mit houbit schuldin merent sih (RvEWchr 14167)	8
houbet-sünde	‚schwere Sünde, Haupt- bzw. Todsünde'	swer houbetsünde und schande tuot (Walth 22,18)	37[13]
houbet-tugent	‚Kardinal-, Haupttugend'	er [der Blender und Lügner] ist ouch houbettugenden vrî (WernhSpr 23,5)	7

Von besonderer Relevanz – auch hinsichtlich der hohen Belegzahl – ist das Lemma *houbetsünde*, das allgemein eine schwere Sünde, genauer eine Haupt- oder Todsünde bezeichnen kann. Ähnliche Bildungen mit anderer Basis sind *houbetlaster, houbetmein, houbetmissetât* sowie *houbetschulde*. Die Bildung *houbetlaster* ist nur in den *Predigten* Bertholds von Regensburg zu finden und bezeichnet dort speziell die sog. sieben Hauptsünden bzw. -laster, welche von den sog. Todsünden zu trennen sind (vgl. LThK 4: 1212). Genannt werden von Berthold konkret *trâcheit* (,Trägheit', besonders bei der Verehrung Gottes (PrBerth 1:517,9 und 1:8,16)) und *vrâzheit* (,Gefräßigkeit' (PrBerth 1:515,34)). *Houbetmein* ist zweimal in der *Apokalypse* Heinrichs von Hesler belegt und bezieht sich in einem Fall auf die schwerwiegende Sünde (Todsünde) des Glaubensabfalls bzw. Götzendienstes (HeslApk 3806) und wird einmal in ihrem Ausmaß mit Mord („manslac") gleichgesetzt (HeslApk 5799). *Houbetmissetât* ist einmal im *Gregorius* Hartmanns von Aue belegt, in welchem die Vergehen der Mutter Gregorius' (Inzest) als *houbetmissetât* bezeichnet werden (Greg 3838). Der zweite Beleg findet sich in der Auslegung des *Vater Unsers* Heinrichs von Kröllwitz. In diesem wird mit der Wendung *in houbetmissetât sîn* der Zustand des Lebens in schwerer Sünde bezeichnet. Die *houbetschulde* bezeichnet i. d. R. ähnlich dem *houbetlaster* die sog. Hauptsünden bzw. -laster, die zu weiteren Sünden führen:

und die súnde allir tegelich/ mit houbit schulden merent sih (RvEWchr 14167)

---

13 Davon 16 allein in Mechth.

Auch das Lemma *houbetbuoʒe*, welches eine Buße für eine schwere Sünde bezeichnet, kann als eine Bildung mit augmentativem *houbet* analysiert werden, lässt sich aber hinsichtlich ihrer zugrunde liegenden Bildungsmotivation weniger deutlich fassen. Betrachtet man den einzigen Beleg in der mhd. Übersetzung der *Summa Theologica* genauer, so kann es sich hierbei auch entweder um eine Analogiebildung zu der im übergeordneten Satz vorkommenden *houbetsünde* oder aber um eine direkte Übersetzung von *capitis poena* in der lat. Vorlage handeln (vgl. ThvASu 190,17 sowie den dort auch abgedruckten lat. Text).[14]

Als letzten Begriff in der Klasse der theologisch-ethischen Bildungen mit *houbet* bleibt noch *houbettugent* zu besprechen. In den Prophetenübersetzungen Claus Crancs stets lat. *virtus cardinalis* übersetzend (vgl. Cranc Uzl 260,34; 262,42) bezeichnet das Lemma auch sonst (HeslApk und WernhSpr) die sog. Kardinal- bzw. Haupttugenden der christl. Ethik (vgl. LThK 5: 1232–1234; 10: 297–300).

Unabhängig davon, welcher theologisch-ethische Sachverhalt diesen Bildungen nun genau zugrunde liegt, lässt sich festhalten, dass *houbet* in all diesen Bildungen als augmentatives Wortbildungsmorphem funktionalisiert zu sein scheint.

Bezeichnungen für juristische Sachverhalte

In diese Gruppe fallen die Bildungen *houbetluc, houbetnôt, houbetrêht* (FWB 7: 1288–1289), *houbetsache* (FWB 7: 1290–1291) und *houbetvride*.

Tab. 11: Juristische Sachverhalte.

Lemma	Bedeutung	Beleg	Anzahl
houbet-luc	‚schwere Lüge, Verleumdung'	ob deheine dem andern ein hovbet-lug vf leit, im ze swekenne sine ere (UrkCorp (WMU) 26A,40)	1
houbet-nôt	‚schwere Straftat'	der einen man roubet adir im stelit, der busset sebinzig marg adir ab her einen man burnet adir in mordet adir welche houbtnot an imande begeet, do vor busst iener sebinzig marg, der in dar gevurt hat (DRW 5: 332; Ält-polnRdm.; a. 1320)	1
houbet-pîn	‚außerordentlich harte Strafe'	siben houbtpin sint dar inne [in der	1

---

[14] Hier wie in anderen Fällen ist der lat. Einfluss auf die hier präsentierten mhd. Bildungen mit *houbet* sicher nicht zu vernachlässigen. Zumal mlat. *caput* und *capitalis* in ihrem Bedeutungs- und Verwendungsspektrum dem mhd. Gebrauch doch sehr ähnlich sind (vgl. MlatWb. 2: 220–223; 258–264). Trotz dieser Parallelen sollte der Einfluss des Lat. hier aber vermutlich nicht so stark gewertet werden, wie es gelegentlich gemacht wird, vgl. Gerd Fritz, der vom „Vorbild" des Lat. spricht (Fritz 2006: 107).

Lemma	Bedeutung	Beleg	Anzahl
		Hölle],/ [...]/ die bescheide ich uch mit worten:/ calor, frigus, tenebrae, vermes,/ fetor, horror, contraria voluntas (Brun 6394)	
houbet-rëht	‚oberstes Recht'	die gotes arken vuorten do/ die Leuiten in Sỳlo,/ wan in was noch niht uf gesat/ ein gewissú hovbet stat/ da si nemen ir hovbet reht (RvEWchr 16948)	2
houbet-sache	‚(wichtiger) Gegenstand in einer Rechtsangelegenheit; Streitgegenstand'	dez ersten hab wier geseczet um varindez guet oder um waz hauptsach iz sei, di eins juden person oder sein guet anget (StRBrünn 368)	1
houbet-vride	‚allgemein gültiger Friede'	und swenne der houbtvride gegeben wirt, swelhe siner vreunt den vride danne brichet, der sol sin vridebreche (NüP 51)	1

Was den an verschiedener Stelle bereits erwähnten möglichen Einfluss des Lateinischen betrifft, ist dieser auch bei *houbetluc*, welches scheinbar ein mendatium capitale übersetzt, recht naheliegend. Unabhängig aber von diesem Einfluss kann *houbet* in dieser Bildung eine deutliche augmentative Funktion attestiert werden.

Dies ist auch der Fall bei *houbetnôt*, welches allgemein eine schwere Straftat bezeichnet (vgl. DRW 5,332). Interpretieren ließe sich diese Bildung aber auch als Kompositum mit *houbet* in seiner eigentlichen Bedeutung 'Kopf, Haupt', dann wiederum allgemein auf das Leben übertragen. Man hätte es dann mit einer Straftat zu tun, die das *houbet*, also das Leben, angeht; durch die man also das Leben verlieren kann.

Mit der Bildung *houbetpîn* bezeichnet hier Brun von Schönebeck die sieben Strafen der Hölle. Es sind damit also besonders schwere bzw. harte Strafen gemeint (zu *pîn* als ‚(Leibes-)Strafe' vgl. LexerHwb. 2,270).

Für *houbetrëht* sind zwei Belege in der Weltchronik Rudolfs von Ems mit der Bedeutung ‚oberstes Recht' zu finden. Neben dieser findet sich sonst nur die Bezeichnung für bestimmte Formen einer Abgabe, in denen sich *houbet* als Kompositionsglied aber deutlich auf die Bedeutung ‚Haupt, Kopf' übertragen auf einzelne Personen bezieht (vgl. DRW 5,337–339; WMU 2,886–887).

Im Falle von *houbetsache* liegt ebenfalls eine deutliche augmentative Bildung vor, indem das hier als Rechtsbegriff verstandene *sache* ‚Streitsache, Rechtshandel' (vgl. LexerHwb. 2,564) in seiner Bedeutung für die Beteiligten betont wird.

Houbetvride schließlich, welches einmal in einer Nürnberger Polizeiordnung aus dem 14. Jh. belegt ist, kann am ehesten wohl als ‚allgemein gültiger Friede' bzw. ‚allgemein gültiges Friedensgebot' interpretiert werden (vgl. auch Mhd. Gr. Wb. S19

Anm. 2). Aber auch hier wird das augmentative Moment von *houbet* deutlich, denn allgemeine Gültigkeit bedeutet letztlich auch, dass es sich um das wichtigste bzw. maßgebliche Friedensgebot handelt.

Bezeichnungen für künstlerisch-kulturelle Sachverhalte
In diese Gruppe fällt die Bildung *houbetlist*.

Tab. 12: Künstlerisch-kulturelle Sachverhalte.

Lemma	Bedeutung	Beleg	Anzahl
houbet-list	‚größte Kunst (-fertigkeit)'	sît diu [nahtegal] von Hagenouwe [Reinmar],/ [...]/ der werlde alsus geswigen ist,/ diu aller dœne houbetlist/ versigelt in ir zungen truoc (Tr 4782)	4

Houbetlist meint, wie es der Beleg deutlich macht, allgemein soviel wie ‚größte Kunst' bzw. ‚größte Kunstfertigkeit' und die augmentative Funktion von *houbet* tritt hier sehr deutlich zutage. In einem Beleg in Konrads von Würzburg *Trojanerkrieg* bezieht sich *houbetlist* außerdem auch auf die sog. *septem artes liberales*:

> si [Medea] was ein meisterîn von art/ der siben houbetliste (KvWTroj 7451)

Dieser Beleg ließe sich noch am ehesten als Gleichsetzungskompositum mit *houbet* i. S. v. ‚Oberhaupt, Anführer' mit übertragener Verwendungsweise interpretieren: ‚die Künste, die das Oberhaupt aller Künste/Wissenschaften bilden'. Auch eine Lesung von *houbet* als ‚Spitze, Anfang von etwas' wäre plausibel.

Bezeichnungen für finanzielle/wirtschaftliche Sachverhalte
In diese Gruppe fallen die Bildungen *houbetgëlt* (AWB 4: 1290–1291; FWB 7: 1269–1270), *houbetguot* (FWB 7: 1272–1274), *houbetphenninc*, *houbetschaz* (AWB 4: 1295–1296; FWB 7: 1258) und *houbetsumme* (FWB 7: 1300–1301).

Tab. 13: Finanzielle und wirtschaftliche Sachverhalte.

Lemma	Bedeutung	Beleg	Anzahl
houbet-gëlt	‚Kapital, Grundvermögen'	syn hauptgelt vnd schaden (WeistGr 2,327; a. 1315)	4
houbet-guot	‚Kapital, Grundvermögen'	vindet ein cristen sin gut in eins iuden gewalt daz im verstoln oder geraubet ist, daz sol im der iude wider geben umbe daz hauptgut (StRAugsb 55,15)	25

Lemma	Bedeutung	Beleg	Anzahl
houbet-lôn	‚höchster Lohn'	[dirre fröde] ist dennoch gegen dem houbtlône alsô kleine, als ein puncte gegen dem mere (PrNvStr 271,11)	1
houbet-phenninc	‚Kapital, Grundvermögen'	vnd habent im vollen gewalt gegeben, si anzusprechen vmb hauptpfenninge vnd auch vmb den schaden (UrkCorp (WMU) 2632,35)	1
houbet-schaz	‚Kapital, Grundvermögen'	wer von haubetschatz claget, wirt er fellich, der sol geben Metzer phenninge XXX zu bussen (WeistGr 2,5; a. 1321)	10
houbet-summe	‚Kapital(-schuld), hauptsächl. Schuld'	und sullen auch dieselben nuecze und gevelle an der vorgenanten hauptsummen niht abslahen (MGHConst 8,410,40 (a. 1347))	4

Bei den Bezeichnungen für finanzielle bzw. wirtschaftliche Sachverhalte bezieht sich die Mehrheit der Bildungen auf ein Grundvermögen und steht i. d. R. im Gegensatz zu anderen, kleineren Beträgen.

Bei den insgesamt relativ häufig belegten Bildungen *houbetgëlt*, *houbetguot*, *houbetphenninc* und *houbetschaz* handelt es sich um Bezeichnungen für das Grundvermögen, das Kapital, das jemand besitzt. Zwar muss auch hier der Einfluss von (mittel-)lat. *capitalis* i. S. v. ‚Hauptsumme, Grundsumme, Kapital' berücksichtigt werden (MlatWb. 2: 222–223), allerdings ändert dies nichts an der Tatsache, dass *houbet* in erster Linie augmentative Funktion zukommt. Zu paraphrasieren wären diese Bildungen dann als ‚besonders wichtiger, grundlegender (Geld-) Besitz/Betrag'. Interessant ist dabei, dass die Bildung *houbetschaz* in der Großzahl ihrer Belege, nämlich achtmal, übertragen auf etwas Ideelles, ein besonders wertvolles Gut bezogen wird. So wird bspw. in der *Tristanfortsetzung* Heinrichs von Freiberg Isolde als „Tristandes vröuden houbetschatz" bezeichnet (HvFreibTr 4467).

Ebenso verhält es sich mit der Bildung *houbetsumme*, welche sich in ihren vier belegten Fällen auf einen das Kapital betreffenden Schuldbetrag bezieht (vgl. auch DRW 5: 357–358).

Auch die Bildung *houbetlôn* ist hier zwar den Bezeichnungen für finanzielle bzw. wirtschaftliche Sachverhalte zugeordnet, da hier wohl die Ausgangsbedeutung von mhd. *lôn* zu finden ist (vgl. LexerHwb. 1: 1953), in dem einzigen Beleg in den *Predigten* Nicolaus' von Straßburg (s. o.) ist der Gebrauch allerdings übertragen zu verstehen.

Bezeichnungen für psychologische Sachverhalte

In diese Gruppe fallen die Bildungen *houbetlast*, *houbetschande* (FWB 7: 1258), *houbetsmâcheit*, *houbetsmërze* (FWB 7: 1294 nur in der Bedeutung ,Kopfschmerz'), *houbetsorge*, *houbetswære* (FWB 7: 1295) und *houbetwünne*.

Tab. 14: Psychologische Sachverhalte.

Lemma	Bedeutung	Beleg	Anzahl
houbet-last	,außerordentliche Last, Bürde'	sô daz dir niht swære/ was aller bürden houbetlast (KvWLd 32,49)	2
houbet-schande	,große Schande, Schmach'	mich dûhte ein houbetschande/ und unritterlicher sin,/ schiede ich âne buoze hin/ der selben schulde, die ich begienc,/ dô ich die juncvrouwen vienc (Gauriel 3302)	21
houbet-smâcheit	,große Schmach'	die selben grâven sâ zestet/ den Sibenburgæren hiezen sagen,/ und ouch herzenlichen klagen/ des landes schaden unde leit/ und die houbetsmâcheit,/ die daz lant hat genomen (Ottok 83940)	1
houbet-smërze	,großer Schmerz'	des wird ich im mîne tage/ niemer holt von herzen./ der schanden houbetsmerzen/ lîde ich unde dulde (KvWPart 8972)	1
houbet-sorge	,große Sorge'	sîn herze in houbetsorgen tief/ vil gar mit grôzem jâmer wiel (KvWAlex 1038)	3
houbet-swære	,großer Kummer, Schwermut'	nieman sol sines leides al zu trurig wesen,/ wil er genesen/ von grozer houbetswere (Frl 5: 65,3)	1
houbet-wünne	,das Beste, Schönste'	ein edelkeit von tugenden unde ein edelkeit von künne,/ swer die bîeinander treit [...]/ der hât aller êren houbetwünne (KvWLd 18, 20)	2

Auch in diesen Bildungen ist *houbet* als augmentatives Wortbildungsmorphem zu identifizieren. Dabei wird hier besonders die Intensität des jeweiligen Zustandes bzw. der jeweiligen Empfindung betont.

Houbetlast bezeichnet mit seinen zwei Belegen bei Konrad von Würzburg (KvWPart 4176; KvWLd 32, 49) vor allem eine emotionale Last, eine als besonders unangenehm empfundene Bürde.

Die beiden Bildungen *houbetschande* und *houbetsmâcheit* betreffen beide den Zustand außerordentlicher Schande oder Schmach, die von der betreffenden Person empfunden wird.

Das wie *houbetlast* nur bei Konrad von Würzburg belegte *houbetsorge* beschreibt in allen drei Belegen den Zustand tiefer Sorge. Eine ähnliche Bedeutung ist wohl auch der Bildung *houbetswære* bei Frauenlob zuzuschreiben (FrlWb.: 164).

Die Bildung *houbetsmërze* bezeichnet allgemein einen besonders ausgeprägten Schmerz, wobei sich der Beleg hier bei Konrad von Würzburg auf einen durch Schande hervorgerufenen, also in erster Linie die Psyche betreffenden, großen Schmerz bezieht.[15]

Als letzte dieser Bildungen ist die einzig positiv konnotierte der *houbetwünne*, welche zweimal bei Konrad von Würzburg belegt ist, zu nennen. Der ohnehin schon als äußerst positiv verstandene Begriff der *wünne* (vgl. LexerHwb. 3: 994) wird hier noch weiter durch *houbet* verstärkt.

Bezeichnungen für bestimmte Eigenschaften/Merkmale
In diese Gruppe fällt die Bildung *houbetdinc*.

Tab. 15: Bestimmte Eigenschaften und Merkmale.

Lemma	Bedeutung	Beleg	Anzahl
houbet-dinc	‚Hauptsache, wesentliches Merkmal'	ein zwelf jâr alter jungelinc,/ stille, zühtic, dienesthaft, daz sint driu houbetdinc,/ diu des urkünde gebent, daz man sich vürbaz mac an im versehen,/ ob er kome in die zwênzic jâr,/ daz er gemeine unt ouch geminne werde (RvZw 200,2)	1

In diesem Beleg für *houbetdinc* bei Reinmar von Zweter werden drei Charaktereigenschaften als besonders wichtige, wesentliche Merkmale dafür bezeichnet, dass der hier genannte „jungelinc" später allgemein geschätzt und geliebt werden würde („daz er gemeine unt ouch geminne werde"). Das Simplex *dinc* ist hier in seiner allgemeine Bedeutung ‚Ding, Sache' zu verstehen und auch die Bildung *houbetdinc* lässt sich mit der Übersetzung ‚Hauptsache' vielleicht am besten beschreiben. *Houbet* fungiert hier deutlich als augmentatives Wortbildungsmorphem.

---

15 *houbetsmërze* ist daneben auch als Kompositum ‚Kopfschmerz, Schmerz im Bereich des Kopfes' im *Buch der Natur* Konrads von Megenberg belegt. Diese Bildung wird im vorliegenden Kontext nicht berücksichtigt (vgl. BdN 407: 10; 16; 411:5).

Bezeichnungen für Ober- oder Teilmengen
In diese Gruppe fallen die Bildungen *houbetname*, *houbetschar* und ¹*houbetteil* (FWB 7: 1258).

Tab. 16: Ober- und Teilmengen.

Lemma	Bedeutung	Beleg	Anzahl
houbet-name	‚Oberbegriff, übergeordnete Bezeichnung'	da ligint inne richú lant,/ der houbet name ez [Italien] ist genant./ Sicilia und dú lant vil gar/ [...]/ Calabrie, Púlle, Terre de labúr/ und Capis das principat (RvEWchr 2601)	1
houbet-schar	‚wichtiger Bestandteil'	swie unwert triuwe nû sî,/ si muoz doch imer mêre/ ein houptschar sîn der êre (GFrau 68)	1
houbet-teil	‚Großteil, Hauptteil'	nu nemen wir die welt al ze mole her fúr, so sicht man das der aller meiste hoebetteil von alr der welt die sint alle leider vijent gotz (Tauler 182,13)	1

Der Begriff *houbetname* beschreibt hier Italien als Überbegriff für die im Folgenden aufgezählten Regionen. Es scheint so, dass *houbet* wohl im Sinne einer übertragenen Bedeutung ‚Oberhaupt' zu verstehen ist, womit also eher von einem Gleichsetzungskompositum auszugehen wäre.

Bei den anderen beiden Bildungen, jeweils nur einmal belegt, fungiert *houbet* allerdings deutlich als augmentatives Wortbildungsmorphem; ferner bietet sich hier auch die Möglichkeit einer genaueren Differenzierung an:

In *houbetschar* wird vor allem die Relevanz des Basissubstantivs hervorgehoben, welche die *triuwe* für die *êre* hat. Neben dieser Relevanz wird auch die Qualität dieses Bestandteils betont. Hier wäre also zu paraphrasieren ‚besonders wichtige, bedeutende *schar*'.

In *houbetteil* hingegen geht es in erster Linie um die Quantität bzw. Dimension, die der Anteil jener Menschen einnimmt, die „vijent gotz" (‚Feinde Gottes') sind. Hier wäre also zu paraphrasieren ‚besonders großer, umfangreicher *teil*'.

Bezeichnungen für Abschnitte in einem Buch
In diese Gruppe fallen die Bildungen *houbetspruch* (FWB 7: 1258), *houbetstücke* (FWB 7: 1298–1299) und ²*houbetteil*.

Tab. 17: Buchabschnitte.

Lemma	Bedeutung	Beleg	Anzahl
houbet-spruch	‚Kapitel' (in der Bibel)	ich hab euch für gelegt ain sprüch in latein, der stet geschriben in dem vurczehenden haupspruch des ganczen ewangelium Luce (Seckau Brev 194,2)	1
houbet-stücke	‚Abschnitt eines Buches, Kapitel'	daz kurtz puch von der gestalt der werlt tail wie in vier haubtstuk (KvMSph 6,7)	4
houbet-teil	‚Abschnitt eines Buches, Kapitel'	diz buch beslust zehen buchelin,/ ander houptteil dar inne sin (Secret 94)	1

Diese Bildungen sind insofern interessant, als dass mit lat. *capitulum* als Bezeichnung für einen bestimmten Abschnitt in einem Buch oder anderen Schriftstück durchaus ein direktes Vorbild gegeben sein kann (MlatWb. 2: 232). Es ist hier möglicherweise von Lehnprägungen durch ein bereits als augmentatives Wortbildungsmorphem funktionalisiertes *houbet* auszugehen.

Ferner sollte auch angemerkt werden, dass die Interpretation gerade der beiden Bildungen *houbetstücke* und *houbetteil* hier in erster Linie vom Kontext bestimmt ist. Die beiden Simplizia *stücke* und *teil* sind sonst von eher allgemeiner Natur und beziehen sich i. d. R. nicht wie *spruch* auf Teile bzw. Abschnitte sprachlicher Einheiten (vgl. Lexer 2: 1120 und s. o. zu *houbetteil*).

Der eigenständige Charakter eines funktionalisierten augmentativen Wortbildungsmorphems *houbet* kann auch in diesen Bildungen trotz der lat. Parallelen nicht von der Hand gewiesen werden.

Bezeichnungen für Ereignisse

In diese Gruppe fallen die Bildungen *houbetstrît* (FWB 7: 1298) und *houbetvaste*.

Tab. 18: Ereignisse.

Lemma	Bedeutung	Beleg	Anzahl
houbet-strît	‚wichtige Schlacht, bedeutender Kampf'	wizzet daz zwelf houbtstrite/ di brut gevochten hat bi eren ziten (Brun 10743)	2
houbet-vaste	‚die vierzigtägige Fastenzeit'	so raten wir dien mvnchin daz si in diesen heiligen tagin dir hopt vastvn gmeinlich ir lebens hvoten (BrEng 49)	6

Bezeichnet werden hier zwei im jeweiligen Kontext als besonders wichtig empfundene Ereignisse. Zum einen bezeichnet das Lexem *houbetstrît* mit zwei Belegen bei

Brun von Schönebeck sowie Nicolaus von Jeroschin (*Di Kronike von Pruzinlant*) eine besonders wichtige Schlacht bzw. einen bedeutenden Kampf. Nicolaus bezieht sich dabei auf zentrale bzw. bedeutende Schlachten und Kriege der Deutschordensgeschichte:

> dâ bevor ist ûch geseit/ mit der jâre undirscheit/ von den houbitstrîtin,/ dî binnin den zîtin/ des urloigis geschân (NvJer 13457)

Brun von Schönebeck bezieht sich mit seinen *houbetstrîten* auf zwölf große Kämpfe bzw. Konflikte, die das Christentum bis zum Ende der Zeit zu überstehen hat (vgl. die Aufzählung dieser Kämpfe bei Brun 10750–10899).

Die Bildung *houbetvaste* findet sich ausschließlich in der *Engelberger Benediktinerregel* (fünfmal) sowie den *Engelberger Predigten* (einmal) und bezieht sich stets auf die vierzigtägige Fastenzeit vor dem Osterfest, die Quadragesima. Es wird hier also die wichtigste bzw. bedeutendste Fastenzeit des Kirchenjahres bezeichnet (im Vergleich etwa zu anderen Fastenzeiten wie bspw. der Adventszeit; vgl. LThK 1: 171–173; 7: 1174–1176).[16]

Houbet fungiert auch hier als rein augmentatives Wortbildungsmorphem.

3 Das Augmentativum mhd. *grunt*

Mhd. *grunt* ist im Gegensatz zu *houbet* zu mhd. Zeit noch nicht so deutlich als augmentatives Wortbildungsmorphem funktionalisiert. Diese Entwicklung wird i. d. R. erst für die fnhd. Sprachperiode konstatiert (vgl. FWB 7: 564–565). Bis ins Nhd. hinein konnte sich *Grund* aber als fester Bestandteil im Inventar der Augmentativbildungen etablieren (DWb2: 155–156; Fleischer/Barz 2012: 257–258).[17]

---

16 Die anderen mhd. Übersetzungen der Benediktinerregel haben *vaste* (BrZw 49; BrHoh 49; BrAsb 49; BrAdm 49; BrMün 49; BrEb (auch: Oxforder Benediktinerregel) 49; BrAlt 49). Auch im Ahd. wird die 40-tägige Fastenzeit nur mit *fasta* wiedergegeben (vgl. AWB 3: 646–647).

17 Zum Verhältnis zwischen den Bildungen mit *houbet* und *grunt* lässt sich aufgrund der wenigen Belege letztgenannter Bildungen nichts Fundiertes sagen (zum Verhältnis im Nhd. vgl. DWb2: 155–156; Fleischer/Barz 2012: 257–258). An dieser Stelle sei außerdem darauf hingewiesen, dass sich auch bereits verstärkende Adjektivbildungen mit *grunt* im Korpus des MWB finden, wie sie sich dann später in fnhd. und nhd. Zeit etablieren (vgl. FWB 7: 564–565; DWb3: 203–204): *gruntbœse* ‚von Grund auf schlecht, sehr schlecht' (Helbl 7: 811; BdN 44, 5; 44, 17), *gruntliepliche* Adv. ‚auf sehr liebevolle Weise' (Seuse 275, 13), *gruntnîdic* ‚sehr feindselig, missgünstig' (Rumelant (R) 6: 3,6), *gruntsippic (?)* ‚durch und durch verwandt' (Frl 2: 1,6; vgl. FrlWb.: 135 sowie Kommentar zur Stelle), *grunttôt* im geistl. Sinne ‚bis auf den Grund tot'? (Eckh 1: 128,11; 1: 135,4 und vgl. die Anmerkungen zu den Stellen), *gruntübele* Adv. ‚auf sehr schlimme Weise' (BFrau 150), *gruntvorschende* ‚gründlich forschend, untersuchend' (SummHeinr 2: 489,01.55; vgl. ferner AWB 4: 451 s. v. *gruntforscônti*).

3.1 Das Bedeutungsspektrum von mhd. *grunt*

In seiner ursprünglichen konkreten Bedeutung bezeichnet mhd. *grunt* (ahd. *grunt*; fnhd./nhd. *Grund*) allgemein den Grund oder Boden, also den untersten Bereich von etwas (Gewässer, Gefäß, Hohlraum etc.). In dieser Bedeutung konnte *grunt* auch übertragen verwendet werden (etwa ‚Grund des Herzens' u. ä.) oder metonymisch ein Tal, eine Schlucht oder den Erdboden allgemein bezeichnen. Interessant für die hier behandelten Bildungen sind jene Fälle, in denen mit *grunt* so etwas wie eine ‚Grundfeste', ein ‚Fundament' bezeichnet werden konnte. Dies konnte ganz konkret gemeint sein, aber auch in einem übertragenen Sinn den Ursprung oder die Ursache von etwas bezeichnen. Schließlich soll von den für die Darstellung der hier relevanten Bedeutungsaspekte noch jener, der eine Tiefe oder einen Abgrund bezeichnen kann, genannt werden.

3.1.1 Mhd. *grunt* in seiner allgemeinen Bedeutung ‚Grund, Boden, unterster Bereich von etwas'

Im folgenden Beleg aus der *Kaiserchronik* wird von einer ursprünglich über den Rhein führenden Brücke berichtet, nachdem diese eingestürzt war und im Rhein versank:

> diu [bruke] versanc [...] in des Rînes grunde (Kchr 391)

3.1.2 Mhd. *grunt* übertragen für den Grund des Herzens, der Seele o. ä.

Nicht selten ist der Gebrauch von *grunt*, wenn vom Grund des Herzens oder der Seele gesprochen wird, wie es hier in einem Leich Walthers von der Vogelweide der Fall ist. In diesem Beleg geht es darum, dass Gott Sünden niemals vergeben wird, werden diese nicht stets („zaller stunt") bis auf den Grund des Herzens bereut:

> got enheine sünde lât,/ die niht geriuwent zaller stunt/ hin abe unz ûf des herzen grunt (Walth 6,12)

3.1.3 Mhd. *grunt* in der Bedeutung ‚Tal, Niederung, Schlucht; Erdboden'

In diesem Beleg aus dem *Parzival* Wolframs von Eschenbach bezeichnet *grunt* eine Niederung, durch welche Gâwân mit seinem Gefolge reitet:

> sus reit der werde degen [...] durch einen grunt (Parz 339,17)

Im *Alexander* Seifrits wird ferner von der Zerstörung der Stadt Tyrus „in den grundt", also bis auf den Erdboden, durch Alexander berichtet:

wann Tyrum die gross stat/ er in den grundt zestoret hat (Seifrit 2246)

3.1.4 Mhd. *grunt* in der Bedeutung ‚Grundfeste, Fundament'

3.1.4.1 eigentlich
Der folgende Beleg aus dem *Passional* (Buch I: *Marienleben*) berichtet davon, wie jeder der Zwölf Apostel einen Satz des Credos beisteuert – hier als „die zwelf steine" bezeichnet –, die das Fundament der Kirche („der ecclesien vesten grunt") begründeten:

nu horet, wie edel und wi groz/ mugen sin die zwelf steine,/ die die aposteln reine/ leiten in den vullemunt/ und der ecclesien vesten grunt/ machten ordenlichen do (Pass I/II (HSW) 10716)

3.1.4.2 übertragen ‚Ursprung, Ursache'
Wird wie im Folgenden der Heide „Thibors von Sarragûz" als „grunt aller übele" bezeichnet, so lässt sich dies wohl am besten so auffassen, dass dieser die Ursache, den Ursprung alles Bösen (auf der Welt) darstellt:

Thibors von Sarragûz,/ ain wirt in der helle,/ [...],/ ain grunt aller übele (Rol 5861)

3.1.5 Mhd. *grunt* in der Bedeutung ‚Tiefe, Abgrund'

Den oben angeführten Beleg aus dem Rolandslied könnte man aber wohl auch hier einordnen, „Thibors von Sarragûz" würde dann als ‚Abgrund alles Bösen' zu verstehen sein. Für diese Bedeutungsposition soll allerdings ein deutlicherer Beleg aus dem Text *Die Wahrheit* als Beispiel dienen:

[*Christus*] lost uns von der helle grunt (Wahrh 34)

3.2 Mhd. Bildungen mit augmentativem *grunt*

3.2.1 Präsentation und Analyse des Materials

Im Folgenden werden alle im Korpus des Mittelhochdeutschen Wörterbuchs belegten Bildungen vorgestellt und untersucht, in denen man *grunt* eine augmentative Rolle i. w. S. zuschreiben kann. Es werden also zunächst alle Bildungen, in denen ein Substantiv durch *grunt* quantitativ und/oder qualitativ aufgewertet wird, gesammelt und vorgestellt. Erst in einem zweiten Schritt soll näher untersucht werden, ob *grunt* in den betreffenden Bildungen eher noch der Status eines Kompositionsglieds („X, das ein *grunt* ist") oder aber bereits der eines als „reines" Augmentativum funktionalisierten Wortbildungsmorphems („großes/wichtiges X") zuzuschreiben ist.

Für die Präsentation des Materials erschien es zunächst sinnvoll, sie anhand der semantischen Klassen, zu denen die Basissubstantive gehören, zu ordnen. In der Klasse der Substantive mit dem Bedeutungsmerkmal [+belebt] fällt zunächst auf, dass ausschließlich Personenbezeichnungen nicht aber Tier- oder Pflanzenbezeichnungen belegt sind. Daneben steht die schwach belegte Klasse jener Bildungen mit dem Merkmal [-belebt].

Tab. 19: Semantische Klassen der Bildungen mit *grunt*.

	[+belebt]		[-belebt]	
Personenbez.	Tier-/Pflanzenbez.	Konkreta		Abstrakta
-bœsewiht -effinne -tœrinne -vîant -vriunt	-	-sê		-rëht

Es folgt eine detaillierte Darstellung der einzelnen Bildungen. Hierfür wurden sie zunächst wie oben in unterschiedliche Subklassen eingeteilt.

Jedes Lexem wird dabei zunächst in Tabellenform präsentiert: Die erste Spalte enthält das Lexem in seiner normalisierten Form, in der zweiten Spalte stehen in „..." die nhd. Bedeutungen und in der vierten die Anzahl der im Korpus des MWBs enthaltenen Belege für diese Bildung. In der dritten Spalte wird jeweils ein exemplarischer Beleg aus dem Korpus präsentiert.

Ist die jeweilige Bildung in dieser Bedeutung bzw. Verwendung auch bereits im Ahd. oder noch im Fnhd. belegt, wird dies mit einem Verweis auf das AWB bzw. das FWB verdeutlicht.

3.2.1.1 Personenbezeichnungen

Bezeichnungen für Personen mit hervorragender Funktion oder Rolle
In diese Gruppe gehören alle fünf oben angeführten Personenbezeichnungen: *gruntbœsewiht* (FWB 7: 564), *grunteffinne*, *grunttœrinne*, *gruntvîant* und *gruntvriunt*.

Tab. 20: Personen mit hervorragender Funktion oder Rolle.

Lemma	Bedeutung	Beleg	Anzahl
grunt-bœsewiht	‚Erzbösewicht'	[*diese Strafe*] hat der grundbœswicht wol verschuldet (Seuse 77,23)	1
grunt-effinne	‚große Äffin' (als Schimpfwort)	si hette einen elichen man, der waz bœse und guten luten gram und det ir nicht alse sime gemechede und sluch si bitterliche und hild si wůr ein dorin und wůr eine grunteffin (HlReg 87,12)	1
grunt-tœrinne	‚große Törin'	di anderen vrowen hetten si wuor eine grunddorin und daten ir manic dusint widermuote ane (HlReg 60,28)	1
grunt-vîant	‚Erzfeind'	do Lucifer disú mere [*von Jesu Geburt*] vernam, do sas der gruntvient und gram mit sinen zenen (Mechth 5: 23, 94)	1
grunt-vriunt	‚wahrer, guter Freund'	gruntfriunde, pfuntfriunde sint leider tôt,/ muntfriunt mit friunde noch izzet brôt/ und ist mit worten tischgeselle,/ in des friundes herzen swelle (Renner 17219)	1

In diesen Bildungen ist der Status von *grunt* als funktionalisiertes Wortbildungsmorphem mit augmentativer Funktion relativ deutlich.

In dem Beleg für *gruntbœsewiht* schildert Seuse die Verfolgung und Gefangennahme eines Mannes, dem das Vergiften eines Brunnens vorgeworfen wird. Die Bezeichnung *bœsewiht* für einen schlechten Menschen bzw. einen Verbrecher wird hier durch *grunt* deutlich verstärkt.

Auch in den beiden Schmähausdrücken für Frauen, *grunteffinne* und *grunttœrinne*, die uns in der sog. *Heiligen Regel für ein vollkommenes Leben* aus dem 13. Jh. überliefert sind, ist *grunt* als verstärkendes Wortbildungsmorphem zu klassifizieren.

Dies gilt schließlich auch für *gruntvîant* und *gruntvriunt*, wobei wir für ersteres sogar eine Parallelbildung mit *houbet* belegt haben (s. o.).

An dieser Stelle soll aber auch nicht darüber hinweggesehen werden, dass sich diese Bildungen theoretisch auch alle als Komposita analysieren ließen. Hierbei kommt vor allem die oben als Position 2 markierte Bedeutung von einem übertragen gebrauchten *grunt* i. S. v. ‚Grund des Herzens, der Seele o. ä.' zum Tragen. Zu paraphrasieren wären die Bildungen *gruntbœsewiht*, *grunteffinne* und *grunttœrinne* dann in einer etwas umständlichen Form als ‚bœsewiht/effinne/tœrinne, der/die mit der ihm/ihr zugeschriebenen Eigenschaft bis auf den Grund des Herzens/der Seele erfüllt ist'. Anders wären die Bildungen *gruntvîant* und *gruntvriunt* zu verstehen: ,*vîant/vriunt*, der den Grund des Herzens/der Seele (be-)trifft'. Besonders deutlich wird der anzunehmende ursprüngliche Status als Kompositum im Beleg des *Renners* Hugos von Trimberg: Hier erscheint die Bildung *gruntvriunt* – man beachte auch die Augmentativbildung *phuntvriunt* – im Kontrast zu *muntvriunt*. Gemeint ist damit wohl ein *vriunt*, der seine Freundschaft nur oberflächlich, mit dem *munt*, bekundet und so nur an „des friundes herzen swelle" herankommt, wohingegen der *gruntvriunt* wohl bis in den *grunt* des Herzens vordringt.

3.2.1.2 Konkretabezeichnungen (i. w. S.)

Bezeichnungen für Entitäten mit einer besonders ausgeprägten Eigenschaft
In diese Gruppe gehört die Bildung *gruntsê*.

Tab. 21: Entitäten mit besonders ausgeprägten Eigenschaften.

Lemma	Bedeutung	Beleg	Anzahl
grunt-sê	,besonders tiefer See'	[Maria ist] der gnâde ein grundelôser sê [La.: grunt se] (LobGesMar 21,12)	1

Die Bildung *gruntsê*, welche hier als Lesart (Große Heidelberger Liederhandschrift) in einem Gottfried von Straßburg zugeschriebenen *Marienpreis* vorzufinden ist, kann mit ,besonders tiefer See' übersetzt werden. *Grunt* ist hier allerdings mit größerer Wahrscheinlichkeit als Kompositionsglied zu verstehen in einem Kompositum, das i. S. v. ,*sê*, der einen tiefen Grund hat' zu interpretieren ist.

3.2.1.3 Abstraktbezeichnungen
In diese Gruppe gehört die Bildung *gruntrëht* (FWB 7: 592 ohne die Bedeutung ,ursprüngliches Recht' o. ä.).

Tab. 22: Abstrakta.

Lemma	Bedeutung	Beleg	Anzahl
grunt-rëht	,ursprüngliches Recht'	din wille, herre, himelischer vater, ist daz ewige grvnt reht, von dem allev rechticheit flivzzet [...]. Swaz nach disem willen gerihtet ist, daz ist gereht; swaz aber da von gechert ist, daz ist chrvmp vnd schedelich (DvAPatern 117)	1

Das *gruntrëht* bezeichnet i. d. R. einen Grundzins bzw. eine Abgabe an den Grundherren (vgl. LexerHwb. 1: 1103; DRW 4: 1207–1208 sowie WMU 1: 764), kann aber wie im Falle des hier abgebildeten Belegs aus dem *Paternoster* Davids von Augsburg ein ursprüngliches und somit in seiner Bedeutung auch aufgewertetes Recht bedeuten. Vermutlich ist die Bildung aber eher als Kompositum i. S. v. ‚rëht, das der Ursprung ist' zu interpretieren.

4 Zusammenfassung

Für die mhd. Zeit liegen bereits zahlreiche Bildungen mit *houbet* als augmentativ funktionalisiertem Wortbildungsmorphem vor. Ausgeschlossen aus dieser Gruppe müssen mit einer gewissen Wahrscheinlichkeit die Bildungen ¹*houbetman/-liute*; *houbetlant, houbetrîche, houbetstat*; *houbetbuochstap, houbetstein* (in den Eckstein-Belegen) werden. Mit Berücksichtigung des Bedeutungsspektrums von *houbet* ist in diesen Bildungen noch am ehesten von einem Status als Kompositionsglied auszugehen.

Geht man von der hier präsentierten Analyse der Bildungen aus, gestaltet sich die chronologische Verteilung der augmentativen Bildungen mit funktionalisiertem *houbet* (insgesamt 229 Belege) folgendermaßen:

Tab. 23: Chronologische Verteilung der augmentativen Bildungen mit *houbet*.

Zeitraum	Belegzahl
1050–1099	—
1100–1149	1 (00,44 %)[18]
1150–1199	9 (03,93 %)[19]
1200–1249	27 (11,79 %)
1250–1299	104 (45,41 %)
1300–1349	82 (35,81 %)[20]
1350–	6 (02,62 %)[21]

---

18 Bei diesem frühen Beleg handelt es sich um *houbetsünde* in Spec 149,35.
19 Bei diesen acht Belegen aus der zweiten Hälfte des 12. Jhs. handelt es sich um *houbetporte* (Herb 1841. 4646), *houbetvürste* (Herb 2555), *houbetmissetât* (Greg 3838), *houbetschande* (Eilh (L) 6915), *houbetschulde* (Greg 3141), *houbetsünde* (Lucid 73, 8; Wernh 2725).
20 Davon sind 16 Belege aus Mecht.
21 Dies betrifft sechs Quellen, die trotz ihrer Datierung nach 1350 im Korpus des MWB aufgenommen wurden: ClosChr, Mügeln, PfzdHech, Schachzb und Suchenw.

Die Bildungen mit *grunt* gestalten sich hier mit ihren fünf Belegen übersichtlich. Drei Belege fallen in den Zeitraum 1250–1299 (HlReg, Renner) und zwei in den Zeitraum 1300–1349 (Mechth, Seuse). Die Summe der Belege aller augmentativen Bildungen mit *houbet* und *grunt* als Referenzwert genommen, gestaltet sich die Verteilung folgendermaßen:

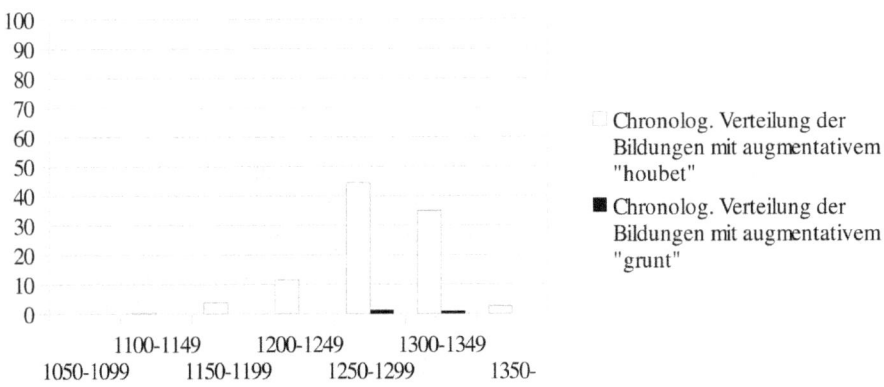

Abb. 1: Augmentative Bildungen mit *houbet* und *grunt*, chronologische Verteilung.

Es zeigt sich hier recht deutlich, dass die Bildungen mit *houbet* in der zweiten Hälfte des 13. Jahrhunderts signifikant zunehmen. Die vermeintliche folgende Abnahme für den Zeitraum 1300–1350 spiegelt nicht die tatsächliche Entwicklung hin zum Fnhd. (vgl. FWB 7: 1257–1260) wider. Vielmehr mag diese der Zusammensetzung des hier zugrundeliegenden Quellenkorpus geschuldet sein. Im selben Zeitraum ist auch das erste Auftreten der Bildungen mit *grunt* zu konstatieren.

Hinsichtlich der dialektalen Verteilung zeigt sich zunächst, dass die mhd. Bildungen mit augmentativem *houbet* im oberdeutschen Sprachraum weit häufiger belegt sind als im mitteldeutschen (obd.: 73,10 %; md.: 26,90 %). Dabei sollte aber angemerkt werden, dass ein großer Teil der Belege für den obd. Sprachraum auf die Werke Rudolfs von Ems (alem.) sowie Konrads von Würzburg (ofrk.) fällt. Auch die 16 Belege für *houbetsünde* in Mechth (alem.) tragen hier signifikant zur Erhöhung der obd. Anteils bei:

gruntvriunt und *houbetvîant* – Augmentativbildungen im Mittelhochdeutschen — 173

Tab. 24: Dialektale Verteilung der Bildungen mit augmentativem *houbet*.

Region[22]		Belegzahl
obd.	(österr.)-bair.	39 (17,57 %)
	alem.-bair.	5 (02,25 %)
	alem.	72[23] (32,43 %)
	ofrk.	46 (20,72 %)
md.	mfrk.	12 (05,41 %)
	rhfrk.-hess.	10 (04,50 %)
	hess.-thür./omd.	38 (17,12 %)

Die fünf Belege mit *grunt* verteilen sich relativ gleichmäßig über den mhd. Sprachraum: zweimal alem. (Mechth, Seuse), zweimal mfrk. (HlReg) und einmal ofrk. (Renner). Wieder die Summe der Belege aller augmentativen Bildungen mit *houbet* und *grunt* als Referenzwert genommen, gestaltet sich die Verteilung folgendermaßen:

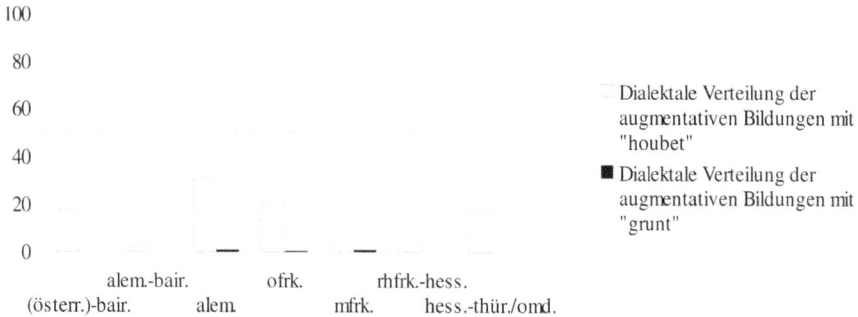

Abb. 2: Augmentative Bildungen mit *houbet* und *grunt*, dialektale Verteilung.

Die hier präsentierte Untersuchung wollte lediglich einen groben Einblick in die Frühzeit der deutschen Augmentativbildungen (hier an den Beispielen *houbet* und *grunt*) geben. Dabei sollte demonstriert werden, dass eine detaillierte Betrachtung

---

22 Quellen, bei denen sich eine dialektale Zuordnung als besonders problematisch bzw. generell unklar erwiesen hat, werden hier nicht mitgezählt, sodass die Gesamtzahl der Belege hier geringer ist, als in der Aufstellung zur chronologischen Verteilung (i. e. 222 Belege).
23 Davon sind 16 Belege aus Mechth.

dieser Bildungen neue und wichtige Einblicke in und Impulse für die historische Wortbildungsforschung des Deutschen liefern kann. Neben einer ausführlichen Analyse des mhd. Belegmaterials müssten diese aber auch verstärkt im Kontext der ahd. bzw. fnhd. Bildungen betrachtet werden. Des Weiteren würde eine weiterführende Untersuchung auch eine durch das Belegmaterial fundierte Einschätzung über den Einfluss des Lateinischen, wie er in der Literatur immer wieder gerne angeführt wird, erfordern (vgl. bspw. Berz 1953: 42; Fritz 2006: 107f.).[24]

Literatur

Augst, Gerhard (1970): „Haupt" und „Kopf" – Eine Wortgeschichte bis 1550. Inaugural-Dissertation zur Erlangung der Doktorwürde der Philosophischen Fakultät der Johannes Gutenberg-Universität zu Mainz, Gießen.
AWB = Althochdeutsches Wörterbuch (1968–). Auf Grund der von Elias von Steinmeyer hinterlassenen Sammlungen im Auftrag der Sächsischen Akademie der Wissenschaften zu Leipzig bearb. und hrsg. v. Elisabeth Karg-Gasterstädt und Theodor Frings u. a. Berlin: Akademie. Bd. 1–.
Berz, Fabian (1953): Der Kompositionstypus steinreich. Inaugural-Dissertation der Philosophisch-historischen Fakultät der Universität Bern zur Erlangung der Doktorwürde. Immensee: Calendaria AG.
BMZ = Mittelhochdeutsches Wörterbuch (1854–1866). Mit Benutzung des Nachlasses von Georg Friedrich Benecke ausgearbeitet von Wilhelm Müller und Friedrich Zarncke. 3. Bde. Leipzig: Hirzel. [Nachdruck mit einem Vorwort und einem zusammengefassten Quellenverzeichnis von Eberhard Nellmann sowie einem alphabetischen Index von Erwin Koller, Werner Wegstein und Norbert Richard Wolf. 5 Bde., Stuttgart: Hirzel, 1990]
Bußmann, Hadumod (Hrsg.) (2008): Lexikon der Sprachwissenschaft. 4. Aufl. Stuttgart: Kröner.
DRW = Deutsches Rechtswörterbuch. Wörterbuch der älteren deutschen Rechtssprache, bis Bd. 3 hrsg. v. der Preußischen Akademie der Wissenschaften, Bd. 4 hrsg. v. der Deutschen Akademie der Wissenschaften (Berlin, Ost), ab Bd. 5 hrsg. v. der Heidelberger Akademie der Wissenschaften (bis Bd. 8 in Verbindung mit der Akademie der Wissenschaften der DDR). Weimar: Böhlaus Nachfolger, derzeit 12 Bände und mehrere Lieferungen.
DWB 1854–1971 = Deutsches Wörterbuch von Jacob Grimm/Wilhelm Grimm. 16 Bände [in 32]. Leipzig. Lizenzausgabe 1984. Deutscher Taschenbuch Verlag.
Duden 4 = Duden (2009): Die Grammatik. 8. Aufl. Berlin: Dudenverlag.
DWb2 = Deutsche Wortbildung – Typen und Tendenzen in der Gegenwartssprache (1975). Zweiter Hauptteil: Das Substantiv. Bearb. von Hans Wellmann. Düsseldorf: Pädagogischer Verlag Schwann.
DWb3 = Deutsche Wortbildung – Typen und Tendenzen in der Gegenwartssprache (1978). Dritter Hauptteil: Das Adjektiv. Bearb. von Ingeburg Kühnhold, Oskar Putzer und Hans Wellmann. Düsseldorf: Pädagogischer Verlag Schwann.

---

24 An dieser Stelle sei noch auf Fabian Berz' aufschlussreiche Ausführungen zu den augmentativen Bildungen in den altgerm. Sprachen aus einer historisch-vergleichenden Perspektive hingewiesen (Berz 1953: 41–45).

Erben, Johannes (2006): *Einführung in die deutsche Wortbildungslehre.* 5., durchges. und erg. Aufl. Berlin: Schmidt.

Fleischer, Wolfgang/Barz, Irmhild (2012): *Wortbildung der deutschen Gegenwartssprache.* 4., völlig neu bearbeitete Aufl. Berlin/Boston: De Gruyter.

Fritz, Gerd (2006): *Historische Semantik.* 2. Aufl. Stuttgart, Weimar: Metzler.

FrlWb. = *Wörterbuch zur Göttinger Frauenlob-Ausgabe* (1990). Unter Mitarbeit von Jens Haustein, redigiert von Karl Stackmann. Göttingen: Vandenhoeck & Ruprecht.

FWB = *Frühneuhochdeutsches Wörterbuch.* Hrsg. v. Robert R. Anderson [für Bd. 1]/Ulrich Goebel/Anja Lobenstein-Reichmann/Oskar Reichmann. Bearb. von Anja Lobenstein-Reichmann [ab Bd. 5 fortlaufend]/Joachim Schildt [Bd. 6., erste Hälfte]/Oskar Reichmann [Bände 1–3 und fortlaufend]/Vibeke Winge [Bd. 8]/Akademie der Wissenschaften zu Göttingen [seit 2013, ab Bd. 5, zweite Lieferung] u. a.

Kammerer, Matthias (2001): Verstärkungsbildungen im Deutschen. In: Lehr, Andrea u. a. (Hrsg.): *Sprache im Alltag. Beiträge zu neuen Perspektiven in der Linguistik.* Berlin/New York: De Gruyter, 293–319.

LexerHwb = Lexer, Matthias von (1873–1878): *Mittelhochdeutsches Handwörterbuch. Zugleich ein Supplement und alphabetischer Index zum Mittelhochdeutschen Wörterbuch von Benecke-Müller-Zarncke.* 3 Bände. Leipzig, Hirzel. Reprographischer Nachdruck Stuttgart 1979.

LThK = *Lexikon für Theologie und Kirche* (1993–2001). Begründet von Michael Buchberger. 3., völlig neu bearb. Aufl. hrsg. v. Walter Kasper u. a., 11 Bde. Freiburg i. Br. u. a.: Herder.

Meineke, Eckhard (1994): *Abstraktbildungen im Althochdeutschen. – Wege zu ihrer Erschließung.* Göttingen: Vandenhoeck & Ruprecht.

Mhd. Gr. Wb. = *Mittelhochdeutsche Grammatik – Teil III: Wortbildung* (2009). Hrsg. v. Thomas Klein/Hans-Joachim Solms/Klaus-Peter Wegera. Erarbeitet von Birgit Herbers/Thomas Klein/Aletta Leipold u.a. Tübingen: Niemeyer.

MWB = *Mittelhochdeutsches Wörterbuch* (2006–). Im Auftrag der Akademie der Wissenschaften und der Literatur Mainz und der Akademie der Wissenschaften zu Göttingen. Begründet von Kurt Gärtner/Klaus Grubmüller/† Karl Stackmann. Hrsg. v. Kurt Gärtner/Klaus Grubmüller/Jens Haustein. Stuttgart: Hirzel.

MlatWb. = *Mittellateinisches Wörterbuch bis zum ausgehenden 13. Jahrhundert* (1967–). In Gemeinschaft mit den Akademien der Wissenschaften zu Göttingen, Heidelberg, Leipzig, Mainz, Wien und der Schweizerischen Geisteswissenschaftlichen Gesellschaft hrsg. v. der Bayerischen Akademie der Wissenschaften und der Deutschen Akademie der Wissenschaften zu Berlin. München: Akademie.

Müller, Peter O. (1993): *Substantiv-Derivation in den Schriften Albrecht Dürers. Ein Beitrag zur Methodik historisch-synchroner Wortbildungsanalysen.* Berlin/New York: De Gruyter.

Petermann, Heinrich (1971): Semantische Veränderungen erster Kompositionsglieder im Grenzbereich zwischen Zusammensetzungen und Präfixbildungen. In: *Deutsch als Fremdsprache 8.* Hrsg. v. Herder-Institut Leipzig, 108–113.

Ruf, Birgit (1995): *Augmentativbildungen mit Lehnpräfixen.* Heidelberg: C. Winter.

Schmidt, Günter Dietrich (1987): Das Affixoid – Zur Notwendigkeit und Brauchbarkeit eines beliebten Zwischenbegriffs der Wortbildung. In: Hoppe, Gabriele u. a. (Hrsg.): *Deutsche Lehnwortbildung.* Tübingen: Gunter Narr, 53–101.

Voetz, Lothar (1977): *Komposita auf -man im Althochdeutschen, Altsächsischen und Altniederfränkischen.* Heidelberg: Winter.

Wiegand, Herbert Ernst (2001): Augmentation in Printwörterbüchern der deutschen Gegenwartssprache. In: Korhonen, Jarmo (Hrsg.): *Von der mono- zur bilingualen Lexikografie für das Deutsche.* Frankfurt a. M. u. a.: Lang, 101–137.

Wilmanns, Wilhelm (1899): *Deutsche Grammatik. Gotisch, Alt-, Mittel- und Neuhochdeutsch. 2. Abteilung. Wortbildung*. 2. Aufl. Straßburg: Trübner.

WMU = Wörterbuch der mittelhochdeutschen Urkundensprache auf der Grundlage des Corpus der altdeutschen Originalurkunden bis zum Jahr 1300 (1994–2010). Unter Leitung von Bettina Kirschstein/Ursula Schulze erarbeitet von Sibylle Ohly/Daniela Schmidt/Peter Schmitt u.a. 3 Bde. Veröffentlichungen der Kommission für Deutsche Literatur des Mittelalters der Bayerischen Akademie der Wissenschaften. Berlin: Schmidt.

Ingrid Schröder und Sabina Tsapaeva
Komplexe Semantik im mittelniederdeutschen Wörterbuch

Das Verb *tên* als Exempel

Zusammenfassung: In unserem Beitrag wenden wir uns am Beispiel des Artikels ¹*tên* („ziehen"), des mit ca. 13 Druckspalten wohl umfangreichsten und zugleich komplexesten Artikels des dritten Bandes, der lexikographischen Praxis des Mittelniederdeutschen Wörterbuchs zu. Es soll dargestellt werden, wie die komplexe Semantik des Lexems *tên* im historischen Wörterbuch abgebildet werden kann, welche kognitiven Konzepte, welche semantischen Strukturen, welche grammatischen Beziehungen und welche pragmatischen Einbettungen als Einflussfaktoren bei Bedeutungsdifferenzierungen eine Rolle spielen und bei der Artikelgestaltung angemessen zu berücksichtigen und zueinander in Beziehung zu setzen sind. Ferner wird veranschaulicht, nach welchen Kriterien einzelne Bedeutungen im Artikel ¹*tên* gegliedert und angeordnet werden. Darüber hinaus werden die semantischen Spezifika des mittelniederdeutschen Verbs *tên* hervorgehoben.

Schlüsselwörter: komplexe Semantik, Polysemie, historische Lexikographie, Artikelgestaltung, Mittelniederdeutsch

1 Problemstellung und Überblick

Polysemie prägt als ein grundlegendes lexikalisches Kennzeichen den lexikographischen Arbeitsalltag und kann zuweilen zu einer regelrechten Herausforderung werden. Das ist während der Bearbeitung des Mittelniederdeutschen Handwörterbuchs beispielsweise beim Artikel ¹*tên* („ziehen") der Fall gewesen. Es handelt sich dabei mit ca. 13 Druckspalten um den wahrscheinlich umfangreichsten und damit zugleich komplexesten Artikel des dritten Bandes, wenn nicht des gesamten Wörterbuches. Dass dem Verb *ziehen* auch in der Standardsprache eine höchst differenzierte Semantik zukommt, wurde in der Forschungsliteratur mehrfach gewürdigt. Zum einen hat Franz Hundsnurscher den Zusammenhang von Sprechakt und Äuße-

---

Prof. Dr. Ingrid Schröder: Universität Hamburg, Institut für Germanistik, Überseering 35, Postfach #15, 22297 Hamburg, E-Mail: ingrid.schroeder@uni-hamburg.de
Dr. Sabina Tsapaeva: Mittelniederdeutsches Wörterbuch, Universität Hamburg, Institut für Germanistik, Überseering 35, Postfach #15, 22297 Hamburg,
E-Mail: sabina.tsapaeva@uni-hamburg.de

https://doi.org/10.1515/9783110632866-009

rungsform am Beispiel des Verbs „ziehen" gezeigt und die semantische Differenzierung abhängig vom kommunikativen Effekt verdeutlicht (Hundsnurscher 1996: 50–51). Zum anderen sind in einer Analyse von Gerd Fritz die „Verfahren [...], die die Sprecher bei der Deutung von Verwendungen von *ziehen* nutzen können" (Fritz 2000: 39), beschrieben worden.

Am Beispiel der lexikographischen Praxis des Mittelniederdeutschen Handwörterbuchs soll im Folgenden dargestellt werden, wie die komplexe Semantik des Lexems *tên* im historischen Wörterbuch abgebildet worden ist. Die kognitiven, semantischen, grammatischen und pragmatischen Aspekte, die als Einflussfaktoren Bedeutung und Bedeutungsnuancen generieren, waren bei der Artikelgestaltung angemessen zu berücksichtigen und zueinander in Beziehung zu setzen. Für den lexikographischen Prozess bedeutete dies vor allem zu entscheiden, nach welchen Kriterien Bedeutungen gegliedert und angeordnet werden. Es ist zu überprüfen, wie weit die von Fritz (2000) herausgestellten Deutungsverfahren auf das Mittelniederdeutsche anwendbar sind und wie sie sich in der lexikographischen Praxis spiegeln. Darüber hinaus sollen die semantischen Spezifika des mittelniederdeutschen Verbs *tên* hervorgehoben werden.

In einem ersten Schritt wird das Mittelniederdeutsche Handwörterbuch kurz vorgestellt (Kap. 2). Eine theoretische und methodische Verankerung erfolgt auf zweierlei Weise: Zum einen werden die theoretischen Bezüge rekonstruiert, die für die Konzeption des Wörterbuchs vor nahezu 100 Jahren eine Rolle gespielt haben und der Basiskonzeption, der das Wörterbuch bis heute verpflichtet ist, zugrunde liegen. Zum anderen wird auf verschiedene semantische Theorieansätze rekurriert, aus denen systematische Verfahren der Bedeutungsdifferenzierung und die damit verbundenen Beschreibungsebenen abgeleitet werden (Kap. 3). In einem ersten Zugriff auf den Artikel ¹*tên* wird die Mikrostruktur des Artikels vorgestellt (Kap. 4). Durch eine ausführlichere Darstellung der Prinzipien der Bedeutungserläuterung kann gezeigt werden, welche Lösungen für die Beschreibung der komplexen Semantik von mittelniederdeutsch *tên* gefunden worden sind. Dabei werden die getroffenen Entscheidungen insbesondere in Bezug auf die Hierarchisierung der Beschreibungsebenen diskutiert (Kap. 5). Ein abschließendes Resümee widmet sich den Besonderheiten der Semantik im Artikel ¹*tên* (Kap. 6).

2 Das Mittelniederdeutsche Handwörterbuch

Das Mittelniederdeutsche Handwörterbuch dokumentiert den niederdeutschen Wortschatz vom 13. bis ins 17. Jahrhundert im gesamten Hanseraum, der sich nach einzelnen Zeiträumen, Schreibsprachvarianten (Peters 2000a: 1420 und 2000b: 1480–1482) und weiterhin nach Kommunikationsbereichen differenzieren lässt (vgl. Schröder 2014a).

Diachron lassen sich Frühmittelniederdeutsch (1200–1370), „klassisches" Mittelniederdeutsch (1370–1520/30) und Spätmittelniederdeutsch (1520/30–1630/50) (vgl. Peters 2000a: 1420) als die drei wesentlichen Sprachstadien voneinander abheben. In diatopischer Hinsicht werden grundsätzlich das Westmittelniederdeutsche und das Ostmittelniederdeutsche unterschieden. Zum Westmittelniederdeutschen werden das Westfälische, das Ostfälische und das Nordniedersächsische gerechnet, zum Ostmittelniederdeutschen das Ostelbische (mit engen Beziehungen zum Nordniedersächsischen) und das Südmärkische (vgl. Peters 2000b: 1478–1482). Hinzu kommen Texte aus dem Baltikum, aus Skandinavien und aus den einzelnen Hansekontoren in Brügge, London, Bergen und Nowgorod, die spezifische, vor allem kontaktbedingte Formen aufweisen (vgl. Schröder 2014b: 174–176). Diese diachronen und diatopischen Differenzen sind im lexikographischen Prozess zu berücksichtigen.

Mittelniederdeutsche Texte sind Zeugnisse einer sich ausdifferenzierenden (hanse)städtischen Kultur, sodass sich auch in der Lexik die Bedingungen mittelalterlicher und frühneuzeitlicher Kommunikation spiegeln. Als wesentliche Kommunikationsbereiche sind Handel, städtische Institutionen, politische und juristische Netzwerke, Handwerk und Artes, Kirche und geistliches Leben, Belehrung – Erbauung – Unterhaltung sowie individuelle und kollektive Selbstvergewisserung zu nennen (vgl. Schröder 2014a; zur Lexik Möhn & Schröder 2000). Daraus ergibt sich eine starke Präsenz von Gebrauchstexten im Bearbeitungskorpus, die ein wesentliches Charakteristikum des Wörterbuches darstellt.

Entsprechend dieser breit gefächerten Materialbasis kann das Wörterbuch als Auskunftsmittel für eine Reihe von Disziplinen dienen. Neben Linguistik und Literaturwissenschaft sind vor allem die Geschichtswissenschaften zu nennen, v. a. in den Bereichen Hansegeschichte, Regionalgeschichte, aber auch Kulturgeschichte und Rechtsgeschichte (vgl. Möhn 2004: VI). Zusätzlich bietet das Wörterbucharchiv die Möglichkeit, das Material vor Ort einzusehen und für wissenschaftliche Zwecke gezielt auszuwerten.

Gegründet wurde die Arbeitsstelle des Mittelniederdeutschen Wörterbuchs 1923; die erste Lieferung, erarbeitet von Agathe Lasch, erschien 1928. Die 38. Lieferung bis zum Lemma *unvorlēchlīk* wurde im Jahr 2015 gedruckt; die 39. Lieferung von *telderpērt* bis *tôbāte* ist im März 2017 erschienen; die 40. Lieferung von *unvorlecht* bis *ungemête* wurde im Juni 2018 publiziert. Durch die lange Bearbeitungsgeschichte ist es im Laufe der Zeit zu behutsamen konzeptionellen Änderungen gekommen, die der Anpassung an die gewandelten lexikographischen Standards geschuldet war. So ist die anfängliche Konzeption eines Handwörterbuchs, das weitestgehend ohne Belege auskommen sollte, nach und nach in Richtung Belegwörterbuch verschoben worden. Während zunächst Quellenangaben lediglich für Seltenheitsbelege aufgeführt wurden, entschied man sich im zweiten Band dafür, Kollokationen und in der Regel gekürzte und normalisierte Belege aufzunehmen, um semantische und syntaktische Verwendungsweisen zu dokumentieren. Seit der 36. Lieferung

(Beginn „*u*") werden schließlich konsequent Belegzitate für alle Bedeutungsnuancen präsentiert.

3 Bedeutungstheorien und lexikographische Beschreibungsmethoden

Die lexikographische Praxis der Bedeutungserläuterung ist grundsätzlich abhängig von den theoretischen Bezugnahmen, die mit ihr – überwiegend implizit – verbunden sind. In der neueren Geschichte der Lexikographie ist spätestens seit Hermann Paul für die Beschreibung polysemer Lexeme auf Differenzierungskriterien rekurriert worden, die auch in den neueren semantischen Theorien als Faktoren für die Konstituierung von Bedeutung auf unterschiedliche Weise dominant gesetzt werden.

Dass auch Agathe Lasch in ihren sprachhistorischen Forschungen grundsätzlich an Hermann Paul anknüpft, geht bereits aus der Einleitung zu ihrer Dissertation „Die Geschichte der Schriftsprache in Berlin bis zur Mitte des 16. Jahrhunderts" hervor, in der sie schreibt:

> Denn wer eine Sprachform in ihrem Werden erkennt, wird ihre Berechtigung verstehen. Eine wissenschaftlich aufgebaute Betrachtung wird daher zunächst darangehen müssen [...], das Berlinische sprachhistorisch herzuleiten, das Werden der Sprachform zu untersuchen. Und es wird sich dann seine geschichtliche Bedingtheit zeigen, das Zusammenwirken historischer, sozialer, psychischer Kräfte, die an seiner Ausbildung teilhaben. (Lasch 1910: 1–2)

Auch für das Mittelniederdeutsche Wörterbuch hebt Lasch auf die Verbindung von Sprachgeschichte, politischer und Geistesgeschichte sowie wirtschaftlichen Bedingungen ab:

> Durch die enge Verknüpfung der niederdeutschen Sprachgeschichte mit der Zeitgeschichte, der politischen und der Geistesgeschichte [...], die Betonung der wirtschaftlichen Bedeutung des Niederdeutschen als Hansesprache, die Bewertung und sprachliche Verwertung der Stadtbücher und verwandter Aufzeichnungen ist eine ungeheuer reiche Quelle für den Wortschatz erschlossen. (Lasch/Borchling 1928: [I])

Für Agathe Lasch war es immer ein zentrales Anliegen, die Sprachdaten historisch zu verorten und das heißt zugleich in ihren Verwendungskontexten zu untersuchen, ein insgesamt soziolinguistisch orientierter Ansatz (vgl. dazu Schröder 2009; 2011). In ihren Äußerungen spiegeln sich die Positionen Hermann Pauls wider, der ebenfalls die zentrale Bedeutung des „Werdens einer Sprachform" in der Einleitung der „Prinzipien der Sprachgeschichte" formuliert: „Und so wüsste ich überhaupt nicht, wie man mit Erfolg über eine Sprache reflektieren könnte, ohne dass man etwas darüber ermittelt, wie sie geschichtlich geworden ist." (Paul 1995: 21). Die von Lasch benannten „historischen, sozialen und psychischen Kräfte" erkennt auch Paul als wesentliche Faktoren einer Kulturwissenschaft an (Paul 1995: 6–7). Schließlich spiegelt sich in Laschs Betonung der Verwendungskontexte Pauls Unterscheidung von usueller und okkasioneller Bedeutung mit starker Gewichtung letzterer wider:

> Wir verstehen also unter usueller Bedeutung den gesamten Vorstellungsinhalt, der sich für den Angehörigen einer Sprachgenossenschaft mit einem Worte verbindet, unter okkasioneller Bedeutung denjenigen Vorstellungsinhalt, welchen der Redende, indem er das Wort ausspricht, damit verbindet und von welchem er erwartet, dass ihn auch der Hörende damit verbinde. (Paul 1995: 75)[1]

Hermann Paul und Agathe Lasch sind mit ihren Ansätzen bereits weit über eine semantische Repräsentationstheorie im Sinne des *aliquid stat pro aliquo* hinausgekommen und nehmen Elemente der im 20. Jahrhundert ausformulierten Theorieansätze vorweg, auf die sich auch die Prinzipien der Bedeutungserläuterung in der gegenwärtigen lexikographischen Praxis beziehen lassen. In Betracht kommen vor allem vier Ansätze, die mehr oder weniger die Art und Weise der Bedeutungserläuterungen steuern und die für die lexikographischen Entscheidungen zu berücksichtigen sind: Zum ersten ist der strukturelle Ansatz zu nennen, nach dem Bündel von bedeutungsunterscheidenden Merkmalen die Gesamtbedeutung eines Lemmas konstituieren bzw. zur Differenzierung von Lemmata dienen können. Als zweites ist der kontextuelle Ansatz relevant, der hervorhebt, dass Bedeutung durch den Kotext bzw. durch Kollokationen generiert wird. Als drittes spielt die mit dem kontextuellen Ansatz eng verbundene Gebrauchstheorie eine Rolle, nach der die Bedeutung durch den Gebrauch determiniert wird. Als viertes schließlich ist der Prototypen- bzw. Stereotypenansatz zu nennen, der davon ausgeht, dass typische Vertreter der jeweiligen Objektklasse als Bezugspunkte dienen.[2] Im Ensemble dieser Bedeutungstheorien bleiben als wesentliche Komponenten der Bedeutungsdifferenzierung zumindest der Verben die Valenz wie auch die damit verbundenen semantischen Rollen der Aktanten noch außer Betracht, die bei dieser Lexemklasse jedoch als bedeutungskonstituierende und -differenzierende Faktoren eine herausragende Rolle spielen. Die folgenden Ausführungen werden zeigen, dass diese Ansätze in der lexikographischen Praxis auf unterschiedliche Weise zur Differenzierung und Formulierung der Bedeutungsangaben nutzbar gemacht werden können.

Die komplexe Semantik eines Lexems mit ausdifferenzierter polysemer Struktur lässt es angezeigt erscheinen, einen integrierten Ansatz zu wählen und die genannten Prinzipien auf den verschiedenen Ebenen der Bedeutungserläuterung miteinander zu kombinieren. Auf diese Weise können neuere theoretische Ansätze metho-

---

1 Zum Ansatz Pauls vgl. Haß-Zumkehr (2000; 2001); Gloning (1996: 15–31); Henne (1987).
2 Zu den verschiedenen Ansätzen vgl. die Überblicksdarstellungen von Lyons (1991), Fritz (2012), Busse (2015).

disch fruchtbar werden, und zugleich ist es möglich, die Bearbeitungstradition fortzuführen, um das Homogenitätspostulat zu beachten. Als Basis zur Beschreibung polysemer Strukturen im Wörterbuchartikel lassen sich im Sinne eines solchen integrierten Ansatzes die folgenden Faktoren identifizieren, die im Zusammenhang mit den genannten Theorien stehen und zur Strukturierung und Differenzierung der Bedeutung genutzt werden (vgl. dazu auch Fritz 2000: 39; Möhn 2004):

(a) Zuordnung zu stereotypen bzw. prototypischen Ereignissen oder Gegenständen,
(b) semantische Merkmalsüberschneidungen und -differenzen,
(c) metonymische und metaphorische Verfahren,
(d) Kollokationen,
(e) idiomatische Verwendungen,
(f) semantische Rollen,
(g) Valenzdifferenzen und Reflexivierungen als syntaktische Merkmale,
(h) Einbettung in pragmatische Zusammenhänge,
(i) registerspezifische Verwendungsweisen (Domänen, Textsorten).

Eine weiter zu treffende lexikographische Entscheidung betrifft die Reihenfolge der Teilbedeutungen und der Belege. Vorschläge sind insbesondere im Hinblick auf das Frühneuhochdeutsche Wörterbuch (FWB) von Reichmann (1989; 2012: 341–343) unterbreitet und diskutiert worden.[3] Auch hier wird deutlich, dass mehrere Prinzipien miteinander zu kombinieren und zu gewichten sind.

4 Artikelstruktur im Mittelniederdeutschen Handwörterbuch

Bevor am Beispiel des Verbs *tên* die Bedeutungserläuterungen im Fokus stehen und damit die Möglichkeiten, semantische Komplexität darzustellen, soll ein kurzer Blick auf die Artikelstruktur im Mittelniederdeutschen Handwörterbuch geworfen werden (vgl. auch Lasch/Borchling 1928; Möhn 1992; 2004). Es handelt sich in der Terminologie Wiegands (1989: 483–488, 492–493) um einen Artikel mit einer extern vollständig erweiterten integrierten Mikrostruktur, d. h. der Artikel besteht aus einem Formenkommentar und einem semantischen Kommentar, der wiederum in Unterkommentare mehrerer Stufen aufgegliedert ist. Der Artikel weist Indizes zur Differenzierung von Homonymen, Kennzeichnungen von Fremdwörtern, Einzelbe-

---

[3] Kriterien für die Reihenfolge der Bedeutungen bzw. der Teilbedeutungen sind nach Reichmann (2012: 341–343): Zeit, Raum, soziale Zuordnung, Frequenz, Generizität, Eigentlichkeit, Konkretheit, Wortbildungsfruchtbarkeit, inhaltliche Nähe, syntaktische Struktur, Etymologie, Alphabet.

legen sowie räumlich und zeitlich begrenzten Lexemen vor dem Lemma sowie Angaben zur Etymologie, zur diatopischen oder diachronischen Verortung, zur onomasiologischen Vernetzung und zu Lexembildungsverfahren im Anschluss an den semantischen Kommentar auf.

Das Lemma wird in normalisierter Schreibung nach etymologischen Prinzipien angesetzt. Graphische Varianten, die Rückschlüsse v. a. auf die Längenverhältnisse im Vokalismus oder auf den Umlaut erlauben, werden in Klammern beigegeben. Phonologisch-morphologische oder diatopische Varianten, die nicht als reine Schreibvarianten anzusehen sind, werden im Anschluss aufgeführt. Den Varianten folgen die grammatische Kennzeichnung, d. h. die Angabe der Zugehörigkeit zu einer bestimmten Lexemklasse, und die Auflistung der im Material vorgefundenen Flexionsformen.

Die Bedeutungserläuterung nimmt eine zentrale Stellung im Wörterbuchartikel ein. Ihre Gliederung wird im Mittelniederdeutschen Handwörterbuch vornehmlich nach semantischen Kriterien vorgenommen (Bsp. 1). Als Hauptbedeutung gilt die allgemeine Bedeutung, die möglichst alle Teilbedeutungen umfasst bzw. aus der die anderen Teilbedeutungen abgeleitet werden können und die im Artikel an erster Stelle aufgeführt wird. Kann keine allgemeine Bedeutung bestimmt werden, steht die frequenteste Teilbedeutung am Artikelbeginn, an die weitere Teilbedeutungen auf Basis von semantischen Ableitungsprozessen (vgl. unten) angeschlossen werden. Eine zusätzliche Untergliederung kann nach syntaktischen Kriterien erfolgen. Bei den Verben allerdings fungiert aufgrund der engen Verknüpfung von semantischer und syntaktischer Struktur die Valenz als oberstes Einteilungskriterium (Bsp. 2). Pragmatische Kriterien wie Zeit-, Raum- und Textsortenverteilung werden ebenfalls zur Bedeutungsdifferenzierung herangezogen.

Beispiel 1: Gliederung nach semantischen Kriterien[4]

(1) ¹tēmen, *temmen*, swv.: 1. (Tiere) bändigen, [...], dem Menschen gefügig machen, zähmen, [...]. – 2. (Neigungen, Einstellungen) im Zaum halten, bezähmen, [...]. – 3. (Personen) gefügig machen, [...]; – bezwingen, unterwerfen, [...].

Beispiel 2: Gliederung nach syntaktischen Kriterien

(2) ²têren, *tîren*, swv.: trans. schmücken, zieren, [...]; – refl. sich verhalten, benehmen, [...]; – (seltener:) intrans. [...]; – beschaffen sein, [...].

Die Bedeutungsangabe liegt im Spektrum zwischen standardsprachlichem Äquivalent oder Synonym (Bsp. 3) und standardsprachlicher Definition bzw. knapper defi-

---

4 Die im Folgenden zitierten Beispiele werden entsprechend der 2017 erschienenen 39. Lieferung des 3. Bandes des Mittelniederdeutschen Handwörterbuchs wiedergegeben.

nitionsartiger Paraphrase (Bsp. 4–5). Bei Belegen aus Glossaren und bei Übersetzungen werden die jeweiligen lateinischen Äquivalente aufgeführt (Bsp. 5).[5]

Beispiele 3–5: Bedeutungsangaben

(3) °temnêrer, m.: Unterwerfer, Bezwinger, [...].

(4) ⁺temper, °tenper (Lüneb. Museumsbll. 1, 94), tamper, f.: die Fastentage von Mittwoch bis Samstag vor Reminiscere vor Trinitatis nach Kreuzerhöhung und nach Lucia, Quatember, [...].

(5) tēnevlê^{i}sch, [...], n. (Gen. Sg. -es, Dat. Sg. -e): Schleimhaut im Mund die den Zahnhals umschließt, Zahnfleisch, [...]„dentina" (Voc. Strals. ed. Damme 406), „dentiwa i. gingiua" (Dief. nov. 38), „gingivia, dentigo" (SL: Hamb. dt.-lat. Gl.), [...]..

Bei Bedarf wird die Bedeutungsangabe durch erläuternde Sachkommentare oder Symptomwertangaben (vgl. FWB 1: 117–125) zu den Kategorien Raum (Bsp. 6), Zeit, Textsorte, Gebrauchsdomäne (Bsp. 7) und Frequenz ergänzt.

Beispiele 6–7: Symptomwertangaben

(6) ¹tellen, [...]: 1. [...]. – 2. °eine Aussage vor Gericht treffen; – fries.

(7) tôbinden, stv. [...]: 1. zubinden, verbinden, [...], (mediz.:) Verband anlegen, [...]. – 2. (rechtl.:) zuerkennen, [...].

Direkt nach der allgemeinen Bedeutungsangabe werden lexemspezifische Syntagmen abgedruckt (Bsp. 8).

Beispiel 8: Syntagmen

(8) ⁺test, [...]: 1. [...]. – 4. probehaltiges Silber, Silber von hohem Feingehalt, [...], t. bernen/drîven in der Schmelze hochwertiges Silber von unedlen Bestandteilen trennen, Silber abtreiben, [...].

Es folgen häufig auftretende Phrasen wie Paarformeln (Bsp. 9), Kollokationen, idiomatische Wendungen (Bsp. 10) und Funktionsverbgefüge in normalisierter Form. Diese Angaben werden ggf. durch Hinweise zur metonymisch-metaphorischen Verwendung ergänzt.

---

5 Zu den verschiedenen Möglichkeiten der Bedeutungsangaben vgl. Reichmann (2012: 233) (intensional/definitorisch); 286 (einfach/komplex); 302 (synonymisch/phrastisch); 320 (diffus); vgl. auch Reichmann (1989).

Beispiele 9–10: Phrasen

(9) **tins,** [...]: [...]. – 1. Tribut, [...]. – 1.2. öffentliche, landesherrliche Abgabe, [...], *t. unde golt, t. unde schot*; [...].

(10) **timpe,** [...]: 1. [...]. – 2. Ecke, Spitze am Backwerk, kugelförmige Verzierung v. a. am Timpenbrot in Dreieck- oder Viereckform, [...]; – (Rda.:) *up den lesten t.n bîten* in finanzielle Schwierigkeiten geraten, mit seinem Vermögen zu Ende sein, [...].

Den Bedeutungsangaben werden Belege in Originalschreibung mit bibliographischem Nachweis beigegeben. Sie bilden zentrale Bauteile des Wörterbuchartikels. Die Belege bestätigen die metasprachlichen Angaben der Lexikographin oder können diese präzisieren. Deswegen wird bei der Auswahl der Belege darauf geachtet, dass jede signifikante Bedeutungsnuance und jede grundlegende grammatische Besonderheit mit mindestens einem Beleg ausgestattet wird, um die ganze Bandbreite der Form- und Bedeutungsvarianz zum Ausdruck zu bringen. Neben definitionsartigen Belegen und Charakterisierungen (Bsp. 11) erscheinen zu diesem Zweck Belege mit synonymischen wie antonymischen Paarformeln, Aufzählungen, Hyperonymen und Hyponymen, die zur Identifizierung und zur Abgrenzung des Lemmazeichens von verwandten Lemmata beitragen, sowie rahmenkennzeichnende Belege (Bsp. 12).[6] Unabhängig von der Belegart dienen alle Belege zudem der Illustration des Lexemgebrauchs und der impliziten Weiterführung der Bedeutungsangabe (Bsp. 13).

Beispiele 11–13: Belege

(11) **tinsmê͡ster,** m [...]: Zinsmeister, geistlicher oder städtischer Beamter, der die Zinsen und Abgaben einnimmt, [...], *de grôte t.* Zinsmeister der städtische Zinsen und Abgaben insbesondere von den Gilden einnimmt, „*dit is de tins, den de grote tinsmester upnympt*" (ebd. 570).

(12) [1+]**titel,** (*tittel*), m. [...]: 1. Inschrift, Aufschrift, Überschrift, [...]. – 1.1. Titel eines Buches, einer Schrift, „*de titel des bokes was also*: Protestatio oratorum Caroli noni christianissimi Gallorum regis in concilio Tridentino" (Oldecop 556), Titel eines Buchabschnittes, Überschrift, „*De tyttel dusses psalmen ys. Eyn gebet des armen*" (Bibel u. d. Kultur 9, 70). – 1.2. Buch, Schrift, „*Erstlick, so lath dy nicht vordrethen dat sůluige gesette eyn mal, twe, edder dre, ock dar grothe dunckelheyt were, den gantzen tytel tho vorlesen*" (ZRG R. 14, 113); – Buchabschnitt, „*Do schref her Johan Soetemelck van Amsterdam, prediger to s. Marten, ein bock, ... darinne he einen titel edder punct, dat dat minschlicke lif Christi allenthalven sy*" (Renner ed. Klink 2, 198).

---

[6] Zu den Belegtypen vgl. Reichmann (2012: 493–501), der textinterne definitionsartige Erläuterungen, Charakterisierungen, Identifizierungen, rahmenkennzeichnende Belege, Gegensatzausdrücke sowie über- und untergeordnete Ausdrücke unterscheidet.

(13) ⁺**temper(e)n,** swv.: 1. verschiedene Zutaten in angemessenem Verhältnis mischen, [...], „*wente de heydenen lude in den daghen unde in den tiden ere toveringhe unde ere vorghifnisse tosamene temperden*" (Brem. Arzneib. 66), (Arzneimittel:) „*Wedder den schorff. Nym eyn krut dat het tymila vnde olie vnde etik vnde quicsuluer, tempere dit tosamende vnde smere ene wor he seer is*" (A. v. B. 20), eine anwendungsfähige Konsistenz herstellen, „*vnde tempere dat dan – is id to dicke – myd eyn cleyne lyn olyes*" (Boßhammer Farbrezepte 45).

Angaben zur Etymologie, ggf. auch zur Diatopie und Diachronie sowie zur onomasiologischen Vernetzung stehen am Artikelende. Kompositalisten (Bsp. 14) schließen den Artikel ab. In Nebenartikeln werden Diminutive (Bsp. 15), semantisch eigenständige substantivierte Infinitive (Bsp. 16) und Komposita mit dem Lemma als Grundwort und dem Bestimmungswort bereits veröffentlichter Wortstrecken behandelt.

Beispiel 14: Kompositalisten

(14) ¹**tēr,** tēre, n.: [...].
 tērbüsse, ~etik, ~hof, ~hûs, ~kanne, ~kētel, ~krans, ~lastadie, ~mest, ~plats, ~quast, ~tunne, ~wāter, ~wisch, ~wrāke, ~wrāker, ~wrākerîe, tērebāne, ~vat

Beispiele 15–16: Nebenartikel

(15) **telge,** [...]: [...].
 Dimin. *telgeken, telgerken,* n. (Pl. *telgerken*): kleiner Ast, [...].

(16) **tēneklapperen,** *tēnen-,* swv.: mit den Zähnen klappern, [...].
 Subst. *tēnenklapper(e)nt,* n.: Zähneklappern, [...].

5 Erläuterung komplexer Semantik am Beispiel ¹*tên*

Die Differenzierung der Semantik im Mittelniederdeutschen Handwörterbuch wird im Folgenden an der komplexen Semantik des Verbs *tên* demonstriert. Es können 24 Teilbedeutungen unterschieden werden, die durch spezifische Verwendungsweisen jeweils weiter differenziert werden können. Dabei wird verdeutlicht, wie sich die verschiedenen Faktoren der Bedeutungsdifferenzierung (vgl. Kap. 3) ausgewirkt haben.

Eine erste Bedeutungsgliederung geht im Artikel ¹*tên* mit syntaktischen Kriterien einher, indem eine transitive und eine intransitive Verwendungsweise getrennt werden. Dass eine grundlegende Bedeutungsdifferenzierung aufgrund syntaktischer Kriterien möglich ist, zeugt von einer tiefen wechselseitigen Durchdringung von Semantik und Syntax. Als allgemeine Bedeutung des Verbs *tên* lässt sich „etw. oder jemdn. in eine bestimmte Richtung gleichmäßig bewegen" bestimmen. Alle Teilbedeutungen scheinen sich aus dieser allgemeinen Bedeutung entwickelt zu haben und während des Entwicklungsprozesses mit neuen spezifischen Merkmalen aufgeladen worden zu sein.

Beispiel 17: Bedeutungsgliederung ¹tên

(17) ¹tên (*teen, tein*), *têhen, getên, tîen, getîen*, stv. [...]: I. trans. etw. oder jemdn. in eine bestimmte Richtung gleichmäßig bewegen, [...]. – 1. etw. oder jemdn. in eine bestimmte Richtung fortbewegen, [...]. – 2. zu sich hin bewegen, [...]. – 3. hinter sich her fortbewegen, [...]. – 4. (unter verstärktem Kraftaufwand) Zug auf etw. ausüben, [...]. – 5. herausziehen, [...]. – 6. entfernen, ablegen, [...]. – 7. etw. in sich hineinnehmen, [...]. – 8. etw. durch etw. durchziehen; [...]. – 9. in eine Form bringen, dehnen, strecken, [...]. – 10. linienförmig anlegen; [...]. – 11. (Vbdg.:) [eine Reise] machen, [...]. – 12. aufziehen, großziehen, ernähren, [...]. – 13. (mathem.:) Rechenoperationen durchführen, [...]. – 14. mit Luft durchziehen, Luft durchströmen lassen, [...].

II. intrans. 1. eine Bewegung vollziehen, sich von einem Ort zum anderen bewegen, [...]. – 2. c. Präp. *up(pe)* oder *an* sich auf etw./jemdn. beziehen, [...]. – 3. Mitglied werden, in eine Institution eintreten, [...]. – 4. c. Präp. *van/ût* einen Ort verlassen, [...]. – 5. c. Präp. *ût* eine Institution verlassen. [...]. – 6. (milit.:) feindlich ausziehen, gegen jemdn. vorgehen, [...]. – 7. (Eigenschaft:) übergehen, übertreten, [...]. – 8. sich erstrecken; [...]. – 9. (unter verstärktem Kraftaufwand) Zug ausüben, [...]. – 10. (mediz.:) heraussaugen, absaugen, [...].

Bei genauer Betrachtung der einzelnen Teilbedeutungen wird deutlich, dass sich der Großteil nicht unmittelbar auf die allgemeine Bedeutung zurückführen lässt, sondern in einer mehr oder weniger direkten Beziehung zu dieser steht. Je nach semantischer Nähe der Teilbedeutung zur allgemeinen Bedeutung bzw. je nach Entfernung von dieser kann man in Anlehnung an Fritz (2005: 25–27) von einer direkten, einer indirekten und einer abgerissenen Beziehung sprechen. Die Beziehung zwischen einer Teilbedeutung und der allgemeinen Bedeutung kann dann als direkt bezeichnet werden, wenn die Bedeutungsdifferenzen minimal sind und die Teilbedeutung unmittelbar auf die allgemeine Bedeutung zurückgeführt werden kann. Indirekt verknüpft sind die Teilbedeutung und die allgemeine Bedeutung dann, wenn die Beziehung zwischen ihnen zwar noch mühelos rekonstruiert werden kann, aber mindestens eine Teilbedeutung mit direkter Beziehung zur allgemeinen Bedeutung dazwischen liegt. Wenn die Verknüpfung zwischen einer Teilbedeutung und der allgemeinen Bedeutung nicht ohne weiteres nachvollzogen werden kann oder die Teilbedeutung gar als isoliert erscheint, dann gilt die Beziehung zur allgemeinen Bedeutung als abgerissen.

Bei der Analyse der Polysemie des Verbs „ziehen" hat Gerd Fritz eine Reihe von semantischen Techniken herausgearbeitet, die er als grundlegend für die Deutung der spezifischen Verwendung des Verbs ansieht. Es handelt sich um

> die Fokussierung von Ereignisaspekten, die Verlagerung des Fokus, die Einführung neuer Aspekte, das Ausblenden von Aspekten, die metaphorische Verwendung von Ausdrücken (Fritz 2000: 48; vgl. auch Fritz 2005: 24–25).

Die Fokussierung bezeichnet eine besondere Hervorhebung von bestimmten Aspekten oder semantischen Merkmalen, die bereits der allgemeinen Bedeutung eigen sind. Bei der Fokusverlagerung wird ein bestimmter Aspekt oder ein semantisches Merkmal herausgegriffen und in den Mittelpunkt der neuen Teilbedeutung gestellt. Diese semantischen Techniken können sich auch in Valenzdifferenzen und Agens-/Patiensverschiebung niederschlagen. Die einzelnen Aspekte einer Bedeutung können nicht nur fokussiert oder verschoben werden, sondern es können ausgewählte Aspekte ausgeblendet oder weitere Aspekte zusätzlich eingeführt werden. Metaphorische Ad-hoc-Verwendung von Ausdrücken sowie etablierte, lexikalisierte verblasste oder teilweise verblasste Metaphorik und Idiomatisierung bilden die letzte Gruppe der semantischen Techniken. Auf welche Weise sich diese Techniken in der Bedeutungsbeschreibung des mittelniederdeutschen Verbs *tên* widerspiegeln, soll im Folgenden gezeigt werden. Sie etablieren zugleich die oben genannten direkten, indirekten und abgerissenen Beziehungen zwischen den Teilbedeutungen, die auch in der Anordnung der Teilbedeutungen deutlich werden.

5.1 Direkte Beziehung zur allgemeinen Bedeutung

Bei den Teilbedeutungen „zu sich hin bewegen" (I.2),[7] „hinter sich her fortbewegen" (I.3), „herausziehen" (I.5) und „entfernen, ablegen" (I.6) handelt es sich um Beispiele der Einführung von neuen Aspekten, die alle die jeweilige Richtung, in die etwas oder jemand gleichmäßig fortbewegt wird, anzeigen. Bei der Teilbedeutung „(unter verstärktem Kraftaufwand) Zug auf etw. ausüben/(unter verstärktem Kraftaufwand) Zug ausüben" (I.4/II.9), die sowohl transitiv als auch intransitiv gebraucht wird, ist eine Fokussierung konstatierbar. Der Fokus verlagert sich beispielsweise im Falle der intransitiven Teilbedeutung „eine Bewegung vollziehen, sich von einem Ort zum anderen bewegen" (II.1), die in der Lesart „sich an einen Ort begeben" (II.1.1) auch reflexiv realisiert wird.

Allen genannten Teilbedeutungen ist ein verhältnismäßig geringer Abstand von der allgemeinen Bedeutung gemeinsam. Die Zahl der semantischen Merkmalsüberschneidungen ist bei diesen Teilbedeutungen größer als die der Differenzen. Letztere schlagen sich auch in der Valenzdimension nieder. Die Zahl und Art der Aktanten ändern sich bei der Fokusverlagerung sowie beim Ausblenden von Aspekten. Auffällig ist außerdem der reflexive Gebrauch des Verbs in der Lesart „sich an einen Ort begeben" (II.1.1). Vollzieht man die semantisch-syntaktische Entwicklung bei der Verlagerung des Fokus nach, kommt man zum Schluss, dass es sich beim reflexiven Gebrauch um ein Übergangsphänomen beim kontinuierlichen Wechsel von transitiver zur intransitiven Lesart handelt. Hier mag eine Art Selbstbezogenheit des Agens,

---

[7] Die Zahlen beziehen sich auf die Gliederungsmarker im Artikel ¹*tên*.

der im intransitiven Gebrauch mit dem Patiens zusammenfällt, eine gewisse Rolle spielen. Dabei wird erkennbar, dass der semantische Wandel dem syntaktischen vorausgegangen ist. Die neu gewonnene intransitive Teilbedeutung „eine Bewegung vollziehen, sich von einem Ort zum anderen bewegen" (II.1) hat sich weiterhin eigenständig entwickelt, sodass man womöglich von einer zweiten allgemeineren Bedeutung sprechen könnte, auf die fast alle intransitiven Teilbedeutungen zurückgehen.

5.2 Indirekte Beziehung zur allgemeinen Bedeutung

Andere Bedeutungsnuancen und -ausdifferenzierungen kommen in den Untergliederungen der Teilbedeutungen zum Vorschein. So erkennt man bei der Lesart „jemdn. für eine Aufgabe anwerben" (I.2.2) einen zweistufigen Übergang von der allgemeinen Bedeutung zur Teilbedeutung. Im ersten Schritt kommt als neuer Aspekt die Richtungsangabe hinzu („zu sich hin bewegen" [I.2]), im zweiten geschieht eine metaphorische Übertragung von einer rein körperlichen Handlung „heranziehen" (I.2.1) auf eine weniger körperliche „jemdn. für eine Aufgabe anwerben" (I.2.2). Agens und Patiens bleiben dabei konkret, die Richtungsangabe wird dagegen metaphorisiert zur Angabe des Zwecks.

In vielen Fällen ist eine neue metaphorische Teilbedeutung entstanden, die nicht mehr als reine Verwendungs- bzw. Bedeutungsvariante angesehen werden kann (Bsp. 18). Auch einige feste Syntagmen (Bsp. 19 und 20) haben sich semantisch verselbstständigt.

Beispiele 18–20: Metaphorische Verwendungen

(18) ¹tên (*teen, tein*), [...], stv. [...]: I. trans. [...] . – 2. zu sich hin bewegen. – 2.1. heranziehen, in der präpos. Vbdg. *an sik t.* [...]; – (übertr.:) *de hant an sik t.* nicht mehr so viel gewähren; – c. Präp. *nâ* [...]; – (Vbdg.:) *tô dem herten/an dat herte t., tô sinne t.* zu Herzen nehmen, [...]; – (Vbdg.:) refl. *sik tô conciencien t.* Bedenken haben, sich überlegen, [...].

(19) ¹tên (*teen, tein*), [...], stv. [...]: I. trans. [...] . – 4. (unter verstärktem Kraftaufwand) Zug auf etw. ausüben, [...]. – 4.3. etw. durch das Ziehen betätigen, [...], (musik.:) *de rê(i)pe t., register t.* Glocke zum Läuten bringen indem man entsprechende Zugvorrichtung in Gang setzt, [...].

(20) ¹tên (*teen, tein*), [...], stv. [...]: I. trans. [...] . – 5. herausziehen, [...]; – (Vbdg.:) *den spāden t., den roffele t.* den Spaten herausziehen (symbolische Handlung durch welche der neue Besitzer ein abgespatetes Grundstück auch mit diesem verbundenen Lasten übernimmt oder der Deichrichter es dem Deichverband übereignet), [...].

Eine indirekte Bedeutungsrelation ist auch für die Teilbedeutungen „wandern, umherziehen" (II.1.2) und „zusammenkommen, sich treffen" (II.1.3) und die Lesart „sich einigen" (II.1.3) festzustellen, die zur ersten allgemeinen intransitiven Bedeutung „eine Bewegung vollziehen, sich von einem Ort zum anderen bewegen" (II.1) gehören. Mit dieser weisen sie viele semantische Merkmalsüberschneidungen auf. Hinzu kommen einerseits differierende neue Aspekte wie implizite Richtungsangaben, andererseits ist eine Übertragung vom Körperlichen auf das Mentale bei der Lesart „sich einigen" zu beobachten. Auch bei der Teilbedeutung „Mitglied werden, in eine Institution eintreten" (II.3), insbesondere in der Verbindung „*int stift/klôster/ konvent/spētâl, in den ōrden t.* ins Kloster, ins Stift u. Ä. eintreten", bleibt der Aspekt der Richtungsangabe zwar transparent, aber der Bedeutungsaspekt „in eine Institution eintreten" tritt in den Vordergrund.

5.3 Abgerissene Beziehung zur allgemeinen Bedeutung

Noch weiter entfernt von der allgemeinen Bedeutung liegen die Teilbedeutungen, die in einer abgerissenen Beziehung zu dieser stehen. In diesen Fällen lässt sich eine Verbindung zur allgemeinen Bedeutung nicht mehr über die einzelnen semantischen Techniken der Fokussierung, Fokusverlagerung, Einführung und Ausblenden von Aspekten sowie der metaphorischen Verwendung herstellen. Die Menge der mit der allgemeinen Bedeutung gemeinsamen semantischen Merkmale verringert sich v. a. dann, wenn die Techniken kombiniert sind, so dass die Verbindung zur allgemeinen Bedeutung nicht mehr schrittweise nachvollzogen werden kann. In jedem Einzelfall ist die lexikographische Entscheidung zu treffen, wann noch von einer Bedeutungsvariante (Bsp. 21) und ab wann von einer neuen Teilbedeutung (Bsp. 22) gesprochen werden darf. Für diese Entscheidung müssen zwangsläufig weitere Kriterien herangezogen werden wie grammatische Realisierung, aber auch pragmatische Besonderheiten. Auch wenn jede Bedeutungskomponente im aktuellen Gebrauch durch den sprachlichen Kontext spezifiziert wird, kann von einer eigenständigen Teilbedeutung erst dann die Rede sein, wenn sie sich etabliert hat und lexikalisiert wurde.

Beispiele 21–22: Unterschied zwischen Bedeutungsvarianten und neuen Teilbedeutungen

(21) ¹**tên** (*teen, tein*), [...], stv. [...]: [...] II. intrans. [...]. – 2. c. Präp. *up(pe)* oder *an* sich auf etw./jemdn. beziehen, [...]; – auch refl. [...], (Vbdg.:) *sik up bewîsinge t.* Beweis führen, [...], *sik uppe den hilligen t.* schwören, [...], *uppe vorlenginge t.* verlängern, aufschieben, eine Verlängerung beantragen, [...], *up nôt t.* Notwehr geltend machen, [...].

(22) ¹**tên** (*teen, tein*), [...], stv. [...]: I. trans. [...]. – 12. aufziehen, großziehen, ernähren. – 12.1. (Tiere) säugen, [...]. – 12.2. (Kinder oder Tiere) aufziehen, großziehen, [...]; – (Pflanzen) pflanzen, anbauen, [...]; – erziehen, bilden, [...]. – 12.3. (Kinder) zeugen, [...].

6 Besonderheiten der komplexen Semantik im Artikel ¹*tên*

In der exemplarischen Analyse des Artikels ¹*tên* konnte gezeigt werden, dass die semantischen Techniken wie Fokussierung von Ereignis- und Handlungsaspekten, Verlagerung des Fokus und auch kleinere semantische Nuancen wie Einführung oder Ausblenden von Aspekten insbesondere die hierarchische Struktur des Wörterbuchartikels steuern, so dass zwischen inhaltlich mehr und weniger zusammengehörigen Teilbedeutungen unterschieden werden kann und gewisse Bedeutungsbündel oder -stränge zu erkennen sind, die sich dann in der Artikelgestaltung niederschlagen.

Das mittelniederdeutsche Verb *tên* weist ein ähnlich komplexes Bedeutungsgefüge wie in der modernen Standardsprache auf, wobei aber durchaus Differenzen hinsichtlich der Teilbedeutungen und Verwendungsweisen bestehen. Im Hinblick auf die Standardsprache identifiziert Fritz (2000) für die Grundbedeutungen zwei Ereignistypen, nämlich „A übt auf einen Gegenstand [...] eine Kraft in Richtung auf A hin aus (mit der Intention, den Gegenstand zu A hinzubewegen)" und „A übt auf einen Gegenstand [...] eine Kraft in Richtung auf A hin aus, so dass sich der Gegenstand in Bewegungsrichtung von A mitbewegt" (Fritz 2000: 40), die sich durch eine unterschiedliche Anzahl von Bedeutungsmerkmalen bzw. -aspekten unterscheiden. Das Duden-Wörterbuch online hingegen unterscheidet 26 Teilbedeutungen mit jeweils weiteren Differenzierungen, die aber nicht zu Großgruppen gebündelt werden, und das Digitale Wörterbuch der deutschen Sprache führt auf derselben hierarchischen Ebene 18 Teilbedeutungen ebenfalls mit Unterbedeutungen auf. Die von Fritz hervorgehobenen Ereignisprototypen bestimmen in den Wörterbüchern zur Standardsprache insgesamt weniger die Hierarchie der Bedeutungen, als dass sie die Reihenfolge der Teilbedeutungen motivieren.

Im Mittelniederdeutschen Handwörterbuch werden auf der hierarchisch höchsten Ebene die Bedeutungen „I. etw. oder jemdn. in eine bestimmte Richtung gleichmäßig bewegen" und „II.1. eine Bewegung vollziehen, sich von einem Ort zum anderen bewegen" angesiedelt, womit der Aktantenstruktur stärker Rechnung getragen wird, indem die transitive bzw. intransitive Verwendung die Gliederung grundlegend bestimmt. Das Primat der transitiven Verwendung (I) erweist sich dadurch, dass die zweite intransitive Teilbedeutung aus der ersten durch Fokusverlagerung abgeleitet werden kann. Die Teilbedeutungen zu „I. etw. oder jemdn. in eine bestimmte Richtung gleichmäßig bewegen" sind durch Fokussierung (I.1, I.4, I.14), Einblendung von Aspekten (I.2, I.3, I.5, I.8), Verlagerung des Fokus (I.9, I.11) gewonnen worden. Fokussierungen erfolgen vor allem im Hinblick auf eine Spezifizierung der Handlung, u. a. durch Betonung des Kraftaufwands (I.4) oder des spezifischen Zwecks durch entsprechende Besetzung der Aktanten (I.14). Eingeblendete Aspekte betreffen die Richtung der erfolgten Bewegung entweder in Richtung der handelnden Person (I.2, I.3) oder mit Angabe des Ortes, aus dem etwas gezogen wird (I.5) oder durch den etwas gezogen wird (I.8). Die Verlagerung des Fokus betrifft die ausgedrückte Verformung (I.9) oder das Zurücklegen einer Strecke (I.11). Kombinationen mehrerer Verfahren sind für weitere Teilbedeutungen vorauszusetzen, im Einzelnen Einblenden von Aspekten und Fokussierung (I.6 „entfernen, ablegen", I.7 „etw. in sich hineinnehmen"), Einblenden von Aspekten und Verlagerung des Fokus (I.10 „linienförmig anlegen"), Fokusverlagerung und Metaphorisierung (I.12 „aufziehen, großziehen, ernähren"), Fokussierung und Metaphorisierung (I.13 „Rechenoperationen durchführen"). Alle Teilbedeutungen unter II stehen in indirekter Beziehung zur allgemeinen Bedeutung, da zur Fokusverlagerung weitere Operationen treten wie Metaphorisierung bei verschiedenen Handlungen, die dem Rechtsbereich angehören (II.2), Einblenden von Aspekten durch Richtungsangaben (II.4, II.6) oder Ausblenden des Aspekts der Ortsveränderung (II.9), beides auch zusätzlich verbunden mit Metaphorisierungen (II.3 „Mitglied werden, in eine Institution eintreten", II.5 „eine Institution verlassen", II.7 „übergehen, übertreten", II.10 „heraussaugen, absaugen"), aber auch Fokusverlagerung auf die Ausdehnung eines Gebietes (II.8).

Fast alle Teilbedeutungen des mittelniederdeutschen Verbs *tên* haben entsprechende Äquivalente in der Standardsprache. Auffällige Abweichungen sind für II.2 zu konstatieren „sich auf etw./jemdn. beziehen". Für die gesamte Teilbedeutung tritt ein fachsprachlicher Bezug auf den Rechtsbereich hervor. Weitere semantische Unterschiede werden bei der Differenzierung der Teilbedeutungen deutlich. Als besondere Bedeutungen im Mittelniederdeutschen erweisen sich beispielsweise „übersetzen, übertragen" (*van latîne tô dem dûdeschen tên*; I.1.1), „aufstellen, aufspannen" (*dat telt tên*; I.9.4), „sich bemühen, erstreben" (*sik tên ümme de ȫveren hant tô hebben*; II.1.1), „sich einer Sache annehmen" (*sik dartô tên*; II.1.1), „Einwendungen machen, gegen etw. sein" (*dâr nicht in tên*; II.6). In diesen Fällen handelt es sich um spezifische Verwendungsweisen, denen metonymische und metaphorische Prozesse zugrunde liegen.

Auch in den folgenden Beispielen führte metaphorischer Gebrauch zu einer fortgeschrittenen semantischen Differenzierung, z. B. *dȫr sîn herte tên* ‚jemdm. lieb und teuer werden' (II.1.1), *in den danken tên* ‚sich erinnern' (I.1.1), *sik tô conciencien tên* ‚Bedenken haben, sich überlegen' (I.2.1), *de hungerwâde tên* ‚Hunger leiden' (I.1.2), daneben in Kollokationen und Präpositionalphrasen wie *sik up bewîsinge tên* ‚Beweis führen' (II.2), *sik uppe den hilligen tên* ‚schwören' (II.2), *de hant an sik tên* ‚nicht mehr so viel gewähren' (I.2.1), *twê ût vîv(en) tên* ‚Schwurhand mit gestreckten zwei Fingern heben' (I.6). Für viele Teilbedeutungen sind zudem fachsprachliche Verwendungen belegt, u. a. „(Kompass) ausrichten auf" (I.1.1), „(Pelzwerk, Tuch, Flachs etc.) durch Zerdehnen fälschen" (I.9.2), „(hydrol.:) umleiten" (I.1.1), „(musik.:) *de belge tên* die Blasebälge zudrücken" (I.14), „(mediz.:) *sik inwārt tên* nach innen schlagen" (II.1.1). Hier findet die bereits eingangs erwähnte Vielfalt der Kommunikationsbereiche ihren Niederschlag.

Eine weitere Auffälligkeit, die das breite Bedeutungsspektrum des Lexems *tên* belegt, besteht darin, dass das Simplex im Mittelniederdeutschen vielfach in Kontexten verwendet wird, in denen standardsprachlich ein präfigiertes Verb bevorzugt würde, z. B. *gôse tên* ‚aufziehen' (I.12.2), *den sê tên* ‚durchziehen' (I.1.2), *sik van vlê(i)sch tên* ‚sich entziehen' (II.4.2), *up nôt tên* ‚sich auf Notwehr beziehen' (II.3), *tên van* ‚abziehen von' (I.13.2), *in ê(i)ne summa bringen unde tên* ‚zusammenziehen' (I.13.1).

Anhand dieser Beispiele wird noch einmal deutlich, dass Komplexität nicht nur durch die Anwendungen verschiedener semantischer Verfahren (Fokussierung, Merkmalsdifferenzen etc.) entsteht und zugleich beschreibbar gemacht werden kann. Von Belang sind daneben auch Bedeutungsbeziehungen, die durch Metaphorisierungen zustande gekommen sind und insbesondere in den fachsprachlich gebundenen Verwendungsweisen zum Ausdruck kommen. Hier sind Kollokationen, idiomatische Wendungen und syntaktische Konstruktionen mit spezifischen Valenz- und Rollenmustern, mit denen eine Bedeutungsstrukturierung und -differenzierung einhergeht, bei der Bedeutungsbeschreibung von Verben im Wörterbuch genau zu beachten. Die Kombination von semantischen, grammatischen und pragmatischen Kriterien spielt für die Differenzierung der Bedeutung eine entscheidende Rolle und bestimmt daher auch die Artikelgestaltung.

Literatur

Wörterbücher

Duden online [Unter: <http://www.duden.de/woerterbuch>; letzter Zugriff: 18.08.2017].
Digitales Wörterbuch der deutschen Sprache [Unter: <http://www.dwds.de/>; letzter Zugriff: 18.08.2018].
FWB = *Frühneuhochdeutsches Wörterbuch*. Hrsg. v. Robert R. Anderson [für Bd. 1]/Ulrich Goebel/Anja Lobenstein-Reichmann/Oskar Reichmann. Bearb. von Anja Lobenstein-Reichmann [ab Bd. 5 fortlaufend]/Joachim Schildt [Bd. 6., erste Hälfte]/Oskar Reichmann [Bände 1–3 und fortlaufend]/Vibeke Winge [Bd. 8]/Akademie der Wissenschaften zu Göttingen [seit 2013, ab Bd. 5, zweite Lieferung] u. a.
Mittelniederdeutsches Handwörterbuch. Hrsg. v. Agathe Lasch & Conrad Borchling. Fortgeführt v. Gerhard Cordes, ab Lfg. 24 hrsg. v. Dieter Möhn, ab Lfg. 39 hrsg. v. Ingrid Schröder. Kiel, Hamburg: Wachholtz 1928 ff.

Forschungsliteratur

Busse, Dietrich (2015): *Sprachverstehen und Textinterpretation: Grundzüge einer verstehenstheoretisch reflektierten interpretativen Semantik*. Wiesbaden: Springer VS.

Fritz, Gerd (2000): Extreme Polysemie – der Fall *ziehen*. In: Beckmann, Susanne/König, Peter-Paul/Wolf, Georg (Hrsg.): *Sprachspiel und Bedeutung. Festschrift für Franz Hundsnurscher zum 65. Geburtstag*. Tübingen: Niemeyer, 37–49.

Fritz, Gerd (2005): *Einführung in die historische Semantik*. Tübingen: Niemeyer.

Fritz, Gerd (2012): Theories of meaning change. An overwiew. In: Maienborn, Claudia/Heusinger, Klaus von/Portner, Paul (Hrsg.): *Semantics. An international handbook of natural language meaning*. Vol. 3. Berlin/Boston: De Gruyter, 2625–2651.

Gloning, Thomas (1996): *Bedeutung, Gebrauch und sprachliche Handlung. Ansätze und Probleme einer handlungstheoretischen Semantik aus linguistischer Sicht*. Tübingen: Niemeyer.

Haß-Zumkehr, Ulrike (2000): Hermann Paul. In: König, Christoph/Müller, Hans-Harald/Röcke, Werner (Hrsg.): *Wissenschaftsgeschichte der Germanistik in Porträts*. Eine Veröffentlichung der Arbeitsstelle für die Erforschung der Geschichte der Germanistik im Deutschen Literaturarchiv Marbach am Neckar. Berlin/New York: De Gruyter, 95–106.

Haß-Zumkehr, Ulrike (2001): *Deutsche Wörterbücher – Brennpunkt von Sprach- und Kulturgeschichte*. Berlin/New York: De Gruyter.

Henne, Helmut (1987): Hermann Pauls Theorie und Praxis der Bedeutungserklärung. Ein Werkstattbericht. In: Wiegand, Herbert Ernst (Hrsg.): *Theorie und Praxis des lexikographischen Prozesses bei historischen Wörterbüchern*. Tübingen: Niemeyer, 191–200.

Hundsnurscher, Franz (1996): Wortsemantik aus der Sicht einer Satzsemantik. In: Ders./Weigand, Edda (Hrsg.): *Lexical structures and language use. Proceedings of the International Conference on Lexicology and Lexical Semantics, Münster, September 13–15, 1994*. In collaboration with Eckhard Hauenherm. Vol. 1: Plenary Lectures and Session Papers. Tübingen: Niemeyer, 39–51.

Lasch, Agathe (1910): *Geschichte der Schriftsprache in Berlin bis zur Mitte des 16. Jahrhunderts*. Dortmund: Ruhfus.

Lasch, Agathe/Borchling, Conrad (1928): Vorwort zu Bd. I. In: *Mittelniederdeutsches Handwörterbuch*. Bd. I, [I–VII].

Lyons, John (1991): Bedeutungstheorien. In: Stechow, Arnim von/Wunderlich, Dieter (Hrsg.): *Semantik. Ein internationales Handbuch zur zeitgenössischen Forschung*. Berlin/New York: De Gruyter, 1–24.

Möhn, Dieter (2004): Vorwort zu Bd. II/1. In: *Mittelniederdeutsches Handwörterbuch*. Bd. II/1, I–XIII.

Möhn, Dieter/Schröder, Ingrid (1992): Mittelniederdeutsches Handwörterbuch – Wiederaufnahme der Lieferungen. 2. Werkstattbericht. In: *Korrespondenzblatt des Vereins für Niederdeutsche Sprachforschung* 99, 52–57.

Möhn, Dieter/Schröder, Ingrid (2000): Lexikologie und Lexikographie des Mittelniederdeutschen. In: Besch, Werner u. a. (Hrsg.): *Sprachgeschichte. Ein Handbuch zur Geschichte der deutschen Sprache und ihrer Erforschung*, Teilbd. 2.2., vollst. neu bearb. und erw. Aufl. Berlin/New York: De Gruyter, 1435–1456.

Paul, Hermann (1995): *Prinzipien der Sprachgeschichte*. 10., unveränd. Aufl. Tübingen: Niemeyer (1. Aufl. 1880).

Peters, Robert (2000a): Soziokulturelle Voraussetzungen und Sprachraum des Mittelniederdeutschen. In: Besch, Werner u. a. (Hrsg.): *Sprachgeschichte. Ein Handbuch zur Geschichte der deutschen Sprache und ihrer Erforschung*, Teilbd. 2.2., vollst. neu bearb. und erw. Aufl. Berlin/New York: De Gruyter, 1409–1422.

Peters, Robert (2000b): Die Diagliederung des Mittelniederdeutschen. In: Besch, Werner u. a. (Hrsg.): *Sprachgeschichte. Ein Handbuch zur Geschichte der deutschen Sprache und ihrer Erforschung*, Teilbd. 2.2., vollst. neu bearb. und erw. Aufl. Berlin/New York: De Gruyter, 1478–1490.

Reichmann, Oskar (1989): Lexikographische Einleitung. In: FWB 1, 10–285.

Reichmann, Oskar (2012): *Historische Lexikographie. Ideen, Verwirklichungen, Reflexionen an Beispielen des Deutschen, Niederländischen und Englischen*. Berlin: De Gruyter.

Schröder, Ingrid (2009): Agathe Lasch und die Hamburger Lexikographie. In: *Auskunft. Zeitschrift für Bibliothek, Archiv und Information in Norddeutschland* 29, 1–2, 47–62.

Schröder, Ingrid (2011): „... den sprachlichen Beobachtungen geschichtliche Darstellung geben". Die Germanistikprofessorin Agathe Lasch. In: Nicolaysen, Rainer (Hrsg.): *Das Hauptgebäude der Universität Hamburg als Gedächtnisort. Mit sieben Porträts in der NS-Zeit vertriebener Wissenschaftlerinnen und Wissenschaftler*. Hamburg: Hamburg University Press, 81–111.

Schröder, Ingrid (2014a): Niederdeutsch, Niederdeutsche Sprache. In: Hansischer Geschichtsverband (Hrsg.): *HanseLexikon* (HansLex).
[Unter <http://www.hanselexikon.de/pdf/HansLex_Niederdeutsch_Schroeder.pdf>; letzter Zugriff: 30.05.2017].

Schröder, Ingrid (2014b): Der Beitrag der Sprachgeschichtsforschung zu einer Hansegeschichte in der Region. In: Auge, Oliver (Hrsg.): *Hansegeschichte als Regionalgeschichte. Beiträge einer internationalen und interdisziplinären Winterschule in Greifswald vom 20. bis 24. Februar 2012*. Frankfurt a. M. u. a.: Lang, 173–186.

Wiegand, Herbert Ernst (1989): Arten von Mikrostrukturen im allgemeinen einsprachigen Wörterbuch. In: Hausmann, Franz Josef u. a. (Hrsg.): *Wörterbücher. Dictionaries. Dictionnaires. Ein internationales Handbuch zur Lexikographie*. Teilbd. 1. Berlin/New York: De Gruyter, 462–501.

Anhang

¹tên *(teen, tein), têhen, getên, tîen, getîen,* stv. (Präs.: Ind. 1. Sg. *tê, tîe,* 2. Sg. *têst, tûst* [*tuist*]*, tust, tûst, tüst,* 3. Sg. *têt, tût* [*tuet, tuit*]*, tut, tût* [*tüet*]*, (ge)tüt* [*(ge)tiüt*] *tucht* [*tugt*]*, °tûch* [Unna StR 10], *tît* [*tiet, tid*], °*ticht* [Riedel III 1, 490]; Konj. 3. Sg. *tê,* °*têe* [Köker ed. Cordes 71], *tîe,* °*tîde* [Birgitta 12]; Imp. Sg. *tê, tû,* Pl. *têt, tût, tût;* Prät.: Ind. 1. Sg. *tôch, tŏch* [*tŏch*], 2. Sg. *tôgest,* 3. Sg. *tôch* [*toich*]*,* °*tô* [Sächs. Wchr. 145], *tûch* [*tuych*], Pl. *tōgen, tŏgen,* auch *tāgen* [*thaeghen*], °*tē̄gen* [Finn. Ub. 6, 210]; Konj. 3. Sg. *tôge, tŏge, tǔge, têge,* Pl. *tōgen, tŭgen,* °*têget* [*teyet*] [Rig. StR 70]; Part. Prät. *(ge)tōgen* [*ghetoeghen, getoyghen*]*, (ge)tāgen* [*getaegen*], auch °*toggen* [Westf. Jud. 3, 1, 143]).

I. trans. etw. oder jemdn. in eine bestimmte Richtung gleichmäßig bewegen, (häufig mit Richtungsangabe:) „*Steket dy we op dynen vot, so the den vod besyden*" (Marcolphus 59). – 1. etw. oder jemdn. in eine bestimmte Richtung fortbewegen. – 1.1. führen, bringen, geleiten, „*Equum stabulare, dat Perdt in den Stall then*" (Chytr. 362), „*grepen de menne hervth, vnde tögen Loth tho syck jnt hus*" (Schröder Bugenhagenbibel 159), „*Unde want he so hoghe ghetoghen wairt de godliken, hemeliken dynge to sene unde to horen, ... dar umme ghelijket ene de hillighe schrift den arne*" (Veghe 345); – (hydrol.:) umleiten, „*wente de vagede hebben wyf unde kindere, de teedt dat water alle to orer molen*" (Rode Reg. 62); – (Kompass) ausrichten auf,

Abb. 1ff.: Artikel ¹*tên.* In: *Mittelniederdeutsches Handwörterbuch,* Lfg. 39 (2017), 892–904.

(mit Angabe der Richtung:) „*Wenn gy up ein Cumpaß segelt / dat yegens de Sůnne getagen ys / so falt yuw Koers*" (Tangermann Wechwyser 60); – (Schachspiel:) Figuren übers Feld ziehen, „*Myt den frouwen se gerne hanteren ... Dat schackspeel se gerne tehen*" (Schaph. Kal. 1523 35ʳ); – (im gerichtlichen Sinne:) vor das Gericht, in eine bestimmte Instanz bringen, „*Wert auer dhe sake ghe thoghen to rome. so scal su na ome beiden en iar*" (Stader StR ed. Korlén 78); – (übertr., Vbdg.:) *in den danken t.* sich erinnern, „*Denken wedderdenken wedder in den danken ten efte ropen* recolere rememorari reminisci recordari" (Voc. Strals. ed. Damme 182); – (übertr.:) jemdn. von etw. abbringen, wegführen, „*[hebbe wy] vel lůde getagen vam ewigen leven*" (Weim. Jb. 6, 49), „*DAt erste van dussen veyr lesten, dat den mynschen van den sunden tuth, is de dot des lichammes*" (Veer utersten 4); – (relig.:) jemdn. zu einer Religion bekehren, „*men scholde de undersaten, ... ein dem anderen nicht afpracticeren eder to einer nigen und fromeden religion tein eder allicieren*" (Oldecop 525); – (bildl.:) verleiten, „*Desse Joram pinde sik vor middelst synes wyues rade de van Jsrahel tho theende to der afgoderie*" (Lüb. Hist. 277); – (übertr.:) antreiben, „*eine rede vrömelik, de se er trůwe herte alsus to sprekende toch*" (E. v. Gandersh. 1127); – (übertr.:) aus einer Sprache in eine andere übersetzen, übertragen, „*so hebbe ik id van latine unde van walschem to dudeschem thetoghen*" (Mandeville 13); – (Rda.:) *ê(i)nen korden/ê(i)ne lîne t.* am gleichen Strang ziehen, einig sein, „*Vele lude radet mer wan en, Wan dat se enen korden then*" (Emder Jb. 15, 232), „*Eth wer wol guth dath de overicheit under sick eins weren und eine line togen*" (Waitz Wullenw. 3, 419). – 1.2. schleppen, fortreißen, „*Slepen ten* trahitare tractitare" (Voc. Strals. ed. Damme 376); – (vom Fischfang, Vbdg.:) *wāde t.* mit großen Zugnetzen befischen, „*Ok scolen nene vrommede vysschere setten nette edder wade theen oppe unser vysscher toghe*" (Zs. Schl.-H. Gesch. 4, 181), °(Rda.:) *de hungerwāde t.* Hunger leiden, „*Nw tehen sze de hungerwade und wy moten sze voden ane unsen danck*" (Hanserec. II 6, 496), (Vbdg.:) *de(n) sê t.* den See mit Zugnetzen befischen, „*Die waterheren mogen die see fischen by dage an, ... alleyne udgenomen dat sie di see mogen tyn by nachte alleyne van sunte Marien Magdalene wente tu sunte Laurentius dage*" (Berl. Stb. ed. Clauswitz 251); – (übertr.:) gewaltsam nötigen, „*dat se den Rad aldus to krige unde to krete thoghen hebben*" (Chr. d. d. St. 16, 326). – 1.3. etw. in eine kreisende Bewegung versetzen, drehen, „*Ten* alse men enen slipsten tůt vertere girare" (Voc. Strals. ed. Damme 406). – 1.4. zurückziehen, „*Du schalt ok dyne hant van deme ethende theen, dat dy noch wol meer lustede to ethende*" (Goth. Arzneib. 155), (Vbdg.:) *achterwert tên* zurückziehen, „*de bartscherre wart verueret ende bleeck vmme de boesheit, ... ende toech rechteuort syne beuende hant achterwert*" (Lübben Mnd. Gram. 181). – 1.5. °(mediz., Vbdg.:) *tô rechte t.* zurechtrücken, einrenken, „*Heft eyn enen arm entwey gebraken edder eyn beyn edder eyn schulderblat, to deme ersten laet de been to rechte theen edder vogen wedder to rechte*" (Goth. Arzneib. 151).
2. zu sich hin bewegen. – 2.1. heranziehen, in der präpos. Vbdg. *an sik t.* „*vnd ydt laten seden / dat de schume alle vnreinicheit an sick thut*" (Kakeboeck B 7ʳ); – (übertr.:) *de hant an sik t.* nicht mehr so viel gewähren; – c. Präp. *nâ* „*so he jegen de kercken unde stifft Ossenbrugge bowiset, ertellet unde de orsake der unbillichen conspirerunge erforschende nichtes uthgerichtet, darumb he ock de handt in boscherminge wat na sick getogen*" (Osnabr. Gqu. 2, 134); – (Vbdg.:) *tô dem herten/an dat herte t., tô sinne t.* zu Herzen nehmen, „*Ick bidde noch iu ... Vnde begere, dat gi dat aldermest ouen vnde to dem herten teyn*" (Hedberg 160); – (Vbdg.:) refl. *sik tô conciencien t.* Bedenken tragen, sich überlegen, „*orsake, dat he ores vorbodendes nicht liden en kunne unde sick to consciencien toge*" (Brandis 97); – (Vbdg.:) *ȫver sik t.* auf sich ziehen, „*bi poen dasuluvst invorlivet, sich gemete vorholden und durch moetwilligen ungehorsam keine straffe aver sick tehen wolle*" (Hamb. Burspr. ed. Bolland 2, 508). – 2.2. jemdn. für eine Aufgabe anwerben, „*Densulven Gregorium dat consilium generale und de cardinale, de van beyden pavesen togen weren, ... [hadden] gekoren*" (Chr. d. d. St. 36, 117); jemdn. oder etw. für sich gewinnen, „*he togh also der lude herte to sich*" (Lüb. Hist. 58), anziehen, locken, „*de drome de den mynschen ten to der werlde vnde to vorlatenheit, de schal me vor-werpen*" (Birgitta 11), „*Ick the to my der doren vyl*" (Narrenschyp 43); – refl. c. Präp. *tô* aufnemen, empfinden als, „*Dusse dinge togen sick de smedeknechte to hone*" (Ch. d. d. St. 16, 2, 338). – 2.3. (Vbdg.:) *tô sik t.* zurechnen, sich eigen machen, zu seinem Eigentum machen, in seinen Besitz nehmen, „*toghe auerst to syck ienich man dat qweck: he schal darvor antworten*" (Hamb. StR ed. Reincke 122); – (Vbdg.:) *in de schult t.* etw. zu den Schulden zählen, rechnen, „*so dat sommighe menenn Becker dôt sy vnndt se mynenn rogghenn gedencken in syne schult to theenndte*" (Finn. Ub. 5, 27); – *tô gôde t.* jemdm. einen Gefallen tun, „*de perde, de H.S.*

tho horen, mineme knechte, de du gheschuttet hefft, ... de do em tho borghe vmme minen willen ... Hir vmme the id mi tho ghůde vnde do se em tho borghe" (Lüb. Ub. 3, 791); – auch refl. sich einer Sache annehmen, etw. in Besitz nehmen, „*Wenne he aver queme, so scolde men staden, dat he sich to sineme gude toghe alse recht is*" (Gosl. StR ed. Ebel 125); – (Vbdgg.:) *tô rechter tucht t., tô/dōr rechte t.* mit Recht als sein Eigentum beanspruchen, „*he mut aver sveren, dat he't tie to rechter tücht*" (Ssp. 1, II 36 § 5); – c. Präp. *ût* befreien, herauslösen, das Grundeigentum aus der Beschlagnahmung befreien, „*Ne tiüt he't nicht ut jene des it dar is binnen jar unde dage, man verdelt ime sin recht dar an*" (Ssp. 1, II 41 § 2); – (Vbdg.:) refl. *sik ût der veste/vestinge t.* sich aus der Verfestung, Bezirksacht lösen, „*Wel en sich ut der veste ten, weygherde eme des de voghet oder de sakwolde, dat kundeghe he deme rade*" (Gosl. StR ed. Ebel 111), *sik ût der achte t.* sich aus der (Ober-)Acht befreien, „*tüt sik jene ut der achte, he sal deme hove volgen ses weken*" (Ssp. 1, III 34 § 1), sich vom Vorwurf der Anklage befreien, sich freisprechen, seinen Sprachanspruch erwirken, „*Wert ein man fredeloss gelecht, unde will sick daruth theen, dem schal de Richter frede maken vôrthokamen*" (Rig. StR ed. Oelrichs 111). – 2.4. zu sich ziehen, nehmen, berufen, „*Nement to my komen mach Wen den myn vader teeth*" (Leyen Doctr. ed. Ljunggren 138); – zum Gerichtsprozess heranziehen, behandeln, „*scholen jn dusseme valle dôtsleghe, de von vngheschychten vth thorne vnde an bosen vorgesetteden willen ghescheen, nicht getôghen syn*" (Bamberg. 88), (Vbdg.:) *tô der/in sâke t.* zum Rechtsstreit heranziehen, „*der he in syner veide wedder dat closter ghebruket vnde to der sake ghetoghen hedde*" (Ub. Ilsenbg. 2, 87); – (Vbdg.:) *dat werf t.* unde ŏverbōren sich einer Sache annehmen, „*Wy dancken ..., dat gij vns den ... marschalk ... ouersanden, de vns synen willen vnde denst bewiset heft ..., besunderghen an deme, dat he vnse werff togh vnde ouerboer to Lubeke*" (Carlie 140); – (bei Abgaben:) zur Abrechnung heranziehen, „*de vercken, van der se sōs wecken olt sin, schollen se idt dem tegeder anseggen, schollen de vercken getogen werden*" (Grimm Weist. 3, 233); – (bildl., Vbdg.:) *up sînen bûdel t.* Bezahlung einziehen (Ub. Goslar 2, 218), *(up) de bûdel t.* sich finanziell an etw. beteiligen; – (übertr., Vbdg.:) Part. Prät. *mit anderen gelîk tögen* unter sonst gleichen Bedingungen, „*ceteris paribus gelik togen myt anderen*" (Stammler Lb. 48).

3. hinter sich her fortbewegen, „*Vor dat schep over to theende in de graven 8 d*" (Ub. Hildesh. 5, 428); – (übertr.:) *nâ sik t.* etw. als Folge nach sich ziehen, „*went eyn werk tut dat ander na sik*" (Aegid. Rom. 82).

4. (unter verstärktem Kraftaufwand) Zug auf etw. ausüben, „*Des anderen dages musten de dregers, de de karen ten, one to grave dregen up den buwhof to s. Michel*" (Chr. d. d. St. 36, 355), (Zugvieh:) Wagen, Karre, Pflug o.Ä. ziehen, „*Dar na band he id* [Stier] *in dat juck, de pluch to thende up deme acker*" (Derendorf 439). – 4.1. etw. anfassen und daran zerren, reißen, „*[Reinke] helt Lampen vaste twyssschen synen been Vnde begunde em dar eyn vel to theen*" (RV 10), c. Präp. „*Se hebben sick as affsinnige luide by den haren getagen*" (Münst. Täufer 2, 195), °(als Zeichen des Entsetzens, der Verzweiflung u.Ä.:) *sîne hâr t.* raufen, sich an den Haaren reißen, „*He wende vnde toch sine har*" (Schachb. 148); – (Vbdg.:) *de glûren t.* Strebkatze ziehen, zanken, streiten, sich raufen (geht wohl auf ein Wettspiel zurück bei dem zwei Personen einander mit einem um den Nacken geschlungenen oder mit Zähnen gehalteten Handtuch o.Ä. hin- und herzuziehen versuchen), „*[he] sach dar twey narren de gluren theen*" (Narrenschyp 177); – (Folterverfahren:) *mit hēten tangen t.* mit glühenden Zangen zwicken, reißen, „*Och wart de herde gerichtet, baide gesleifet, mit heiten tangen getogen*" (J. Brandis 48); – (Rda.:) *den dûmen t.* jemdn. am Daumen ziehen, jemdn. verspotten, „*Sittet nedder unde latet ju den dumen ten*" (Red. O. 53). – 4.2. aufwinden, heben, in die Höhe ziehen, „*So wanne men dat gud inter bord ten oder tricen zal. so slan id de scipmannes to*" (Wisbyer StR 133). – 4.3. etw. durch das Ziehen betätigen, (milit.:) „*De bussen mosten de reimen teien*" (Chr. d. d. St. 21, 341), (musik.:) *de rêpe t., register t.* Glocke zum Läuten bringen indem man entsprechende Zugvorrichtung in Gang setzt, „*Wol dat se de repe vnde registere tōghen vnde de clocken bewoghen van eynem orde tome anderen, doch en gheuen se neynen lut*" (Meier Autor xxxviij).

5. herausziehen, „*negele to teynde ud olden delen unde latten, de me afbrack*" (Gött. Jb. 1, 12); – (bildl.:) wegnehmen, „*dat de fremde den Borgern de Nahrung uth dem munde theen*" (Hamb. Vergangenheit 1, 315); – (Vbdg.:) *de mûken t.* das Los ziehen, losen, „*Se queemen tho hope vor de Hell. Vnde tōgen darümm de Mukn, Wol erst scholde in de Helle krupn*" (Nd. Jb. 10, 87); – (Vbdg.:) *den spåden t., den roffele t.* den Spaten herausziehen (symbolische Handlung durch welche der neue Besitzer ein abgespatetes Grundstück auch mit diesem verbundenen Lasten übernimmt oder der Deichrichter es dem Deichverband übereignet), „*willen sine Frunde den ruffel nicht theen, denne schal den ruf-*

fel de Herschop tehen" (Panten Rqu. 133); – (Rda.:) *den kop ût der slenge t.* den Kopf aus der Schlinge ziehen, einer Strafe im letzten Moment entkommen, *„Denn ein Ögeler vnde arglystiges Weltkindt / so den Kop wil vth der Slengen tehn / vnde einem anderen de Kare wyl vőr de Dőre schuuen"* (Nic. Gryse Laienbibel 2, Y 1ʳ). – 5.1. (Wasser) schöpfen, *„also dat de sulve borne to beydenthalven vryg sta allermalkeme, nacht unde dach water dar to halende unde tho theende"* (Ub. Hildesh. 2, 257); – (Vbdg.:) *wîn t.* Wein zapfen und in kleinen Mengen verkaufen, *„Dat si witlic dat neman win mut ten insinen keller he ne dot mit uolborde des rades"* (Lüb. StR ed. Hach 354); – vgl. ¹*tappen*. – 5.2. (Hieb- und Stichwaffen) zücken, entblößen, *„Toghe och en man en metset ether en ander wapen, sine not mede to wereden, so is ed en nodwere"* (Brem. Rqu. ed. Eckhardt 52), (mit Angabe der Richtung:) *„Vortmer weret, dat een man syn mest toghe uppe enen anderen, de hedde ghebroken X mark"* (Nowg. Schra 168). – 5.3. aus einem größeren Zusammenhang entnehmen, auswählen; – (Text) exzerpieren, *„Dyt Pater noster is ghetoghen vth der gloszen // der hilligen lerere"* (BC 41), entnehmen, *„Dẙn andacht yn deme gotlyken denste edder ammete. schal meer wesen darto. dat du v̂t den worden der hilghen scryft teest de gheestliken vornemynghe edder den zyn der ynnycheit"* (Nonnensp. 231); – refl. aus etw. lernen, eine Lehre aus etw. ziehen, *„De hogen werden landesheren de mogen sik tein bi dussen meren, dat se mit gnedeliken dingen jo ore underdanen dwingen"* (G. v. M. ed. Seelmann 22); – (übertr., Vbdg.:) *twê ût vîv(en) t.*, Schwurhand mit gestreckten zwei Fingern heben, zwei von fünf Fingern zum Eid ausstrecken, *„ock hedden se de gantzenn handt upgerychtet unnd noch nycht twe uth vivenn getagenn"* (Br. Göbel 398). – 5.4. (mediz.:) heraussaugen, absaugen, *„dat sterket den breghen vnde tuth dar vth bose vuchtnisse"* (Prompt. med. ed. Seidensticker 18). – 5.5. vorziehen, bevorzugen, *„dat me so dat ghemeyne achte, dat me io nicht dat ene deyl the vor dat ander del"* (Emder Jb. 14, 27).

6. entfernen, ablegen, *„Wen se ... [den bril] van der Nese tehen, Se sehen gar euen, wor se on leggen"* (Fastnachtsp. 51); – jemdm. etw. ausziehen, *„[se hebben] mynen knechten oere hemmede van de lyve, hozen, koghelen [ghenomen] vnd schowe van den voeten ghetoghen"* (Emder Jb. 13, 141); – (Kleidung) überziehen, *„elk hadde ene swarte hackelde capprune vpgherollet vnd over dat hovet vnd hals ghetoghen, vnd daerto vpt houet enen swarten nyen vilthoet"* (Lüb. Ub. 7, 875).

7. etw. in sich hineinnehmen. – 7.1. etw. einatmen, *„Den roek van dissem holte in de nezehole ghetogē. sterket sere dat bregen"* (Garde der Suntheit 1492 d 6ʼ), (Vbdg.:) *den âdem t.* Atem holen, einatmen, *„de sucke [was] gar stark dat he kume adem toch"* (Halberst. Bibel III Reges 17, 17). – 7.2. etw. langsam trinken, Flüssigkeit in den Mund nehmen, *„Du en scalt nicht alto lange toge ten alse ein duve"* (Germania 21, 426).

8. etw. durch etw. durchziehen; – (Vbdg.:) *dŏr de hĕkel t.* (Flachs, Hanf) durch die Hechel ziehen und dadurch reinigen, *„gelick alse dat Flaß moth gerötet / gebraket / geswungen vnd dorch de Hekel getagen werden"* (Nic. Gryse Laienbibel 1, S 2ʳ), (bildl.:) *dŏr de krûzhĕkel t.*, *„also leth Godt de Christen ock gelick röten / braken vnd swayngen / vnd dorch de Crützhekel tehen"* (ebd.). – 8.1. durch eine Flüssigkeit durchziehen, (kulinar.:) *„Make einen dŭnnen deeg van gesaffrantem wine vnd the de kŏkelin dar dŏr"* (Kakeboeck B 2ʼ), (mediz.:) *„Nim buckentalch vnde vifte del wasses vnde hart, smelte dat tosemene, wringet dor enen dok vnde te de sweden dardore"* (Utr. Arzneib. ed. Lindgren 88), (Kerzen) ziehen, im Tauchverfahren herstellen, *„1 sh hanse dener vor kersen to teynde"* (Rint. Kämmereireg. 124). – 8.2. °durch einen Stoff durchziehen, Part. Prät. *tōgen bōrdengördel* Gürtel mit gezogener Borte im Unterschied zur gewirkten Borte (J. Brandis 152).

9. in eine Form bringen, dehnen, strecken, *„Er armborst se ouerlank tuth, Lenger merket se, ok cleyne schut"* (E. v. Wampen 12), etw. krümmen, *Advncare teen myt enem haken"* (Nd. Mitt. 2, 52), (Vbdg.:) *in volden/ in krûsen t.* in Falten legen, *„Jß averst ein gekruset unde in kleine Volden getagen"* (Neoc. 1, 116); – jemdn. auf einer Folterbank recken, *„her J. wart in dem staken dot getogen und darna ok up ein rat gelecht"* (Oldecop 301); – (mediz.:) refl. zähflüssig sein, *„Er du dyt daran deyst, so proue ersten eft yd sik the"* (Goth. Arzneib. 99). – 9.1. (Draht) durch Dehnen oder Strecken herstellen, *„Wannehr sie dan eynigen uthwendigen Drait fynden, die anders gesmedet ader getogen is, dan man hier smedet, unde thut, vnd nycht yn den kloven geyt, soellen sie den Borgermestern datselve anseggen"* (Steinen Westf. Gesch. 3, 20, 1247). – 9.2. (Pelzwerk, Tuch, Flachs etc.) durch Zerdehnen fälschen, vorw. als Part. Prät. *„nymant sal kopen valsch werk noch ghetogen werk"* (Hans. Ub. 3, 370). – 9.3. (Saiten) spannen, aufziehen, *„ek dancke dek der groten leue, de du vns bewiset hest, do du de andern seyden toghest ouer de harpen"* (Kemper Kreuzigung 372); – (Vbdg.:) *ê(i)ne lînen t.* Knebel anlegen, knebeln, *„de scharprichters ... klammerden en [den Kö-*

nig] *vast an de suilen, bunden em hande unde vothe, dorch de mundt eine starke linen getogen*" (Osnabr. Gqu. 2, 265). – 9.4. (Segel) aufziehen, aufspannen, „*Item gegeben ... 4. sc. vor 1 segel ouer de kabuse to tyne*" (Elbing KR 1, 156); – °(Zelt) aufstellen, aufschlagen, „*dat teld dat ghetaghen wird vor den dōren des dakes des gheloftes*" (Lüb. Bibel Num. 3, 26); – 9.5. (Mundbewegung positiv wie negativ charakterisierend:) verziehen, „*kmot se man alle stees ansehen, hey wo kan se dat Münneken tehn*" (Jellinghaus Bauernkom. 213), „*Wo stah gy den so vnd thet de Flabbe?*" (Schausp. 82).
10. linienförmig anlegen. – 10.1. eine Linie ziehen, „*darop will ick enen dubbelden Zirckel up den Bodden theen, und up Wrack enen enckelden Zirckel*" (Klefeker Ges. 7, 599); – (Kaufmannsmarke) aufzeichnen, „*Dit is van Johan Gerrtz sulvest mith der pennen getagenes marck*" (Emder Jb. 1, 2, 15). – 10.2. (Mauer o. Ä.) nach einer bestimmten Linie bauen, errichten, „*so ginghen de rad unde hundertman thosampne unde wieseden deme genanten heren graven Bernde, wu si de mūren thin wolden*" (Zerbster Chr. 65), einen Wall, Deich o. Ä. anlegen, „*juncker Ulrick [leet] de overborch ... anleggen und uptimmeren und enen wall darumme tehen*" (Beninga ed. Hahn 1, 326), *ê(i)n bolwerk t.* Schanze aufwerfen, Schanzarbeit verrichten, mit einem Bollwerk versehen, „*Item den munderiken 3 f. unde 2.s. vor de boelen dat bolwerk to teende*" (Reval KR 1, 369); – vgl. *bōlwerken*; – *ê(i)ne grafft t.* einen Graben ziehen, „*he [scholde] den sulvigen borne und waterleidinge ... in de stadt leiden ..., dardorch ock eine grote grafft getagen*" (Moeck-Schlömer 414); – *ê(i)ne (holt)snêde t.* eine Grenze ziehen, anlegen, „*he wolde mith ohne holden ein holtmarcke, ok de holtschnede theen*" (Calenb. Ub. 3, 497), (übertr.:) *ê(i)ne richtesnōr t.* die Richtschnur ziehen, „*westu wol er de mathe gesettet hefft? edder wol auer se einen richtesnōr getagen hefft?*" (Bugenhagen-Bibel Hiob 38, 5); – (Nähtechniken, Vbdg.:) *ê(i)ne egge t.* einkanten, „*Vortmer schal me vor alle blekede lakene teen ene blaue ecge*" (Lüneb. ZR 250).
11. (Vbdg.:) *ê(i)ne rêse t.* eine Reise machen, „*Wy vormoden Juw nicht unwitlik to synde, wo wy vnlanges vmmetrent lichtmissen vns eyne reyse in Sweden in Westergothland mit herschilde to tehende*" (Zs. Lüb. Gesch. 2, 40), (relig., Vbdg.:) *ê(i)ne bēdevārt t.* eine Wallfahrt machen, wallfahren, „*Nicht allene heft desse hilge brut godes bedevart getogen*" (Birgitta 24), *pēlegrîmâtie t.* eine Pilgerreise durchführen, „*Und he entfenck de konyngynne van Denemarcke to male erliken, do se doer de staedt und dat sticht pilgremase toch*" (Münst. Gqu. 1, 144).
12. aufziehen, großziehen, ernähren. – 12.1. (Tiere) säugen, „*Die soge, die verkene dreget oder tüt*" (Ssp. 1, III 51 § 1), (Kinder) füttern, ernähren, „*Educare j. nutrire, teyn, also me leuendighe dingher tut edder vodet*" (Dief. nov. 38), „*Lupa quit an Dudischen en wulvinne, darvan leseth men, dat se [die Kinder] van ener wulvinne getogen weren*" (Sächs. Wchr. 79). – 12.2. (Kinder oder Tiere) aufziehen, großziehen, „*of it en perd is oder ve, he hebbe't in sime stalle togeth, he mut it mit mereme rechte behalden jene die it in geweren hevet*" (Ssp. 1, II 36 § 3), „*we des iares gose toghen heft de gift en to tegeden*" (Fries. Arch. 1, 438); – erziehen, bilden, „*educere, jungen ten*" (Dief. nov. 23), „*De syne kyndere alsze ander unkrud Leth upwassen unde quad van en sued, Nicht en straffet unde se ovel thued, Int leste dem sulven neen gud en schued*" (Narrenschyp 28), vielf. als Part. Prät. „*Augustus was en wol getogen man*" (Sächs. Wchr. 90); – (Pflanzen) pflanzen, anbauen, „*Seminarium, Colum., plantarium, Plin., ein ort dar men junge bôme / oder ander pâten thut*" (Chytr. 452). – 12.3. (Kinder) zeugen, „*Wor eyn man vnde frowe tosamende sin an echteschop vnde kyndere hebben, storue erer eyn, vnde de ander eynen anderen gaden neme, ... vnde toghe ander kyndere: de ersten kindere scholen besytten myt ereme dele, vnde de lateren kindere scholen hebben alle dat ander gudt eres vaders vnde erer moder*" (Hamb. StR ed. Lappenberg 256); – vgl. ¹*tēlen*.
13. (mathem.:) Rechenoperationen durchführen. – 13.1. (Vbdg.:) *in ê(i)ne summa bringen unde t.* zusammenziehen, zusammenrechnen, „*Erstlich ... schollen alle vpkumste, kerken=Renthe, Axise, wagegeldt, Stedegelt, Broke ... Jnn eynn Summa gebracht vnnd togetagenn werdenn*" (Strackerjan Jever 69). – 13.2. abziehen, substrahieren, „*Dar van gethagen den rinischen win alse 2 aem de aem tho 13 mr. is ... 143 mr. lüb.*" (Koehler Isermann 75); – (Geld) abziehen, „*den schaden, de uns dorch de von Alten togedreven worde, wolden se uns, den seven stiften, gelden, ... und von den ses dusent golden voraf tein, und uns dar mede betalen*" (Oldecop 243). – 13.3. den kubus t. ût die dritte Wurzel ziehen, „*Multiplicere de gefundene wortel in sick Cubice / vnd wen wat auerbleuen / do darto entspringt de erste tall woruth de Cubus getagen / ys dyne arbeit gewiss*" (Dörinck Arithmetica K 2ʳ).
14. mit Luft durchziehen, Luft durchströmen lassen. – 14.1. (musik.:) *de belge t.* die Blasebälge zudrücken, „*Item M. Frans syn

dochter noch dewilen er gestemmet 28 dage de belge gethagen" (Bösken Musikgesch. 84, Anm. 1). – 14.2. (Rauch) ziehen, *„de beiden Sostene in deme Badehusse togen nen Rock"* (Schl.-H.-L. Ub. 1, 400).
II. intrans. 1. eine Bewegung vollziehen, sich von einem Ort zum anderen bewegen. – 1.1. irgendwohin ziehen, in erster Linie von Menschen, u. zw. auf jegliche Weise, zu Fuß, zu Wagen, zu Pferd, zu Schiff, *„Gy scholen mit my theen vnde war ghy my vmme bidden dat will ik don"* (Lüb. Hist. 65), c. Adv. insbes. *tôrügge, wedder, wedderumme,* „*Ick tôch mit miner vruwen darhen"* (Brandis 184); – vgl. *tôrüggetên;* – (Vbdg.:) *hê͞m tên* heimkommen, nach Hause zurückkehren, *„de koning ... gaf den heren ... orlof wedder heim to teende"* (Chr. d. d. St. 7, 354); – vgl. *hê͞imkōmen;* – Präp. (Angabe des Ziels:) *„vele bischoppe [sint] ut Frankriken na Trent up dat concilium getogen"* (Oldecop 502); – eine Strecke zurücklegen, *nîe wēge t.* neue Wege gehen, nutzen, *„dat wy nene nye weghe thein maken edder bruken scolen"* (Mitt. Livl. Gesch. 7, 368); – (Vbdg.:) *nâ holte t.* Holz fällen, „Lignatores, Liu., *de na holte tehn"* (Chytr. 203); – (bildl., Vbdg.) *dôr sîn herte t.* c. Dat. Pers. jemdm. lieb und teuer werden, *„Dar negest / gingck sick eyn Hôrninck / myt synen hôrnen / bagen. De ys dem edlen Fôrsten / wol dôrch / syn herte getagen"* (Weddige Ermenrîk 43); – refl. sich an einen Ort begeben, *„Kayn van dem Heren vloych Vnde sek in dat norden toych"* (Statwech 23); – (mediz., Vbdg.:) *sik inwārt t.* nach innen schlagen, *„wel sik dat swel inwort teyn so nym knouelok"* (Prompt. med. ed. Seidensticker 107); – sich erheben, *„Mit des sach hê ênen rôch, dê sik an dem himmele tôch"* (Zeno 162*, V. 1555), (übertr.:) *„Vil mannigem manne is aldus geschein, de boven sine art sek wolde tein"* sich über seinen eigenen Stand erheben (G. v. M. ed. Seelmann 112"); – c. Präp. *tô/up* sich neigen, tendieren, *„Dan ik sin herte hadde bekort Dat id van der kuscheyt vloghe Unde sik to bosen dyngen toghe"* (Schachb. 137), *„vnd an der farwe tyhen sie sick vp de rôde"* (Vespucci A 4'); – (mediz.:) *„Waer eyn man wort gewundet in ßyn woltsene off in syn rugge, datt em syn nacket sit tut vnd syn angesichte vptut, vnd dat he syn houet nicht vmmekeren kan"* (Ostfries. Rqu. ed. Borchling 91); – sich bemühen, erstreben, *„[de lozen] theen syck, umme de oueren hant tho hebben"* (RV 197); – sich der Sache oder Angelegenheit annehmen, *„De prelaten vormarkeden, dat dit vornemen mennigem myshagede, und ok heren und vorsten sich darto togen"* (Schomaker 90). – 1.2. wandern, umherziehen, *„Ten wandern itinerare viagiare peragrare"* (Voc. Strals. ed. Damme 406), *„Etlike laten de stratenrovers dorch ere lant tên"* (Lüb. Tot. 34), c. Adv. insbes. *hen unde hēr, wedder unde vôrt, „Dewile dan de Sassen mit den swarten und wittenhoep hen und heer toegen ..., muste men sick orer anslege befruchten"* (Beninga ed. Hahn 1, 520); – (bildl., mediz.:): sich verbreiten, *„[1529] is ene seltzame Kranckheit aver Dûdschland unde ock Hamborg getagen"* (Staphorst II 1, 85), sich verbreiten, sich ausbreiten, *„weme de krampe in den senen edder in den ledematen thut de seyde lilien blade in watere edder in wyne vnde legge eyn plaster warm dar vp"* (Prompt. med. ed. Seidensticker 161). – 1.3. zusammenkommen, sich treffen, *„Und in der monat die boden thien sollen von beyden parten one allerley behendicheit"* (Livl. Ub. II 2, 405); – (Vbdg.:) *ōver ê(i)n t.* sich einigen, *„Ne conden oc de ratmanne unde de oldermanne ther eveninghe nicht over en teen, so scolden se ut iewelkem verdel besenden ver man"* (Brem. Rqu. ed. Eckhardt 41); – s. auch *tôhôpetên, tôsammentên;* – entstehen, herausbilden, *„Js dat water blaw vnde is dar eyn hut bouen ghetaghen, so is dat braghen sere in deme houede"* (Goth. Arzneib. 201).
2. c. Präp. *up(pe)* oder *an* sich auf etw./jemdn. beziehen, *„unde so denne de parthe then uppe eyne scrifft in der Stadt bock gescreven"* (Lüb. Urt. 4, 326); – auch refl. *„De schalk antworde im gerichte unde tôch sick up sine eigen veide"* (Brandis 108), (Vbdg.:) *sik up bewîsinge t.* Beweis führen, *„und beden den koning dat he de sentencien wedderreipe, nach dem alse sik de bischop togen hadde up bewisinge und nicht bewisen enkonde"* (Chr. d. d. St. 7, 364), *sik uppe den hilligen t.* schwören, *„Weigeret man ime des mit unrechte, unde tüt he sik ut uppe'n hilgen, he is en unvervest man"* (Ssp. 1, II 4 § 1), *uppe vorlenginge t.* verlängern, aufschieben, eine Verlängerung beantragen, *„de jene, de uppe de Vorlenghinge tûd, de schal er an xiiij daghen dar na vort volghen"* (Pomm. Gesch.-Denkm. 2, 53), *up nôt t.* Notwehr geltend machen, *„bei Todschlägen reite der Thäter her tu dorpe unde bekant des unde tid up not unde sittet up sin wergelt"* (Ssp. 1, II 14 § 1 Gl.).
3. Mitglied werden, in eine Institution eintreten, (Vbdg.:) *int stift/klôster/konvent/ spētâl, in den ôrden t.* ins Kloster, ins Stift u. Ä. eintreten, *„wel de frouwe thein in clostere, spettal edder convend, de schal laten den dridden deil alle ores gudes"* (Gosl. StR ed. Ebel 15); – (Vbdg.:) refl. *sik in vê͞de unde vrēde t.* sich jemdm. in Krieg und Frieden anschließen, *„lantgrave Hinrik van Hessen ... tôch sick in veide unde vrede des jungen hertogen Wilhelmes van Brunswyk"* (Brandis 40).
4. c. Präp. *van/ût* einen Ort verlassen. –

4.1. wegziehen, den Wohnsitz/Ort wechseln, c. Adv. „*De beiden borgemeister togen darvan*" (Schomaker 143), mit präpos. Erg. „*de mürmestere, de sülvesheren, scölen des sommers nicht ten uth der stadt umme ander lüde arbeit sunder des rades vulbord*" (Kieler Burspr. 181). – 4.2. refl. sich von etw. fernhalten, sich entfernen, „*Wil gi vnkuscheyt vlen, Van leddicheyd schole gi vch teen*" (Leyen Doctr. ed. Ljunggren 189), sich enthalten von, verzichten auf, „*He toch sick van visschen vnde vleisch*" (Hieron. Briefe [a] 260); – sich entziehen, sich entfernen, sich zurückziehen, „*Dorn clage de scholtu gerne vlen Vnde dy van quader selschop then*" (Josep ed. Schütz 261); – sich von jemdm. abkehren, abwenden, „*war vmme verlate gy den heren god Israhel / vnd bůwet eyn altar den afgoden vnd theen van dem deynste godes*" (Halberst. Bibel, Josua 22, 16); – auch refl. „*Des wil sek god ok van or tēn*" (Engels Unterweis. 1, 63). – 4.3. (Vbdg.:) *van ander t.* auseinandergehen, „*Und, gott loff und dank, is dat concilium eindrechtich besloten und in groter einicheit de vedere alle in osculo pacis vonander getogen*" (Oldecop 545).
5. c. Präp. *ût* eine Institution verlassen. – 5.1. (milit.:) heeresflüchtig werden, desertieren, „*Des geboth Saull alle den gennen de bij eme weren dat men vmme soken scholde alle de vth synen here gethogen weren*" (Lüb. Hist. 17). – 5.2. (Vbdg.:) *ût dem orden t.* aus dem Orden austreten, „*he* [*wolde*] *uth der cappe unde uth deme orden ... then ... unde denre unde cappellan* [*werden*]" (Ribn. Chr. 165), *ût dem dēnste t.* kündigen, eine Tätigkeit aufgeben, „[*er hatte*] *ome gefraget, wat one darto beweget hedde, dat he so ut einem guden deinste getogen und up sin older ein bedeler monnik geworden were*" (Oldecop 25).
6. (milit.:) feindlich ausziehen, gegen jemdn. vorgehen, „*ein thehnde Krigsuolck*" (Chytr. 205), c. Präp. „*we ... toghen jeghen de heydenen*" (Baier 37), „*de godesridder scholen nummer mit wapen up de cristen tên*" (Lüb. Tot. 38); – (Vbdg.:) *in den strît/tô strîde t.* in den Kampf ziehen, „*Ghy en scholen nicht theen teghen juwe brodere tho strijde vp de van Israhell*" (Lüb. Hist. 99), *tô velde/in dat velt t.* ins Feld ziehen, „*Toch de curfurste van Sassen mit dem lantgraven van Hessen wedder den keyser to velde*" (Schomaker 175), *in den krîch t.* in den Krieg ziehen, „*se* [*syn*] *vth einfoldt eres Herten mit Absolon van Jerusalem wedder Dauid in den Krych getagen*" (Nic. Gryse Laienbibel 1, Cc 3'), *in de hērvārt t.* einen Kriegszug unternehmen, in den Krieg ziehen, „*Den knokenhauwermesteren hefft de rad erlövet, dat se dejenne, de onechte syn ..., na dusser tiid nicht nemen en dorven in ōre selschop ... edder in de hervard theen*" (Gött. Stat. 150); – c. Präp. *in* Einwendungen machen, gegen etw. sein, „*Den salstu bekennen vnde gheyn Oppenbar vnde dar nicht in teyn, Dat Theophilus des duuels sy*" (Theophilus V. 614 [T]); – (Vbdg.:) refl. *sik tô hāder unde krîch t.* in eine Fehde/Streit verwickelt sein, „*Hēstu ennige zake up dy, dy sich thu hader vnde krighe thin můchte dar afe desse stad mūghe vnde arbeyt krijgen můchte, dy schaltu jrst van dy legghen*" (Lasch Stadtb. 48).
7. (Eigenschaft:) übergehen, übertreten, „*laet yt so staen dree daghe dat de macht des krudes thee in den wyn*" (Goth. Arzneib. 153).
8. sich erstrecken; – (Länder, Territorien:) verlaufen, sich hinziehen, „*III morgen by dem weghe theyth osten vnd westen*" (Ub. Ilsenbg. 1, 246); – refl. c. Präp. „*wedder Occident tuth id sik wedder den Enfrates*" (Mandeville 146); – (Körperteile:) c. Präp. *tô* sich neigen, „*Item de eyne langhe neße hefft / syck theende to deme munde / de ys frame vnde kloeck*" (Schaph. Kal. 1523 94'); – (Zeit:) refl. andauern, sich in die Länge ziehen, „*ticht sik dat, so die dage kort sint, vast In die Lennge vnd wert deste mer nicht vth, sundern die Lanndt mit der wysz vaste mere vnd mere verstorfen*" (Riedel III 1, 490).
9. (unter verstärktem Kraftaufwand) Zug ausüben, „*Toghe alse men tud mid deme emmere ut deme sode haustus*" (Voc. Strals. ed. Damme 409), (Zugvieh:) „*He grypet iuwe sones vnde spannet se vor de wagenen vnde se moten then ghelick den perden*" (Lüb. Hist. 9), (Rda.:) *am vrōmeden joke t.* am fremden Joch ziehen, sich verbünden, „*Thet nicht am frömden yōcke / mit den vngelōuigen*" (Freder 15 Ps. F 5').
10. (mediz.:) heraussaugen, absaugen, „*legge dat mit eyneme docke vppe den sweren dat weycket vnde thut wol vnde heylet*" (Prompt. med. ed. Seidensticker 275); – (bildl., Vbdg.:) *t. alse ê(i)n (māger) îl* zu viel, übermäßig trinken, „*Ick hebbe getagen als ein Yhl*" (Schlömer 53).

tên in verbalen Derivaten und Verbalkompos. S. diese an ihrer alphabetischen Stelle, z.B. *aftên*, *antên*, *betên*, *bitên*, *dörchtên* (*dōr*[*e*]-), *ent*(*t*)*ên*, *vörtên*, *vörttên*, *vultên* (*vullen*-, *vule*-, *vol*-, *vollen*-), *hentên* (*henne*-), *intên*, *nātên*, *nēderten* (*nedder*-), *ōvertên*, *ōverentên* (*ōver*-), *tôtên*, *ümmetên*, *uptên*, *ûttên* usw. – Vgl. *tochen*.

°*dörchtên*, stv. c. Acc. ein Kleidungsstück mit seidenem oder feinwollenem Kleiderstoff durchziehen oder unterlegen, „*dar worden negen und negentich ... elen carteken dorch getogen*" (Oldecop 384); – vgl. *dörchtoch.

Carola Redzich
Bezugsgröße ‚Wort'

Philologisch-lexikographische Zugänge zum diskursiven Potential des frühneuzeitlichen Bibelwortschatzes

Zusammenfassung: Der Beitrag beleuchtet mit Blick auf die gattungskonstitutive Bezugsgröße ‚Wort' den diskursiven Konnex zwischen mittelalterlicher und frühneuzeitlicher Bibelübersetzung, Exegese und Lexikographie; er zeigt die konfessionelle Dimension unterschiedlicher Übersetzungsprinzipien und -programmatiken (Martin Luther, Johannes Eck) und ihre Rückwirkung auf Textgestalt, Sprache und Vermittlungspotential sowie den Status und die Geltung des (übersetzten) biblischen Wortlautes auf; an Fallbeispielen aus dem Frühneuhochdeutschen Wörterbuch werden schließlich Möglichkeiten und Grenzen einer lexikographischen, sprach- und kulturhistorisch perspektivierten Dokumentation und Auswertung des biblischen Wortschatzes der Frühen Neuzeit herausgearbeitet.

Schlüsselwörter: Bibelübersetzung, lexikalische Varianz, Übersetzungsprinzipien, Wortexegese, historische Lexikographie

1 Bibelwortschatz und Lexikographie: Alte und neue Beziehungen

Historische Wörterbücher sind das Ergebnis einer komplexen „kulturellen Tätigkeit" (Reichmann 2012: 11). Diese dokumentiert unter bestimmten Prämissen und Rahmenbedingungen auf der Basis von Textkorpora, denen im Rekurs auf je spezifische Relevanzkriterien Repräsentativität zuerkannt wird, kommunikative Funktions- und Verwendungszusammenhänge von lexikalischen Einheiten der sprachlichen Überlieferung eines definierten Zeit- und Sprachraums und schreibt ihnen im Sinne eines Vermittlungsangebots – in der Regel in Form von standardsprachlichen Interpretamenten und Erläuterungen – Bedeutungen zu. Gemeinsam ist allen Wörterbüchern, so verschieden sie im Einzelnen auch sind, die auf die – für die Textsorte ‚Wörterbuch' konstitutive (und namengebende) – Ordnungs- und Bezugsgröße ‚Wort' konzentrierte Organisation von Wissen. Es gehört seit Längerem zu den akademischen Gepflogenheiten, die Grenzen der „linear narrativ organisiert[en]" Be-

---

Dr. Carola Redzich: Frühneuhochdeutsches Wörterbuch, Akademie der Wissenschaften zu Göttingen, E-Mail: carola.redzich@mail.uni-goettingen.de

https://doi.org/10.1515/9783110632866-010

schreibung (Stierle 1979: 189) des im historischen Kontinuum stetem Wandel unterworfenen semantischen Potenzials einer lexikalischen Einheit zu betonen und sich von der Bedeutungszuschreibung an lexikalische Einheiten (ob historisch oder nicht) als einem „vor allem durch die Bedeutungswörterbücher gepflegte[n] Konstrukt" (Lutzeier 2002: 36) theoretisch zu distanzieren, entsprechende Konstrukte bei der praktischen Arbeit mit historischen Sprachzeugnissen dennoch als hilfreich zu empfinden und sich auf sie zu beziehen, nicht zuletzt in Anerkennung einer mühevollen Arbeit, die man nicht selbst leisten muss (vgl. Grubmüller 1996: 148).

Dass Wörterbücher den Benutzer selten restlos zufriedenstellen, weil ihn die angebotenen Informationen häufig schnell an einen Punkt führen, an dem er mehr wissen will, scheint für die Textsorte seit jeher konstitutiv zu sein. Zwar räumt Peter Rolf Lutzeier (2002: 38) ein, dass man nicht jedem Wort eine eigene Enzyklopädie widmen könne, und bringt damit das Dilemma der Diskrepanz zwischen dem (vor allem in biblischen Zusammenhängen als unendlich vorgestellten) Vernetzungspotential eines Wortes und der beschränkten Darstellungskapazität eines Wörterbuchartikels zum Ausdruck (Vorteil von Online-Wörterbüchern), aber eigentlich provoziert jede Form der (auch online) notwendigen lexikographischen Informationsverdichtung die Forderung nach Mehr. Schon einem Gelehrten wie Erasmus von Rotterdam war diesbezüglich die Textsorte ‚Enzyklopädie' nicht genug, zumindest nicht im Zusammenhang mit dem humanistisch perspektivierten historisch-philologischen Bibelstudium, in dem man es so häufig mit fremden Wörtern respektive Sachen zu tun habe, die zu verstehen unabdingbare Voraussetzung dafür sei, dass der Bibeltext für den Leser nicht tot bleibe (vgl. Erasmus, Schriften 3, 143–153). Es offenbare einen Mangel an Erkenntnisinteresse, so Erasmus, dass sich viele Leser mit dem rudimentären Informationsangebot verfügbarer mittelalterlicher Enzyklopädien zufriedengäben (*Quibusdam ad omnia satis est unus catholicon aut hoc eruditior Isidorus*, ebd. 150) und nicht auf die Werke zurückgriffen, die diesen Sammelwerken als Quellen- und Referenztexte zugrunde lägen. Als exemplarische Vertreter der Gattung ‚Enzyklopädie' nennt Erasmus hier die *Etymologien* des Isidor von Sevilla (ca. 560–636) und die unter dem Namen *Catholicon* bekannte lateinische Universalenzyklopädie des Johannes Balbus von Genua (gest. 1298). Beide Werke gehören im Mittelalter zu den Standardwerken der über die Bezugsgröße ‚Wort' organisierten wissensvermittelnden Literatur, deren Informationsbestände in der frühen zweisprachigen Lexikographie häufig nur noch als Abbreviaturen erkennbar sind (vgl. Müller 2001: 39–40). Vor allem der alphabetisch nach lateinischen Lemmata geordnete *Vocabularius Ex quo*, der primär auf das Studium der Heiligen Schriften im Kontext von Schule und Universität ausgerichtet ist (vgl. VEQ 1, 15–16; Müller 2001: 42–44), bindet in äußerst verknappter Form etymologisches und enzyklopädisches Traditionswissen an das einzelne lateinische Lemma, gelegentlich mit Bezug auf konkrete Bibelstellen. Die deutschen Interpretamente fokussieren dabei in der Regel nur die Grundbedeutung einer lateinischen Vokabel, während Informationen zu speziellen Verwendungsweisen in lateinischer Sprache angeboten werden. Unter dem Lemma *spiritus* (VEQ 5, S 925) findet sich beispielsweise nur eine einzige lexikalische Entsprechung: *eyn geyst*. Informationen zur Polysemie des lateinischen Wortes folgen in lateinischer Sprache: *multa significat*. Anhand von Textbeispielen aus der Vulgata wird das Lemmawort in spezifischen Verwendungszusammenhängen dokumentiert und seine Semantik durch Synonyme erläutert: *spiritus* kann in verschiedenen Gebrauchszusammenhängen mit *angelus, demon, anima, racio, spiritalis intelligentia, accio spirandi, ventus, ira, indignatio, vita, superbia* als bedeutungsverwandt gelten. Häufig sucht man in den Interpretamenten des VEQ vergebens nach Angaben zur lexikalischen Bedeutung des lateinischen Lemmas:

> Mittelalterliche lateinisch-deutsche Wörterbücher kennen Erläuterungen wie: *Canonia ein kanonie Capellanus ein cappelan Cappa ein kap* [...]. Auf welche Weise solche Erläuterungen erläutern können, sei dahingestellt; auf jeden Fall aber zeigen sie, daß es für die Eignung des Wortes zum deutschen Interpretament unerheblich ist, ob es sich um ein Fremdwort handelt oder nicht. (Grubmüller 1996: 161)

Als echte Übersetzungshilfen mögen solche Informationsabbreviaturen ungenügend erscheinen, vor dem Bezugsrahmen eines zweisprachig auf die Bezugsgröße ‚Wort' ausgerichteten Bibelstudiums sind sie jedoch Teil eines in der Entstehung begriffenen theologischen Fachwortschatzes, der immer auf seinen lateinischen Ursprung zurückweist. Dieses Wissen hilft dem Benutzer, der an Ort und Stelle Aufschluss über die Bedeutung eines Wortes sucht, weil er einen Text v e r s t e h e n will, natürlich nicht weiter, und auch Erasmus mokiert sich über die informativen Leerstellen von Wörterbüchern, die häufig nicht einmal die Kategorie offenbaren, der eine Sache zuzuweisen sei, so dass der Nutzer ohne historisch-kulturelles Allgemeinwissen

> bisweilen schamlos orakelnd oder die übelsten Wörterbücher konsultierend aus einem Baum einen Vierfüßler, aus einem Edelstein einen Fisch, aus einem Zitherspieler einen Fluß, aus einer Stadt eine Staude, aus einem Stern einen Vogel und aus dem Kohl die Hose macht.[1]

Die Beziehung zwischen Wörterbuch und Benutzer bleibt immer ein wenig fragil. Begegnungen sind in der Regel von kurzer Dauer. Sie gestalten sich harmonisch, so lange das lexikographische Informationsangebot mit dem Erkenntnisinteresse des Nutzers korrespondiert bzw. kommuniziert, nicht zuletzt in Zusammenhängen, in denen sich wissenschaftliche Interessenbildung verstärkt an der Bezugsgröße ‚Wort' ausrichtet, wie das virulente kulturwissenschaftliche Interesse an Wortschätzen

---

[1] quoties non haec tantum, sed et omnium paene rerum ignorantur vocabula, adeo ut nonnumquam vel impudenter addivinantes vel sordidissimos consulentes dictionarios ex arbore faciant quadrupedem, e gemma piscem, e cithaoredo fluvium, ex oppido fruticem, e sidere avem, ex brassica braccam. (Erasmus, Schriften 3, 144–145)

(vgl. Reichmann 2012: 10–11) als „lexikalisch-semantisch verdichtete[r] Kulturgeschichte" (Kämper 2016: 738) dokumentiert. Unter den kulturell relevanten Wortschätzen wird dem historischen Bibelwortschatz besondere Bedeutung beigemessen, vor allem mit Blick auf seine „lexikalische Schlüsselfunktion" (Sonderegger 1998: 234) bei der Entwicklung der deutschen Hoch- und Schriftsprache sowie beim „Auf- und Ausbau einer christlich-kirchlichen wie ethisch-moralischen Terminologie" (ebd.), die vor allem in den religions- und kulturgeschichtlichen Umbrüchen der Reformationszeit ein hohes diskursives Potential entfaltet. Sprachgeschichtlich gesehen, nimmt der Bibelwortschatz eine Sonderstellung ein, weil er in seinen historischen Dimensionen ein sich zuerst in Bibelübersetzungen manifestierender Übersetzungswortschatz ist. Das heißt: Alle deutschen Wörter, die ihm zugeordnet sind, waren (und sind) unabhängig von ihrer ‚säkularen' Wortgeschichte Übersetzungsäquivalente, deren Bedeutung sich primär im Rekurs auf Wörter lateinischer, griechischer oder hebräischer Bibeltexte konstituiert. Bedingt durch ihr Alter und ihren kulturellen Ursprung überliefern diese Texte dem Christentum einen Thesaurus fremdkulturellen Wissens, der schon im Mittelalter hoch geachtet wird, der aber zugleich, besonders im dingweltlichen Bereich (Kult- und Alltagsgegenstände, Tiere, Pflanzen, Heilmittel, Nahrung, Kleidung, Handelsgüter etc.), verantwortlich für die große Distanz zwischen Bibeltext und christlichem Leser ist. Im Laufe ihrer Geschichte begegnet die Theologie dieser Distanz mit verschiedenen Methoden der vermittelnden Hermeneutik, vor allem der Etymologie und der Allegorese. Da viele dieser Wörter in anderen Kontexten selten oder gar nicht verwendet werden, wird die Erschließung ihrer semantisch-lexikalischen Bedeutung zu einem wichtigen Teilaspekt ihrer exegetischen Deutung (vgl. grundlegend Kirchert 1991). Die Exegese wirkt ihrerseits auf die Semantik dieser Wörter zurück, was seinen Niederschlag vor allem in den von Erasmus erwähnten, für das mittelalterliche Bibelstudium eklatant wichtigen lexikographischen und enzyklopädischen Textsorten findet.

Der über die Bezugsgröße ‚Wort' hergestellte diskursive Konnex zwischen mittelalterlicher Bibelübersetzung, Exegese und Lexikographie ist in sprachhistorischen Studien bislang kaum berücksichtigt worden. Dass die Kenntnis dieses Zusammenhangs auch für die (moderne) historische Lexikographie und Semantikforschung nicht nur interessant, sondern auch methodisch relevant sein kann, zeigt sich vor allem im Zusammenhang mit der Auswertung und Interpretation lexikalischer Varianz, wie sie in der frühneuzeitlichen Überlieferung von Bibelübersetzungen greifbar wird (vgl. Redzich 2010: 307–321; Reichmann 2011).

In der ersten Hälfte des 16. Jahrhunderts ist gleichzeitig und nebeneinander eine Fülle von Übersetzungen biblischer Texte im Umlauf, deren sprachlich-grammatische wie textuelle Verschiedenartigkeit übersetzungstheoretisch und -praktisch, vor allem aber gebrauchsfunktional begründet ist. Neben einer Vielzahl von noch im 14. und frühen 15. Jahrhundert entstandenen, handschriftlich überlieferten Bibeltexten und Textteilen (Perikopen) mit begrenzter Reichweite, die vor allem in Frauenklöstern, aber auch im bürgerlichen Milieu gelesen und abgeschrieben werden, erreichen seit 1466 vollständige Übersetzungen der Vulgata, die sog. oberdeutschen Bibeldrucke, größere regionale Verbreitung. Im Zuge der Reformation und unter dem Einfluss des Humanismus respektive der lateinischen Revision des neuen Testaments durch Erasmus entstehen Bibelübersetzungen auf der Basis bzw. unter Einbezug der griechischen und hebräischen Urtexte, die – allen voran die Luther-Bibel – schließlich überregionale Verbreitung erlangen (vgl. den Überblick bei Sonderegger 1998: 257–270). Die Überlieferung dieses Zeitraums macht evident, in welchem Maße die Spielräume und Grenzen des übersetzerischen Zugriffs auf die Bezugsgröße (biblisches) ‚Wort' von der Schrifttradition geprägt und festgeschrieben sind und wie sie im Spannungsfeld theologischer, sprachphilosophischer, bildungs-, kultur- und sozialpolitischer Umbrüche verhandelbar werden. Wie sich das in den Texten manifestiert, will ich im Folgenden an Beispielen aus Bibelübersetzungen des 15. und 16. Jahrhunderts zeigen, die zum Korpus des Frühneuhochdeutschen Wörterbuchs (FWB) gehören. Im Zentrum stehen Verfahren der wortbezogenen Äquivalenzherstellung, wobei verschiedene Ursachen für lexikalische Varianz in der Überlieferung in den Blick geraten, die nicht primär dialektal oder sprachgeographisch begründet sind. Im Anschluss daran werde ich auf der Basis von Korpusmaterial des FWB Möglichkeiten und Grenzen der lexikographischen Dokumentation lexikalischer Varianz im historischen Bibelwortschatz vorführen sowie Möglichkeiten und Verfahren ihrer Auswertung „als wortbezogene Repräsentation kulturgeschichtlichen Wissens" (Kämper 2016: 740) diskutieren.

2 Zum Umgang mit dem Wort in Bibelübersetzungen des 15. und 16. Jahrhunderts

Wer dolmetschen wil, erklärt Martin Luther im Sendbrief vom Dolmetschen (1530), *mus grosse vorrath von worten haben, das er die wal könne haben, wo eins an allen orten nicht lauten wil* (Luther, WA 30, 2, 639, 21–23). Für sich genommen, lässt sich die Aussage durchaus auf deutsche Wörter in der Funktion von Übersetzungsäquivalenten beziehen: Ein und dasselbe deutsche Wort *lautet* nicht an allen Stellen einer Übersetzung, an denen es potenziell als lexikalische Entsprechung für ein Wort des Vorlagentextes gelten könnte. Man kann das Verb *lauten* hier im Sinne von ›klingen, harmonieren‹ auf den Sprachklang bzw. den Stil des Zieltextes oder im Sinne von ›passen, sich eignen‹ auf die Ebene der Satzsemantik beziehen: Ein deutsches Lexem muss nicht notwendig in den Sinnzusammenhang eines Textes passen, selbst wenn es prinzipiell mit einem Wort der Vorlage lexikalisch bzw. semantisch äquivalent ist. Da sich Luthers Aussage hier eindeutig auf die sprachlichstilistische Gestaltung des Zieltextes und damit nicht zuletzt auf einen ästhetischen Aspekt des Übersetzens bezieht, gewinnt das Wort *wort* in diesem Zusammenhang eine metaphorische Qualität, denn Luther meint mit den großen Vorräten von Wörtern natürlich kein (präskriptives) Synonymenwörterbuch, sondern eine spezifische Kompetenz oder präziser: eine spezifische Gabe des Übersetzers. Die Formulierung *das er die wal könne haben* fokussiert dessen (auktorialen) Gestaltungswillen: Der Übersetzer muss etwas sagen w o l l e n, d. h., aus Wörtern eine Aussage formen, die beim Rezipienten eine Resonanz erzeugt (vgl. Leppin 2004: 21; Ashcroft 2008: 3–4; Reichmann 2011: 429), unabhängig davon, ob er dabei der inhaltlichen Korrektheit, der theologischen Suggestionskraft oder der rhetorischen Prägnanz Priorität einräumt. Es geht Luther somit nicht um die (von ihm als selbstverständlich vorausgesetzte) philologische Kompetenz. Philologisch-etymologisches Wortwissen hilft bei der (Ziel-)Textgestaltung nur bedingt weiter, denn ob ein Wort an einer bestimmten Stelle des Zieltextes *lautet*, also als lexikalisch oder semantisch kohärent oder als dem sprachlich-stilistischen Register des Zieltextes angemessen empfunden wird oder nicht, hängt weniger von der Sprach*kompetenz* des Übersetzers ab, als vielmehr von seinem Übersetzungsziel und seinem damit korrespondierenden (subjektiven) Sprach*gefühl*, das Luther zufolge in den Bereich des individuellen Talents gehört: *es ist dolmetzschen ja nicht eines iglichen kunst, wie die tollen Heiligen meinen* (Luther, WA 30, 2, 640, 26). Aus der Perspektive moderner Übersetzungstheorien, die Subjektivität und Intuition als konstitutive Elemente jedes (literarischen) Übersetzungsprozesses anerkennen, erscheint das selbstverständlich (vgl. Kopetzki 2015: 76–80). Vor dem Horizont der orthodoxen Schrifttradition des Mittelalters, die im Rekurs auf den Kirchenvater Hieronymus das *mysterium* der göttlichen Botschaft in der inhaltlichen wie formalen Auratik des biblischen Wortlauts begründet und so dem übersetzerischen Gestaltungswillen Grenzen setzt, ist es das keineswegs. Gegenüber seinen gelehrten Kritikern (allen voran Hieronymus Emser) führt Luther zwar seine Sprachkompetenz und Gelehrtheit ins Feld: *Jch wil doch ein Doctor, ja auch ein ausbündiger Doctor sein, und sie sollen mir den namen nicht nemen biß an den Jüngsten tag* (Luther, WA 30, 2, 640, 17–18); die Gewissheit, dass sein Übersetzen ein *trewlich dolmetzschen* ist und nicht die Anmaßung eines verblendeten Ketzers – eines *falschen Christen* – (ebd., 28), findet er aber vor allem in dem Glauben, dass sein Übersetzungstalent allein der Gnade Gottes geschuldet ist und seine Nutzung und Mehrung getreu dem Gleichnis von den Talenten deshalb Verpflichtung gegen Gott und die Mitchristen ist (vgl. Beutel 1999: 20–22). Die soziale Verpflichtung eines Auserwählten, die Gemeinde an der exklusiv gewährten Gnade der Inspiration teilhaben zu lassen, indem man das Erfahrene offenlegt und verkündet, ist Teil des mittelalterlichen theologisch-gelehrten Diskurses über Inspiration und Autorschaft, findet sich z. B. im Apokalypsenkommentar des Richard von St. Viktor, der im Rekurs auf Matthäus 13,44 festhält: In einem verborgenen Wissen oder in einem vergrabenen Schatz liegt keinerlei Nutzen (vgl. Redzich 2011: 283–286). Luther bezieht sich somit auf ein höchst traditionelles Argumentations- und Rechtfertigungsmuster, um seine Übersetzung zugleich zu seinem ganz eigenen Werk und zur Gabe Gottes und damit zum Eigentum aller wahren Christen zu erklären. Wesentlich ist in diesem Zusammenhang, dass er die Bezugsgröße ‚Wort' im Kontext seiner Aussagen zum Dolmetschen als je aktualisierende Rede und (unabhängig von einer konkreten Einzelsprache) als „lebendig machendes Fortsprechen" (Leppin 2004: 21) im Sinne des erasmischen *sermo* versteht. Diesbezüglich stellt er sich gegen die orthodoxe Schrifttradition, die das (Schrift-)Wort als Zeichen für das Verborgene (*signum, mysterium, sacramentum*) über dessen Vermittlung in der (volkssprachlichen) Rede stellt.

In der orthodoxen Schrifttradition ist der lateinische Wortlaut der Vulgata die autoritative Bezugsgröße sowohl für die Exegese als auch für die in diesem Diskurszusammenhang stehenden Äquivalenztypen, die vorrangig das Ziel haben, diesen Wortlaut formal (d. h. mit seinen grammatischen Merkmalen sowie seiner syntaktischen Einbindung) und semantisch gleichermaßen durchscheinen zu lassen und ihn auf diese Weise als Referenzhorizont und Matrix aller Sinngebung präsent zu halten. Da vor dem Horizont der Schrifttradition prinzipiell jeder einzelsprachliche Ausdruck (sogar eine Präposition, wie noch zu zeigen sein wird) in der Funktion eines Äquivalents für ein lateinisches ‚Schriftwort' einen Platzhalter für ein bzw. einen Durchstich auf ein Paradigma exegetisch, enzyklopädisch oder etymologisch verbürgter Wissens- und Deutungstraditionen darstellen kann, liegt es in der Verantwortung des Übersetzers zu entscheiden, auf welche Ebene des Wissens das von ihm gewählte Äquivalent jeweils verweisen soll bzw. kann. Ein entsprechender Übersetzungsmodus prägt durchgängig die Übersetzung der Vulgata, die den zwischen 1466 und 1518 erschienenen oberdeutschen Bibeldrucken zugrunde liegt und die diesen dezidiert anti-zielsprachlichen Modus trotz mehrfacher sprachlicher Überarbeitung bis zur letzten Auflage beibehalten. Ein Beispiel aus der Übersetzung des Buchs Genesis (41,1–4), wie sie die 1466 in Straßburg erschienene Mentelin-Bibel überliefert:[2]

---

[2] Der deutsche Text wird zitiert nach Kurrelmeyer 3, 181.

post duos annos Pharao vidit somnium	Nach zweyn iaren pharaon sache ein traum.
putabat se stare super fluvium	Er wont sich zesten auff eim flosz:
quo ascendebant	von dem do aufstigen
septem boves pulchrae et crassae nimis	vij ochsen schoene vnd gar faiste:
et pascebantur	vnd wurden gewaydent
in locis palustribus	in mosigen stetten
aliae quoque septem emergebant	Vnd ander vii staigen auf
de flumine	von dem flosz
foedae confectaeque macie	vnsauber vnd verzert mit megrung
et pascebantur	vnd wurden gewaident
in ipsa amnis ripa	auff dem selben gestatt des flosz:
in locis virentibus	in groenen stetten:
devoraveruntque eas quarum mira species	vnd verwusten sy die gestalt der leibe
et habitudo corporum erat	vnd die gewand waz wunderlich

Der Vergleich mit dem (bei Mentelin nicht mitüberlieferten!) Vulgatatext zeigt, dass das Wort- und Syntagmeninventar jedes einzelnen biblischen Verses so vollständig wie möglich reproduziert wird, wobei Identifikation und Vergleichbarkeit vor allem zwischen kleinen grammatisch-syntaktischen Einheiten angestrebt wird (vgl. Kirchert 1991: 14–15). Dies erlaubt die Ergänzung von Plustextelementen wie Artikel und Relativpronomina, deren Fehlen die Bestimmung der grammatischen Einbindung eines Syntagmas erschweren würde. Zielsprachliche Verstöße, die durch die Imitation spezifisch lateinischer Konstruktionen wie dem AcI (*Er wont sich zesten*), durch eine der Vorlage möglichst entsprechende Wortfolge (*Nach zweyn iaren pharaon sache*) oder durch eine formaläquivalente Realisierung von Deponentien mit aktivischer Bedeutung (*wurden gewaident*) entstehen, werden dabei in Kauf genommen, vielleicht sogar bewusst im Sinne funktiolektaler Markierungen erzeugt, wenn sich dabei im Rückbezug auf die Exegese ein spezifischer Sinn offenlegen lässt. Das gilt z. B. für die auf den ersten Blick wenig plausibel erscheinende Aussage ‚Pharao steht auf einem Fluss'. Die Wahl der Präposition *auf* rekurriert auf das lateinische *super*, das ebenfalls ›auf‹ oder auch ›über‹ bedeuten kann. In der orthodoxen Kommentartradition wird dieser Vers wie folgt gedeutet: Pharao hat eine Vision von sich selbst, wie er auf einem instabilen, im Fließen befindlichen Untergrund steht. Dieser Untergrund symbolisiert zugleich die Flüchtigkeit der Traumvision sowie das unbeständige Fundament, auf dem jeder steht, der sich den Freuden des irdischen Lebens verschreibt, wie die *Glossa ordinaria* an dieser Stelle moralisiert. Überdies lässt diese Lesart sich auch typologisch perspektivieren: Während der Pharao die Fähigkeit, auf dem Wasser zu stehen, nur im Traum besitzt, vermag Christus ganz real auf dem Wasser zu gehen. Wenn ein Übersetzer die Präposition austauscht, schließt sich das Fenster, das den Blick auf diese Deutungsebenen ermöglicht.

Die Autorität und Geltung der Schrifttradition bedingt, dass sich deutsche Äquivalente nicht notwendig auf den Wortlaut des jeweiligen Basistextes beziehen müssen, sondern auch den Wortlaut eines Paratextes, also einer Glosse oder einer Kommentarpassage fokussieren können. Im Zieltext kann das zu semantischen Unverträglichkeiten führen. Das gilt z. B. für das Adjektiv *vnsauber*, das in der zitierten Genesis-Passage als Äquivalent für das lateinische *foedus* erscheint, welches in der Bedeutung ›entsetzlich, schrecklich‹ die emotionale Wirkung fokussiert, die der Anblick der durch Auszehrung entstellten, erbärmlichen körperlichen Gestalt der Tiere hervorruft. Das Wort *unsauber* transportiert diese Aussage nicht und wirkt deshalb an dieser Stelle unpassend, wenn nicht gar falsch, in Luthers Worten: Es *lautet* nicht. Das ist aber auch nicht das Ziel dieser Übersetzung, bei der die Priorität gerade nicht auf vermittlungsorientierter Sinnstiftung durch die Herstellung von zielsprachlicher Textkohärenz liegt, sondern die die kognitiven Spiel-Räume in den Blick nimmt, in denen hinter den einzelnen Wörtern punktuell und oftmals gleichzeitig verschiedene Ebenen der heilsrelevanten Deutung aufscheinen. Das subjektive Sprachgefühl des Übersetzers spielt in diesem Zusammenhang keine Rolle und bleibt als Bedingung für die Qualität der Übersetzung ausgeschaltet. Um zu verstehen, wie die Übersetzungsgleichung *foedus = unsauber* funktioniert bzw. wie sie ihren spezifischen Sinn entfalten kann, muss man den Bezugsrahmen rekonstruieren, vor dem Äquivalenz hergestellt wird: In der orthodoxen Exegese werden die mageren Rinder allegorisch auf die sieben Todsünden bezogen. Insofern wird *unsauber* hier exegetisch semantisiert und gewinnt in diesem Zusammenhang die Bedeutung ›(in moralischer Hinsicht) unrein, sündhaft‹.[3]

Übersetzungen vom Typ der Mentelin-Bibel eignet sowohl in Bezug auf die imitative Struktur ihrer Syntax als auch in Bezug auf das Wortinventar, das in der Regel – ähnlich wie ein Universalwörterbuch – die Grund- und Hauptverwendungsweisen der lateinischen Wörter fokussiert, eine künstlich anmutende Uniformität. Das ist durchaus beabsichtigt, da jede zielsprachliche Gestaltung ein unerwünschtes Maß an Subjektivität provoziert. Es ist deshalb kein Zufall, dass die überwiegende Mehrzahl von Übersetzungen biblischer Texte bis in die Frühe Neuzeit hinein anonym überliefert ist. Die Übersetzer beanspruchen weder Autorschaft noch überhaupt einen wie auch immer gearteten eigenverantwortlichen Gestaltungswillen. Die Frage, ob ein zielsprachlicher Ausdruck innerhalb einer Übersetzung *lautet*, stellt sich in diesem Kontext nicht, da die Textprodukte nicht als eigenständige Werke begrif-

---

3 Die Übersetzungsgleichung *foedus = unsauber* erscheint an dieser Stelle auch in der als ,Wien-Zürcher-Bibel' bekannten Übersetzung, die in vier Handschriften des 15. Jahrhunderts überliefert ist (vgl. Reinitzer 1999). Zum Vergleich zitiere ich die entsprechende Passage aus der Heidelberger Handschrift UB, Cod. Pal. germ. 19: *Vnd ander sūben gingen vff von dem wasser vnsuber vnd vngestalt von megere*. Außerdem verzeichnet eine alemannische Redaktion des VEQ (ebenfalls 15. Jh.) unter dem Lemma *fedus* (F 131) das Interpretament *vnsuber*, was den engen Konnex zwischen spätmittelalterlicher Bibelübersetzung und Lexikographie unterstreicht und unabhängig von der Frage, ob diese Gleichung sich dauerhaft in der Sprache etabliert, die Akzeptanz für eine Bedeutungszuschreibung in einem spezifischen Gebrauchs- und Rezeptionszusammenhang evident macht.

fen werden, sondern als punktuelle Manifestationen einer nie abgeschlossenen oder abschließbaren exegetischen, der lateinischen Vorlage dienenden Arbeit, die mit jeder Aktualisierung wieder auf sie zurückweist und ohne sie notwendigerweise sprachlich unvollkommen bleibt.[4]

Der Kontrast zwischen der Mentelin-Bibel und Luthers Übersetzung von 1534 könnte diesbezüglich nicht größer sein:

> VNd nach zweien iaren hatte Pharao einen traum / Wie er stunde am wasser / vnd sehe aus dem wasser steigen sieben schoene fette rinder / vnd giengen an der weide im grase / Nach diesen sahe er ander sieben rinder aus dem wasser auff steigen / die waren heslich vnd mager / vnd traten neben die rinder an das vfer am wasser / vnd die heslichen vnd magere frassen die sieben schönen fette rinder.

Luther gestaltet die Passage als ein syntaktisch, temporal und semantisch strukturiertes Narrativ, als sprachlich einprägsamen Bericht über einen von Bildern der Gewalt geprägten Alptraum. Die Version der Mentelin-Bibel lässt ein unmittelbares, intuitives Verstehen, mit dem auch eine ästhetische Leseerfahrung einhergeht, nicht zu, denn sie *erzählt* nicht, vermeidet kategorisch die Fiktion einer Eindeutigkeit, die der (lateinische) Bibeltext selbst nicht aufweist. Luther dagegen eliminiert die Mehrdeutigkeiten: Pharao hat festen Boden unter den Füßen. Er steht am Wasser, nicht auf dem Fluss. Die Rinder weiden im Gras, nicht im Schlamm. Dieser Text *redet* ohne Umwege, ohne sichtbare Vermittlungsinstanz mit dem Rezipienten (vgl. Leppin 2004: 22–24). Aber gerade dieser Umstand ist es, der ihn aus der Perspektive katholischer Zeitgenossen der Häresie verdächtig macht, denn aus der sprachlichen Gestalt der Übersetzung geht nicht mehr hervor, welche Ausgangssprache ihr zugrunde liegt. Eigentlich merkt man überhaupt nicht, dass es sich um eine Übersetzung handelt. Es entsteht ein neuer Text (vgl. Albrecht 2005: 5). Natürlich kann man darüber spekulieren, ob das Hebräische einzelne Lesarten beeinflusst haben könnte, und natürlich legt es Luthers theologische Sozialisation nahe zu vermuten, dass er den Wortlaut der Vulgata immer präsent hat. Aber die Frage, auf welche Vorlage oder Vorlagen er sich bezieht, was genau sein schriftsprachlicher Referenz- und

---

[4] Auch redaktionelle Eingriffe und Korrekturen sind in aller Regel durch eine schriftliche Quelle legitimiert: Günther Zainer, der die Mentelin-Bibel 1475 auf der Basis einer revidierten Vulgata überarbeitet, ändert z. B. die (oben zitierte) Phrase *vnd verwusten sy die gestalt der leibe vnd die gewand waz wunderlich* in *vnd frassen die der gestalt vnd wolmůgung der leib wunderber waren* (Kurrelmeyer 3, 181). Diese Lesart wirkt kaum weniger kryptisch, aber die Korrektur richtet sich auch nicht auf den Zieltext, sondern auf die bessere Identifizierbarkeit der grammatischen Struktur des lateinischen Ausgangstextes. Zielsprachlich orientierte Veränderungen bestehen primär in der Anpassung des Wortinventars der Übersetzung an den ostoberdeutschen Sprachgebrauch des ausgehenden 15. Jahrhunderts. Dadurch lässt sich Zainers Fassung leichter an die lateinische Vorlage rückbinden, wobei nach wie vor die Prämisse gilt: Wenn eine Textstelle in der Vorlage dunkel und unverständlich ist, kann es nicht Sache eines Übersetzers sein, größere Klarheit zu suggerieren.

Legitimationshorizont ist, lässt sich nicht mit letzter Sicherheit klären, da ein individueller Gestaltungswille den Text formt. Aus Sicht moderner Übersetzungstheoretiker ist Luther damit kein passiver „Sprachwandler", der rezipiert, „was im AS-Text steht", sondern entscheidender „Akteur, der zwischen den Zwängen des AS-Textes und den Bedürfnissen ‚seiner' ZS-Adressaten vermittelt" (Hönig/Kußmaul 1982: 29, zit. nach Albrecht 2005: 12). Aus Sicht der Tradition missachtet er damit jedoch die Autonomie und (nur durch eine Übersetzung *nach dem buchstäblichen sinn* sichtbar anerkannte) Geltung der lateinischen Vulgata und verwischt damit zugleich die traditionell vom Klerus bewahrten Grenzen zwischen wissenschaftlichem und pastoralem Diskurs.

3 Zurück zum *buchstäblichen sinn*: Johannes Ecks Bibel von 1537

Im Jahr 1537 erscheint in Augsburg eine neue oberdeutsche Gesamtübersetzung der lateinischen Vulgata, die der katholische Theologe Johannes Eck dem Salzburger Erzbischof Matthäus Lang widmet. Eck selbst verantwortet die Übersetzung des Alten Testaments, das Neue Testament stammt von Hieronymus Emser und war als orthodoxes Korrektiv zum Septembertestament schon 1527 zum ersten Mal erschienen. In der Vorrede rechtfertigt sich Eck ausführlich für sein ambitioniertes Unternehmen, den Christen des *alten glaubens*, die *der vnverserten vnd vnbefleckten Bibel begierig*, eine neue Übersetzung des Kanons auf der Grundlage der lateinischen Vulgata nach *dem buchstäblichen sinn* zur Verfügung zu stellen (vgl. Gelhaus 1989: 7–8). Für unseren Zusammenhang relevant ist, dass Eck in diesem Kontext versucht, den Status der lateinischen Vulgata als zentralen Referenztext der alten Kirche sowie das traditionelle Übersetzungsverfahren zu retten und gleichzeitig einen für sich selbst verständlichen Zieltext zu produzieren. Seine Übersetzung der oben zitierten Genesis-Stelle lautet wie folgt:

> Nach zwaien jaren hat Pharao ain traum gesehen: Es daucht jn er stunde auf dem fluß / auß welchem stigend auf / siben hüpscher kuw / vnd fast faist: vnd wurden gewaidentt / jhn pfizingen stetten: Vnd ander siben kamen her für von fluß / die waren vngestalt / vnd abkhomen von maeger: vnd die wurden gewaidnet am gstat des rinnenden wassers an grünen stetten vnd haben fressen die deren wunderliche gstalt war / vnd wolmüge des leibs.

Ecks Übertragung ist derjenigen der Mentelin-Bibel sehr ähnlich, auch er wahrt grundsätzlich den lateinischen Duktus der Vorlage. Durch eine Reihe kleinerer Konzessionen an die Zielsprache wirkt seine Übersetzung jedoch weniger künstlich: So ersetzt er den AcI durch ein funktionales Äquivalent in Form eines konjunktivischen Nebensatzes, das sich mit der Zielsprache besser verträgt. Durch die Ergänzung einzelner Relativpronomina wird die syntaktische Gesamtstruktur klarer. Das Prädikat *vidit* realisiert er durch die dem Perfekt grammatisch entsprechende periphrastische Konstruktion *hat [...] gesehen*, wodurch der bei Mentelin durch die Stellung des Prädikats erzeugte Anakoluth in der Satzklammer aufgelöst wird. An der formaläquivalenten Übertragung *wurden gewaident* für das Prädikat *pascebantur* hält Eck jedoch fest, ebenso an der exegetisch gebundenen Lesart ‚Pharao steht auf dem Fluss'. Insgesamt bleibt die Passage in kommunikativer Hinsicht ähnlich unzugänglich wie in den älteren Versionen.

Die programmatische, mit Blick auf die kommunikative Schlagkraft der Luther-Bibel bewusst in der medialen Öffentlichkeit vollzogene Aktualisierung eines übersetzerischen Verfahrens, das traditionell ausschließlich im geistlichen respektive klösterlichen Umfeld rezipiert und in seiner spezifischen Funktionalität verstanden wurde, dient nicht zuletzt der Positionierung innerhalb des konfessionellen Rechtgläubigkeitsdiskurses, vor dessen Hintergrund erst verständlich wird, warum Luthers interpretativer Umgang mit dem biblischen Wort sowie seine Wendung zur Sprache *des stamleden Juden* (vgl. Eck, Bibel 1537, Vorrede) von den katholischen Zeitgenossen als sinnentstellende Korrumpierung und Verfälschung der göttlichen Wahrheit begriffen wird. Eck betont in diesem Zusammenhang noch einmal den Wert eines durch alle Zeiten *vnwanckelbar bestendig* bleibenden, von der Kirche bewahrten Bezugstextes, an dessen Wortlaut sich *die frumen Christen künden erinnern*, wenn sie *von den newen christen angerent* würden. Eck stellt seine Übersetzung somit in den Dienst einer *memoria*, die für ihn im aktuellen Vollzug einer gefährdeten Tradition liegt: Sie bleibt auf die lateinische Bibel ausgerichtet, *wie die gesungen / gelesen / gebraucht / vnd angenummen ist je vnd je von der hailigen lateinischer kirchen*. Obwohl Eck traditionelle Argumentationsmuster verwendet, verändert sich deren Funktion im aktuellen Diskurszusammenhang. Wo der Mainzer Bischof Berthold von Henneberg, der sich im Jahr 1485 gegen die unkontrollierte Verbreitung von Übersetzungen theologischer (und biblischer) Texte durch den Druck wendet (vgl. Gelhaus 1989: 2–4), noch die Korrumpierung der Wahrheit durch eine entsprechenden Übersetzungen inhärente Unverständlichkeit befürchtet, aus seiner Perspektive nachvollziehbar, da sich der auf wissenschaftliche Traditionen rekurrierende Rezeptionsmodus der oberdeutschen Bibeldrucke dem Laien in der Tat nicht ohne weiteres erschließt, sieht Johannes Eck die Wahrheit gerade dort besonders gefährdet, wo Luthers einsinniger, gefällig formulierter, für ‚jedermann' verständlicher Bibeltext die konfessionelle Orientierung *des einfeltigen lesers* unmittelbar zu beeinflussen beginnt (vgl. Gardt 1992: 94). Die Texteigenschaften von Luthers Übersetzung, die von Sprachhistorikern gerade für ihre Verständlichkeit, ihren „populäre[n], alltagsnahe[n] Übersetzungsstil" (von Polenz 2000: 233) gepriesen wird, untergraben die kirchliche Hegemonie über Offenbarung und Verkündigung, zumal sie ihren theologischen Referenzhorizont nicht offenlegen. Vor diesem Hintergrund erstaunt es nicht, dass Eck die oberdeutschen Bibeldrucke – er erwähnt in der Vorrede die Augsburger und die Nürnberger Ausgaben – wegen ihres nach dem *buchstäblichen sinn* auf *der christlichen kirchen text* Bezug nehmenden Übersetzungsmodus (nicht zu verwechseln mit dem *sensus historicus*!) trotz ihrer vielen Fehler – über 3000 will er ausgemacht haben – prinzipiell als orthodox akzeptiert. Die Begründung dafür, dass er sie trotzdem durch seine eigene Übersetzung ersetzen will, nimmt dann eine erstaunliche Wendung:

> Aber ich befand das der tolmetscher nit gehalten het die regel S. Hieronymi de optimo genere interpretandi Dan er hat zuo hart darauf trungen, daß er verteütsche von wort zu wort, darmit er oft vnverständig ist worden vnd der ainfaltig leser kein sinn vnd verstand darauß vernemen mag.

Was Eck hier mit einer gewissen Selbstverständlichkeit als *regel* des Hieronymus bezeichnet, zielt auf das *dictum* des Kirchenvaters von der verborgenen Sinnenfülle, die hinter dem einzelnen Wort der Schrift verborgen sei und deshalb das Übersetzen biblischer Texte *ad verbum* notwendig mache (vgl. Redzich 2010: 27–37). Der Übersetzer der Mentelin-Bibel hat somit eigentlich alles richtig gemacht, denn er übersetzt für ein Publikum, das mit der Textsorte ‚wortorientierte Übersetzung' als Teil eines philologisch-exegetischen Arbeitszusammenhangs umgehen kann. Eck hat jedoch ein anderes Publikum vor Augen, das durch Luthers Übersetzungen einen unmittelbaren Zugang zum Text der Bibel kennengelernt hat und für das das regelkonforme Verhalten eines mittelalterlichen Übersetzers ohne den entsprechenden Bezugsrahmen abstrakt bleiben muss. Wenn Eck die älteren Übersetzungen also dahingehend kritisiert, *dass der ainfeltig leser kain sinn vnd verstand darauß vernemmen mag*, blendet er bewusst sein Wissen um den traditionellen Funktionszusammenhang aus, in dem sie stehen. Übersetzungen dieses Typs fördern aber, wie gezeigt, prinzipiell nicht das intuitive, schnelle, unproblematische Textverständnis, verlangsamen im Gegenteil den Leseprozess und fordern zum ruminierenden Wiederlesen auf. Sie nutzen zwar deutsche Wörter als Äquivalente, legen den Schwerpunkt aber nicht auf eine der Zielsprache angemessene Verknüpfung dieser Äquivalente, die dadurch frei für eine Lektüre in vertikaler Richtung werden. Sie schreiben kein „‚Deutsch schlechthin', als vorzeigbares Deutsch, mit dem man sich am ehesten identifizieren kann und das man bei seinen Kindern wiederfinden möchte" (Reichmann 2011: 463). Sie dokumentieren eine oberflächenstrukturelle *imitatio* der lateinischen Ausgangssprache vermittels eines dezidiert schriftgebundenen Funktiolekts. Somit wird man ihrer spezifischen Funktionalität nicht gerecht, wenn man ihre Faktur nach sprachlich-stilistischen Kriterien bewertet oder gar mit der Luther-Bibel in Konkurrenz treten lässt, aber das ‚konfessionelle Framing' der Rede über Bibelübersetzung, wie es noch die moderne Forschung prägt (vgl. Redzich 2017), lässt solche Differenzierungen in den Hintergrund treten. Der Status von Bibelübersetzungen, die keinen Beitrag zur Verkündigung des Gotteswortes in der Volkssprache leisten, weil sie ohne den lateinischen Text, den sie nicht ersetzen sollen, nicht funktionieren, lässt sich in der Öffentlichkeit des Diskurses über die Partizipation der Laien am Wort Gottes, in dem diese programmatisch zu Primärrezipienten deutscher Übersetzungen erhoben werden (vgl. Leppin 2004: 18–19), kaum plausibel machen. Es bleibt Eck also nichts anderes übrig, als ganz bewusst die Tatsache auszublenden, dass diese Übersetzungen ursprünglich weder für den *einfeltigen leser* noch überhaupt als Lesetexte, sondern als philologisch-exegetische Hilfsmittel für zweisprachig gebildete Kleriker konzipiert wurden. Das zeigt auch die Diskrepanz zwischen der Apologetik seiner Vorrede und seinem eigenen Übersetzungstext, der ganz in der gelehrten Tradition des Mittelalters steht und deutlich macht, in welchem Ausmaß Eck im konfessionellen Wettstreit um die Gunst der Laien argumentativ mit dem Rücken zur Wand steht. Den eingeforderten übersetzerischen Spagat zwischen einer Orientierung an der (von Eck konstatierten) normativen Geltung des wortorientierten Übersetzens biblischer Texte einerseits und den Erfordernissen an die sprachliche Gestaltung eines für Laien geeigneten Lesetextes andererseits kann er selbst nur bedingt leisten.

4 Zur lexikographischen Dokumentation und Auswertung lexikalischer Varianz in der Bibelübersetzung

Zu den Primärquellen des FWB gehören sowohl die oberdeutschen Bibeldrucke (in der Edition von William Kurrelmeyer) als auch die Luther-Bibel von 1545 sowie ihre über die Gesamtausgabe (WA) erschließbaren älteren Fassungen, ferner (als ältere Vertreter der Textsorte) die Evangelienübersetzung des Matthias Beheim (von 1343) sowie Klaus Crancs Prophetenübersetzung. Wenn eine dieser Übersetzungen in den Belegstellen zu einer bestimmten Bedeutungsposition zitiert wird, dokumentiert das FWB innerhalb des Zitats – in einer Klammer direkt hinter dem betreffenden Lemmawort – diejenigen lexikalischen Varianten, die in den Korpustexten, ergänzt um das Material des Göttinger Bibelarchivs, im Rekurs auf die aktuelle Bibelstelle greifbar werden.[5] So verschieden diese Übersetzungen im Blick auf ihre Vorlagen, Realisierungspräferenzen und ihre funktionale Ausrichtung auch sein mögen, sie alle haben als kleinsten gemeinsamen Nenner dieselbe Bibelstelle, die die Bezugsgröße der diskursiven Auseinandersetzung mit dem Wortlaut bleibt, unabhängig von ihrer

---

5 Das Bibelarchiv kollationiert den Text sämtlicher Luther-Drucke zwischen 1522 und 1546 und ordnet dem Wortschatz die lexikalischen Varianten der Zürcher Bibel (Froschauer 1530), der katholischen Korrekturbibeln (Dietenberger 1534, Emser/Eck 1527/1537) sowie verschiedener Teilübersetzungen des 14.–16. Jahrhunderts zu, z. B. die Übersetzungen Johann Langs und Nikolaus Krumpachs und die ‚Wormser Propheten' (vgl. zum Korpus des Bibelarchivs Reichmann 2011: 384–388).

Sprachgestalt, Aussage und Deutung. Die Frage, ob eine auf das Lemmawort beschränkte Dokumentation der Varianten in irgendeiner Richtung aussagekräftig ist, wird dabei für jeden Einzelfall geprüft: Schließlich kann das diskursive Potential des frühneuzeitlichen Bibelwortschatzes seinen Ausdruck ebenso in der konfessionellen Aufladung religiöser und ethisch-moralischer Terminologie finden (vgl. dazu den FWB-Artikel *einfältig*) wie in der variierenden, auf regionalen Unterschieden im Mischungsverhältnis der Zutaten basierenden Begrifflichkeit für Schweinefutter (vgl. Haas 2008: 131–135). Ob die im je spezifischen Kontext überlieferten Varianten sich als Ausdruck schrift-, sprach- und dialektgeschichtlichen Wandels (vgl. Haas 2008; Reichmann 2011), unterschiedlicher Übersetzungsprinzipien, Realisierungspräferenzen oder Gebrauchs- und Funktionsausrichtungen (vgl. Redzich 2010: 196–424) erweisen oder im Zugriff auf unterschiedliche Ausgangssprachen bzw. -texte oder auch die Bezugsgröße ‚Wort' fokussierende ‚hilfswissenschaftliche' Textsorten begründet sind, kann im Rahmen dieses Dokumentationsformats weder entschieden noch dargestellt werden. Die Dokumentation muss aufgrund der Informationsstruktur des Wörterbuchs auf die Bezugsgröße ‚Wort' beschränkt bleiben, was nur diejenigen sprachlichen Ausdrücke einbeziehen kann, die bedingt durch die Überlieferung historisch nebeneinander und gleichzeitig auf diese Bezugsgröße rekurrieren. Was dabei jeweils genau dokumentiert wird, hängt von der Auswahl der Belegstellen ab, so dass nicht immer alles, was man sehen könnte, auch sichtbar wird:

1. Im Artikel *tier* (FWB 5: 686) wird die Verwendung ›tierisches Lebewesen‹ (in kategorieller Abgrenzung zum Menschen) durch eine Passage aus dem 1. Buch Mose (1,4) in Luthers Übersetzung von 1545 belegt: *Gott sprach / Die Erde bringe erfür lebendige Thier / ein jglichs nach seiner art.* In der Mentelin-Bibel und bei Johannes Eck steht an dieser Stelle nicht der Plural *lebendige tier*, sondern der Singular *die lebendige sele* in bewährter *imitatio* der lateinischen Passage *animam viventem*. Froschauer und Dietenberger lesen jeweils *seelen* (pluralisch), und nur diese Variante wird hier lexikographisch dokumentiert. In 1. Mose 8,2, einer Textstelle, die nicht in den Belegstellen zu *tier* 1 erscheint, klassifiziert Luther das Wort *vieh* im Sinne von ›vierbeiniges Landtier‹ als Untergattung zu dem in der gleichen Phrase verwendeten Wort *thier*. Dem entspricht in der Mentelin-Bibel an dieser Stelle das Äquivalent *aller seligen dingen*, das das lateinische Syntagma *cunctarum animantium* (Genitiv Plural zu *animans*, wörtlich: ›aller Seelen Habenden = aller Lebewesen‹) fokussiert. Die Übertragung wirkt auf den ersten Blick wie ein Irrtum bezüglich der Etymologie und des semantischen Potentials des Adjektivs *selig* (mhd. *saelec*). Dieses wird nicht von *sêle* abgeleitet, sondern von *saelde* und bedeutet ›glücklich, gesegnet‹, nicht aber ›beseelt, lebendig‹. Da die primäre Funktion lexikalischer Äquivalente in Übersetzungen vom Typ der Mentelin-Bibel in ihrer Verweisfunktion besteht, lässt sich das Äquivalent auch anders interpretieren: Das lateinische Wort *animans* ist ein Partizip und steht damit qualitativ zwischen Substantiv und Adjektiv. Das Äquivalent *selig* verweist auf den lexikalischen Kern die-

ses Vorlagenwortes, auf das Wort *anima* >Seele<, und es kennzeichnet durch den Zusatz *ding* zugleich, dass es sich um eine adjektivische Wortbildung im Neutrum Plural handelt, die diesen Kern enthält. Somit handelt es sich bei dem Äquivalent nicht um ein ‚echtes' deutsches Wort, sondern um eine Wortkontrafaktur (vgl. Redzich 2010: 411–412), um einen Platzhalter für ein lateinisches Wort, dessen Mehrdeutigkeit auf diese Weise erhalten bzw. formal repräsentiert werden kann, ohne dem Übersetzer die Verantwortung aufzuerlegen, eine eindeutig falsche Lesart zu produzieren. Das scheint an dieser Stelle selbst für Johannes Eck einmal zu viel um die Ecke gedacht, denn er verwendet hier, wie auch Dietenberger und Froschauer, das Simplex *thier*.

2. Unter Umständen kann auch etwas, das nicht dasteht, eine Information liefern: Wenn sämtliche Korpustexte im Rekurs auf ein Lemma und eine Bibelstelle dasselbe Wort überliefern, wird darauf in der betreffenden Belegstelle nicht explizit hingewiesen. Ein Mangel an lexikalischer Varianz ist vor allem bei Wörtern interessant, die in anderen Kontexten gar nicht oder nur vereinzelt gebraucht werden, also nicht im engeren Sinne lexikalisiert werden. Ein Beispiel dafür bietet das Wort *männin* (vgl. FWB 9: 1802), das in allen Vulgata-Übersetzungen (Gen 2,23) als Äquivalent für lat. *virago* die aus der Rippe Adams geschaffene Frau bezeichnet. Die Etymologie liefert der Mensch Adam an der entsprechenden Vulgatastelle selbst: *haec vocabitur virago quoniam de viro sumpta est*. Sämtliche Übersetzungen halten diese biblisch verbürgte etymologische Beziehung zwischen *vir* und *virago* im Äquivalent präsent, die zugleich Modellcharakter für die Methode selbst gewinnt. Auch Luther übernimmt das Wort *Männin* in seine Übersetzung, obwohl der hebräische Text an dieser Stelle nicht zwischen zwei Wörtern (im Lateinischen *mulier* und *virago*) unterscheidet, sondern nur das eine Wort für ‚Frau' nutzt, das durch das Anhängen eines Suffixes an das Wort für ‚Mensch/Mann' gebildet wird, die etymologische Nähe somit *per se* mit sich führt. Nur ganz vereinzelt lässt sich für *männin* eine außerbiblische Verwendung in der Bedeutung >Frau mit männlichen Eigenschaften< (mit der Tendenz zu >Amazone<) nachweisen.

3. Unter dem Lemma *tiger* >große Raubkatze< (FWB 5: 710) wird eine Passage aus dem Buch Hiob (4,11) in der Version der Mentelin-Bibel zitiert: *Daz tigris verdarb dorumb das es nit hett den raub*. Streng genommen handelt es sich hier um ein lateinisches Zitatwort, das Lemmawort selbst tritt erst in der Überarbeitung von Günther Zainer als Teil des Kompositums *tigerthier* auf, das den Tiger nach dem in der frühen wissensvermittelnden Literatur in der Volkssprache üblichen Wortbildungsverfahren der Kategorie ‚Säugetier' zuordnet und das auch in den Bibeln von Froschauer und Eck an dieser Stelle steht. Nur die Luther-Bibel liest an dieser Stelle *Lewe*. Das lässt sich mit Blick auf die von Luther konsequent durchgeführte Vereindeutigung und Glättung von Textstellen, die ohne Einbezug allegorischer Deutungsangebote unverständlich bleiben, plausibel aus dem Kontext der Passage erklären, in der eigentlich nur von Löwen die Rede ist, und zwar auch in der Vulgata. Vers 10 lautet:

rugitus leonis ex vox leaenae et dentes catulorum leonum contriti sunt. Vers 11 führt überraschend den Tiger ein: *tigris periit eo quod haberet praedam*, um dann direkt wieder auf den Löwen zu kommen: *et catuli leonis dissipati sunt*. Was hier vor allem deutlich wird, ist die Konsequenz, mit der alle katholischen Vertreter beim Wortlaut der lateinischen Vorlage bleiben: Wenn ‚Tiger' dasteht, darf man nicht ‚Löwe' schreiben.

4. Unter dem Lemma *nater* (*die*) ›Schlange, Natter‹ (FWB 9: 3441), einem Wort, das, semantisch aufgeladen durch die Allegorese, häufig auf Höllengestalten im Dienst des Teufels bezogen wird, zitiert das FWB eine Passage aus dem Matthäusevangelium (23,33) in der Übersetzung des Matthias von Beheim, in der Jesus die Pharisäer beschimpft: *Ir slangen nateren geburt wie muoget ir intvlihen von dem gerichte der helle?* Das lateinische Syntagma *serpentes genimina viperarum* setzt zwei verschiedene Bezeichnungen für ‚Schlange' miteinander in Beziehung, wobei *serpens* durch den Kontext als Hyponym zu *vipera* determiniert ist. Die Semantik von *vipera* führt in diesem Kontext extrem negative Konnotationen im Sinne von ‚grundböse' und ‚höllisch' bzw. ‚teuflisch' mit sich, während *serpens* eine einzelne, aktuelle Repräsentation dieser Eigenschaften bezeichnet. Beheim und Mentelin übersetzen *serpens* mit dem ‚neutraleren' Ausdruck *schlange*. Beheim wählt für *vipera* das mit negativer Metaphorik aufgeladene *nater*, während die Mentelin-Bibel das Lehnwort *vippern* nutzt, um formal eng an die lateinische Vorlage anzuschließen. Die Zainer-Bibel bietet an dieser Stelle die interessante Wortbildung *vippernatter*, was wohl als verderbte Doppelübersetzung *viper oder natter* interpretiert werden kann. Bei Luther findet sich die Phrase *ottern Gezichte*, die von Johannes Eck (auf der Basis von Emser) übernommen wird, allerdings in der hochdeutschen Variante, die die exegetisch überformte Semantik des Wortes *nater* stärker durchscheinen lässt: *nattergezichte*.[6] An dieser Stelle zeigt sich, dass auch eine Dialektvariante konfessionelle Konnotationen mitführen kann.

5. Die Wortbildung *quäler* (*der*), abgeleitet vom Verb *quälen* ›jm. körperlichen und/oder seelischen Schmerz zufügen‹, ist fast ausschließlich in der Mentelin-Bibel belegt, und zwar im Zusammenhang mit der brutalen Behandlung, die die Israeliten unter der Herrschaft des Pharao zu erdulden haben. Im Buch Exodus (5,14) heißt es: *flagellatique sunt qui praeerant operibus filiorum Israhel ab exactoribus Pharaonis.* Als *exactores* werden hier die Aufseher bezeichnet, die über die Arbeit der versklavten Arbeiter wachen und dabei (was aber nicht durch das Wort selbst, sondern durch den Kontext zum Ausdruck kommt) ein Übermaß an Härte zeigen. *exactor* bedeutet ›Aufseher‹, auch: ›Vollstrecker‹ (vgl. Georges 1, 1929). Das Äquivalent *quäler*, das die Mentelin-Bibel an dieser Stelle bietet, fokussiert somit das allegorisches Potential, das dem lateinischen Wort an dieser Stelle zugeschrieben wird. Es

---

6 Die Form *otter* ist als Schreibvariante zu *natter* häufig belegt (vgl. FWB 2: 284, Lemma *atter*).

lässt sich zwar auch ‚historisch' im Sinne von ›Sklaventreiber‹ lesen, – Johannes Eck bevorzugt diese Lesart, indem er *coactor* mit *scherge* übersetzt – verweist aber primär auf einen anderen (zu jeder Zeit agierenden) Typ des Peinigers, den die *Glossa ordinaria* an dieser Stelle wie folgt expliziert: *ab exactoribus daemonibus vel iniquias omnibus*. Damit wird deutlich, wie die durch Zwangsarbeit verursachte körperliche Tortur des Volkes Israel, die eine Schwächung der psychischen Stabilität zur Folge hat, zum Exempel für jede Form der moralischen Schwäche avancieren kann, die den Anfechtungen des Teufels (zu jeder Zeit) Tür und Tor öffnet.

6. In einem (noch ausstehenden) FWB-Artikel zum Lemma *rind* könnte die oben zitierte Genesis-Passage in Luthers Version von 1534 als Belegstelle für den Bedeutungsansatz ›Rind; Gattungsbezeichnung für vierbeinige Hornträger‹ herangezogen werden. Zusätzlich würde auf dieselbe Stelle in der Mentelin-Bibel verwiesen, die, wie oben gezeigt, *ochsen* liest, sowie auf dieselbe Passage bei Johannes Eck, der *küe* als Äquivalent einsetzt. Die Lexeme *rind*, *ochse* und *kuh* verhalten sich partiell synonym zueinander, sie scheinen an dieser Stelle eher zufällig gewählt. Vor dem Horizont der Exegese erweist sich diese Annahme jedoch als falsch: Nikolaus von Lyra erläutert in seiner Postille, dass das lateinische Wort *bos* sowohl männliche als auch weibliche Exemplare der Gattung ‚Rind' bezeichne, dasjenige im hebräischen Text gewählte Wort jedoch ausschließlich die weiblichen Rinder fokussiere. Sünden und Tugenden sind traditionell weiblich konnotiert, somit beeinflusst die Exegese hier Ecks übersetzerisches Vorgehen, der das Wort *vaccae* aus dem Kommentar übersetzt und nicht das Wort *boves* aus dem Vulgatatext. Dass Luther 1534 noch *rind* schreibt, 1545 aber ebenfalls zu *kuh* wechselt, ist vor dem historischen Hintergrund der Feindschaft dieser beiden Männer als ein Moment seltener Einigkeit unbedingt dokumentierenswert.

7. Bei der Konzeption des (ebenfalls noch ausstehenden) Artikels *fenster* (*das*) würde bei der Belegauswahl der Umstand auffallen, dass sämtliche im FWB-Korpus versammelten Übersetzungen von Genesis 8,2 (bzw. 1. Mose 8,2) übereinstimmend das Syntagma *die venster dez hymels* bieten, das im Vergleich mit dem Vulgatatext auf den ersten Blick wie eine ‚freie', fast poetische Übertragung wirkt. Tatsächlich ist aber auch diese Lesart durch die orthodoxe Exegese legitimiert. Das griechische Lehnwort *cataracta* bedeutet eigentlich ›Wasserfall‹, aber auch ›Schleuse‹ (Georges 1, 797). In der Postille des Nikolaus von Lyra wird *cataractae* durch *fenestrae, nubes, scilicet, quae sunt apertae, ut inde insolitae et maiores pluviae funderentur* erläutert. Nikolaus fügt ergänzend hinzu, dass das hebräische Wort eigentlich die *ostia Nili* bezeichne, es sich aber eingebürgert habe, es zur Bezeichnung aller möglichen Öffnungen zu verwenden (*abusive pro omnibus fenestris pronuntur*).[7] Was die Glossentradition festschreibt, findet seinen Niederschlag in diesem Fall auch in der

---

[7] Auch in seiner lateinischen Genesisvorlesung (vgl. WA 42, 328, 18) verwendet Luther *cataractas seu fenestras coeli* als partielle Synonyme, um die Vulgata-Lesart gemäß dem Urtext zu präzisieren.

Lexikographie. Der VEQ (C 234) bietet zum Lemma *cataracta* das Interpretament *ein wolken burst uel waßer schoß uel fenestra*. Mit dem Sprachwechsel wird markiert, dass *fenestra* in einer anderen Relation zum Lemma steht als die lexikalischen Äquivalente, ohne dass der Referenztext hier explizit ausgewiesen wird. Ein Zusatz in einer bairisch-österreichischen Redaktion des VEQ führt direkt auf den Bibeltext zurück: *ein wasser geschos vel fenestra celi, ut habetur Genesi 1 capitulo*. Die Übersetzungsgleichung *cataracta* = *fenster* wird somit nicht auf der lexikalischen Ebene hergestellt, sondern auch hier über ein durch die Exegese gesichertes, lexikographisch konserviertes *tertium comparationis*. Die Zainer-Bibel bietet an dieser Stelle die Doppelform *venster oder wolckenbrŭst*, womit evident wird, dass für die Überarbeitung ein Wörterbuch verwendet wurde.

8. Ein großes Textkorpus, wie es dem FWB zugrunde liegt, lässt bisweilen Tendenzen hinsichtlich einer textsortenspezifischen Verwendung von Wörtern erkennen. In vielen Fällen lässt sich relativ sicher bestimmen, ob und wenn ja, in welchen Kontexten Wörter des Bibelwortschatzes Karriere machen. Während das aus lat. *arca* ›Kasten‹ entlehnte Wort ‚Arche‘ sowohl im kulturellen Gedächtnis als auch im ‚Lexikon‘ als Noahs Schiff (vgl. Gn 7–8) buchstäblich fest verankert ist, verbindet heute niemand mehr das Wort mit seiner im Frühneuhochdeutschen noch etablierten Grundbedeutung ›Kasten‹ (vgl. FWB 2: 55). Dass ausgerechnet Luther im 1. Buch Mose genau dieses Wort *kasten* und nicht wie alle anderen frühneuzeitlichen Bibelübersetzer *arche* als Äquivalent für Noahs Schiff verwendet, vermag zu illustrieren, welchen Wert er auf die metaphorische Vernetzung des (alttestamentlichen) Wortlauts legt: Das Wort *kasten* steht der Grundbedeutung des an dieser Stelle verwendeten hebräischen Wortes *tevāh* näher, das unter anderem auch die Kiste bezeichnet, in der Moses als Kind ausgesetzt wird. In seinen Predigten sowie in seiner Übersetzung von Matthäus 24,38 verwendet Luther dagegen *arche*. In der Bedeutung ‚Noahs Arche‘ wird *kasten* außerhalb der Bibelübersetzung nur selten und nur im unmittelbaren Umfeld Luthers verwendet, z. B. von Johannes Agricola, der 1548 in einem Sprichwort formuliert: *Pfaffen die nu nach den pfrŭnden sehen [...] / die seind der Rab den Noah außließ / auß dem Kasten* (zit. nach FWB 2: 55).

5 Ausblick

Die Entscheidung, ob ein Wort in ein Wörterbuch aufgenommen wird, setzt jeweils „ein Urteil darüber voraus, ob die Einheit, wie man gerne sagt, *wörterbuchwürdig* ist. Dieses Urteil erfolgt jeweils mit Bezug auf die Relevanzsetzungen des in Arbeit befindlichen Projekts" (Reichmann 2012: 144). Dies gilt in gleicher Weise für alle Entscheidungen der Auswahl und Interpretation von Belegmaterial, und es gilt natürlich auch für die Entscheidung, lexikalische Varianten, wie sie in einer einzelnen, wenn auch zweifellos kulturell relevanten Textsorte greifbar werden, zum

Gegenstand einer exemplarischen Dokumentation zu machen. Der Inhalt jeder einzelnen ‚Varianten-Klammer' ist als Ergebnis einer Reihe von Kompromissen anzusehen, als ein Angebot, in eine bestimmte Richtung weiterzudenken. Dabei wird zugleich ein spezieller Typ des onomasiologischen Feldes entworfen (vgl. Reichmann 2012: 379-404). In der Regel treten in solchen Feldern Wörter nebeneinander, die sich zueinander wie (partielle) Synonyme verhalten bzw. in Hyponym-Hyperonym-Beziehungen zueinander stehen. Wenn die Reihe aus Wörtern besteht, die auf dieselbe Bibelstelle Bezug nehmen, können diese untereinander auch in anderen Beziehungen als in solchen der Synonymie oder der Äquivalenz stehen und damit eine textsortenspezifische Ergänzung oder auch einen Kontrast zum ‚klassischen' onomasiologischen Feld eines Lemmawortes darstellen, wie es im FWB durch die Position der Bedeutungsverwandtschaft repräsentiert ist. Die vorgestellten Fallbeispiele haben gezeigt, wie komplex die Informationen sein können, die sich in solchen Reihen verbergen, und sie sollten auch gezeigt haben, dass sich eine systematisch und interdisziplinär angelegte Untersuchung lexikalischer Varianz in der frühneuzeitlichen Bibelübersetzung als ein lohnendes Forschungsprojekt erweisen könnte, zu dem das FWB einen Beitrag leisten kann, wenn man seine Informationsstrukturen zu lesen weiß.

Literatur

Albrecht, Jörn (2005): *Übersetzung und Linguistik*. Tübingen: Narr.
Ashcroft, Jeffrey (2008): Humanismus und volkssprachliche Bibel in der frühen Reformation. In: McLelland, Nicola u. a. (Hrsg.): *Humanismus in der deutschen Literatur des Mittelalters und der Frühen Neuzeit. XVIII. Anglo-German Colloquium Hofgeismar 2003*. Tübingen: Niemeyer, 1-24.
Beutel, Albrecht (1999): Luthers Bibelübersetzung und die Folgen. In: *Evangelische Theologie* 59/1, 13-24.
Eck, Bibel 1537 = *Bibel, Alt und new Testament, nach dem Text in der hailigen kirchen gebraucht / durch doctor Johann Ecken mit fleiss auf hohteutsch verdolmetscht*. Augsburg [Krapff].
Erasmus, Schriften 3 = Erasmus von Rotterdam: Ausgewählte Schriften (Lateinisch und Deutsch), Bd. 3 (1967): *In Novum Testamentum Praefationes – Vorreden zum Neuen Testament, Ratio – Theologische Methodenlehre*. Übers., eingeleitet und mit Anmerkungen versehen von Gerhard B. Winkler. Darmstadt: Wissenschaftliche Buchgesellschaft.
FWB = *Frühneuhochdeutsches Wörterbuch*. Hrsg. v. Robert R. Anderson [für Bd. 1]/Ulrich Goebel/Anja Lobenstein-Reichmann/Oskar Reichmann. Bearb. von Anja Lobenstein-Reichmann [ab Bd. 5 fortlaufend]/Joachim Schildt [Bd. 6., erste Hälfte]/Oskar Reichmann [Bände 1-3 und fortlaufend]/Vibeke Winge [Bd. 8]/Akademie der Wissenschaften zu Göttingen [seit 2013, ab Bd. 5, zweite Lieferung] u. a.
Gardt, Andreas (1992): Luthers Übersetzungstheorie. In: *Zeitschrift für deutsche Philologie* 111, 87-111.
Gelhaus, Hermann (1989): *Der Streit um Luthers Bibelverdeutschung im 16. und 17. Jahrhundert*. Tübingen: Niemeyer.

Georges = Thomas Baier (Hrsg.): *Der neue Georges. Ausführliches Lateinisch-deutsches Handwörterbuch*. 2 Bde. Darmstadt: Wissenschaftliche Buchgesellschaft 2013.
Glossa ordinaria = Bibliorum Sacrorum cum Glossa Ordinaria. 6 Bde. Venedig 1603.
Grubmüller, Klaus (1996): Vokabular und Wörterbuch. Zum Paradigmenwechsel in der Frühgeschichte der deutschen Lexikographie. In: Fried, Johannes (Hrsg.): *Träger und Instrumentarien des Friedens im Hohen und späten Mittelalter*. Sigmaringen: Thorbecke, 148–163.
Haas, Walter (2008): „On Schaden verwandlet". Über den Umgang der frühen Nachdrucker mit Luthers Verdeutschung des Neuen Testamentes. In: Besch, Werner/Klein, Thomas (Hrsg.): Der Schreiber als Dolmetsch. Sprachliche Umsetzungstechniken beim binnensprachlichen Texttransfer in Mittelalter und früher Neuzeit. In: *Zeitschrift für deutsche Philologie* 127 (Sonderheft), 119–149.
Kämper, Heidrun (2016): Kulturwissenschaftliche Orientierung in der Lexikologie. In: Jäger, Ludwig u. a. (Hrsg.): *Sprache – Kultur – Kommunikation. Ein internationales Handbuch zu Linguistik als Kulturwissenschaft* (Handbücher zur Sprach- und Kommunikationswissenschaft 43). Berlin/Boston: De Gruyter, 737–747.
Kirchert, Klaus (1991): Philologisch-exegetische Grundlagen der Bibelübersetzung im Mittelalter. In: Reinitzer, Heimo/Henkel, Nikolaus (Hrsg.): *Deutsche Bibelübersetzungen des Mittelalters. Beiträge eines Kolloquiums im Deutschen Bibel-Archiv*. Bern: Lang, 13–33.
Kopetzki, Annette (2015): Praxis und Theorie des literarischen Übersetzens: Neue Perspektiven. In: Buschmann, Albrecht (Hrsg.): *Gutes Übersetzen. Neue Perspektiven für Theorie und Praxis des Literaturübersetzens*. Berlin: De Gruyter, 69–84.
Kurrelmeyer = William Kurrelmeyer (Hrsg.): *Die erste deutsche Bibel*. 10 Bde. Tübingen: Litterarischer Verein in Stuttgart 1904–1915. Leppin, Volker (2004): „Biblia, das ist die ganze Heilige Schrift deutsch". Luthers Bibelübersetzung zwischen Sakralität und Profanität. In: Rohls, Jan/Wenz, Gunter (Hrsg.): *Protestantismus und deutsche Literatur*. Göttingen: V&R unipress, 13–26.
Luther WA = *D. Martin Luthers Werke. Kritische Gesamtausgabe*. 73 Bde. Weimar: Böhlau 1883–2009.
Luther, Heilige Schrifft 1534 = *Biblia / das ist / die gantze Heilige Schrifft Deudsch*. Die Luther-Bibel von 1534. Vollständiger Nachdruck. Köln: Taschen 2002.
Luther, Heilige Schrifft 1545 = D. Martin Luther. *Die gantze Heilige Schrifft Deudsch*. Wittenberg 1545. Letzte zu Luthers Lebzeiten erschienene Ausgabe. Hrsg. v. Hanns Volz unter Mitarbeit v. Heinz Blanke. 3 Bde. München: Rogner & Bernhard 1972.
Lutzeier, Peter Rolf (2002): Wort und Bedeutung. Grundzüge der lexikalischen Semantik. In: Dittmann, Jürgen/Schmidt, Claudia (Hrsg.): *Über Wörter. Grundkurs Linguistik*. Freiburg: Rombach, 33–58.
Müller, Peter O. (2001): *Deutsche Lexikographie des 16. Jahrhunderts. Konzeptionen und Funktionen frühneuzeitlicher Wörterbücher*. Tübingen: Niemeyer.
Polenz, Peter von (2000): *Deutsche Sprachgeschichte vom Spätmittelalter bis zur Gegenwart*. Bd. 1. Einführung, Grundbegriffe, 14. bis 16. Jahrhundert. 2. überarb. u. erg. Aufl. Berlin/New York: De Gruyter.
Redzich, Carola (2010): *Apocalypsis Joannis tot habet sacramenta quot verba. Studien zu Sprache, Überlieferung und Rezeption hochdeutscher Apokalypseübersetzungen des späten Mittelalters*. Berlin/New York: De Gruyter.
Redzich, Carola (2011): Quod vides scribe in libro. Zum Verhältnis von visionärer Schau und ihrer sprachlichen Vermitteltheit in der Apokalypseauslegung vom 8. bis zum 12. Jahrhundert. In: Bauschke, Ricarda/Coxon, Sebastian (Hrsg.): *Sehen und Sichtbarkeit in der Literatur des deutschen Mittelalters*. Berlin: Akademie-Verlag, 272–289.

Redzich, Carola (2017): Luthers langer Schatten. Teleologie und Typologie in der Forschungsgeschichte zur Bibelübersetzung. In: Faber, Richard/Puschner, Uwe (Hrsg.): *Luther – zeitgenössisch, historisch, kontrovers*. Berlin: Lang, 465–482.

Reichmann, Oskar (2011): Lexikalische Varianten im frühneuhochdeutschen Bibelwortschatz und die neuhochdeutsche Schriftsprache: Fakten und Reflexionen. In: Ders./Lobenstein-Reichmann, Anja (Hrsg.): *Frühneuhochdeutsch – Aufgaben und Probleme seiner linguistischen Beschreibung*. Hildesheim u. a.: Olms, 383–478.

Reichmann, Oskar (2012): *Historische Lexikographie. Ideen, Verwirklichungen, Reflexionen an Beispielen des Deutschen, Niederländischen und Englischen*. Berlin/Boston: De Gruyter.

Reinitzer, Heimo (1999): Wien-Zürcher Bibel. In: Ruh, Kurt u. a. (Hrsg.): *Die deutsche Literatur des Mittelalters. Verfasserlexikon*. 2., völlig neu bearb. Aufl. Bd. 10. Berlin/New York: De Gruyter, 1053–1055.

Sonderegger, Stefan (1998): Geschichte der deutschen Bibelübersetzungen in Grundzügen. In: Besch, Werner u. a. (Hrsg.): *Sprachgeschichte. Ein Handbuch zur Geschichte der deutschen Sprache und ihrer Entwicklung* (Handbücher zur Sprach- und Kommunikationswissenschaften 2.1). 2., vollst. neu bearb. u. erw. Aufl. Berlin/New York: De Gruyter, 229–283.

Stierle, Karlheinz (1979): Historische Semantik und die Geschichtlichkeit der Bedeutung. In: Koselleck, Reinhart: *Historische Semantik und Begriffsgeschichte*. Stuttgart: Klett-Cotta, 15–189.

VEQ = Schnell, Bernhard/Grubmüller, Klaus (Hrsg.): *Vocabularius Ex quo. Überlieferungsgeschichtliche Ausgabe*. 6 Bde. Tübingen: Niemeyer 1988–2001.

Vulgata = *Biblia Sacra iuxta Vulgatam Versionem*. Hrsg. v. Roger Gryson. 5. Aufl. Stuttgart: Deutsche Bibelgesellschaft 2007.

Yvonne Luther
Zwischen Syntax und Semantik – zur Polyfunktionalität von frühneuhochdeutsch *tun*

Zusammenfassung: Syntax und Semantik können bei der Untersuchung sprachlicher Ausdrücke nicht als strikt getrennte Bereiche betrachtet werden. Dies wird auch in der praktischen lexikographischen Arbeit deutlich: Obwohl ein Wörterbuch Informationen in der Regel lemma- bzw. einzelwortbezogen darstellt, werden diese immer auf syntagmatischer sowie kontextueller Grundlage erarbeitet. Anhand historischer Verwendungsweisen des Verbs *tun* und unter Rückgriff auf den entsprechenden Artikel im Frühneuhochdeutschen Wörterbuch wird die enge Verbindung von syntaktischen und semantischen Aspekten bei der Konstitution von Bedeutungszuschreibungen veranschaulicht.

Schlüsselwörter: Historische Lexikographie, Syntax, Semantik, Funktionsverbgefüge, Periphrase

1 Einleitung

Das Verb *tun* eignet sich durch seine spezifischen Eigenschaften sehr gut, die enge Verschränkung von Syntax und Semantik bei der Konstitution von Bedeutungen sowie speziell von Bedeutungszuschreibungen im historischen Wörterbuch vor Augen zu führen. Im Mittelpunkt der folgenden Ausführungen stehen Verwendungsweisen von *tun*, die als vorrangig syntaktisch-funktional und weniger semantisch determiniert angesehen werden. Ausgangspunkt und Basis der Überlegungen sind das Belegmaterial sowie die Arbeit am entsprechenden Artikel[1] für das Frühneuhochdeutsche Wörterbuch (FWB).

Die Entwicklungsgeschichte des Verbs *tun* und seine Verwendungskomplexität in früheren Sprachstufen des Deutschen sind bisher kaum intensiv untersucht worden. Im Hinblick auf ältere Sprachstufen sind v. a. das periphrastische *tun* (*tun* + Inf.; Langer 2001a, 2001b; Fischer 2001) sowie die kausative Verwendung (Weiss 1956, allerdings nur bis um 1400) ausführlicher korpusbasiert behandelt worden.

---

[1] Aufgrund der Schwerpunktsetzung wird im Folgenden nur ein Teil des umfangreichen Artikels zum Verb *tun* zugrunde gelegt, s. FWB 5, 1741–1763.

Dr. Yvonne Luther: Frühneuhochdeutsches Wörterbuch, Akademie der Wissenschaften zu Göttingen, E-Mail: yvonne.luther@mail.uni-goettingen.de

Eine relativ umfassende Darstellung bietet zwar das Deutsche Wörterbuch von Jacob Grimm und Wilhelm Grimm (DWB) im Artikel *thun*, anom. vb., einschränkend wird dort jedoch festgestellt, dass „der gebrauch [des Verbs, Y. L.], namentlich in der alten sprache eine so mannigfaltige anwendung gefunden [hat, Y. L.], dasz eine erschöpfende behandlung desselben hier nicht zu erwarten ist" (DWB 11, 1, 1: 435).

2 *Tun* im Konvergenzbereich von semantischer und syntaktischer Funktionalität

Den verschiedenen einzelsprachlichen Entsprechungen von *tun* wird eine gemeinsame ie. Wurzel **dhē-* mit der Bedeutung ,setzen, stellen, legen' zugeschrieben (vgl. Duden 7: 875). Die Weiterbildung und Bedeutungsveränderung bzw. Bedeutungserweiterung in Richtung ,machen, schaffen, verrichten' setzt in den einzelsprachlichen Ausprägungen früh ein (vgl. DWB 11, 1, 1: 435). Auch das deutsche *tun* besitzt in früheren Sprachstufen einen breiten Verwendungsbereich, so wird etwa im DWB auf die „reiche bedeutungsentwicklung des deutschen wortes" (11, 1, 1: 435) hingewiesen, die allerdings auch in Zusammenhang stehe mit „nachahmung oder unter dem einflusse des lat. *facere* und franz. *faire*" (11, 1, 1: 435). Dieser letzte Aspekt soll hier unberücksichtigt bleiben.[2] Im Laufe der Sprachentwicklung zum Nhd. hin hat das Verb wieder Gebrauchseinschränkungen erfahren, so dass an Stellen, die bspw. im Frnhd. die Verwendung von *tun* zuließen, heute *machen* o.ä. erwartet wird, vgl. z. B. *Ein spatzier oder Abentgang thůn* (Maaler 1561: 1v).[3]

Während im DWB-Artikel von einer „reichen Bedeutungsentwicklung" (11, 1, 1: 435) in der älteren Sprache die Rede ist, stellt Langer, der v. a. das periphrastische *tun* im Frnhd. untersucht hat, die syntaktische Funktionalität des Verbs in den Vordergrund:

---

2 Die funktionale bzw. semantische Äquivalenz von *facere-* bzw. *faire*-Konstruktionen mit *tun*-Verwendungen kann nicht ohne Weiteres als gegeben angesehen werden. Jäger beschreibt in seiner typologischen Untersuchung periphrastischer *tun/do*-Konstruktionen z. B. das periphrastisch gebrauchte *faire* der Gegenwartssprache als „most schematic action verb in French" (2006: 31), welches jedoch in allen fraglichen Konstruktionen kausativ sei und damit nicht dem von ihm untersuchten Verwendungsbereich der *do*-Periphrasen entspreche. Er merkt jedoch an, dass sich in der diachronen Analyse daneben auch nicht-kausative Verwendungen nachweisen lassen (vgl. Jäger 2006: 31, FN 12), sodass zu vermuten ist, dass *faire* im Gegensatz zu *do* (und auch *tun*) im Laufe der Sprachentwicklung eine semantische Spezifizierung erfahren hat.

3 Dieses und die folgenden Beispiele entstammen, wenn sie nicht anders gekennzeichnet sind, dem Belegmaterial des Frühneuhochdeutschen Wörterbuchs. Sie sind mit den im Wörterbuch üblichen Kurztitelangaben sowie der jeweiligen zeitlichen und sprachlandschaftlichen Zuordnung versehen (vgl. dazu FWB 1: 165, zur zugrundeliegenden Raum- und Zeitgliederung: 117–121). Die vollständigen Quellentitel können dem Quellenverzeichnis des FWB (1: 165–224) entnommen werden.

> The data suggest that lexical DO can occur in a surprisingly large amount of syntactic complementation frames; it seems that the only constraint is that the action expressed has to contain some element of transitivity (Langer 2001b: 166).

Lexical DO steht hier im Gegensatz zu *non-lexical DO*, dass die Verbindung von *tun* mit einem Inf. umfasst. Letzteres, das Hilfsverb *tun*, stellt Langer sogar in die Reihe der „semantically empty elements" (2001b: 170) mit rein grammatischer Funktion. Wie passen diese beiden Aussagen – reiche Bedeutungsentwicklung einerseits, hauptsächlich syntaktische Funktion andererseits – zusammen?

Zunächst könnte man natürlich fragen, was ‚Semantik', was ‚Bedeutung' hier überhaupt ist. Ist Grammatik bzw. Syntax davon abtrennbar? Ist syntaktische Funktionalität nicht auch bedeutungskonstituierend, ist sie nicht sogar auch ‚Bedeutung'? Das Verb bildet das strukturelle Zentrum des Satzes und somit mit anderen Konstituenten eine syntaktische und semantische (teilweise auch morphologische) Einheit: „Diese Einheit ist gewöhnlich qualitativ etwas anderes als die Summe ihrer Konstituenten" (Schieb 1976: 43). Gerade ein relativ funktionsoffenes Verb wie *tun* macht deutlich, wie im Verbalkomplex die Grenzen zwischen Morphologie, Syntax, aber auch Wortbildung und Idiomatik verfließen (vgl. Schieb 1976: 43). Syntax und Semantik können bei der Behandlung dieses Lemmas (auch im Wörterbuch) „nicht ohne Schaden" (Schieb 1976: 46) getrennt werden, denn beide sind eng miteinander verbunden. Sie sind sozusagen zum Funktionieren und zur Materialisation kognitiver Inhalte aufeinander angewiesen. Konkret stellt sich nun die Frage: Wie kann man in einem historischen Wörterbuch, das sich grundlegend als semantisches Wörterbuch versteht, in diesem Fall dem FWB, mit einem derartigen Wort umgehen? Genauer: Wie kann das behandelte Lemma in gewinnbringender Weise dargestellt werden?

3 Verwendungen von *tun* im Frühneuhochdeutschen

3.1 *Tun* in Verbindung mit Nominalphrasen

Tun besitzt auch im Frühneuhochdeutschen im Vergleich zu anderen Verben auf den ersten Blick eine in hohem Maße unspezifische Bedeutung, die sich etwa mit ‚eine Tätigkeit, Handlung ausführen, etw. verrichten' in allgemeinster Form erfassen lässt. Daher ist es bspw. geeignet, in Verbindung mit Korrelaten ein Verbalgeschehen etwa anaphorisch oder kataphorisch zu vertreten oder mit (zunächst) ebenfalls sehr allgemeinen Bezugsgrößen kombiniert zu werden, wie die Beispiele (1)–(3) zeigen.

(1) Belkin u. a., Rösslin. Kreutterb. 120, 5 (Frankf. 1535): *Diser kalt steyn [Cristallus] gegen der sonnen gehebt / gibt feur auß jm / vnnd so er warm ist / mag er das nit thůn.*
(2) Chron. Augsb. 4, 34, 10 (schwäb., 1426): *nun het der Rechlinger geren gepiest [>gebüßt<] und wolt thon, was ain rat erkandte.*
(3) Spiller, Füetrer. Bay. Chron. 138, 1 (moobd., 1478/81): *ich will ains thuen und wil den künig von Sicilia in seinem wappen gegen euch in das veld stellen.*

Eichinger, der diese Verwendungsweisen in Grimmelshausens *Simplicissimus* sehr häufig findet, begründet die vorausweisende Verwendung mit der „Inhaltsleere" (1998: 353) des Verbs *tun*, die einhergeht mit dessen „kataphorische[r] Kraft" (1998: 353). Die Konstruktion diene somit dazu, dem Rezipienten „eine textuelle Instruktion" (1998: 353) zu geben, dass „handlungsrelevante Aktionen zu erwarten" (1998: 353) sind. Diese schematische oder abstrakte Handlungsbedeutung (vgl. Jäger 2006: 28–38 zur ‚schematic action'-Funktion) macht *tun* für eine Vielzahl von syntagmatischen Verbindungen geeignet. Dabei wird *tun* meist mit einem Akkusativobjekt verbunden sowie teilweise mit unterschiedlichen weiteren Komponenten. Dieses Akkusativobjekt kann semantisch sehr vielfältig besetzt werden, was der oben zitierten Feststellung von Langer (2001b: 166) entspricht. Bei genauerer Betrachtung lassen sich aus dieser Gruppe syntaktisch-semantisch determinierte Untergruppen gewinnen, die sich an den Möglichkeiten der Füllung mit konkretem Sprachmaterial orientieren. So kann man z. B. *einen fusfal* oder *abzicht tun*:

(4) Holland, H. J. v. Braunschw. V. e. vngerat. Sohn 355, 24 (Wolfenb. 1594): *Weinet, Thut einen Fueßfall, Vnd erzeiget euch, als wenn euch leid were.*
(5) Thiele, Chron. Stolle 331, 29 (thür., 3. Dr. 15. Jh.): *wie der herczoge [...] geschreben habe lantgraven herman von hesssen, das er abczicht tethe unnd uss der stad czoge.*

Daneben kann man *jm. (um etw.) abtrag tun, etw.* (im Beleg: eine Speise) kann *einen wal tun*:

(6) Chron. Augsb. 7, 292, 15 (zu 1555): *daß sie mir umb die erlitne injurien, schmach, [...] schaden und kosten abtrag thun.*
(7) Stopp, Kochbuch S. Welserin 14, 7 (Augsb. 1553): *lasß* [die Speise] *wider ain wall thon vnd anainander sieden.*

Jemand kann *jm. gewalt und unrecht* oder auch *eine schande tun*:

(8) Quint, Eckharts Trakt. 281, 1 (E. 13./A. 14. Jh.): *wir tuon im [got] gewalt und unreht mit dem, daz wir in sînes natiurlichen werkes hindern mit unser unbereitschaft.*

(9) Tiemann, E. v. Nassau-S. Kgn. Sibille 124, 12 (rhfrk., um 1435): *helffent mir diese frowe vrtelen vmb die grosse schande / die sije mir gedann hait.*

Dagegen kann man im positiven Sinne *jm. eine ere, lob* usw. *tun:*

(10) Chron. Augsb. 7, 72, 5 (schwäb., zu 1548): *was inen [gesandten] der fürst für grosse ehr gethan, hette sie gantz gnedigclichen gehört und mit ime essen lassen.*
(11) Bauer, Haller. Hieronymus-Br. 72, 13 (tir., 1464): *Das lob, die ẽre vnd wirdikhait, das wir thun vnd erpieten dem heiligen Jeronimo.*

Vorgänge der Fortbewegung sowie sprachliche Handlungen können ebenfalls mithilfe von *tun* zum Ausdruck gebracht werden:

(12) Chron. Strassb. 36, 15 (els., 1362): *[Cûnrat der III] dette ein erlich merfart, und do er her wider kam do starp er.*
(13) Rechn. Kronstadt 2, 85, 40 (siebenb., 1528): *so hab ich im czolt von czwen resen [>Reisen<] di her hat gethon kem neudorff flor. 1 asp. 44 1/2.*
(14) Bachmann u. a., Volksb. 184, 21 (alem., 15. Jh.): *[die keyserin] dat ouch vil bett an Renwartt, das er belib.*
(15) Spiller, Füetrer. Bay. Chron. 102, 4 (moobd., 1478/81): *Dise junckfraw sprach: Herr, ich hab dise meine wort an ursach nicht getan.*

Die in den Beispielen (4)–(15) zu beobachtende Verwendung von *tun* in Kombination mit spezifizierenden Nominalphrasen ermöglicht eine formale Auseinanderfaltung von semantischem Kern – getragen von der Nominalphrase – und strukturellem Kern, der bei der finiten Verbform verbleibt (vgl. Schieb 1976: 48). Auch wenn man *tun* hier eine reine ‚Verbalisierungsfunktion' zuweisen möchte, ist es doch möglich – und im Rahmen eines Wörterbuchartikels auch angebracht – eine semantisch determinierte Paraphrase zu abstrahieren. Auf Basis der angesprochenen Untergruppen kann der verbale Bestandteil (eine Form von *tun*) jeweils – in seiner allgemeinsten Form – unterschiedlich gefasst werden. Dies wird für die Gliederungspunkte des FWB-Artikels nutzbar gemacht. Die starke syntaktische Funktionalität von *tun*, die als grundlegender Faktor der Gliederung wirkt, bleibt dennoch erkennbar.

Dem durch die Beispiele (4)–(7) repräsentierten Verwendungstyp wird folgende Paraphrase[4] zugeordnet:

in Verbindung mit spezifizierenden Verbalabstrakta, Nomina actionis (mit der Tendenz zur Konkretisierung) zur Modifikation des Prädikatsausdrucks: >etw. (z. B. einen Kauf, einen Knie-

---

4 Die Bedeutungsangaben des Artikels werden hier gekürzt wiedergegeben.

fall) tätigen, eine (bestimmte) Handlung, Tätigkeit ausführen, vollziehen<; besonders in rechts- und kirchenrelevanten Kontexten zur Präzisierung eines Handlungs- oder Vorgangstatbestandes: >etw. (z. B. eine Bürgschaft, einen Eid, Buße) leisten, vollziehen<.

Die Verwendung in (8) und (9) wird beschrieben durch:

>eine bestimmte Handlung (oft: zu Lasten einer Person oder Sache) vollziehen<; im weitesten Sinne: >jm. etw. antun, bereiten, zufügen<; >etw. begehen, verüben<; in der Regel von (aus der Perspektive des Sprechers) als negativ beurteilten Sachverhalten bzw. jn. schädigenden, beeinträchtigenden Handlungen und Vorgängen, wobei die Spezifizierung der Verbalhandlung im Syntagma erfolgt [...];

woran sich analog die Beschreibung für (10) und (11) anschließt:

>eine bestimmte Handlung (oft: zu Gunsten einer Person oder Sache) vollziehen<; im weitesten Sinne: >jm. etw. gewähren, zukommen lassen; erweisen<; in der Regel von (aus Sicht des Sprechers) positiv beurteilten Handlungen und Vorgängen [...].

Die in (12) und (13) vorgestellten Bewegungshandlungen werden umschrieben durch:

>etw. unternehmen, absolvieren, durchführen, veranstalten<, von mit Ortswechseln, Bewegung verbundenen Handlungen, z. B. in Verbindung mit Objekten wie *(-)fart, reise* u. ä.;

die Sprechhandlungen in (14) und (15) durch:

>etw. äußern, aussprechen<; >sprachlich handeln, sich äußern; einen kommunikativen Akt vollziehen<, [...]; die sprachliche Handlung wird inhaltlich und ihrer kommunikativen Funktion spezifiziert durch entsprechende Nomen [...].

Anhand der Beispiele sowie der Formulierung der Paraphrasen für den FWB-Artikel wird deutlich, dass *tun* häufig zur Verbalisierung eines Syntagmas verwendet wird, sodass theoretisch die Verwendung eines einfachen, aber semantisch spezifischeren Verbs möglich wäre. Aber wäre dann die Bedeutung des Ausdruckes, des Satzes dieselbe? Ist nicht eher davon auszugehen, dass die Sprachbenutzer bestimmte Konstruktionen aus *tun* und Nominalphrase intentional verwenden statt versehentlich in Nominalstil zu verfallen? Hier schließt sich die Frage nach der Funktion derartiger Konstruktionen an, und wie Langer, allerdings in Bezug auf den periphrastischen Gebrauch von *tun*, richtig feststellt: „This is linked to the problem as to whether there are elements of redundancy in language in general, and in syntax in particular" (2001b: 170). Es ist anzunehmen, dass die enge Wechselbeziehung zwischen Verb und Partnerkonstituente, wie sie bei den Ausdrücken mit *tun* vorliegt, Auswirkungen auf den semantischen Gehalt und die Funktion des finiten Verbs hat. Das Verb kann so bspw. zum Modifikations-, Funktions- oder auch Hilfsverb werden – in jeweils konkreter Verwendung natürlich. Andererseits wird es durch die

Attraktion von Konstituenten, die ursprünglich ‚nur' zum Valenzrahmen gehörten, selbst erweiterungsfähig (vgl. Schieb 1976: 53). Es kann in der Aktionsgemeinschaft mit weiteren Konstituenten Funktionen übernehmen, die einfache synthetische Formen so nicht oder nicht mit der gleichen Prägnanz ausdrücken können. Rupp (1967: 149) geht in Abgrenzung zur transitiv-intransitiv-Dichotomie davon aus, „daß das Verbalsystem der deutschen Sprache auf ganz wenigen Denkmodellen [...] beruht", und stellt in Anschluss an Brinkmanns *haben*-Perspektive (1959) ein viergliederiges Perspektivensystem aus *haben*-, *sein*-, *werden*- und *tun*-Perspektive vor (vgl. 1967: 154). Diese Verben, die „die simpelsten, allgemeinsten und undifferenziertesten Prozesse fassen" (1967: 154), bilden demnach „so etwas wie menschliche Grundprozesse ab" (1967: 154). Zur *tun*-Perspektive gehören Rupp zufolge alle Verben, „die eine Tätigkeit ausdrücken, die sich auf eine andere Größe direkt richtet" (1967: 156), sie können in ihrer Ausdifferenzierung inhaltlich auf die undifferenzierte Grundperspektive zurückgeführt werden. Die vorgestellten Gebrauchsweisen von *tun* im Frühneuhochdeutschen lassen sich vor diesem Hintergrund des (simplen) Denkmodells als eine Art der Ausdifferenzierung der verbalen Grundperspektive verstehen, die mithilfe der Informationsaufteilung auf mehrere Konstituenten stattfindet. Die Verwendung von *tun* zeigt die Prozesshaftigkeit und (die vom Subjekt ausgehende) Gerichtetheit der Verbalhandlung, durch den nominalen Bestandteil erfolgt die eigentliche Spezifizierung des Prozesses. Rupp (1967: 158–159) illustriert sein Perspektivenmodell für die *sein*-, *haben*- und *werden*-Perspektive u. a. mithilfe der mit diesen drei Verben als Hilfsverben gebildeten analytischen Verbformen der Gegenwartssprache; Entsprechendes für die *tun*-Perspektive fehlt notwendigerweise. Hier könnten die frühneuhochdeutschen Beispiele durchaus als passende Unterfütterung dienen, denn der partizipiale Bestandteil der analytischen Verbformen ist „im Grunde genommen auch ein nominales Phänomen" (Rupp 1967: 160). Rupps Ziel besteht in erster Linie darin, zu zeigen, dass die mit *haben*, *sein* und *werden* gebildeten Verbformen keine Auskunft über das Vorliegen von Aktiv oder Passiv geben sowie dass sie „weitgehend tempusneutral" (1967: 161) sind: „Sie sagen nur aus, was einer *ist*, was einer *wird*, was einer *hat*" (ebd.). Analog lässt sich für die *tun*-Konstruktionen formulieren: Sie sagen aus, was einer *tut*. Alle vier Bildungsmodelle – mit *sein*, *haben*, *werden* und *tun* – haben somit u. a. die Aufgabe, „die Perspektive deutlich zu machen, unter der ein Geschehen in Verbindung mit einem Subjekt gesehen werden soll" (Rupp 1967: 161).

3.2 Funktionszuschreibungen der *tun*-Nominalphrasen-Verbindung

Die zahlreichen Verbindungen von *tun* mit Verbalabstrakta können durchaus im Sinne von Funktionsverbgefügen (FVG) betrachtet werden (Typ Funktionsverb + deverbales Subst. im Akk.),[5] wenn auch offensichtliche Unterschiede zu nhd. Konstruktionen bestehen, die oftmals als FVG aufgefasst werden (vgl. z. B. *einen Beitrag leisten, Berücksichtigung finden, eine Erlaubnis erhalten*). Da sich damit ein eigener und sehr weitreichender Themenkomplex eröffnet, der hier nicht ausführlich behandelt werden kann, sei nur auf wenige Aspekte hingewiesen, die näher betrachtet werden könnten:

1. Frnhd. *tun* ist sehr frei mit Substantiven bzw. Nominalphrasen kombinierbar, darin besteht ein Unterschied zu nhd. FVG.
2. FV im Nhd. wie *geben, leisten, erfahren* usw. besitzen i. d. R. eine semantisch ‚vollwertigere' Vollverbverwendung, die meist als originär oder primär erachtet wird. Als eine Art Test für das Vorliegen eines Funktionsverbgebrauchs wird daher die veränderte Kombinierbarkeit dieser Verben mit anderen Konstituenten und ihre reduzierte Eigensemantik genutzt. Beim frnhd. *tun* ist die infrage kommende Grundbedeutung bereits sehr allgemein; die stärker autosemantischen Verwendungen passen nicht zum (mutmaßlichen) FV-Gebrauch.
3. Der Status der nominalen Komponente in der Fügung mit *tun* ist nicht ohne Weiteres zu klären: Liegt weiterhin ein einfaches Akkusativobjekt vor oder büßt es seinen Aktantenstatus ein und wird zum Funktionsnominal ohne eigene referierende Funktion? Bei Verbindungen wie *abtrag, abzicht, bezalung, volstreckung tun* oder gegenwartssprachlich noch geläufigem *Abbitte* oder *Buße tun* u. ä. ist die Ähnlichkeit zu Fügungen wie *Hilfe leisten, Kritik üben, ein Versprechen geben* usw. offensichtlich.

Es wäre daher am Belegmaterial genauer zu prüfen, inwieweit die *tun*-Nomen-Verbindungen als FVG charakterisiert werden können, wie das Verhältnis zu einfachen Verben ist und ob spezifische Merkmale, wie etwa Gebrauchshäufungen in bestimmten Textsorten, zu ermitteln sind.

In jedem Fall ermöglicht die Verwendung der Verbindungen von *tun* und Nominalphrase eine andere Informationsverteilung im Satz als ein einfaches Vollverb. Ob diese Informationsumverteilung bzw. -verlagerung auf mehrere Konstituenten einen rein syntaktischen Wert hat oder auch einen semantischen führt wieder zu der Frage, ob es in der Sprache semantisch leere Elemente gibt. Oder anders ausgedrückt: Ist eine syntaktische Funktion ‚semantisch leer' bzw. ohne Einfluss auf die Bedeu-

---

5 Vgl. auch Eichinger, der diese Verbindungen als „Konstruktionen, die in manchem den Charakter von Funktionsverben haben" (1998: 359), bezeichnet.

tung? Dies ist wohl nicht der Fall, eher ist davon auszugehen, dass eine vollständige inhaltliche und vor allem funktionale Äquivalenz zwischen beiden Ausdrucksmöglichkeiten i. d. R. nicht vorliegt (vgl. dazu Duden 4: 4313). Die Verwendungsweisen von *tun*, die die semantische Spezifikation des Syntagmas auf ein Nomen, oftmals ein Verbalabstraktum verlagern, bringen einen Handlungs- oder Vorgangstatbestand anders zum Ausdruck als ein einfaches Verb. Die Bedeutungen beider Ausdrucksmöglichkeiten sind somit nicht identisch. Walter Porzig bemerkt in seinem Aufsatz „Die Leistung der Abstrakta in der Sprache", dass „gleichzeitig mit der Änderung der sprachlichen Form auch eine Änderung der gedanklichen Gliederung eintritt" (1930: 68). Er verweist dazu anhand der Beispiele *Korinth wurde im selben Jahre zerstört wie Karthago* und *Die Zerstörung Korinths geschah im selben Jahre wie die Karthagos* auf die Möglichkeit, den Prädikatsinhalt (‚zerstören') auf das Subjekt zu verlagern (vgl. Porzig 1930: 68). Im Fall von *tun* in Verbindung mit Verbalabstrakta müsste man dagegen i. d. R. von einer ‚Objektifizierung' des Prädikatsinhalts ausgehen. In Hinblick auf das für den FWB-Artikel *tun* analysierte Belegmaterial erscheint es sinnvoll, die Funktionalität des Verbs als graduell abgestuft zu betrachten: Neben der mutmaßlich vorrangigen ‚Verbalisierungsfunktion' legen die nominalen Konstituenten auch eine variierende semantische Interpretation des Verbs nahe, die in den Bedeutungsparaphrasen erfasst wird.

3.3 Die Periphrase *tun* + Infinitiv

Eine nicht unwesentliche Funktion, die mit der Informationsverteilung auf mehrere Konstituenten erreicht wird, ist die Möglichkeit der Klammerbildung (vgl. auch Eichinger 1998: 358–359). Dies betrifft neben den Verbindungen aus *tun* und Nominalphrase vor allem die Periphrase *tun* + Inf. Mit seiner grundlegend schematisch-abstrakten Handlungsbedeutung ist *tun* ein idealer Kandidat für die Verwendung als Auxiliar, wobei sich hier ein universales Muster der Periphrasenbildung zeigt, wie Jäger feststellt: „Elements used as auxiliaries have in common that they encode basic and often schematic verbal notions when used as lexical verbs" (2006: 31).[6] Eichinger beschreibt *tun* hier als eine Art „Modalverb mit Null-Modalität" (1998: 358), das als finite Form den Inhalt des rechten Klammerelements aktualisiert, bestätigt und möglicherweise betont. Dies gelte vor allem wenn die rechte Position mit einem Infinitiv eines Vollverbs besetzt wird (Eichinger 1998: 358). Er geht davon aus, dass beide Konstruktionstypen – mit Nominalprädikat oder mit Inf. im rechten Klammerelement – Ansatzpunkte zur Grammatikalisierung boten, „welche aller-

---

6 Er weist außerdem darauf hin, dass in vielen Sprachen vor allem Äquivalente von engl. *have* und *be* in periphrastischen Konstruktionen genutzt werden, weniger Äquivalente von *do* (vgl. Jäger 2006: 31).

dings letztlich beide über eine marginale Rolle nicht hinausgekommen" (1998: 358) sind.

Die Entstehung der *tun*-Periphrase wird von Weiss (1956: 179–192) mit der kausativen Verwendung von *tun* + Inf.[7] als Ausgangspunkt in Verbindung gebracht.[8] Weiss konstatiert um 1400 (dem Ende seines Untersuchungszeitraumes) eine weitgehende Ablösung des kausativen *tun* durch *machen*, daneben sei die *tun*-Periphrase zu diesem Zeitpunkt voll ausgebildet (1956: 9). Die Rückführung der Periphrase auf die Kausativkonstruktion wird u. a. von Eroms abgelehnt, der betont, dass die beiden Verwendungen zu trennen seien (vgl. 1984: 124): Er geht im Vergleich mit dem Englischen sowie für die Westgermania generell (1984: 127, 133) davon aus, „daß latent die do-/tun-Periphrase ständig vorhanden ist, und, durch welchen Auslösungsfaktor auch immer [...] virulent wird und sich ausbreitet" (1984: 124). Reiffenstein/Scheutz schließen sich dem an und vermuten darüber hinaus, dass die Periphrase ihren Ursprung nicht in der Dichtersprache (als funktionales Mittel der Reimgestaltung) habe, sondern vielmehr „dem spontan-mündlichen Sprachgebrauch entsprungen sein muß, wie immer der Vorgang im einzelnen auch zu denken ist" (1998: 345).

Für das gegenwartssprachliche periphrastische *tun* wird i. d. R. – für die Standardsprache – lediglich die Fokusverlagerung als stilistisch angemessen ausgewiesen, vgl. z. B. *Kochen tut er selten* (vs. *Er kocht selten*).[9] Im Frnhd. wird, wie Langer (2000: 303–305, 2001a: 63–71) anhand seines Korpus zeigt, die Konstruktion in allen Sprachlandschaften sowie in der gesamten Untersuchungsperiode (14.–17. Jh.) verwendet, ohne dass sich klare Schwerpunkte feststellen ließen. Auch für die textsortenspezifische Verbreitung gilt, „dass in keinem Texttyp die *tun*-Umschreibung besonders häufig oder besonders selten ist" (Langer 2000: 305). Eine besondere

---

[7] Diese hier nicht näher dargestellte Verwendung wird im FWB-Artikel *tun* in Bedeutungsposition 10 behandelt, vgl. z. B. Williams u. a., Els. Leg. Aurea 36, 1 (els., 1362): *[der kúnig] wolte sú bede [sant Thoman vnd sinen schaffener Abanen] tůn schinden vnd do noch búrnen* (vgl. auch Fischer 2001: 138, Reiffenstein/Scheutz 1998). In diesen Funktionsbereich einzuordnen sind wohl auch die Verbindungen von *tun* mit prädikativen Ergänzungen (z. B. Adjektivphrasen, vgl. Weiss 1956), wie z. B. Piirainen, Stadtr. Sillein 37b, 26 (sslow. inseldt., 1378): *Ich pitte dich herre [...] daz dv mir gebst dýnen heyligen leichnamen daz mich der sicher tv̆ deynes hymelischen landes* (vgl. den FWB-Artikel *tun*, Bedeutungspositionen 11 u. 12). Weiss (1956: 12) bezeichnet *tun* als kontextkausatives Verb.

[8] Weiss (1956: 167–171) referiert außerdem eine Reihe anderer, in der älteren Forschung (u. a. auch in Wörterbüchern) vorliegenden Erklärungen der *tun*-Periphrase sowie ähnlicher Konstruktionen im Englischen, Französischen und Niederländischen. Eroms (1984: 124), der von strukturellen Ähnlichkeiten der deutschen und englischen *tun/do*-Periphrasen ausgeht, lehnt den für das Englische postulierten Übergang von kausativer zu periphrastischer Verwendung (so z. B. Ellegård 1953: 118, 208) ab.

[9] Vgl. zur Funktionsinterpretation auch Eichinger (1998: 361–365), der diese Konstruktion zunächst grundsätzlich als „Spezialfall der anaphorischen Textfunktion, die lediglich innerhalb der Satzgrenze bleibt" (361), ansieht.

Gebrauchshäufung der Periphrase findet sich zum Teil in Verstexten (vgl. Bsp. (16), (17)), wobei jedoch stets infrage zu stellen ist, ob die Reimbildung als einzige Begründung dafür herangezogen werden kann (vgl. Langer 2000: 296).[10] In Bsp. (18) wird deutlich, dass diese Stiltechnik bereits zeitgenössisch kritisch bewertet wurde.

(16) Kehrein, Kath. Gesangb. 1, 5, 9 (Nürnb. 1631): *Mundt, Augen, Naß vnd Ohren butz, / Die Någel an den Fingern stutz, / Inwendig wasch die Seel darzu, / Damit sie Gott gefallen thu.*

(17) Lemmer, Amman/Sachs. Ständeb. 54, 3 (Frankf./M. 1568): *Ich [Der Glockengiesser] kan mancherley Glocken gießn / / Auch Bůchsen / darauß man thut schießn.*

(18) Harms u. a., Alberus. Fabeln 30, 82f. (Frankf./M. 1550): *Jch habe aber in meinen Fabeln nie den vortheil brauchen wőllen / so mehrer theil der jhenen / die Rheimen machen / sehr gemein vnd ihr bester behelff ist / als / Jch thu schreiben / ich thu lesen [...] / das soll so viel gesagt sein / Jch schreibe / lese.*

Diese Beurteilung von *tun* + Inf. als Merkmal schlechter Dichtkunst bzw. unzureichender dichterischer Befähigung setzt sich in der Folgezeit fort (vgl. Langer 2000: 308–312).[11]

Neben den Vorteilen, die die Periphrase bei der Reimgestaltung bietet, ist vor allem ihr Wert im Sinne der funktionalen Satzperspektive diskutiert worden.[12] Fischer, die Gebrauchsweisen der *tun* + Inf.-Konstruktion in rezenten Mundarten mit dem Gebrauch im Frnhd. vergleicht, sieht in der Möglichkeit der Verlagerung des infiniten Vollverbs in die Spitzen- oder Endposition „eine der grundlegenden Funktionen

---

10 Interessant in diesem Zusammenhang ist ebenfalls die Verwendung der *do*-Periphrase im Frühneuenglischen: Der stilistische Typ des euphuistischen Schreibens, der in der englischen Literatur im 16. Jh. verbreitet war, strebte u. a. eine Rhythmisierung der Texte durch eine ausgeglichene Verteilung von betonten und unbetonten Silben an. Die Periphrase war dafür ein adäquates Mittel (vgl. Stein 1992: 148). Dennoch wurde „die fast unrestringierte Geltung" (Eroms 1984: 125) der Periphrase im 16. Jh. „auf die heute noch geltenden Typen beschränkt" (Eroms 1984: 125). Eroms weist auch darauf hin, dass zurückgehende Gebrauchsweisen der *tun*- bzw. *do*-Periphrase „sich in funktionalstilistisch gehobenen Textklassen" (1984: 127) sowohl im Englischen als auch im Standarddeutschen bis ins 18. Jh. halten.

11 Dass auch als Sprachvorbilder geltende Dichter wie z. B. Martin Opitz und Johann Rist die Periphrase verwenden, führt zum Teil zu toleranteren Aussagen in sprach- und stilkritischen Schriften, der insgesamt ablehnende Tenor bleibt jedoch bestehen (vgl. Langer 2000: 311). Die Stigmatisierung der *tun*-Periphrase „als Kennzeichen der Sprache der gemeinen Leute, der Pöbelsprache" (Langer 2000: 311) erfolgt erst im Zuge der Etablierung eines überregionalen Hochdeutschen „als mehr oder weniger normalisierte Umgangsform der gehobenen Schichten" (Langer 2000: 311) im 18. Jahrhundert.

12 Für einen kurzen Überblick zur Diskussion der generellen Motivation bzw. Motivierbarkeit periphastischer Konstruktionen vgl. Jäger (2006: 82–83).

der *tun*-Periphrase" (2001: 139). Sie stellt weiterhin fest, dass die Topikalisierung sich erst relativ spät entwickelt habe, während die Verlagerung des Infinitivs in die rhematische Fokusposition am Satzende bereits seit den Anfängen der Periphrase belegt ist (vgl. Fischer 2001: 140).[13] Diese Fokusverlagerung ist auch im FWB-Belegmaterial nachweisbar (vgl. Bsp. (19), (20)), jedoch wäre auch unter Berücksichtigung des Vorliegens von Haupt- oder Nebensatz, Tempus- und Modusvariationen usw. zu prüfen, ob sich hier wirklich eine Schwerpunktfunktion der Konstruktion abzeichnet. In (20) liegt z. B. einerseits ein Imperativ vor, andererseits handelt es sich um einen gereimten Text, sodass die Funktionalität des Periphrasengebrauchs hier kaum eindeutig festzulegen ist.

(19) Wickram 4, 5, 29 (Straßb. 1556): *Zům andern würt angezeigt / wie sich zůvil malen begeben thůt / das zwen gůter fründ unbekanter weiß zůsamenkumen.*
(20) Klein, Oswald 17, 44 (oobd., 1410): *ob du wirst durm, so tü doch nicht verzagen.*

Aufgrund der Vorherrschaft gereimter Texte in den Belegen für die Periphrase ist zumindest eine Funktionsüberlagerung anzunehmen, eine genaue Abgrenzung wird vielfach nicht möglich sein. Hier ist Fischer sicher zuzustimmen, wenn sie bemerkt: „Die Bestimmung der Funktion [der Periphrase, Y. L.] ist problematisch und mit gewisser Vorsicht zu betrachten, denn es sind bei ein und demselben Beleg oftmals mehrere Interpretationen möglich" (2001: 139). Erschwerend kommt hinzu, dass die in der funktionalen Satzperspektive eine wichtige Rolle spielenden Akzentverhältnisse bei der Analyse historischen Belegmaterials oftmals zweifelhaft bleiben müssen.

Fischer (2001: 139–149) diskutiert die verschiedenen Gebrauchsweisen der *tun*-Periphrase außerdem im Hinblick auf ihre Funktionalität, etwa als Konjunktivumschreibung oder als aktionales bzw. aspektuelles Ausdrucksmittel,[14] das bspw. die Dauer einer Handlung betont, etwa in Belegen wie *der bischoff thete die ganze nacht nachsinnen* (Abraham a Sancta Clara, zit. nach Fischer 2001: 148). Sie muss jedoch einräumen, dass die Verwendungsbeispiele oftmals temporale Angaben enthalten, sodass die Funktion ‚Betonung der Dauer' kaum der *tun*-Konstruktion allein zugewiesen werden kann. Langer (2001a: 71–98) wendet sich dementsprechend auch

---

13 Zur topologisch-fokalen bzw. prosodischen und klammerbildenden Funktionalität von periphrastisch gebrauchtem *tun* vgl. auch Abraham/Fischer (1998: 41–46; mit Schwerpunkt im Oberdeutschen).
14 Für das Niederdeutsche zeigt Keseling (1968: 149), dass es u. a. eine von der Verbsemantik abhängige stärkere oder schwächere Präferenz für die Verwendung in der Periphrase oder der synthetischen Form gibt. So seien „Verben wie *laufen, rennen, springen, stürzen* usw. ausgesprochen umschreibungsfreudig" (Keseling 1968: 149), dagegen z. B. *kommen* und *gehen* eher umschreibungsfeindlich. Keseling interpretiert dies dahingehend, dass die Umschreibung häufiger genutzt werde, je „anschaulicher der Inhalt des Verbalbegriffs ist" (1968: 150).

gegen die Annahme, die *tun*-Periphrase habe derartige spezifische Tempus-, Modus- oder aktionale Funktionen. Er geht vielmehr davon aus, dass die diskutierten Funktionen nicht speziell auf den Gebrauch von *tun*, sondern allgemein auf dessen Hilfsverbstatus in der Infinitivkonstruktion zurückzuführen sind (vgl. Langer 2001a: 97). Dies lässt sich auch dahingehend deuten, dass die Funktionen, die den *tun*-Konstruktionen zugewiesen werden, jeweils individuell im konkreten Gebrauch und im syntaktisch-kontextuellen Zusammenspiel mit den Partnerkonstituenten (z. B. dem Vollverb im Inf.) aktualisiert werden.

4 Zusammenfassung

Insgesamt lässt sich festhalten, dass sowohl *tun*-Konstruktionen mit Nominalphrase als auch mit Infinitiv eine Änderung der Konstituentenstruktur im Satz und damit eine andere Informationsverteilung ermöglichen, die noch näher zu untersuchen wäre. Ob eine Klammerbildung, wie sie insbesondere durch *tun* + Inf. ermöglicht wird, im Vordergrund steht, ist anhand der im FWB-Artikel abgebildeten Belege nicht klar zu entscheiden, da oftmals abhängige Sätze und bei der Periphrase vielfach Reimbelege vorliegen. Allerdings zeigt auch die typologische Untersuchung von Jäger (2006: 85–188), dass für die grammatisch motivierte, obligatorische Verwendung einer *tun*-Periphrase neben anderen Faktoren vor allem die Satzgliedstellung ausschlaggebend ist: „Word order plays a significant role in the triggering of ‚do'-periphrasis, as evident in abundant cross-linguistic data" (184). Auch die im Gegenwartsdeutschen standardsprachlich tolerierte Topikalisierung des Vollverbs mithilfe der *tun*-Periphrase ist eine satztopologische Konturierung, was ebenfalls darauf hindeutet, dass der Funktionsschwerpunkt der *tun*-Konstruktionen in der syntaktischen Strukturierung liegt, auch wenn hier kein obligatorischer Gebrauch der Form vorliegt. Für die nicht-obligatorische Verwendung einer entsprechenden Periphrase gibt Jäger als zusätzliche mögliche Funktionen an: „the establishment of discourse coherence, the marking of a style and the avoidance of inflected verb forms" (2006: 227, 265); dazu kommt noch die Kennzeichnung von Transitivität, wenn ein Verb sowohl als intransitiv wie auch als transitiv verstanden werden kann.[15] Die Vermeidung problematischer Flexionsformen, die im Englischen bei der

---

15 Jäger (2006: 227) bezeichnet diese Funktionen als pragmatisch; auch den Gebrauch der *tun*-Periphrase im Deutschen klassifiziert er in dieser Art (230). Nach seinem Verständnis geht eine syntaktische Motivation mit einer Reaktion der infrage stehenden Form auf morphosyntaktische Veränderungen (wie bspw. das Hinzufügen einer Negationspartikel) einher (Jäger 2006: 231). Zudem sei es möglich, *tun* + Inf.-Formen zu bilden, in denen *tun* unflektiert bleibt (wenn Modalverben oder temporale Hilfsverben hinzutreten, z. B. „Das kann ich mal machen tun", zit. nach Jäger 2006: 232). Auch die Verb-Topikalisierung wird als pragmatische Funktion bestimmt, deren Effekt jedoch in der

Etablierung der *do*-Konstruktionen eine wichtige Rolle spielte,[16] ist mutmaßlich auch im Deutschen von Relevanz (vgl. dazu Jäger 2006: 260–264). Hier ist zudem eine Überschneidung mit dem reimbedingten Gebrauch der Konstruktion anzunehmen.

Möglicherweise kommt hier auch die von Erben angesprochene Interpretation der Periphrase als „denkökonomische, bequeme Formel" (1969: 52) in Betracht, denn eine Verteilung von Informationen auf mehrere Träger kann durchaus eine Verringerung des kognitiven Aufwandes bedeuten, wenn dadurch bspw. schwierige Flexionsformen oder das Auseinanderreißen fester Wendungen oder trennbarer präfigierter Verben vermieden werden kann (vgl. Fischer 2001: 147). Daneben ‚passt' der Periphrasengebrauch zum allgemeinen Ausbau analytischer Konstruktionen, wobei im Deutschen die feste Verankerung einer funktionsgebundenen *tun*-Periphrase im Verbalsystem nicht zustande kam.[17] Nichtsdestotrotz ist in den frnhd. Belegen zumindest die Tendenz zu beobachten, dass in Konstruktionen mit *tun* – mit Nominalphrase oder Inf. – das Element, welches die stärkere semantische Information trägt, eher in Richtung der Rhemaposition verlagert wird. Auch Fischer sieht das auxiliare *tun* primär „als satztopologisches Hilfsmittel zur Thema-Rhema-Gliederung" (2001: 150) mit grundlegender Hervorhebungs- und Verstärkungsfunktion. Da *tun* + Inf. im Frnhd. bisher keine speziellere Funktion überzeugend zugewiesen werden konnte, erscheint es grundsätzlich angebracht, Belege für die Periphrase und für die Verbindung mit Nominalphrasen bzw. Verbalabstrakta gemeinsam zu untersuchen, um Funktionsüberschneidungen und -unterschiede zu erfassen.[18] Beiden Konstruktionstypen ist gemeinsam, dass dadurch im Vergleich zum Einzel- bzw. Vollverbgebrauch eine Informationsverteilung auf mehrere Konstituenten stattfindet. Jäger (2006: 69) geht ebenfalls von einer generellen Ähnlichkeit von „Light verb constructions" (Funktionsverbgefügen) und „periphrastic verb constructions" aus, da beide eine „multi-word strategy" anstelle einer „single-word

---

Regel gering und nur im kommunikativen Kontext erkennbar sei (Jäger 2006: 233). Topikalisierung eines Satzelementes ist übereinzelsprachlich als verbreitete Funktion von *do-/tun*-Periphrasen anzusehen, die dabei eine gewisse Wahrscheinlichkeit zur Grammatikalisierung aufweist (Jäger 2006: 267).

16 Stein führt für das Aufkommen der *do*-Periphrase im Englischen ebenfalls eine Art Vermeidungsstrategie an, die es ermöglichte in der 2. Ps. Sg. schwierige Flexionsendungen zu umgehen (1992: 138, 141–142). Ausführlich behandelt wird die Entwicklung des Auxiliars *do* von Ellegård (1953).

17 Rupp (1967: 157) bezeichnet diese Tatsache als „Zufall" mit Hinweis auf den zeitweiligen Hilfsverbstatus von *tun* sowie den gegenwartssprachlich zumindest in der Umgangssprache anzutreffenden entsprechenden Gebrauch. Eroms versteht den Gebrauch von *tun*-Periphrasen in deutschen Dialekten und in der gesprochenen Umgangssprache ebenfalls als „Belege für die immer noch zunehmende Tendenz zur analytischen Konstruktionsweise" (1984: 123).

18 Teils wird die Entstehung der *tun*-Periphrase auch formal mit den Nominalphrasenkonstruktionen in Verbindung gebracht (vgl. z. B. Behaghel 2: § 746).

strategy" manifestieren (zur Diskussion der light verb constructions vgl. Jäger 2006: 69–72).

In der sprachtypologischen Forschung wird zudem die Grenze zwischen nominaler bzw. verbaler Charakteristik eines Ausdrucks als nicht so fest angesehen, wie sie auf den ersten Blick scheinen mag. Deverbale Substantive, wie sie bei Verbalabstraka vorliegen, werden z. T. als Grenzfälle betrachtet (vgl. Jäger 2006: 38–43), sodass die vorgeschlagene gemeinsame Behandlung der *tun*-Konstruktionen auch vor diesem Hintergrund nicht unbegründet ist.[19]

5 Exkurs und Fazit

Neben den bisher im Mittelpunkt der Darstellung stehenden, als vorrangig syntaktisch-funktional charakterisierten Verwendungsweisen von frnhd. *tun*, besitzt das Verb auch Verwendungen, die man als stärker autosemantisch beschreiben kann, so etwa die Verwendungsweise ‚etw. wohin bringen, befördern, bewegen', z. B.

(21) Belkin u. a., Rösslin. Kreutterb. 64, 10 (Frankf. 1535): *Antrax ist ein roter Carfunckel / so man zu jm thůt Orithium so leuchtet er nachts.*

oder ‚jm. etw. geben, überlassen', z. B.

(22) Leman, Kulm. Recht 2, 5, 4 (Thorn 1584): *Gebit eyn man vnd tut seyn gewant eyme snyder tzu machene [...].*

sowie ‚seine Notdurft verrichten', z. B.

(23) Luther WA 38, 559, 24 (1538): *[Der Teuffel] isset gerne niedliche bissen und thut gern an reine orter, denn er helt seinen unflat fur thesem und balsam.*

---

19 In der übereinzelsprachlichen Betrachtung geht Jäger (2006: 72–78) davon aus, dass generell nicht immer eine scharfe Grenze zwischen Voll-, Funktions- und Hilfsverbstatus eines Elementes gezogen werden kann. Er betont dabei die Wichtigkeit der Interaktion von potentiellem Hilfsverb und dessen lexikalischem Mitspieler, womit letztendlich wiederum die Kontextsensitivität jedes sprachlichen Elementes hervorgehoben wird. Sinnvoll erscheint die Annahme eines Kontinuums mit einem rein lexikalischen und einem rein funktional-syntaktischen Gebrauch als Endpunkten, in dem sich die fraglichen Elemente bewegen. Den Ausschlag für die jeweilige Funktionsausprägung bzw. den Funktionsschwerpunkt innerhalb des Kontinuums gibt dabei die konkrete Verwendung, in der die relevanten Eigenschaften des fraglichen Elements aktualisiert werden.

Auch hier ist von einer engen Verzahnung von syntaktischer und semantischer Information bei der lexikographischen Bedeutungsbeschreibung auszugehen. Die Bedeutungszuschreibung wird mithilfe des Kontextes gewonnen, so sind bei der ‚etw. wohin tun'-Lesart oftmals lokale bzw. direktionale Präpositionalphrasen sowie ein durch seine Spezifik geeignetes Objekt beteiligt, während bei der ‚Notdurft'-Lesart im vorliegenden Beispiel die *reinen orter* (auch in einer direktionalen Präpositionalphrase) und der *unflat* die Interpretation erleichtern. Das Lemma wird also immer in seiner syntagmatischen Umgebung analysiert, denn jede gewonnene Bedeutungszuschreibung ist auf semantische und syntaktische Faktoren, insbesondere die Beziehung der Satzkonstituenten zueinander, gegründet. Die bereits zu Beginn angesprochene Verflechtung von Syntax und Semantik gilt also letztendlich für jedes lexikographisch zu behandelnde Lemma, denn trotz der zumindest an der Oberfläche sichtbaren Einzelwortorientierung werden Bedeutungsbeschreibungen in Wörterbüchern immer syntagmatisch begründet erarbeitet. Dies wird im FWB auch an dem mikrostrukturellen Element der Syntagmen deutlich, das die in den Belegen auftretenden syntaktischen Kombinationen des behandelten Lemmas in abstrahierter Form aufgreift. Neben den als Ordnungskriterium genutzten syntaktischen Eigenschaften des Lemmas stehen dabei klar semantische Aspekte im Vordergrund, denn i. d. R. gehen unterschiedliche Bedeutungen auch mit unterschiedlichen Partnerkonstituenten im Syntagma einher. Bei Bedeutung 3 (>eine bestimmte Handlung (oft: zu Lasten einer Person oder Sache) vollziehen<; im weitesten Sinne: >jm. etw. antun, bereiten, zufügen<; >etw. begehen, verüben<) wurden z. B. folgende Syntagmen ermittelt:

> *j. etw. (z. B. einen diebstal / mord / totschlag, eine sünde, böses / das übel) t.; j. jm. etw. (z. B. einen schaden / wiederstand, gewalt / verirrung / eine grosse schande, ein leid / unrecht, wunden) t.; j. mit jm. etw. (z. B. einen streit, ein treffen) t., j. rache über seine feinde t.*

Demgegenüber stehen die Syntagmenangaben zu Bedeutung 4 (>eine bestimmte Handlung (oft: zu Gunsten einer Person oder Sache) vollziehen<; im weitesten Sinne: >jm. etw. gewähren, zukommen lassen; erweisen<):

> *etw. (z. B. js. willen, rettung, das gute) t., jm. (z. B. David, got) etw. (z. B. beistand, barmherzigkeit / ere / freundschaft / hilfe, lob) t., mit jm. etw. (z. B. erbarmung) t.*

Die Syntagmen im FWB können somit auch ein Anknüpfungspunkt für Fragestellungen sein, die eher grammatisch orientiert sind bzw. die Verbindung von Syntax und Semantik behandeln. Ein erweiterter Zugang bietet sich im digital verfügbaren FWB: Will man z. B. den Gebrauch von *tun*, bspw. in Kombination mit Nominalphrasen bzw. Verbalabstrakta, näher untersuchen, kann mithilfe der Suchfunktion auf alle Syntagmen zugegriffen werden, die *tun* enthalten. Dies erweitert den Aktions- bzw. Materialradius und weist den Weg zu weiteren Belegen, die nicht im *tun*-Artikel abgebildet sind, und ermöglicht u. U. die Erstellung eines kleinen Belegkorpus. So kann man z. B. feststellen, dass man auch *einen anschlag, einen meineid* oder *eine caution tun* kann. Ebenso lässt sich ein Eindruck gewinnen, welche Lemmata gleichermaßen mit *tun* und *machen* kombiniert werden (z. B. *anschlag, geschäft*).

Ein in der vorliegenden Darstellung immer wieder aufscheinender Aspekt lässt sich scheinbar trivial, jedoch für die Lexikographie grundlegend, so zusammenfassen: Die Bedeutung eines Wortes konstituiert sich in seinem jeweiligen Gebrauch. Dieser ist in einen Kontext – und dies geht u. U. deutlich über die unmittelbare syntaktische Umgebung hinaus – eingebettet, denn, um nochmals Porzig zu zitieren, der die Gegenüberstellung von Synsemantika und Autosemantika kritisch sieht: „das eigentliche Problem liegt in dem Verhältnis des bedeutungsvollen Wortes zur sinnvollen Rede" (1930: 68). Demnach muss der arbeitspragmatische Horizont des Lexikographen variieren, um einzelnen Lemmata gerecht zu werden. Bspw. ergeben sich bereits aus der textsortenspezifischen Einbettung oftmals verschiedene Referenzrahmen, denn der Gebrauch eines Wortes in einem Text der Mystik etwa lässt andere semantische Zuschreibungen erwarten als in einem rechtsrelevanten Text.

Gerade im Hinblick auf die im Zentrum der Darstellung stehenden sprachlichen Ausdrücke ist zu betonen, dass es nicht Aufgabe des Wörterbuchs oder des Lexikographen ist, über ‚Notwendigkeit' oder ‚Redundanz' syntaktischer Elemente oder Konstruktionen zu urteilen, sondern diese adäquat zu beschreiben. Der FWB-Artikel zu *tun* versucht diesem Anspruch gerecht zu werden, indem die Verwendungsweisen des Verbs in ihrer Komplexität betrachtet und in Form einer strukturierten Gesamtschau präsentiert werden. Das Wörterbuch kann sich hier – wie wohl oft bei Ausdrücken, die sich im Kontinuum der sogenannten Funktionswörtern bewegen – als die ‚bessere' Grammatik erweisen. Die gesamthafte Betrachtung der (in einer bestimmten Zeit) belegten Gebrauchsweisen eines Lemmas wie *tun* ermöglicht differenzierte Aussagen zu dessen Verwendungskomplexität und bietet damit auch Potential für grammatische Fragestellungen.

Literatur

Abraham, Werner/Fischer, Annette (1998): Das grammatische Optimalisierungsszenario von *tun* als Hilfsverb. In: Donhauser, Karin/Eichinger, Ludwig M. (Hrsg.): *Deutsche Grammatik – Thema in Variationen. Festschrift für Hans-Werner Eroms zum 60. Geburtstag.* Heidelberg: Winter, 35–47.
Behaghel, Otto (1924): *Deutsche Syntax. Eine geschichtliche Darstellung. Bd. 2. Die Wortklassen und Wortformen. B. Adverbium. C. Verbum.* Heidelberg: Winter.
Brinkmann, Hennig (1959): Die „haben"-Perspektive im Deutschen. In: Gipper, Helmut (Hrsg.): *Sprache – Schlüssel zur Welt. Festschrift für Leo Weisgerber.* Düsseldorf: Schwann, 176–194.
Duden 4 = *Duden. Die Grammatik.* 9., vollst. überarb. u. aktualisierte Aufl. Hrsg. v. Angelika Wöllstein u. der Dudenredaktion. Berlin: Dudenverlag 2016.

Duden 7 = *Duden. Das Herkunftswörterbuch. Etymologie der deutschen Sprache.* 5., neu bearb. Auflage. Hrsg. v. der Dudenredaktion. Mannheim: Dudenverlag 2014.

DWB 1854–1971 = *Deutsches Wörterbuch von Jacob Grimm/Wilhelm Grimm.* 16 Bände [in 32]. Leipzig. Lizenzausgabe 1984. Deutscher Taschenbuch Verlag.

Eichinger, Ludwig M. (1998): „Als ich aber im besten Thun war" – Verwendungsweisen des Verbs *tun* in H. J. Ch. von Grimmelshausens „Simplicius Simplicissimus". In: Donhauser, Karin/Eichinger, Ludwig M. (Hrsg.): *Deutsche Grammatik – Thema in Variationen. Festschrift für Hans-Werner Eroms zum 60. Geburtstag.* Heidelberg: Winter, 351–367.

Ellegård, Alvar (1953): *The auxiliary do. The establishment and regulation of its use in English.* Stockholm: Almqvist & Wiksell.

Erben, Johannes (1969): ‚Tun' als Hilfsverb im heutigen Deutsch. In: Engel, Ulrich/Grebe, Paul/Rupp, Heinz (Hrsg.): *Festschrift für Hugo Moser zum 60. Geburtstag am 19. Juni 1969.* Düsseldorf: Schwann, 46–65.

Fischer, Annette (2001): Diachronie und Synchronie von auxiliarem *tun* im Deutschen. In: Watts, Sheila/West, Jonathan/Solms, Hans-Joachim (Hrsg.): *Zur Verbmorphologie germanischer Sprachen.* Tübingen: Niemeyer, 137–154.

FWB = *Frühneuhochdeutsches Wörterbuch.* Hrsg. v. Robert R. Anderson [für Bd. 1]/Ulrich Goebel/Anja Lobenstein-Reichmann/Oskar Reichmann. Bearb. von Anja Lobenstein-Reichmann [ab Bd. 5 fortlaufend]/Joachim Schildt [Bd. 6., erste Hälfte]/Oskar Reichmann [Bände 1–3 und fortlaufend]/Vibeke Winge [Bd. 8]/Akademie der Wissenschaften zu Göttingen [seit 2013, ab Bd. 5, zweite Lieferung] u. a.

Jäger, Andreas (2006): *Typology of periphrastic ‚do'-constructions.* Bochum: Brockmeyer.

Keseling, Gisbert (1968): Periphrastische Verbformen im Niederdeutschen. In: *Jahrbuch des Vereins für niederdeutsche Sprachforschung* 91, 139–151.

Langer, Nils (2000): Zur Verbreitung der *tun*-Periphrase im Frühneuhochdeutschen. In: *Zeitschrift für Dialektologie und Linguistik* 67, 287–316.

Langer, Nils (2001a): *Linguistic Purism in Action. How auxiliary tun was stigmatized in Early New High German.* Berlin: De Gruyter.

Langer, Nils (2001b): Lexical and periphrastic DO in Early New High German. In: Watts, Sheila/West, Jonathan/Solms, Hans-Joachim (Hrsg.): *Zur Verbmorphologie germanischer Sprachen.* Tübingen: Niemeyer, 155–173.

Porzig, Walter (1930): Die Leistung der Abstrakta in der Sprache. In: *Blätter für deutsche Philosophie* 4, 66–77.

Reiffenstein, Ingo/Scheutz, Hannes (1998): Kausatives *tun* in mittelfränkischen Urkunden. In: Donhauser, Karin/Eichinger, Ludwig M. (Hrsg.): *Deutsche Grammatik – Thema in Variationen. Festschrift für Hans-Werner Eroms zum 60. Geburtstag.* Heidelberg: Winter, 373–349.

Rupp, Heinz (1967): Zum deutschen Verbalsystem. In: Moser, Hugo (Hrsg.): *Satz und Wort im heutigen Deutsch. Probleme und Ergebnisse neuerer Forschung. Jahrbuch 1965/1966. Schriften des Instituts für deutsche Sprache in Mannheim.* Düsseldorf: Schwann, 148–164.

Schieb, Gabriele (1976): Der Verbkomplex aus verbalen Bestandteilen. In: Kettmann, Gerhard u. a. (Hrsg.): *Zur Ausbildung der Norm der deutschen Literatursprache auf der syntaktischen Ebene (1470–1730). Der Einfachsatz.* Berlin: Akademie-Verlag, 39–234.

Stein, Dieter (1992): Do and tun: A semantics and varieties based approach to syntactic change. In: Gerritsen, Marinel (Hrsg.): *Internal and external factors of syntactic change.* Berlin, 131–155.

Weiss, Emil (1956): *Tun : Machen. Bezeichnungen für die kausative und die periphrastische Funktion im Deutschen bis um 1400.* Stockholm: Almqvist & Wiksell.

Jochen A. Bär

„Der Mensch ist ein Thier, dessen Willen der Vernunft untergeordnet ist"

Diskurslexikographische Probleme und Lösungsansätze am Beispiel des Tier-Konzepts um 1800

Zusammenfassung: Der Beitrag behandelt am Beispiel des Wörterbuchprojekts *Zentralbegriffe der klassisch-romantischen „Kunstperiode" (1760–1840)* einige Probleme der qualitativen historischen Diskurssemantik: die Bestimmung des zu behandelnden Diskurses, die Korpusbildung, die Lemmaauswahl, die Bestimmung von Wortbedeutungen (in Abgrenzung zu anderen Wortbedeutungen). Lösungsvorschläge, die hier in Methoden einer qualitativen Diskurssemantik mit einer prinzipiellen Offenheit zu quantitativen Ansätzen bestehen, werden anhand eines Probeartikels zu dem Lexem *Tier* entwickelt.

Schlüsselwörter: Hermeneutische Linguistik, Konstruktivismus, historische Lexikographie, historische Semantik, Goethezeitlexikographie, Begriffsgeschichte, Diskurs, Korpus, qualitative Diskurslinguistik, relationale Semantik

1 Vorbemerkungen

Im Allgemeinen, insbesondere in der Laienöffentlichkeit, besteht die Meinung, eine Wissenschaft verfüge hinsichtlich ihrer Gegenstände über bestimmte feste, sichere und unbezweifelbare Grundkategorien, die ihr eine Bestimmung und daran anknüpfend die Erforschung ebendieser Gegenstände ermögliche. So wisse die Mathematik, was eine Zahl, die Medizin, was Krankheit, und die Sprachwissenschaft, was Sprache sei. Und auch für Teildisziplinen gelte dies, so dass beispielsweise die Lexikographie, die sich mit der Erfassung und Beschreibung von Wortschätzen befasst, Gewissheit haben müsse, was ein Wort, und speziell die semasiologische Lexikographie, was die Bedeutung eines Wortes sei, nach welchen Kriterien man einzelne Bedeutungen und Bedeutungsaspekte von Wörtern bestimmen und voneinander unterscheiden könne. Ohne hier auf einige der grundsätzlichen Schwierigkeiten näher einzugehen, vor welche die Kategorie ‚Wort' die Lexikologie und Lexikographie fortwährend stellt (vgl. hierzu beispielsweise Bär 2016a), sollen im Folgen-

---

Prof. Dr. Jochen A. Bär: Universität Vechta, Driverstraße 22, 49377 Vechta,
E-Mail: jochen.baer@uni-vechta.de, www.baer-linguistik.de

den einige Probleme beleuchtet werden, mit denen es eine Sonderform von Lexikographie, nämlich die Diskurslexikographie, zu tun hat. Dabei handelt es sich, anders als in der klassischen Autorenlexikographie und auch in der gesamtsprach- oder sprachstadienbezogenen Lexikographie, vom Anspruch her nicht um die Beschreibung eines Wortschatzes in seinem vollen Umfang, sondern eines Teilwortschatzes: der ‚diskursrelevanten' Wörter. Dafür finden sich in der Forschung unterschiedliche Termini oder terminoide Ausdrücke mit teils leicht unterschiedlichem Fokus, so beispielsweise *brisante Wörter* (Strauß/Haß/Harras 1989), *kontroverse Begriffe* (Stötzel/Wengeler 1995), *Schlüsselwörter* (Hermanns 1994), *Leitvokabeln* (Böke/Liedtke/Wengeler 1996), *Fahnenwörter* (Hermanns 1982: 91–95) u. a. m.

Als Beispiel dient hier das diskurslexikographische Projekt *Zentralbegriffe der klassisch-romantischen „Kunstperiode"* (www.zbk-online.de), kurz *ZBK*, und insbesondere der Artikel *Tier*. Das Projekt ist mehrfach beschrieben worden (zuletzt: Bär/v. Consbruch 2012; Bär 2014; Bär 2015a; Bär 2016b: 106–122), so dass hier einige wenige Umrisse genügen können.

2 Gegenstand

Der Gegenstand des Wörterbuchs ist der kunst- und literaturreflexive deutschsprachige Diskurs der Jahrzehnte zwischen 1760 und 1840; im Folgenden ist aus Gründen der Einfachheit auch vom *goethezeitlichen*[1] Literatur- und Kunstdiskurs die Rede.

Was aus sprachwissenschaftlicher Sicht unter einem Diskurs zu verstehen sein könnte, ist, in Auseinandersetzung mit den Arbeiten Michel Foucaults, in den letzten knapp 25 Jahren immer wieder diskutiert worden (vgl. z. B. Busse/Teubert 1994; Hermanns 1994; 1995; Busse 2003; Warnke 2007; Warnke/Spitzmüller 2008; Spitzmüller/Warnke 2011; Felder 2012; Busse/Teubert 2013; Felder 2013; Angermuller u. a. 2014; Niehr 2014). Nach Kämper (2008: 689–690) ist ein Diskurs „eine Serie öffentlicher themenkohärenter, kommunikativer Akte", die sich „in einem oder mehreren Leitkonzepten verdichten", die „von Diskursbeteiligten realisiert werden", die „in unterschiedlichen textuellen Mustern bzw. kommunikativen Praktiken" sowie „in spezifischen lexikalischen Beständen repräsentiert sind". Zu ergänzen wäre: Diskurse sind kulturraum- und zeitspezifisch und weisen potentiell intertextuelle Vernetzungsstrukturen auf (vgl. Hermanns 1995: 88; Wengeler 2003: 195; Bär 2016b: 106–107). Römer (2017: 42–50) arbeitet heraus, dass in der Forschung zwei verschiedene Auffassungen bezüglich der Frage zu finden sind, um

---

[1] Die Gleichsetzung von Goethes Lebensdaten (1749–1832) mit dem Untersuchungszeitraum ist selbstverständlich nur cum grano salis zu verstehen. Zu einer Problematisierung des Ausdrucks *Goethezeit* als Epochenbezeichnung vgl. im Übrigen Bär/v. Consbruch (2012: 456).

welche Art von kommunikativen Akten es sich handelt: um Mengen von Texten (Textkorpora) oder um Mengen von Aussagen (Aussagenkorpora). Eine Aussage ist „irgendwo zwischen Wort-, Satz- und Textebene anzusiedeln" (Jung 2000: 27); sie „kann in einem ganzen Text ausführlich erläutert werden, das Resümee eines Textabschnitts bilden [...] oder aber in einzelnen Wörtern (insbesondere Komposita und/oder Metaphern) lediglich impliziert sein" (ebd.). Dieser Ansatz ist aus der Sicht einer konsequent hermeneutischen Diskurslinguistik (vgl. Bär 2016c: 288–289) vor allem deshalb attraktiv, weil er es ermöglicht, Diskurse nicht als objektsprachliche, sondern als metasprachliche Größen zu fassen. Unter *Aussagen* können dann nämlich Propositionen verstanden werden: beschreibungssprachliche Neufassungen – in wortwörtlicher Wiedergabe oder auch in Paraphrase – objektsprachlicher, d. h. in einem Untersuchungskorpus vorliegender Äußerungen (vgl. Bär i. V.). Ein Diskurs ist damit keine objektive historische Gegebenheit, sondern ein hermeneutisches Konstrukt (Bär 2016b: 108; 2016c: 288–289), ein „Forschungsartefakt" (Busch 2007: 150; Römer 2017: 42) – was allerdings keineswegs identisch damit ist, Diskurse für willkürlich behauptete Größen zu halten. Für ihre Konstitution stehen von der Korpusbildung an bis hin zur Interpretation der einzelnen sprachlichen Äußerungen und ihrer Subsumtion unter Aussagen (im obigen Sinne) komplexe, epistemologisch ausführlich reflektierte Methoden zur Verfügung (für Überblicke vgl. Busch 2007; Gardt 2007; Spitzmüller/Warnke 2011; Gardt 2012; 2013; Niehr 2014; Bär 2016c).

Einen Diskurs als Aussagenkorpus zu fassen, bedeutet: Er erscheint nicht als eine Menge von Texten, sondern eher als ein komplexes Netzwerk funktionaler (grammatischer, semantischer, pragmatischer) Beziehungen zwischen einzelnen Bestandteilen von Texten – was selbstverständlich impliziert, dass dem Diskurs (will sagen: seiner Beschreibung, seiner Konstitution) ein Textkorpus z u g r u n d e l i e g t. Bildlich ausgedrückt: Ein Diskurs ist ein aus dem Ozean (dem Textkorpus) gezogenes Netz aus Tangfäden (sprachlichen Zeichen), in dem sich weiterer Tang und manches mehr verfangen hat. Die Tangfäden entstammen selbst dem Ozean, nicht aber ihre Verknüpfung. Man zieht mit dem Netz nichts aus dem Ozean, was nicht in ihm ist; was man aber konkret herauszieht, hängt davon ab, wie engmaschig man das Netz geknüpft hat, und übrigens auch davon, wo man es auswirft.

Der goethezeitliche Kunst- und Literaturdiskurs als Gegenstand der ZBK erscheint als ein heterogener Makrodiskurs, der sich sowohl zeitlich als auch qualitativ (inhaltlich-ideologisch) und faktionell (erkennbar anhand zeitgenössischer Selbst- und Fremdzuschreibungen) in mehrere Subdiskurse untergliedern lässt, die teilweise klar unterscheidbar sind, teilweise auch fließend ineinander übergehen. Zu nennen sind mindestens: Aufklärung, Empfindsamkeit, Sturm und Drang, Klassizismus, Idealismus, Romantik, Vormärz. Diese Subdiskurse sind ebensowenig objektive Größen wie der Gesamtdiskurs, vielmehr sind es direkt oder indirekt der literatur- und geistesgeschichtlichen Forschung entnommene Konzepte mit erkenntnisleitender bzw. -strukturierender Funktion.[2] Sie sind, für sich betrachtet, keineswegs nur Subdiskurse, sondern jeweils polythematische Makrodiskurse, die einander, soweit sie nicht zeitlich divergieren, vielfältig überlagern; der Kunst- und Literaturdiskurs lässt sich als ein (aber keineswegs der einzige denkbare) Ausschnitt ihres Überlagerungsfeldes begreifen.

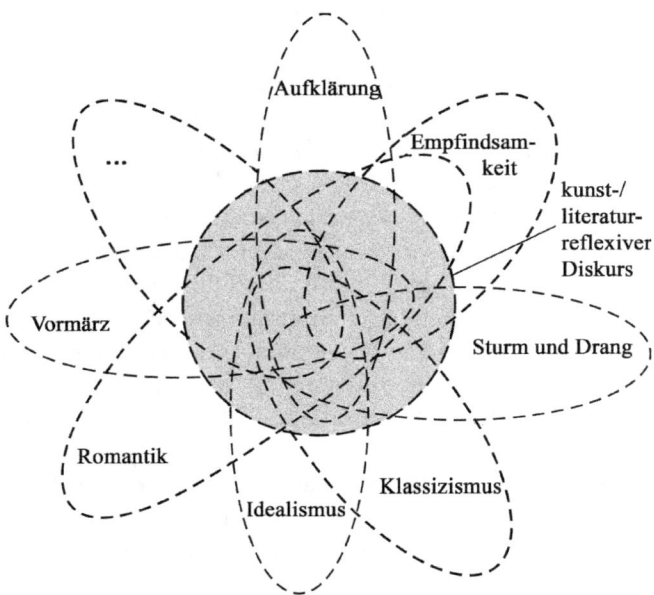

Abb. 1: Goethezeitliche Diskurse in propositionaler Überlagerung.

---

2 Insofern der Erwerb des über sie Gewussten der empirischen Beschäftigung mit der historischen Realität der Quellen vorhergeht, gehören sie zu den hermeneutischen Vor-Urteilen im Gadamer'schen Sinne; sie erscheinen Bär (i. V.) zufolge als *präjudiziell induziert* (sie haben kein objektsprachliches Pendant, sind also nicht im primären Untersuchungskorpus *indiziert*). Es scheint nicht verfehlt, auf diese Tatsache eigens hinzuweisen, denn sie stellt Aussagen wie die folgende, die Diskurse als objektive Gegebenheiten vorauszusetzen scheinen, unter konstruktivistischen Vorbehalt: „Meines Erachtens sollte gerade die sprachhistorische Lexikographie nicht an der Diskursforschung vorbeigehen, da eine Integration diskursgeschichtlicher Aspekte in ein historisches Wörterbuch einen erheblichen Erkenntnisgewinn verspricht. So wäre für zahlreiche Wörter allein schon die Frage interessant, in welchen Diskursen sie auftreten können. Tritt z. B. das Stichwort *Emanzipation* neben dem Gleichberechtigungsdiskurs, dem Antisemitismusdiskurs oder dem Demokratiediskurs noch in weiteren Diskursen auf? In welchem dieser Diskursfelder tritt es zuerst in Erscheinung, in welchem später? Hat das Wort in bestimmten Diskursen begriffliche Prägungen erfahren, die in andere Diskurse oder in den alltäglichen Sprachgebrauch übertragen werden?" (Harm 2005: 101)

Diskurse als hermeneutische Konstrukte zu verstehen heißt, Mengen von Quellen (Textkorpora) in bestimmter Weise interpretativ zu strukturieren, mit anderen Worten: in den sie konstituierenden objektsprachlichen Äußerungen bestimmte Aussagemuster zu erkennen. Welche Aussagen und Aussagemuster dies sein können, hängt nicht nur von der Disposition der erkennenden Instanz (der Diskurslinguistin/des Diskurslinguisten) ab, sondern selbstverständlich auch davon, welche Texte in das Korpus aufgenommen wurden und in welcher Weise sie erschlossen sind.

3 Korpus

Ein lexikographisches Projekt, das heutigen Standards genügen will, muss mit digitalisierten Quellen arbeiten, die eine Volltextsuche erlauben: Anders lassen sich in einem praktikablen Zeitrahmen die im Bereich des Möglichen und damit auch des Erwartbaren liegenden Belegmengen weder auffinden[3] noch lexikographisch verarbeiten.[4] Da das ZBK-Projekt bislang über keine finanzielle Absicherung verfügt,[5]

---

3 Die Alternative wäre eine aufwendige Belegzettel-Exzerption alten Stils. Die Erfahrungen aller lexikographischen Projekte vergleichbarer Größenordnung gehen dahin, dass allein für diese Vorarbeiten eher Jahrzehnte als Jahre zu veranschlagen sind.
4 Ein Wörterbuch wie die ZBK, das sich als enzyklopädisches Belegwörterbuch mit „Lesebuchcharakter" (Bär 1998: 190) versteht, verlangt eine umfassende Präsentation des Quellenmaterials; es werden nicht nur Belegstellen genannt, sondern Belege teils ausführlich zitiert (vgl. den Probeartikel *Tier* in Abschnitt 6). Dies ist praktisch nur dann zeitökonomisch sinnvoll zu leisten, wenn die Belegtexte nicht jeweils abgetippt werden müssen, sondern aus einem vorhandenen Digitalisat mittels Copy-and-Paste-Verfahren übernommen werden können.
5 Lediglich von 2009 bis 2011 wurde das Projekt im Rahmen der Exzellenzinitiative von der Universität Heidelberg gefördert; in diesem Rahmen wurden immerhin die Konfiguration einer relationalen Datenbank sowie die philologische Beschreibung des Korpus (Erhebung und Erfassung der Metadaten) geleistet; vgl. Bär/v. Consbruch 2012: 467–468 u. 481–483. Die Datenbank funktioniert als onlinelexikographisches strukturkombinatives Angabe- und Recherchesystem (OSKAR – die Ähnlichkeit mit dem Vornamen eines bekannten Heidelberg-Göttinger historischen Lexikographen ist rein zufällig) und ermöglicht verschiedene Abfragen. Insbesondere ist jeder Wörterbuchartikel des Online-Wörterbuchs [Unter: <www.woerterbuch.zbk-online.de>; letzter Zugriff: 09.11.2018] „nichts weiter als das Ergebnis einer komplexen Datenabfrage […], in der einem bestimmten Wort mindestens eine Einzelbedeutung und jeder dieser Einzelbedeutungen mindestens ein Beleg samt konkreter kotextueller Auswertung zugeordnet wird" (Bär/v. Consbruch 2012: 468). Die Datenbank wurde auf der Basis der Open-Source-Software MySQL entwickelt und erfasst neben den Metadaten zu sämtlichen Quellen sowie zur Sekundärliteratur sämtliche für bearbeitungsrelevant erachteten Lemmata (vgl. Abschnitt 4), alle pro Lemmazeichen angesetzten Bedeutungen mit Erläuterungen, alle mindestens einem Lemmazeichen in mindestens einer angesetzten Bedeutung zugeordneten Belegzitate sowie sämtliche jemals bei der Analyse eines Einzelbelegs für relevant erachteten Typen semantischer Relationen (vgl. Abschnitt 4). An jeder Stelle, an der im Laufe der empirischen Arbeit die Hinzufügung oder Bearbeitung einer Information für nötig erachtet wird, ist dies leicht möglich.

konnten und können eigene Volltext-Digitalisate nur in sehr geringem Umfang erstellt werden. In erster Linie ist daher auf vorhandene Digitalisate zuzugreifen (vgl. Bär/v. Consbruch 2012: 478–483). Nur in wenigen Fällen – bei Quellen, die als „unumgänglich korpusrelevant" (ebd., 481) eingeschätzt werden – erscheint, wenn kein Fremddigitalisat greifbar ist, eine eigene Digitalisierung im Bereich des Möglichen. Folgende Bearbeitungsstände lassen sich angeben (Stand: November 2018): Zu 84,6 % werden von anderer Seite erstellte Volltexte genutzt, beispielsweise solche der Digitalen Bibliothek oder des Deutschen Textarchivs. 6,8 % der Quellen wurden bis dato in eigener Arbeit digitalisiert; bei 8 % der Quellen steht eine Digitalisierung noch aus. Bei einigen wenigen Quellen (0,6 %), nämlich Editionen handschriftlicher Nachlässe der Frühromantiker Friedrich Schlegel und Novalis, wäre eine Digitalisierung aufgrund der vielen Sonderzeichen sehr aufwendig (vgl. Bär/v. Consbruch 2012: 477); hier wird auf eine Digitalisierung verzichtet und auf die ausführlichen Register der Editionen zurückgegriffen.

Eine ausführliche Beschreibung des ZBK-Korpus sowie der diesbezüglichen Probleme findet sich bei Bär/v. Consbruch (2012); im vorliegenden Beitrag seien daher nur einige Grundzüge sowie aktuelle Zahlen (Stand: November 2018) gegeben. Berücksichtigt sind 66 931 Einzeltexte aus dem Untersuchungszeitraum mit 422 657 Druckseiten – ca. 100 Millionen Textwörter (Tokens) – von 430 Autorinnen und Autoren. Alle relevanten Textsorten sind berücksichtigt. Unterschieden werden

- im Untersuchungszeitraum durch Druck publizierte Texte, darunter Abhandlungen, Monographien, Essays, Rezensionen, Miszellen, Vorworte (16,3 %), zeitgenössische lexikographische und enzyklopädische Texte (36,6 %), Fragmentsammlungen, Reflexionen, Halbfiktionales (0,9 %), Erzählprosa (21,9 %) und Lyrik, Versepik (5,7 %),
- im Untersuchungszeitraum mündlich publizierte Texte, darunter Vorträge, Vorlesungen, Reden (1,8 %) und Dramen, Dialoge, Libretti (5,7 %) sowie
- im Untersuchungszeitraum verfasste, aber nicht publizierte Texte, darunter Briefe (7,4 %), Abhandlungsentwürfe, Abhandlungsbruchstücke, Notizen (0,9 %), Werkentwürfe, Werkbruchstücke, Skizzen (0,2 %) und Tagebücher, Autobiographisches, Privata (2,6 %).

Man kann problemlos beispielsweise die Textgrundlage einer Quelle ändern, wenn man eine zitierfähige(re) Textfassung ausfindig macht (vgl. Bär/v. Consbruch 2012: 480). Ebenso leicht modifizieren lässt sich die Datierung einer Quelle, wenn diese sich im Lichte neuester Forschung als falsch erweist, der Ansatz einer bestimmten Bedeutung oder die Zuordnung eines bestimmten Belegs zu einer bestimmten Bedeutung. Selbst wenn dadurch Korrekturen an vielen und unterschiedlichen Stellen im Wörterbuch (bei häufigen Zitaten, bei fortlaufenden Zählungen, bei Querverweisen usw.) erforderlich werden: Derartige Korrekturen, die, müsste man sie von Hand vornehmen, Stunden oder sogar Tage in Anspruch nähmen und dabei in hohem Grade fehleranfällig wären, werden vom System in Bruchteilen von Sekunden automatisch vollzogen.

Die unterschiedlichen Größenordnungen begründen sich zum einen durch den unterschiedlichen Erkenntniswert (in ästhetisch-philosophischen Abhandlungen ist beispielsweise mehr Kunstreflexion zu erwarten als in Dramen), zum anderen durch quantitative Realitäten (es gibt beispielsweise nur einige wenige Fragment- und Aphorismensammlungen, sie sind aber für einige Subdiskurse, v. a. die Frühromantik, so zentral, dass sie dennoch eigens Berücksichtigung finden müssen), zum dritten durch die digitale Verfügbarkeit (beispielsweise liegen für viele diskursrelevante Autoren Lyrik- und auch Dramensammlungen als digitale Volltexte vor, die daher im Umfang ihrer Verfügbarkeit auch berücksichtigt werden, wenngleich man in ihnen proportional weniger häufig diskursrelevant fündig wird). In einigen Fällen lassen sich mehrere der genannten Kriterien anführen. Bei den zeitgenössischen lexikographischen und enzyklopädischen Texten, z. B. dem *Grammatisch-kritischen Wörterbuch* von Adelung, dem Ur-Brockhaus von 1809/11 und den im Untersuchungszeitraum erschienenen Bänden der *Oeconomischen Encyclopädie* von Krünitz liegen einerseits wichtige, andererseits sehr voluminöse Volltext-Digitalisate vor. Zwar erhält man aus ihnen den zu untersuchenden Sprachgebrauch nur aus zweiter Hand, doch wird dieses Manko aufgewogen durch den Umstand, dass die Texte ihrem Selbstverständnis nach kollektives Wissen dokumentieren (vgl. Bär/v. Consbruch 2012: 478). Nicht selten haben sie zumindest heuristischen Wert, da man über sie auf relevante Belege in Primärquellen kommen kann.[6]

Wie unschwer zu erkennen, handelt es sich beim ZBK-Korpus um ein Hybridkorpus, das aus unterschiedlichen Teilkorpora gebildet ist bzw. auf unterschiedliche Korpora/Textarchive zugreift. Dadurch ergibt sich das Problem der formalen Divergenz, und zwar in doppelter Hinsicht. Zum einen liegen die Daten in unterschiedlichen digitalen Formaten vor, so dass sie nicht ohne weiteres mit denselben Suchmechanismen bearbeitet werden können.[7] Zum anderen liegen vielen

---

6 Ausnahmsweise lässt sich dabei sogar eine neue Quelle aufnehmen, wenn sie interessante Befunde bietet. Das ZBK-Korpus ist zwar prinzipiell ein geschlossenes Korpus; das Prinzip ist aber nicht in Stein gemeißelt.

7 Das Problem ist aus korpuslinguistischer Sicht nicht trivial, denn es geht nicht lediglich darum, dass man statt eines einzigen Suchgangs mehrere Suchgänge benötigt, um an das relevante Belegmaterial zu gelangen. Vielmehr können vorhandene Korpusanalyseprogramme wie beispielsweise das Konkordanzprogramm AntConc [Unter: <http://www.laurenceanthony.net/software/antconc/>; letzter Zugriff: 09.11.2018] nur auf bestimmte Datenformate angewendet werden, so dass beispielsweise Erhebungen der mit einem Suchausdruck kookkurrierenden Ausdrücke nicht für das Gesamtkorpus möglich sind. – Kein wirkliches Problem stellt demgegenüber die Tatsache dar, dass die Digitalisate nicht lemmatisiert oder sonstwie annotiert sind: Für einen Untersuchungszeitraum, in dem es zwar noch keine einheitliche Orthographie gab, die phonologische und graphematische Normierung der Schriftsprache aber doch schon weit fortgeschritten war, lassen sich die möglichen Schreibvarianten eines Lexems auf der Basis einer durchschnittlichen Vertrautheit mit den Quellen in aller Regel zuverlässig antizipieren. Für *Phantasie* begegnen beispielsweise die Varianten *Fantasie*, *Phantasei* und *Fantasei* (die beiden letzteren selten), für *klassisch* auch *classisch*, *klaßisch* und

Digitalisaten philologisch unbrauchbare Textfassungen zugrunde, beispielsweise solche in modernisierter Graphie (vgl. Bär/v. Consbruch 2012: 471).

Das Problem der Divergenz des digitalen Formats zu beheben wäre nur möglich entweder durch die Entwicklung eines Analyseprogramms eigens für die unterschiedlichen Datenformate des ZBK-Korpus oder durch die Überführung aller ZBK-Quellen in ein einheitliches Datenformat. Beides wären Aufgaben, die mit den zur Verfügung stehenden Ressourcen nicht bewältigt werden können. Zumindest die eigenen Digitalisate haben bzw. erhalten freilich ein einheitliches Datenformat; dabei handelt es sich aber um weniger als 15 % aller Quellen (6,8 % liegen vor, 8 % sind noch zu erstellen, s. o.). Quantitative Analysen des Datenmaterials (v. a. Kookkurrenzanalysen) sind daher nicht in dem Umfang möglich, in dem sie nötig wären, um einen Sinn zu haben. Sie sind aber schon aufgrund des Untersuchungsanliegens kaum sinnvoll (vgl. Bär 2016b; 2016c: 290–291),[8] so dass es sogar von Vorteil sein kann, dass sie nicht greifen: Man gerät gar nicht erst – wie es in der aktuellen Forschungslandschaft mit ihren Trends und Erwartungshaltungen leicht denkbar wäre[9] – in Versuchung, es doch mit ihnen zu versuchen.

Das Problem der modernisierenden Textverfälschung lässt sich nicht prinzipiell beheben. Bei Digitalisaten in modernisierter Schreibung müsste, damit sie zitiert werden können, die originale Schreibung entweder für die gesamte Quelle oder pro Belegzitat restituiert werden. Ersteres empfiehlt sich bei Quellen, die häufig, Letzteres, da es den Zeitaufwand für die Bearbeitung eines Einzelbelegs vergrößert, bei solchen, die selten angeführt werden. In jedem Fall ist die Voraussetzung, dass der Originaltext oder ein Faksimile als Vorlage ohne allzu großen Aufwand beschafft

---

claßisch, für *Charakter* auch *Character*, *Charackter*, *Carakter*, *Caracter*, *Carackter*, *Karakter*, *Karacter* und *Karackter*.

8 Das bedeutet nicht, dass die semantische Untersuchung des goethezeitlichen Kunst- und Literaturdiskurses auf quantitfizierende Analysen völlig verzichten müsse. Im Gegenteil: Es wird eine „Verbindung qualitativer und quantitativer Ansätze" angestrebt (Bär 2016b: 105), wobei aber „das Hauptgewicht [...] auf die qualitativen Aspekte gelegt" wird (ebd.: 123).

9 Angesichts der Tatsache, dass „der traditionellen akademischen Diskurslinguistik" die „Marginalisierung" prophezeit wird, wenn „sie sich nicht bemüht, Anschluss an die sprachtechnologischen Entwicklungen zu finden", da dann „Spitzenforschung im Bereich Sprachanalyse als Gesellschaftsanalyse nicht mehr an Universitäten [...], sondern in privatwirtschaftlichen Unternehmen" stattfinden werde (Scharloth/Eugster/Bubenhofer 2013: 347) – angesichts der Tatsache, dass man auf diskurslinguistischen Tagungen in die Defensive und bei Drittmittelanträgen ins Hintertreffen gerät, wenn man noch Texte liest anstatt Korpora abzusuchen (dankenswert, aber einsam das Plädoyer von Fix 2015 für die „EIN-Text-Diskursanalyse") – verwundert etwas der apologetische Grundton, in dem Scholz/Ziem (2015: 281) meinen, quantitative Methoden der Diskurslinguistik propagieren zu müssen: „Auch wenn in der Diskurslinguistik der natürliche Sprachgebrauch in größeren Textkorpora untersucht wird, wurden bisher vor allem qualitative, an Textausschnitten ansetzende Methoden etabliert. Gleichwohl dürfte der Nutzen datengeleiteter Analyseverfahren unbestritten sein. Quantifizierende Zugänge müssen dabei keineswegs in bedrohender Konkurrenz zu qualitativ-interpretativen Ansätzen stehen – ja, sie sollten dies auch nicht."

werden kann. Vieles, aber doch längst nicht alles findet sich im Internet, sei es in wissenschaftlichen Online-Editionen oder bei Google Books; in anderen Fällen müsste man den traditionellen Weg nehmen, d. h. Bibliotheken nutzen, ggf. per Fernleihe. Die Frage, was hier verhältnismäßig sei, beantwortet sich mit Blick auf die Zitierhäufigkeit: Bei häufig angeführten Quellen kann auch ein höherer Beschaffungsaufwand sinnvoll erscheinen; wird eine Quelle nur selten zitiert, so sollte (muss) die modernisierte Textfassung genügen. Diese pragmatische Entscheidung ist philologisch nicht zufriedenstellend; allerdings lässt sich auf diese Weise doch ein nicht geringer Anteil an Belegzitaten in der originalen Graphie wiedergeben. Im Einzelfall kann, wenn sich herausstellt, dass eine Quelle häufiger zitiert wird, auch gezielt recherchiert werden, ob ein Faksimile online zu finden ist; in diesem Fall können im OSKAR-System (vgl. Anm. 5) leicht alle bereits vorhandenen Belege nachträglich auf die Originalversion umgestellt werden, und ggf. kann auch das Fremddigitalisat komplett in ein Eigendigitalisat überführt werden. Dieser hier und da tatsächlich begegnende Fall führt dazu, dass sich das quantitative Verhältnis von Fremd- und Eigendigitalisaten nach und nach geringfügig verschiebt: Lag der Anteil der ersteren im April 2011 noch bei 85,7 % und der letzteren bei 13,6 % des Gesamtkorpus (vgl. Bär/v. Consbruch 2012: 484), so liegen die Anteile im September 2018 bei 84,6 % bzw. 14,8 % (s. o.). Mit anderen Worten: In sechseinhalb Jahren wurden Volltext-Digitalisate im Umfang von immerhin gut 2000 Druckseiten in Graphie, Interpunktion und bisweilen auch im Wortlaut auf den originalen Stand zurückgebracht. Selbstverständlich handelt es sich dabei um keine besonders beeindruckende Größenordnung, doch vielleicht relativiert sie sich vor dem Hintergrund eines lexikographischen Einmannbetriebs, der neben den normalen Verpflichtungen eines Universitätsprofessors in Lehre und Verwaltung herlaufen muss.

4 Lemmaauswahl

Ein unmittelbar einsichtiges Problem ist das der Auswahl der zu behandelnden Wörter: Wann ist ein Wort ‚brisant', ein ‚Leitwort', ‚Schlüsselwort' oder Ähnliches? Nicht so sehr die Angabe einer Reihe von Bestimmungskriterien ist hierbei das, worum es geht, denn solche lassen sich durchaus benennen (vgl. z. B. Strauß/ Haß/Harras 1989: 9; Stötzel/Wengeler 1995: 2–3; Böke 1996; Stötzel/Eitz 2002: 3); vielmehr ist die Frage, wie man diskursrelevante Wörter nicht nur erkennt, wenn man sie sieht, d. h. letztlich zufällig auf sie stößt, sondern wie man von vornherein wissen oder aber systematisch herausarbeiten kann, welche Wörter in Betracht kommen. Mit anderen Worten: Es geht um die Erstellung einer ZBK-Lemmaliste, so dass diejenigen Einheiten, nach denen man im Korpus suchen will, bereits vor Beginn der im engeren Sinne lexikographischen Arbeit feststehen. Man hat dabei freilich immer die Möglichkeit, auf ein Vorwissen zurückzugreifen, sei es ein fremdes –

indem man vorhandene Forschungsbeiträge konsultiert (für die Goethezeit beispielsweise die gängigen Literaturgeschichten und Nachschlagewerke) – oder ein durch eigene Beschäftigung mit der Thematik erworbenes: So wurden bei Stötzel/Eitz (2002: 3) die zu behandelnden Wörter „nicht intuitiv ausgewählt, sondern sie erwiesen sich bei der Analyse im Rahmen von Lehrveranstaltungen über die deutsche Sprachgeschichte seit 1945 als zeitgeschichtlich besonders aufschlussreich". Allerdings ist man bei einem solchen Ansatz kaum bis gar nicht davor gefeit, erkenntnisleitenden Interessen – fremden oder eigenen – auf den Leim zu gehen (vgl. Bär 2017a: 80). Selbst wenn man sich durchaus darüber klar ist, dass man mit Vor-Urteilen (sensu Gadamer) an seine Quellen herangeht:

> Korpora mit ganz bestimmten Theorien als Prämissen zu befragen, birgt die Gefahr, in den Daten nur die Strukturen zu finden, die mit der Theorie kompatibel sind und blind gegenüber Evidenzen zu sein, die quer zu einer Theorie stehen (Bubenhofer 2009: 101).

Die Korpuslinguistik versucht diesem heuristischen Problem[10] mit Methoden der k o r p u s g e l e i t e t e n Analyse (*corpus-driven*) beizukommen, bei denen man gewissermaßen das Material selbst sprechen lässt (vgl. Scholz/Ziem 2015: 284). Eine Möglichkeit bestünde hier im Vergleich zweier unterschiedlicher Korpora: des ZBK-Korpus als Primärkorpus und eines Kontrastkorpus. Durch Analysen mit dem *LDA-Toolkit* (Vogel 2012; *LDA* steht für ›Linguistische Diskursanalyse‹) ließen sich dadurch beispielsweise solche Ausdrücke herausfinden, die im Primärkorpus „in Abhängigkeit zu einem frei wählbaren Signifikanzniveau signifikant häufiger [...] vorkommen" (ebd., 135). Dadurch ließe sich ohne vorgängige Hypothesen bezüglich diskursrelevanter Ausdrücke derjenige Teilwortschatz bestimmen, der für das Primärkorpus als typisch gelten kann:

> Das Prinzip der kontrastiven Keyword-Analyse bildet eine zentrale Säule für induktive, corpus driven orientierte Untersuchungsansätze. Sie ermöglicht die Herausarbeitung systematischer Unterschiede zwischen verschiedenen Korpora und damit eine datenbasierte anstelle einer deduktiv geleiteten Hypothesengenerierung (ebd.).

Dasselbe funktioniert mit dem LDA-Toolkit auch für signifikante N-Gramme (ebd., 136–138), also Mehrworteinheiten wie *klassische Kunst, romantische Poesie, schöne Natur* oder *Kultur des Geistes.*

---

10 Vgl. z. B. Scholz/Ziem (2015: 281): Die „Stärke quantifizierender Verfahren" sehen die Autoren „vor allem in ihrem heuristischen Potential, neue Erkenntnisse über die in einer Gesellschaft oder einem gesellschaftlichen Teilbereich verbreiteten Sprachgebrauchsmuster zu erzielen, indem exhaustiv auf das Datenmaterial zugegriffen wird und durch ein induktives Vorgehen Hypothesen zu Prägungen im Sprachgebrauch entwickelt werden, die sich dann mit enger am Textmaterial ansetzenden Methoden überprüfen lassen".

Eine solche kontrastive Erhebung korpusspezifischer Worthäufigkeiten würde nicht einmal die Unterscheidung nach Wortarten und das Ausblenden beispielsweise von Artikeln oder Pronomina bei der Suche benötigen (obgleich das Programm auch dies kann: Vogel 2012: 138): Da solche als Gegenstände diskurslexikographischer Analyse weitestgehend ungeeigneten ‚Massenwörter' in a l l e n Korpora die bei weitem am häufigsten vorkommenden Einheiten darstellen, würden sie nicht zu den Spezifika des Primärkorpus gehören und könnten daher von vornherein unberücksichtigt bleiben. Gleichwohl sind es nicht notwendigerweise die in einem Korpus (für dasselbe spezifisch) am häufigsten vorkommenden Wörter, die als zentrale Diskurswörter angesehen werden können; vielmehr spielen pragmatosemantische Aspekte wie kontroverse Verwendung (vgl. z. B. Dieckmann 1975: 70–75; Klein 1989: 23–28), Gebrauch als Fahnenwort (Hermanns 1982: 91–95), onomasiologische Vernetztheit (Bär/v. Consbruch 2012: 462) oder metasprachliche Reflexion (Stötzel/ Wengeler 1995: 2–3) eine Rolle. Selbst wenn man annimmt, dass Aspekte dieser Art durch eine weitere Funktion des LDA-Toolkits, die kontrastive Kookkurenzanalyse – dabei werden „diejenigen Kookkurrenzpartner signifikant hervorgehoben [...], die typisch für das Kotextprofil A, nicht aber für das Kotextprofil B sind" (Vogel 2012: 139) –, zumindest partiell in den Blick kommen können: Für das Untersuchungsanliegen ‚goethezeitlicher Literatur- und Kunstdiskurs' ist schlicht zu konstatieren, dass kein brauchbares Sekundärkorpus vorhanden ist. Ein solches müsste, um bei der vergleichenden Untersuchung tatsächlich Signifikanzen generieren zu können, zumindest von vergleichbarer Größe sein (ca. 100 Millionen Wortformen) und selbstverständlich dürfte es nur Texte aus demselben Zeitraum umfassen, den auch das Primärkorpus abdeckt. Geht man zudem davon aus, dass es sich beim goethezeitlichen Literatur- und Kunstdiskurs um einen Fachdiskurs mit fließenden Übergängen zu anderen Fachdiskursen ebenso wie zum Allgemeinbildungsdiskurs handelt (unter anderem werden – auf unterschiedlichen Niveaus – philosophische, naturwissenschaftliche, juristische, theologische, politische, soziale Themen behandelt), so stellt sich die Frage, aus welchen Quellen, selbst bislang nicht digitalisierten, man überhaupt ein echtes K o n t r a s t korpus bilden soll.

Eine Alternative könnte darin bestehen, dass man sich – ohne Zuhilfenahme eines Sekundärkorpus – für das Primärkorpus nicht nur die Kookkurrenzen hochfrequenter Ausdrücke, sondern auch die Kookkurrenzen der Kookkurrenzen sowie ggf. deren Kookkurrenzen berechnen ließe, um dann durch eine Bestimmung der frequentesten unter ihnen (d. h. solcher Wörter, die mit signifikanter Häufigkeit in Kombination mit signifikant vielen anderen signifikant häufigen auftreten) gewissermaßen zentrale Themenfelder des Diskurses auszumachen. Diese Alternative scheitert aber für das ZBK-Korpus bereits an den unterschiedlichen Datenformaten

(s. o.). Immerhin ließe sich, wenn sie erfolgversprechend wäre,[11] über eine Vereinheitlichung nachdenken. Dies würde freilich mehrmonatige bis -jährige Vorarbeiten bedeuten: lediglich, um zu einer vermeintlich ‚objektiven' Auswahl der zu behandelnden Lemmata zu gelangen.

Das Anliegen, die reine Introspektion des Lexikographen zu überwinden und korpusgeleitet eine Lemmaliste zu erstellen, lässt sich auch mit qualitativen Methoden aus der semantischen Einzelbeleganalyse heraus verwirklichen.[12] Die hier gemeinte Verfahrensweise, die den im vorstehenden Absatz entwickelten Gedanken einer Kookkurrenzcluster-Analyse aufgreift, kann als Seminalmethode der Lemmabestimmung bezeichnet werden, weil dabei sozusagen zufällig einige Samenkörner ausgestreut (Lemmata angesetzt) werden, die dann keimen und zu Pflanzen (Wörterbuchartikeln) werden, aus denen neue Samen (potentielle Lemmata) hervorgehen. Tatsächlich erfolgt die ‚Aussaat' keineswegs völlig willkürlich, sondern unterliegt einigen plausibilisierbaren Prämissen. Ist man bereit anzunehmen, dass die beiden Zwillingsdiskurse des Weimarer Klassizismus und der in Berlin und Jena ihre Anfänge findenden Romantik – beide sind so eng verflochten und so wenig voneinander zu trennen, dass Borchmeyer (1998: 34) von „Weimarer Romantik" spricht – das Zentrum des goethezeitlichen Literatur- und Kunstdiskurses bilden (Abb. 2), so wird man es nachvollziehbar finden, die lexikographische Arbeit mit den Adjektiven *klassisch* und *romantisch* zu beginnen. Die semantische Analyse der einzelnen Wortbelege (zu Details vgl. unten, Abschnitt 5) ergibt für jedes Wort eine Reihe von wortbildungsverwandten Wörtern (zu *klassisch* beispielsweise *Klasse, Klassik, Klassiker*, zu *romantisch* u. a. *Roman, Romantik, Romantiker*), bedeutungsverwandten, d. h. beispielsweise (partiell) synonymen und (partiell) antonymen Wörtern (für *klassisch* u. a. auch *romantisch* und umgekehrt) sowie weitere kotextcharakteristische Wörter (z. B. *Kunst, Poesie, Geist, Natur, Volk, schweben, werden*), deren Gesamtheit das semantische Konzept ‹klassisch› bzw. ‹romantisch› bildet (vgl. Bär 2014/15: 246–289 u. 1–74). Berücksichtigt man dabei Frequenzaspekte und setzt beispielsweise fest, dass ein Wort per se mindestens 100-mal belegt sein soll, um als Lemma in Frage zu kommen, und bestimmt man zudem, dass es seinerseits als konzeptkonstitutiv erscheinen, d. h. eine Reihe von eigenen bedeutungsverwandten und kotextcharakteristischen Einheiten aufweisen soll (vgl. Bär/v. Consbruch 2012: 462), so sind damit nicht nur Kookkurrenzcluster, sondern semantische Frames berücksichtigt, was eine erheblich größere Gewissheit bedeutet, dass man es tatsächlich mit diskursrelevanten Wörtern zu tun hat.

---

11 Das heißt: wenn es einen Algorithmus gäbe, der das kann; mir zumindest ist aber bislang keiner bekannt.
12 Ohnehin gilt: „Die Unterscheidung zwischen einem induktiven datengeleiteten und einem deduktiven datenbasierten Vorgehen ist als idealtypisch einzustufen, denn auch das datengeleitete Vorgehen beruht auf Vorannahmen." (Scholz/Ziem 2015: 284)

Abb. 2: „Weimarer Romantik" als Zentrum des goethezeitlichen Literatur- und Kunstdiskurses.

Selbstverständlich belässt es die Seminalmethode nicht dabei, von lediglich zwei mutmaßlichen Diskurswörtern (*klassisch* und *romantisch*) auszugehen. Man kann vielmehr eine ganze Reihe von potentiellen Lemmata benennen, bei denen man auf der Basis von Vorkenntnissen bezüglich der Quellen sowie von Forschungsliteratur annehmen kann, dass es sich um diskursrelevante Wörter handeln dürfte (zu einer Auswahl vgl. Bär/v. Consbruch 2012: 462–463). Eine derartige Liste ist freilich hinsichtlich jeder ihrer Einheiten „an der Realität der Quellen [...] zu überprüfen" (ebd., 463), d. h., sie wird am Ende der lexikographischen Arbeit anders aussehen als am Anfang. Man orientiert sich mit ihr an Erwartungen, die von Fachkolleginnen und -kollegen als potentielle(r) Benutzerin/Benutzer des Wörterbuchs an dasselbe gerichtet sein könnten. Besonders groß ist die Wahrscheinlichkeit solcher Erwartungen dort, wo sie explizit formuliert werden: im Rahmen von Calls for Papers für Tagungen oder Sammelbände. In einigen Fällen wurde eine derart sich bietende Gelegenheit genutzt und das ZBK-Projekt jeweils anhand eines konkreten Beispiels vorgestellt (Bär 2011; 2014; 2015a; 2016d; 2017a; 2017b); auf diese Weise entstanden die Probeartikel *Adel*, *Brief*, *Ironie*, *ironisch*, *Ohr*, *Kritik* und *Witz*, die auch online vorliegen (www.woerterbuch.zbk-online.de). Dabei handelt es sich zunächst einmal um eher unsystematische Lemmaauswahlen: Dass diese und jene Gelegenheit ergriffen wurde, diese und jene andere jedoch nicht, war letztlich immer abhängig von zufälligen Faktoren wie Terminkalender, kollegialer Verbundenheit, persönlichem Interesse usw. Die Kontingenz wird aber dadurch relativiert, dass es sich dabei eben um Wörter bzw. semantische Konzepte handelt, an denen ein mehr als nur persönliches Interesse, nämlich das Interesse einer Reihe von Fachleuten besteht, und dass dieses Interesse – eben als ein fachliches – aus guter bis ausgezeichneter Kenntnis der Quellen herrührt. Selbstverständlich gilt die Kontingenzreduktion dann auch für zumindest einige der nachweislich framezugehörigen Wörter: Dass es einen Artikel *Ohr* in den ZBK gibt, macht plausibler als eine rein intuitive Annahme, dass es demnach die Artikel *Auge*, *Organ* und *Sinn* gleichfalls geben sollte; dass Artikel wie *Ironie* und *Witz* vorkommen, legt es nahe, ebenso Artikel wie *Heiterkeit* und *Humor* zu planen. Auch der im vorliegenden Beitrag (Abschnitt 6) präsentierte Probeartikel *Tier* geht zurück auf einen letztlich zufälligen Anlass: eine Kooperation mit Pamela Steen (Koblenz), die in Anlehnung an das Paradigma der Cultural Animal Studies die Etablierung einer Forschungsrichtung ‚Tierlinguistik' anstrebt (vgl. <http://sprache-und-wissen.de/wissensdomane-tier-mensch-maschine>; letzter Zugriff: 29.11.2018). Der ZBK-Artikel *Tier* ist als Vorarbeit für einen möglichen Drittmittelantrag entstanden. Er liefert gute Argumente dafür, auch Artikel wie *Mensch*, *Natur*, *Kultur*, *Freiheit*, *Geist*, *Verstand*, *Vernunft* und *Sprache* ins Auge zu fassen; und wiederum die Tatsache, dass diese Wörter von der Beschäftigung mit *Tier* aus in den Blick kommen (mit anderen Worten: dass das semantische Konzept ‹Tier› mit den ihrerseits als zentral einzuschätzenden Konzepten ‹Mensch›, ‹Natur›, ‹Kultur›, ‹Freiheit› usw. verbunden erscheint), legt es nahe, das Lexem *Tier* für ZBK-relevant zu halten.

Dass bei der Seminalmethode die Lemmaliste gleichsam als Nebenprodukt der semantischen Arbeit entsteht, so dass man im Grunde erst nach Abschluss des Wörterbuchs mit letzter Sicherheit weiß, welche Lemmata in ihm behandelt werden, mag auf den ersten Blick unbefriedigend scheinen. Es ist jedoch ein Vorteil, da man auf diese Weise besser als bei jedem quantitativ-korpuslinguistischen Ansatz die Gewähr hat, die Lemmaauswahl erstens am objektsprachlichen Material, zweitens aber eben auch an den mutmaßlichen Interessen potentieller Wörterbuchbenutzer/-innen zu orientieren (denn man macht ein Wörterbuch ja immer für je m a n d e n und sollte daher zumindest a u c h vorhandene Erwartungen der Zielgruppe erfüllen).

Unter qualitativem Aspekt steht die Seminalmethode zweifellos für einen maximal ökonomischen Einsatz der vorhandenen Ressourcen von Zeit und Arbeitskraft. Das Ergebnis wird sein:

> eine untersuchungsinteressenabhängige Beschreibung von ‚Wortgeflechten', in deren Mitte einige ‚zentrale' Ausdrücke stehen, die zu den Rändern hin gewissermaßen ‚ausfransen' [...], die jedoch dort „unausgefranste" Ränder – vielmehr: gar keine Ränder, sondern Weiterflechtungen – aufweisen, wo sie sich mit anderen Wortgeflechten überlagern bzw. interpretativ mit ihnen verflochten werden: so dass es zuletzt eben keine verschiedenen Wortgeflechte mehr sind, sondern ein großes Wortgeflecht (der Diskurs). (Bär 2016b, 122)

5 Semantik

Der semantischen Analyse liegt das Konzept der relationalen Semantik zugrunde (hierzu am ausführlichsten: Bär 2014/15; 2015b), wonach man, kurz gesagt, alle signifikanten Ausdrücke, die in den Kotexten der Belege eines zu untersuchenden Wortes begegnen, mit diesem in eine je spezifische semantische Beziehung setzt. Im folgenden Belegzitat lassen sich als mit *Tier* relational verknüpfbare – und das heißt zugleich: *Tier* semantisch bestimmende – Ausdrücke die folgenden ansetzen: Als Entsprechungen (will sagen: als semantisch weitgehend äquivalente Ausdrücke) können *lebendiges Geschöpf* und ⌐*Körper, welcher der Empfindung und freiwilligen Bewegung fähig ist*⌐ benannt werden. Als Ausdrücke für Eigenschaften, die der als *Tier* bezeichneten Größe zugeschrieben werden, erscheinen *unvernünftig* ebenso wie *vernünftig*. Ausdruck für eine Subkategorie (linguistisch gesprochen: ein Hyponym) zu *Tier* ist *Mensch*. Ausdrücke für ein Konstitut oder größeres Ganzes (etwas, das aus *Tieren* besteht, gebildet ist) sind *Klasse* und *Geschlecht*.

> ADELUNG, Gramm.-krit. Wb. IV (²1801), 579: D a s Thier [...]. Im weitesten Verstande, ein jedes lebendiges Geschöpf, ein Körper, welcher der Empfindung und freywilligen Bewegung fähig ist. Ein unvernünftiges Thier, zum Unterschiede von dem vernünftigen, welches doch unter dem Nahmen des Menschen am bekanntesten ist. Es wird hier nur als ein allgemeiner Ausdruck gebraucht, die Classe oder das Geschlecht zu bezeichnen. Wenn sich der Mensch zum Geschlecht der Thiere rechnen muß, so kann er doch auch in mancher andern Absicht seinen wahren Adel und Vorzug erweisen, die ihm auf einen höhern Rang ein gegründetes Recht geben.

Die Liste der potentiell anzusetzenden Relationen umfasst gut 270 Einheiten, die sich aus der Auswertung grammatisch-semantischer Strukturen eines Korpus für den Zeitraum von 1750 bis 1950 in der Größenordnung von ca. 150 Mio. Tokens ergeben haben (Bär 2015b; vgl. <www.zbk-online.de/methode.htm>; letzter Zugriff: 09.11.2018). Führt man das anhand des Adelung-Belegs demonstrierte Verfahren für alle auszuwertenden Wortbelege durch, so ergibt sich eine spezifische Gesamtheit semantischer Relationen, die der Bedeutung des Wortes entspricht (vgl. Bär 2016b, 115).

Die Seminalmethode hat nicht nur Auswirkungen auf die Auswahl der Lemmazeichen, sondern sie greift auch bei der Interpretation einzelner Wortbelege. In dem Augenblick, in dem man sich entscheidet, einen oder mehrere der im Kotext eines Belegzeichens vorkommenden Ausdrücke ihrerseits semantisch zu untersuchen, und daher im OSKAR-System (vgl. Anm. 5) eine entsprechende Anzahl von Wortartikeln anlegt, kann man eine und dieselbe Textstelle entsprechend oft als Beleg verbuchen (Bär 2016b: 119–120). Jedes der Belegzeichen erscheint als konkret-kotextuelle Verwendung eines Lexems in einer spezifischen Einzelbedeutung; letztere kann durch einen Minimalkommentar zur Belegbedeutung (Bär 1998: 189) angegeben werden: eine tiefgestellte, recte gesetzte kleine Zahl in eckigen Klammern, die im Online-Wörterbuch mit einem Link auf die entsprechende Artikelposition sowie einem Mouseover-Kommentar kodiert ist.

BRENTANO, Godwi (1801), SWB 16, 359:
[W]ir werden eine Liebe haben, wenn wir keine Ehe[1] mehr kennen. Bis dahin seyen die Thiere[1] des Waldes gepriesen, wegen ihrer Gesundheit, bis dahin seyen die Freiheitsschmerzen edler Seelen geehrt, bis dahin dulde man mein Bild der aufgehenden Sonne für die verlorenen Mädchen. | Denn ich will ewig glauben, daß sich die Liebe in sie geflüchtet hat, in dieser Zeit[3] der Ehe[1], wie alles Gute sich in die Poesie[4] flüchtete zur Zeit[3] der Barbarei, und sie stehen jetzt noch da, wie einst die romantische[2/8] Poesie[1/7] da stand.

›Lebensbund, rechlich gegründete Lebensgemeinschaft zwischen Mann und Frau‹

Die Dokumentation der semantischen Relationen zielt idealiter auf eine klare Abgrenzung einzelner Bedeutungen: Wenn *Tier* Synonyme wie *Bestie* oder *Ungeheuer* aufweist (*Tier*₄), so bedeutet es etwas anderes als wenn die Synonyme *Hinde*, *Hirschkuh* oder *Weibchen des Hirsches* sind (*Tier*₆). Der Gedanke geht zurück auf Reichmann (1983, 135–137), der den Vorschlag gemacht hat, die onomasiologische Vernetzung zur Plausibilisierung des Bedeutungsansatzes zu nutzen und dies im *Frühneuhochdeutschen Wörterbuch* systematisch anwendet (Reichmann 1989: 125–132).

Man muss jedoch einräumen, dass es gleichwohl Schwierigkeiten geben kann, Wortbedeutungen scharf voneinander zu unterscheiden. Beispielsweise ist nach Kant (Crit. d. Urtheilskr. [²1793]: 165–171) das *Schöne* der Gegenstand interesselosen Wohlgefallens: „G e s c h m a c k ist das Beurteilungsvermögen eines Gegenstandes oder einer Vorstellungsart durch ein Wohlgefallen, oder Mißfallen, o h n e a l l e s I n t e r e s s e . Der Gegenstand eines solchen Wohlgefallens heißt s c h ö n ." (ebd.: 16); demgegenüber wird der Gegenstand eines *Wohlgefallens der Sinne* als *angenehm*, der eines *Wohlgefallens der Vernunft* als *gut* bezeichnet (ebd.: 15); die Adjektive *angenehm* und *gut* lassen sich demnach als Kompleonyme zu *schön* ansetzen: als Ausdrücke für Größen, die als gegenteilig zu der durch das zu erläuternde Wort ausgedrückten Größe interpretiert werden.[13] Diese für die philosophische Ästhetik

---

[13] Komplementarität in diesem Sinne besteht zwischen Größen, die zusammen (einander ergänzend) eine feste Einheit bilden, mit anderen Worten: die gemeinsam vollständig – ohne dass ein Rest bleibt – eine übergeordnete Größe bilden (z. B. ein Gegensatzpaar wie *ledig* und *verheiratet* oder eine Triplizität wie *Vater*, *Sohn* und *heiliger Geist*). Nicht selten findet sich für zwei oder mehr Kompleonyme ein gemeinsames Hyperonym (*Schwester* – *Bruder*: *Geschwister*; *Vater* – *Mutter*: *Eltern*) und sie erscheinen dann als Kohyponyme. Nicht alle Kohyponyme sind jedoch per se als Kompleonyme anzusehen. Insbesondere dann, wenn ein Hyperonym eine größere Menge von Hyponymen umfasst (*Obst*: *Apfel* – *Birne* – *Brombeere* – *Himbeere* – *Johannisbeere* – *Kirsche* – *Mirabelle* – *Pfirsich* – *Pflaume* usw.) und/oder das Hyperonym aus der Perspektive zweier Kohyponyme

um 1800 zentrale und weit darüber hinaus wirkmächtige Bestimmung könnte es nahelegen, sie zur Grundlage eines Bedeutungsansatzes für *schön* zu machen: ›interesseloses Wohlgefallen erregend‹. Allerdings steht dem die Beobachtung entgegen, dass die kantische Unterscheidung von anderen Diskursakteuren keineswegs durchgängig beachtet wird und dass oftmals aus dem Text heraus nicht einmal klar ist, ob sie beachtet wird oder nicht. So liest man beispielsweise bei Krünitz (Oecon. Encycl. LXIV [1794; ²1803]: 477) über Landschaftsmalerei:

> Der schöne oder reizende Stil ist Vorstellung angenehmer Gegenden, wo ein jeder Gegenstand schön und reizend ist. Hierzu gehört: arkadisches Schäfer-Leben, niedliche Gebäude, zahme niedliche Thiere, Sonnen- oder Mond-Schein, reine Luft, schöne Aussichten, ruhige Flüsse, worin die Sonne oder der Mond sich spiegelt, einzelne schöne Bäume und angenehme Haine und Wälder.

Hier sind offenbar die Adjektive *schön*, *angenehm* und *reizend* synonym verwendet; selbst wenn der Verfasser einen Unterschied zwischen ihnen gemacht haben sollte, ist er aus der zitierten Stelle nicht ersichtlich. – Der Lexikograph hat nun prinzipiell zwei Möglichkeiten: Er kann zwei verschiedene Bedeutungen von *schön* ansetzen – neben ›interesseloses Wohlgefallen erregend‹ noch ›ansprechend, reizvoll, angenehm, einen Sinnenkitzel verursachend‹ – und den Kant-Beleg der ersteren, den Krünitz-Beleg der letzteren zuordnen. Er kann aber auch beide Belege zu einer einzigen Bedeutung stellen, die dann jedoch anders gefasst werden müsste:

> ›(interesseloses) Wohlgefallen erregend, ansprechend, reizvoll, angenehm, erfreulich‹. Die Grenze zwischen der Bestimmung des Schönen, insofern es ein über seine Selbstzweckhaftigkeit hinausgehendes Interesse nicht reizen darf, und seiner Bestimmung als lediglich reizvoll, angenehm, einen Sinnenkitzel verursachend, ist unscharf.

Beide Alternativen sind denkbar. Im ersten Fall hat man die Möglichkeit, einen Beleg, bei dem die eindeutige Zuordnung zu einer der beiden Bedeutungen schwierig erscheint, beiden Bedeutungen zuzuordnen (wobei man ihn, wenn überhaupt, nur einmal zitieren muss) und dies durch einen Minimalkommentar zur Belegbedeutung (s. o.) zu kennzeichnen:

schön[1/2]

---

nicht für das Genus proximum steht (*Vater* – *Bruder*: *Verwandter*), wird man nicht von lexikalischer Komplementarität sprechen.

Im zweiten Fall kann man im Rahmen der Bedeutungserläuterung mehrere semantische Nuancen differenzieren und verschiedene Belege durch Angabe der Belegnummer der einen oder anderen dieser Nuancen zuordnen:

> Die Grenze zwischen der Bestimmung des Schönen, insofern es ein über seine Selbstzweckhaftigkeit hinausgehendes Interesse nicht reizen darf [1], und seiner Bestimmung als lediglich reizvoll, angenehm, einen Sinnenkitzel verursachend [2], ist unscharf.

Die Unschärfe der Grenze wird in diesem Fall zudem im relationalsemantischen Kommentar (vgl. hierzu unten, Abschnitt 6) erkennbar, der das Adjektiv *angenehm* sowohl als Synonym als auch als Kompleonym ausweist und durch die Angabe der jeweiligen Belegnummer die Interpretation überprüfbar macht:

> **Bdv.:** ♦ <u>entsprechend</u>: *angenehm* [1]. ♦ <u>komplementär</u>: *angenehm* [2].

Streng logisch betrachtet, kann es nicht sein, dass ein und dasselbe Wort als Synonym u n d als Kompleonym eines und desselben anderen Wortes vorkommt.

schön ⟵ synonym ⟶ *angenehm*
⟵ kompleonym ⟶

Dies wäre allenfalls denkbar, wenn Synonymie und Kompleonymie hinsichtlich unterschiedlicher Bedeutungen behauptet würden.

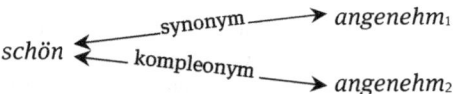

schön ⟵ synonym ⟶ *angenehm*₁
⟵ kompleonym ⟶ *angenehm*₂

Da allerdings die Angabe semantischer Relationen in den ZBK pro Einzelbeleg erfolgt, kann die prinzipielle Widersprüchlichkeit auch als Indiz für die Ambiguität einer Wortbedeutung dienen – denn Wortbedeutungen existieren nicht per se, sondern werden ihrerseits kumulierend und abstrahierend aus den Einzelbelegen heraus gebildet (vgl. Bär 2015b: 77–78).

In den ZBK wird von beiden Möglichkeiten, der semantischen Differenzierung und der semantischen Konstriktion, Gebrauch gemacht. Die erste erscheint dann sinnvoll, wenn die Belegpolytaxe (die Mehrdeutigkeit eines Belegzeichens: Bär 2015b: 85) eher die Ausnahme als die Regel darstellt oder wenn die semantischen Nuancen, um die es geht, als so diskursrelevant angesehen werden, dass es wünschenswert ist, sie auch dann voneinander unterscheiden zu können, wenn sie sich überlagern.[14] Die zweite kommt in Betracht, wenn die Grenzen so offensichtlich ver-

---

14 Ein Beispiel für dieses Anliegen ist die semantische Analyse der zentralen Ausdrücke *klassisch* und *romantisch*: Von beiden herrscht in der literaturhistorischen Forschung, vor allem der älteren,

schwimmen, dass man nahezu jeden Beleg als polytaxisch interpretieren müsste, oder wenn sich Belege finden, bei denen die Unschärfe der Grenzen in den Quellen selbst thematisiert wird.

Ein Beispiel für den Ansatz einer einzigen, jedoch in sich divergenten Bedeutung ist *Tier*₁ (›Lebewesen, das nicht zu den Pflanzen gehört‹). Die Frage, was im allgemeinen Sprachgebrauch des späten 18. und frühen 19. Jahrhunderts und speziell in dem in diesen eingebetteten philosophischen, kunst- und literaturtheoretischen Diskurs ein *Tier* sei, ist alles andere als leicht zu beantworten. Folgt man zeitgenössischen Wörterbüchern, so zeigt sich, dass eine unscharfe Grenze zwischen *Tieren* und *Menschen* besteht: In mancher Hinsicht gehört der *Mensch* zu den *Tieren*, jedoch unterscheidet er sich in anderer Hinsicht auch wieder signifikant von ihnen. „Im weitesten Verstande", so heißt es bei Adelung (Gramm.-krit. Wb. IV [²1801]: 579), ist ein *Tier*

> jedes lebendiges Geschöpf, ein Körper, welcher der Empfindung und freywilligen Bewegung fähig ist. Ein unvernünftiges Thier, zum Unterschiede von dem vernünftigen, welches doch unter dem Nahmen des Menschen am bekanntesten ist. [...] Wenn sich der Mensch zum Geschlecht der Thiere rechnen muß, so kann er doch auch in mancher andern Absicht seinen wahren Adel und Vorzug erweisen, die ihm auf einen höhern Rang ein gegründetes Recht geben.

Hegel spricht in seinen Vorlesungen über die *Aesthetik* von einem „ungeheuren Unterschied [...], der [...] den Menschen [...] vom Thiere trennt" (HEGEL [HOTHO], Aesth. I [1835]: 103):

> Der Mensch ist Thier, doch selbst in seinen thierischen Funktionen bleibt er nicht als in einem Ansich stehen, wie das Thier, sondern wird ihrer bewußt, erkennt sie und erhebt sie, wie z. B. den Prozeß der Verdauung, zu selbstbewußter Wissenschaft. Dadurch löst der Mensch die Schranke seiner ansichseyenden Unmittelbarkeit auf, so daß er deshalb gerade, weil er w e i ß , daß er Thier ist, aufhört Thier zu seyn, und sich das Wissen seiner als Geist giebt. (Ebd., 104)

Der *Mensch* ist also *Tier*, ohne *Tier* zu sein, und was ihn vom *Tier* unterscheidet, ist seine *Vernunft*, seine Fähigkeit, sich seiner selbst bewusst zu werden, bei Herder (Urspr. d. Spr. [*1769; 1772]: SW 5, 21), Adelung (Gramm.-krit. Wb. IV [²1801]: 1101), A. F. Bernhardi (Sprachlehre I [1801]: 4), Mundt (Dt. Prosa [1837]: 7) und anderen auch die *Sprache*. Allerdings ist der Unterschied nicht wirklich tiefgreifend:

---

weithin die Meinung, dass sie für Gegensätze stehen (vgl. z. B. Strich 1924), dass sie also Antonyme sind. Sie erscheinen jedoch gelegentlich auch als Synonyme (vgl. die graphische Darstellung bei Bär 2012: 548), so dass eine differenzierende Darstellungsweise sinnvoll scheint, um die Details herausarbeiten zu können.

> Der Mensch ist ein Thier, dessen Willen der Vernunft untergeordnet ist, er hat durch diesen Willen seine thierischen Triebe einzuschränken, zu verfeinern gelernt, aber aus dem Körper ganz vertilgt sind sie darum nicht (EHRMANN, Amalie [1788]: 117).

Aus anderer Perspektive ist sogar festzuhalten, dass man „den Unterschied des Menschen vom Thier in nichts einzelnem finden" kann (GOETHE, an C. L. v. Knebel [17. 11. 1784]: WA IV, 6, 389).

Belege dieser Art relativieren die Klarheit, mit der an anderer Stelle die Differenzierung von *Mensch* und *Tier* vorgenommen wird, beispielsweise, wenn A. F. Bernhardi (Sprachlehre I [1801]: 96) von der „dem Menschen [...] zunächst untergeordneten Gattung, [...] den Thieren" spricht oder J. W. Ritter (Fragm. I [1810]: 37, Nr. 56) behauptet: „Pflanzen und Thiere laufen um den Menschen, wie Planeten und Monden um die Sonne". Sie relativieren aber auch die Klarheit, mit der mancherorts der *Mensch* der Klasse der *Tiere* zugerechnet wird, so wenn vom „Menschen" und den „andern Thiere[n]" (HEINSE, H. v. Hohenth. I [1795]: SW 5, 55) oder „den übrigen Thieren" (A. W. SCHLEGEL, Brf. Poes. I–II [1795]: Hor. IV.11, 99) die Rede ist.

Die Häufigkeit der Belege, in denen der *Mensch* vom *Tier* unterschieden wird, spricht gleichwohl dafür, diese Verwendungsweise als prototypisch anzusehen. Die Bedeutungserläuterung sieht demnach folgendermaßen aus:

> ›nichtpflanzliche, nichtmenschliche Kreatur, Lebewesen, das weder Mensch noch Pflanze ist‹; im weiteren Sinne auch ›nichtpflanzliches Lebewesen (unter Einschluss des Menschen)‹; im engeren Sinne: ›nichtpflanzliches, nichtmenschliches Lebewesen unter Ausschluss der Vögel‹, noch spezieller: ›vierfüßiges Tier, Landtier‹ (unter Einbezug der Reptilien), nochmals enger: ›(Land-) Säugetier‹; die Übergänge sind fließend.

Dieser Befund wird gleich zu Beginn des Artikels *Tier* (s. u., Abschnitt 6) mit einem einleitenden Kommentar vorgestellt:

> Als Tier gilt im Untersuchungszeitraum zunächst und im allgemeinsten Sinne (nach der binären Linné'schen Unterscheidung der organischen Naturreiche) jedes Lebewesen, das nicht den Pflanzen zuzurechnen ist. In diesem Sinne gehört auch der Mensch zu den Tieren; in der prototypischen engeren Bedeutung wird er jedoch nicht zu ihnen gezählt. Die Kategorie kann im Einzelfall extensional auch noch enger verstanden werden und dann die Vögel ausschließen oder (wiederum jeweils enger) nur die Landtiere bzw. nur die Landsäugetiere umfassen. Eine klare semantische Abgrenzung lässt sich hier nicht vornehmen, so dass alle diese unterschiedlichen Extensionen zu einer einzigen Bedeutung (1) zusammengefasst werden.

Die Tatsache, dass die Grenze zwischen *Mensch* und *Tier* in der beschriebenen Weise offen ist, erscheint nicht zuletzt mit Blick auf die zuvor zitierte kantische Bestimmung des *Schönen* als eines Mittelphänomens zwischen dem *Angenehmen* und dem *Guten* interessant. Während die Empfindung des *Angenehmen* ein auch den *Tieren* mögliches reines *Wohlgefallen der Sinne* und die des *Guten* ein auch den *Geistern* mögliches reines *Wohlgefallen der Vernunft* ist (KANT, Crit. d. Urtheilskr. [²1793]: 15), kommt die Empfindung des *Schönen* als ein interesseloses Wohlgefallen nur für den

Menschen in Betracht (ebd.), der Anteil an beiden Wesensmerkmalen, der Sinnlichkeit wie der Vernunft, der Unterworfenheit unter Naturnotwendigkeiten wie der Willensfreiheit hat.[15] Ist die semantische Grenze zwischen *Tier* und *Mensch* offen, so ist es daher nur folgerichtig, dass, wie oben erwähnt, auch die zwischen *angenehm* und *schön* als offen erscheint. Die Erschließung der Semantik des Substantivs *Tier* kann also unmittelbar ins Zentrum der goethezeitlichen Ästhetik führen, so dass letztlich auch unter diesem Aspekt die Annahme, dass es sich bei *Tier* um ein für diesen Diskurs relevantes Wort handelt, gerechtfertigt sein dürfte.

6 Probeartikel

Der ZBK-Artikel *Tier* soll einen Eindruck von den strukturellen Möglichkeiten des Diskurswörterbuchs vermitteln. Er besteht aus zwei Hauptteilen: erstens dem Artikelkopf, in dem nach dem Stichwort (Lemma) allgemeine Informationen zu dem zu behandelnden Wort zu finden sind (minimale Angaben zur Grammatik, etwas ausführlichere Hinweise zur Semantik, z. B. zur Gliederung des semantischen Feldes, und ggf. Angaben zur Etymologie und Wortgeschichte) sowie ein Orientierungskommentar (petit, im Kasten), der einen Kurzüberblick über die angesetzten Bedeutungen enthält, und zweitens der Bedeutungserläuterung, im vorliegenden Fall: neun Bedeutungspositionen. Jede Bedeutungsposition umfasst a) die Bedeutungserläuterung, bestehend aus der Bedeutungsangabe (in einfachen Chevrons: › ‹) und weiteren semantischen Kommentaren, b) dem relationalsemantischen Kommentar[16] – im vorliegenden Fall: Angaben zu bedeutungsverwandten Ausdrücken (Sigle *Bdv.*), zu weiteren kotextcharakteristischen Ausdrücken (Sigle *Ktx.*) und zur Wortbildung (Sigle *Wbg.*) – und c) dem Belegblock (petit), bestehend aus fortlaufend

---

15 Es ist eben diese Bestimmung des Menschen, die einige Jahre später kulminiert in Schillers bekanntem Diktum „der Mensch spielt nur, wo er in voller Bedeutung des Worts Mensch ist, und e r i s t   n u r   d a   g a n z   M e n s c h ,   w o   e r   s p i e l t" (SCHILLER, Ästh. Erzieh. [1795]: NA 20, 359) sowie in Schellings bekannter Eloge auf die *Kunst*: Sie sei „das einzige wahre und ewige Organon zugleich und Document der Philosophie […], welches immer und fortwährend aufs neue beurkundet, was die Philosophie äußerlich nicht darstellen kann, nämlich das Bewußtlose im Handeln und Produciren, und seine ursprüngliche Identität mit dem Bewußten. Die Kunst ist ebendeßwegen dem Philosophen das Höchste, weil sie ihm das Allerheiligste gleichsam öffnet, wo in ewiger und ursprünglicher Vereinigung gleichsam in Einer Flamme brennt, was in der Natur und Geschichte gesondert ist, und was im Leben und Handeln ebenso wie im Denken ewig sich fliehen muß." (SCHELLING, Syst. transsc. Id. [1800]: 475.)

16 Auf eine Erläuterung der einzelnen semantischen Relationen wird hier verzichtet: Die Bezeichnungen sind in der Regel sprechend; zudem sind sie im Online-Wörterbuch [Unter: <http://www.woerterbuch.zbk-online.de/>; letzter Zugriff: 09.11.2018] mittels Mouseover-Kommentaren erläutert und können auf diese Weise leicht nachgeschlagen werden.

durchnummerierten Belegzitaten und zusätzlichen Belegstellenangaben. Auf die einzelne Belegstelle oder Belegstellenangabe kann von der Bedeutungserläuterung und/oder vom relationalsemantischen Kommentar aus verwiesen werden (Zahlen in eckigen Klammern, vor denen ein Pfeilsymbol ▸ steht, wenn die Verweisadresse ein Belegzitat ist, d. h., wenn man an der angegebenen Stelle das Angegebene direkt überprüfen kann). Minimalkommentare zur Belegbedeutung beziehen sich auf bereits im OSKAR-System (vgl. Anm. 5) angelegte, teils aber noch nicht fertiggestellte Artikel; im Online-Wörterbuch (www.woerterbuch.zbk-online.de) sind sie jeweils per Mouseover-Kommentar erläutert.

Tier, *das*; *-(e)s/-e.* — Als *Tier* gilt im Untersuchungszeitraum zunächst und im allgemeinsten Sinne (nach der binären Linné'schen Unterscheidung der organischen Naturreiche) jedes Lebewesen, das nicht den Pflanzen zuzurechnen ist. In diesem Sinne gehört auch der Mensch zu den *Tieren*; in der prototypischen engeren Bedeutung wird er jedoch nicht zu ihnen gezählt. Die Kategorie kann im Einzelfall extensional auch noch enger verstanden werden und dann die Vögel ausschließen oder (wiederum jeweils enger) nur die Landtiere bzw. nur die Landsäugetiere umfassen. Eine klare semantische Abgrenzung lässt sich hier nicht vornehmen, so dass alle diese unterschiedlichen Extensionen zu einer einzigen Bedeutung (1) zusammengefasst werden. Demgegenüber lassen sich hinreichend deutlich verschiedene Metonymien – die Eigenschaft, die ein Tier zu einem solchen macht (2), sowie zwei Abbild- oder Symbolisierungsverhältnisse (7, 8) –, Spezialisierungen – hinsichtlich diverser Charakteristika und Funktionen (3–6) – und eine Bedeutungserweiterung (9) unterscheiden. Im ästhetischen (erkenntnis- und kunsttheoretischen) Diskurs spielt das *Tier* zumeist eine Rolle als Manifestation der einen von zwei Seiten der menschlichen Natur: der Sinnlichkeit, Instinkthaftigkeit, Triebhaftigkeit (im Gegensatz zur *Vernunft*$_1$ und der durch sie bewirkten *Freiheit*$_1$ des Entscheidens, die moralisches Handeln ermöglicht).

> 1. ›nichtpflanzliche, nichtmenschliche Kreatur, Lebewesen, das weder Mensch noch Pflanze ist‹ (prototypisch), im weiteren Sinne: ›nicht pflanzliches Lebewesen‹, im engeren Sinne: unter Ausschluss der Vögel, noch spezieller: ›vierfüßiges Tier, Landtier‹, noch spezieller: ›(Land-)Säugetier‹.
> 2. ›Tierheit, tierische Natur, die oder eine Gesamtheit von tierischen Eigenschaften, die der *Mensch* mit dem *Tier*₁ gemeinsam hat (und über die er sich durch zusätzliche, ausschließlich ihm eigene Charakteristika erhebt)‹, konkret: Abhängigkeit von sinnlichen Eindrücken, Instinkthaftigkeit, Naturnotwendigkeit aller Handlungen und Empfindungen, Mangel an Vernunft, an Freiheit, an Moralität, an Kultur.
> 3. ›Reit-, Zug- oder Lasttier‹.
> 4. ›Raubtier, gefährliches, reißendes Tier; für Tierkämpfe eingesetztes Tier; Bestie, Untier‹.
> 5. ›Wild, jagdbares Tier‹.
> 6. jägersprachlich: ›Weibchen des Rotwildes‹.
> 7. ›Tierfigur‹ in der bildenden Kunst (Malerei ebenso wie Plastik) sowie im Kunsthandwerk (auch als Spielzeug für Kinder).
> 8. ›traditionelles Symbol jedes der vier Evangelisten‹.
> 9. ›Geschöpf, Wesen, Ding, nicht näher bezeichneter Gegenstand, etwas, das nicht konkreter benannt wird: sei es in abschätziger Redeweise, weil die genaue Bezeichnung dafür nicht bekannt ist oder weil sie vermieden werden soll‹.

1. ›nichtpflanzliche, nichtmenschliche Kreatur, Lebewesen, das weder Mensch noch Pflanze ist‹; im weiteren Sinne auch ›nichtpflanzliches Lebewesen (unter Einschluss des Menschen)‹; im engeren Sinne: ›nichtpflanzliches, nichtmenschliches Lebewesen unter Ausschluss der Vögel‹ [31, 42, 75, 79, 87, 98, 123, 146], noch spezieller: ›vierfüßiges Tier, Landtier‹ (unter Einbezug der Reptilien [31]), nochmals enger: ›(Land-)Säugetier‹ [79]; die Übergänge sind fließend [35]. Ebenfalls gemeint sein können Fabeltiere [167]. – *Tiere*₁ stehen als ein *Reich* (›Gesamtheit von gleichartigen Wesen oder Gegenständen‹) der *Natur*₂ [49] in einer bestimmten Stufenfolge, bei der die unterste Stufe das *unorganische Reich* ist, gefolgt von den *Pflanzen* und den *Tieren*₁; die höchste Stufe ist im *Menschen* erreicht [›24]. *Pflanzen* und *Tiere*₁ werden klar unterschieden (Schopenhauer zufolge verfügen *Tiere*₁ im Gegensatz zu *Pflanzen* über *Verstand*₁ [180]); Lebewesen, die einen Übergang darzustellen scheinen – die so genannten *Tierpflanzen* (auch *Pflanzentiere* oder *Zoophyten*: wirbellose Tiere, die äußerlich Pflanzen gleichen) –, werden in der Regel den *Tieren*₁ zugerechnet [›5, 43, 46, 187; demgegenüber 49, 77]. Hinsichtlich der Eigenschaft der *Reizbarkeit* werden manche Pflanzen in die Nähe der *Tiere*₁ gerückt [114]. Das *Tier*₁ erscheint gegenüber der *Pflanze* als die höherwertige Gattung: Es tendiert zur *Freiheit* (die erst der *Mensch* in vollem Umfang erreicht [vgl. ›22]). In der Kunsttheorie wird dies an seiner *freien* Bewegung (im Gegensatz zur *Pflanze*) festgemacht [90, 151]. – Der Mensch gehört explizit [›3, ›4, ›10, ›12, 38, 95, 99, 126, 164] oder implizit [›5, 32, 34, 49, 77, 78, 80, 103, 114, 116, 118, 150, 151] zu den *Tieren*₁; ihm wird allerdings unter allen *Tieren*₁ eine herausgehobene Stellung zugeschrieben [›4, ›12, 95, 99, 126, 164, 183], so dass er (in der prototypischen Bedeutung von *Tier*₁) als nicht zugehörig gilt. Die Grenze zwischen *Mensch* und *Tier*₁ ist unscharf; *Mensch* erscheint sowohl allonym bzw. kompleonym als auch hyponym zu *Tier*₁. Der Mensch hat neben seiner *höheren* auch

eine *tierische Natur*₁ [172, vgl. ▸20, 154, 194] (das Übergewicht der *tierischen* Triebe ist eine Ursache des Komischen [172, 173]); *Tiere*₁ begehren ebenso wie der Mensch „mehr, denn tägliche Speise" [123]; *Tieren*₁ wie *Menschen* wird *Verstand*₁ [177–180], *Einbildungskraft* [▸25] und eine *Anlage zum Genie*₂ [▸26] zugeschrieben (die beim *Tier*₁ auf *Kunsttrieb* zurückzuführen ist [vgl. ▸23, ▸26, 145, 169]: ein Analogon zum menschlichen *Genie*₂, dem aber die Komponente der *Freiheit*₁ fehlt [▸19]). Menschen werden metaphorisch als *Tiere*₁ i. e. S. bezeichnet [▸14]. Dasjenige am Menschen, was ihn nicht mit dem *Tier*₁ verbindet (seine *Vernunft*₁, seine auf Selbstbewusstsein gründende *Freiheit* im Gegensatz zur triebgeleiteten *Notwendigkeit* [156, 157] oder *Natur*₇ [160], die sich auch in seinem Körperbau manifestiert [189]), erhebt ihn über das *Tier*₁ i. e. S.; es ist dem Menschen *verwandt*, steht aber eben *eine Stufe* unter ihm [68, vgl. ▸6, 126, 134, 164, 165, 174, 181, 202]. In der idealistischen Kunsttheorie erscheint das *Tier*₁ i. e. S. daher zum einen als ein Wesen, das nur das *Angenehme*, nicht aber das *Schöne*[1], das *Gute* oder *Erhabene* empfinden kann [128, 168], und zum anderen als ein Darstellungsgegenstand geringeren Wertes [147] bzw. erscheint überhaupt nur unter bestimmten Bedingungen als *ästhetischer Gegenstand* [159]. Seine Darstellung in der bildenden Kunst hat keinen Selbstzweck, sondern, indem sie auf den Menschen verweist, nur allegorische Funktion [148]. Die *Gestalt* des *Tiers*₁ i. e. S., da sie keine *innere Notwendigkeit* ausdrückt, sondern äußeren Zwecken (der Nahrungsbeschaffung, der Selbstverteidigung, dem Schutz gegen Witterungseinflüsse usw.) dient [155], ist im Gegensatz zur *menschlichen Gestalt* keiner *reinen Schönheit*₁ fähig [153], wobei analog zur anthropotelistischen Stufenfolge des Tierreichs die *Schönheit* stärker oder schwächer (je nach dem Grad der Ähnlichkeit mit der menschlichen Gestalt) ausgeprägt ist [170]. Insofern es „weiter nichts als ein Naturding und Sinnenwesen" ist, zeigt die Bewegung des *Tiers*₁ keine *Anmut* [155][17]; sie ist zwar *frei*, bleibt aber fremden Zwecken (der Befriedigung von Bedürfnissen) unterworfen und daher zufällig-willkürlich, wohingegen sich ästhetische Bewegung in Musik und Tanz freiwillig wiederum unter ein Gesetz fügt und somit selbstzweckhaft wird [91]. – *Tiere*₁ haben *Sprache*₂ [▸11, 53, 162], aber keine *Sprache*₁ [69, 70, 97, 115, 133, vgl. 200] und kein Bewusstsein ihrer selbst [▸23, 94] (der Mensch „ist Thier, doch [...] weiß, daß er Thier ist", wodurch er „aufhört Thier zu seyn" [▸12]) und erscheinen nicht als Individuen, sondern nur als gattungsspezifische Typen [152]; da ihnen *Vernunft*₁, d. h. die Fähigkeit zu *Begriffen*₁ fehlt [176, 183, 186, 187, 190, 191, 193], leben sie nur in der unmittelbaren realen Gegenwart, haben also weder ein Bewusstsein von Vergangenheit oder Zukunft noch von Möglichkeit [▸21, 187, 190, 193] und sind daher glücklicher als der *Mensch* [191]; sie haben *rohe Anlagen* ihrer *Natur*₁, im Gegensatz zum *Menschen* aber keine *Pflicht zur Kultur*₃ derselben [129].

---

17 Vgl. demgegenüber KLEIST, Mar.theat. (1810: 260f.): „Wir sehen, daß in dem Maaße, als, in der organischen[3] Welt, die Reflexion dunkler und schwächer wird, die Grazie darin immer strahlender und herrschender hervortritt."

Man kann ihnen *Neigung, Liebe, Furcht,* aber keine *Achtung* entgegenbringen [127]. In einer kulturkritischen Perspektive gelten *Tiere*₁ i. e. S. als unverfälscht, unverdorben [vgl. ›7]: Da sie kein (Selbst-)Bewusstsein haben, leben sie „in Frieden mit sich und den Dingen um sie her" [›13] und geben sich keinen *wollüstigen Ausschweifungen* hin [›36; vgl. 29, 83]; somit *wird erniedrigt* bzw. *sinkt* ein wollüstiger, von unnatürlichen Leidenschaften oder Trieben beherrschter Mensch *unter das Tier*₁ [›1, ›9, ›25, 199]. – Die aufklärerische bzw. der Aufklärung nahestehende Sprachursprungstheorie betrachtet *Tiere*₁ i. e. S. als diejenigen Komponenten der Um- oder Außenwelt (*Natur*₂), die den Menschen – da ihm am nächsten verwandt – am unmittelbarsten dazu anregen, *Sprache*₁ hervorzubringen und sich damit einhergehend die Welt kognitiv anzueignen. Was die *Sprache*₁, die unter der Hand mit den bekannten *Sprachen*₃ (den *klassischen*₆ und *modernen*₁ europäischen) gleichgesetzt wird, dabei am stärksten prägt, ist die Sexusdifferenzierung bei *Tieren*₁: Sie findet ihre Entsprechung in der Unterscheidung grammatischer Genera [›6]; vgl. Bär 2004, 160–165. Keine Rolle spielt für die Sprachentstehungstheorie in der Tradition der Aufklärung das *Tier*₁ als kommunikatives Gegenüber des Menschen, als respondierendes Wesen [28]. Hingegen erscheint im Zusammenhang der romantischen Universalhermeneutik (vgl. Bär 2012, 512–514) das *Tier*₁ als eine dem Menschen kommunikativ gegenüberstehende Größe [›17, 136] und zugleich als hermeneutische Herausforderung, der nur der ganzheitlich (d. h. nicht einseitig rational) orientierte Mensch gerecht werden kann [135]. — **Bdv.:** ♦ entsprechend: ⌐*Körper, welcher der Empfindung und freiwilligen Bewegung fähig ist*⌐ [›4], *Geschöpf* [107], *animalische Organisation*₁ [170], ¬ *höheres Wesen* [197], *lebendes/lebendiges Geschöpf* [110; ›4], *nicht mit Vernunft begabtes Geschöpf* [23], *organisches*₃ *Wesen* [104], *sinnliches Geschöpf* [27]. ♦ komplementär: *Fisch* [31], *Geist*₃₀ [154], *Gewächs* [62], *Kultur*₆ [›15], *Mensch* [›1, ›6, ›9, ›12, ›14, ›17, ›21, ›24, ›25, 39, 40, 47, 61, 66, 68, 71, 73, 81, 85, 88, 96, 97, 108, 129, 132, 139, 140, 147, 148, 157, 158, 160, 173, 197, 199, 203], *Mineral* [59], *Pflanze* [›24, 34, 59, 62, 73, 80, 89, 92, 114, 116, 139, 141, 142, 150, 156, 157, 180], *Vogel* [31, 42, 75, 79, 87, 98, 146]. ♦ gleichgesetzt mit: *Naturwesen unter der Herrschaft des Instinkts* [›20], *Sklave der Gegenwart* [193]. ♦ ähnlich/unterschiedlich: *Baum* [›17], *Engel* [194], *Fels* [›17], *Mensch* [›13, ›22, 94, 133, 136, 137, 161, 175–177, 180–183, 185, 187–189, 191, 192, 194, 202], *Neger* [138], *Pflanze* [181, 188, 196], *Vogel* [123]. ♦ übergeordnete Kategorie: *Geschöpf Gottes* [66], *Naturgegenstand* [74], *Organisation*₃ [80], *Organismus*₃ [80], *Sinnenwesen* [126], *bedürftiges Wesen* [126], *organischer*₃ *Körper* [80]. ♦ Subkategorie: *Affe* [100, 124, 180], *Ameise* [69], *Amphibie* [118, 170], *Auerhahn* [37], *Auster* [170], *Biber* [69, 140, 169], *Biene* [64, 140, 149, 169], *Bär* [37], *Dogge* [60], *Elefant* [180], *Esel* [96], *Fisch* [33, 35, 92, 118, 171, 181], *Fledermaus* [82], *Frosch* [35], *Fuchs* [152, 180], *Gewürm* [107], *Greif* [167], *Hausvieh* [131], *Hirsch* [37, 48], *Huhn* [65], *Hund* [37, 96, 108, 109, 111, 124, 127, 159, 180], *Insekt* [33, 107, 118, 170], *Katze* [109, 111], *Kolibri* [170], *Konchylie* [170], *Koralle* [170], *Krebs* [35, 42, 170], *Käfer* [62, 170], *Lerche* [121], *Löwe* [152], *Löwin* [124], *Mensch* [›3, ›4, ›10, ›12, ›18, 38, 95, 99, 143, 164, 195], *Muschel* [51], *Nachtigall* [121], *Ochse* [96], *Orang-Utan* [180], *Paradiesvogel* [170], *Pferd* [45, 96,

127, 159, 166], *Polyp* [116], *Raupe* [62], *Reh* [48, 201], *Rindvieh* [36], *Schildkröte* [51], *Schlange* [33], *Schmetterling* [62, 170], *Schnecke* [51], *Schwarzer* (kritisch perspektiviert) [84], *Schwein* [36], *Seidenwurm* [168], *Spinne* [109], *Stier* [159], *Taube* [63], *Tiger* [152], *Vieh* [36], *Vogel* [28, 33, 118, 121, 163, 167, 170, 171], *Wachtel* [121], *Walross* [119], *Wasserhuhn* [35], *Wolf* [122], *Wurm* [33, 118, 187], *Zoophyte* [187], *fliegender Fisch* [▸18]. — **Ktx.:** ♦ Handlung: *Bedürfnisse befriedigen* [91], *Bewegung* [91], *Selbsterhaltung* [91], ¬ *Sprache*₁₁ [185], *den Menschen mit sprechenden Augen ansehen* [105], *mit dem Menschen sprechen* [▸17], *sich ernähren* [91], ¬ *wollüstige Ausschweifung* [36]. ♦ hervorgebracht: *Geschrei* [75]. ♦ Geschehnis: ¬ *Geschichte*₁ [140], *Vernunft*₄ [55], *empfinden* [106]. ♦ verursachend: *Natur*₂ [148]. ♦ Widerfahrnis: *Dressur* [182], *beobachten* [124], *durch Neckereien zum Zorn reizen* [165], *einen Namen geben* [28], *fangen* [119], *missbrauchen* [40], *necken* [192], *prügeln* [47], *quälen* [138], *reizen* [192], *töten* [67, 119], *verdrängen* [▸15], *verstehen* [135], *zähmen* [30]. ♦ gefordertes Widerfahrnis: *ausrotten* (von *schädlichen Tieren*₁ gesagt) [67], ¬ *morden* [67]. ♦ verursacht: *Erzeugnis* [169], *Werk* [169]. ♦ Zustand: *Bedürfnis* [156], *Begierde* [91, 158], *Leidenschaft* [165], *Schmerz* [158], *sinnliche Brunst* [▸1]. ♦ Beteiligungszustand: ¬ *Achtung* [127], *Furcht* [127], *Liebe* [127], *Neigung* [127]. ♦ Eigenschaft eines Zustandes: *frei* [151]. ♦ zugehörige Größe: *Bedürfnis* [73, 165, 197], ¬ *Begriff*₁ [176, 177, 180, 191, 193], *Dialekt*₂ [162], ¬ *Gedanke* [182], *Seele* [52], ¬ *Seele* [56, 69, 70, 97, 115, 133, 182], *Sprache*₂ [▸11, 53, 162], *Trieb* [168, 172], ¬ *deutlicher Begriff*₁ [57], *gröbere Empfindung* [197]. ♦ Konstitut/größeres Ganzes: *Gattung* [▸6, 152], *Geschlecht* [▸4, 68], *Klasse*₁ [▸4], *Organismus*₂ [139], *Reich* [49], *Wesenleiter* [125]. ♦ konstitutiv: *Gehirn* [107, 143], *Kopf* [82, 150], *Leib* [147], *Nase* [82], *Ohr*₁ [82], *Organ*₂ [88, 107, 116, 162], *Organismus*₃ [78, 92], *organische*₂ *Teile* [34]. ♦ vorausgesetzt/bedingend: *Gesetze eines unverbrüchlichen Mechanismus* [140], *innerer Mechanismus der organischen*₂ *Kräfte* [140]. ♦ Eigenschaft: *Anlage* [107], *Anlage zum Genie*₂ [▸26], *Bau* [117], ¬ *Besonnenheit* [27], *Bildungskraft* [114], *Charakter*₁ [148], *Einbildungskraft* [▸25], *Gattungscharakter* [188], *Gelehrigkeit* [117], *Gestalt* [117, 156], *Gesundheit* [▸7], ¬ *Individualität* [188], *Instinkt* [41, 73, 117, 126, 180], *Klugheit* [180], *Kunsttrieb* [▸19, 41, 117, 140, 145, 149, 169], *Natur*₁ [147], *Natur*₁₂ [158], *Naturtrieb* [41], *Ohr*₃ [95], *Organismus*₃ [116], ¬ *Person* [156], ¬ *Persönlichkeit* [188], *Reizbarkeit* [114], *Reproduktionskraft* [114], *Sagazität* [180], *Schönheit*₁ *des Wuchses* [102], *Stärke* [102], *Stimme* [146], *Trieb* [▸10], *Unterscheidung in zwei Geschlechter* [▸6], *Vernunft*₁ [56, 57, 158, 177, 180, 182–185, 187, 190, 191, 193, 194], *Vernunft*₂ (i. e. S.) [117], ¬ *Vernunft*₂ (i. w. S.) [117], *Vernunft*₃ [55], *Verstand*₁ [177–180], ¬ *Verstand*₂ [57], *Verstand*₃ [57], *Verstand*₅ [57], *Zweck* [156], *edel* [102], *eingeschlossen in einem Cirkel von Handlungen* [140], *essbar* [30], *etw. müssen* [158], *feindselig* [124], ¬ *freitätig* [169], *fremd*₁ [79], *fremd*₃ [79, 192], *gefiedert* [54], *glückliche Beschränktheit* [▸21], *im Wasser lebend* [35], *in der Gegenwart allein leben* [182], ¬ *individueller Charakter*₁ [152], *interessant*₁ [192], *klug* [183], *kriechend* [54], *lasttragend* [54], *lebendig* [72], ¬ *menschlich* [36], *mit Willkür sich bewegend* [72], *nieder* [▸8], *niedlich* [130], *nutzbar* [30], *organisch*₃ [142], ¬ *progressiv*₃ [140], *reißend* [▸16, 50, 130, 131], *rohe Anlage seiner Natur*₁ [129], *schwimmend* [54], *schädlich* [67], *selten* [79, 192], *sich dem* menschlichen Verstand₂ annähernde Entwicklungsfähigkeit [117], stark [131], unvernünftig [▸4, 54, 115, 182], unvollkommen [189], vernunftlos [128], vernünftig [▸4], vierfüßig [33, 54, 162], vollkommen [188, 189], wehrlos [131], wild [▸15, ▸16, 28, 54, 124, 130], zahm [▸16, 28, 45, 54, 130], zutraulich [105], zweckmäßig organisiert₄ [89]. ♦ Fähigkeit/Möglichkeit: *Apprehension eines Objekts* [180], *Bewegung* [32], *Geruchssinn* [112], *Sinnlichkeit* [54], *abstrakte Erkenntnis* [186], *freie Bewegung* [54, 116], *freie Selbstbewegung* [90], *mit Empfindung verbundene Bewegung* [116], ¬ *sprechen* [185], ¬ *vernehmen* [185], *willkürliche Bewegung* [59, 73, 76]. ♦ räumliche und/oder zeitliche Verortung: *Menagerie* [79, 124], *Wald* [▸7], *dunkler Käfig* [124]. — **Wbg.:** ♦ Verb: *tierisch* [69]. ♦ Substantiv: *Haustier* [135], *Infusionstierchen* [49, 110], *Landtier* [35, 181], *Pflanzentier* [▸5], *Raubtier* [50, 127, 137], *Schaltier* [35, 51, 170], *Säugetier* [118, 171], *Tiercharakter* [152], *Tiergattung* [152, 180], *Tiergebilde* [170], *Tiergeschlecht* [162], *Tiergeschöpf* [▸8], *Tiergestalt* [152], *Tierheit* [113, 126, 129], *Tierorganismus* [92], *Tierpflanze* [▸5, 43, 46, 49, 77], *Tierreich* [30, 49, 122, 150, 152, 170], *Tiersprache* [53, 115], *Tierstamm* [▸8], *Tierstück* ›Gemälde, das Tiere darstellt‹ [147, 148], *Tiersubstanz* [133], *Tierwelt* [107, 115, 171]. ♦ Adjektiv: *tierisch* [▸10, ▸12, 91, 93, 116, 117, 128, 147, 165, 168, 172, 173, 197].

[1] ADELUNG, Gramm.-krit. Wb. I (²1793), 1924 f. (1925): *Sinnliche Brunst erniedrigt den Menschen tief unter das* ⟨1925⟩ Thier. [2] EBD. II (²1796), 791: *Nur ein grausames Herz kann ein* Thier *ohne Empfindung leiden sehen.* [3] EBD. III (²1798), 176: D e r   M ê n s c h, *[...] ein Individuum des menschlichen Geschlechtes, d. i. ein mit einer vernünftigen Seele begabtes* Thier. [4] EBD. IV (²1801), 579: D a s Thier *[...]. Im weitesten Verstande*[4]*, ein jedes lebendiges Geschöpf, ein Körper, welcher der Empfindung und freywilligen Bewegung fähig ist. Ein unvernünftiges* Thier*, zum Unterschiede von dem vernünftigen, welches doch unter dem Nahmen des Menschen am bekanntesten ist. Es wird hier nur als ein allgemeiner Ausdruck gebraucht, die* Classe[1] *oder das Geschlecht zu bezeichnen. Wenn sich der Mensch zum Geschlecht der* Thiere *rechnen muß, so kann er doch auch in mancher andern Absicht seinen wahren Adel*[5] *und Vorzug erweisen, die ihm auf einen höhern Rang ein gegründetes Recht geben.* [5] EBD., 581: D i e   T h i e r p f l a n z e, *[...] eine Art natürlicher Körper, welche halb einem* Thiere *und halb einer Pflanze gleichen, d. i. welche in der äußern Gestalt, der Fortpflanzung und dem Wachsthume den Pflanzen gleichen, aber wegen ihrer willkührlichen Nahrung, räumlichen Bewegung und Empfindung wirklich zu den* Thieren *gehören; Zoophyta Linn. Bey einigen Pflanzenthiere. Dahin gehören z. B. die Polypen, der Bandwurm, die Rosenkränze und so ferner.* [6] A. F. BERNHARDI, Sprachlehre I (1801), 96: *Von allen Eigenschaften [...] ist es besonders eine, welche dem Menschen besonders auffällt, und welche er auch an der, ihm zunächst untergeordneten Gattung, an den* Thieren *gewahr wird; es ist die Unterscheidung in zwei Geschlechter.* [7] BRENTANO, Godwi (1801), SWB 16, 359: *[W]ir werden eine Liebe haben, wenn wir keine Ehe*[1] *mehr kennen. Bis dahin seyen die* Thiere *des Waldes gepriesen, wegen ihrer Gesundheit, bis dahin seyen die Freiheitsschmerzen edler Seelen geehret, bis dahin dulde man mein Bild der aufgehenden Sonne für die verlorenen Mädchen. | Denn ich will ewig glauben, daß sich die Liebe in sie geflüchtet hat, in dieser Zeit*[3] *der Ehe*[1]*, wie alles Gute sich in die Poesie*[4] *flüchtete zur Zeit*[3] *der Barbarei, und sie stehen jetzt noch da, wie einst die romantische*[2/8] *Poesie*[1/7] *da stand.* [8] BROCKHAUS, Conv.-Lex. IV (1809), 29: *Daß auch in dem Physischen der* Thiere *gewisse Eigenthümlichkeiten als* R a c e n u n t e r s c h i e d e *sich charakterisiren, das haben schon zahllose Beobachtungen dem Naturforscher gelehrt; und doch ist die genaue Bestimmung der unter den Thiergeschöpfen existirenden Racen noch immer eine der schwersten Aufgaben der Zoologie. [...] Je mehr [...] die Naturgeschichte nur in Beschreibungen der natürlichen*[1] *Körper besteht, und je mehr sie dabei Arten und Classen*[1] *annimmt, welche bloß auf Aehnlichkeiten in den Formen beruhen; desto weniger läßt sich eine bestimmte Angabe der unter den niedrigern* Thieren *vorhandenen* R a c e n *erwarten. Diese wird der Naturforscher nur dann mit Gewißheit angeben können, wenn ihm die durch*

Gesetze begründeten Thierstämme, so wie die allmählichen Abartungen ihrer Urgestalten nicht mehr fremd[3] *sein werden.* **[9]** EBD. VIII (1811), 52: *Einen traurigen Beleg zu der Behauptung, daß der Mensch sogar unter das* Thier *sinken kann, das beim höchsten Hunger Geschöpfe seiner eignen Gattung zur Nahrung wählet, liefern die Nachrichten älterer*[2] *und neuerer*[5] *glaubwürdiger Schriftsteller über Menschenfressende Nationen*[1] *und einzelne Menschenfresser.* **[10]** EHRMANN, Amalie (1788), 117: *Der Mensch ist ein* Thier, *dessen Willen der Vernunft*[1] *untergeordnet ist, er hat durch diesen Willen seine thierischen Triebe einzuschränken, zu verfeinern gelernt, aber aus dem Körper ganz vertilgt sind sie darum nicht, diese Triebe der schwachen Menschheit; – und eben darum verdienen die Menschen, die man zwingt den Keim der gährenden Menschheit zu unterdrükken, mein wahrhaftes Mitleid.* **[11]** C. DE LA MOTTE FOUQUÉ, Fr. d. Falkenst. II (1810), 45: *Mein Knab' war schön*[1] *wie die Engel sind, er verstand die Sprache*[2] *der* Thiere *und jeden Laut in der Natur*[2]. **[12]** HEGEL [Hotho], Aesth. I (1835), 103 f.: *Dieß Erheben aber des Ansich in's selbstbewußte Wissen bringt einen ungeheuren Unterschied hervor. Es ist der unendliche Unterschied, der z. B. den Menschen überhaupt vom* Thiere *trennt.* ⟨104⟩ *Der Mensch ist* Thier, *doch selbst in seinen thierischen Funktionen bleibt er nicht als in einem Ansich stehen, wie das* Thier, *sondern wird ihrer bewußt, erkennt sie und erhebt sie, wie z. B. den Prozeß der Verdauung, zu selbstbewußter Wissenschaft. Dadurch löst der Mensch die Schranke seiner ansichseyenden Unmittelbarkeit auf, so daß er deshalb gerade, weil er weiß, daß er* Thier *ist, aufhört* Thier *zu seyn, und sich das Wissen seiner als Geist*[31] *giebt.* **[13]** EBD., 127: *Die* Thiere *leben in Frieden mit sich und den Dingen um sie her, doch die geistige Natur*[1] *des Menschen treibt die Zweiheit und Zerrissenheit hervor, in deren Widerspruch er sich herumschlägt.* **[14]** HEINSE, Musik. Dialog. (1805), 90 f. ⟨91⟩: *Nichts ist seltner, als ein Mann von* ⟨91⟩ *Genie*[2]*! Man kann allezeit eine Million Menschen gegen einen einzigen rechnen; und noch ersticken die mehrsten unter diesen Wenigen in der Blüthe! Die mehrsten Menschen sind Pöbel, oder* Thiere, *die durch die Auferziehung zu menschlichen Maschinen gemacht worden sind.* | *Leider sind die Menschen so sehr von ihrer göttlichen Würde herabgesunken, daß sie die Verdienste nach dem Adel*[1] *der Geburt schätzen!* **[15]** HERDER, Gesch. d. Menschh. I (1784), 80 f.: *Die Cultur*[6] *kann* Thiere *verdrängen: sie kann sie aber schwerlich ausrotten, wenigstens hat sie dies Werk noch in keinem großen* ⟨81⟩ *Erdtheil vollendet; und muß sie statt der verdrängten Wilden nicht in einem größeren Maas zahmere* Thiere *nähren?* **[16]** KRÜNITZ, Oecon. Encycl. LXIV (1794; ²1803), 491: *Im romantischen*[9] *Stil muß ich diejenigen Bey-Werke vermeiden, welche die Idee von Niedlichkeit, Kunst*[14] *und Verzierung erregen. Vasen, bewohnte artige Häuser, und alles dergleichen muß wegfallen, da der Endzweck dieses Stiles ist: Staunen, Furcht, Entsetzen u. d. gl. in mir zu erregen, und mir die verwilderte Natur*[2] *in ihrer Rauhigkeit zu zeigen. Menschen kann ich hier wenig brauchen, weil sie nicht leicht solche Orte besuchen; nur etwa ein armer Wanderer, der sich verirrt hat, und an beschwerlichen Felsen herum klettert, oder mit Schrecken vor einem unerwarteten Abgrund zurück zittert; oder ein Jäger, den das wilde* Thier *verfolgt; oder ein menschenfeindlicher Einsiedler, der sich in Felsenklüften verbirgt, ist zu brauchen. Eben so wenig sind zahme* Thiere *hier schicklich, wohl aber alle Gattungen von wilden und reissenden* Thieren. *[...] Von Gebäuden kann [d]er [Künstler] nichts brauchen, als fürchterliche* ⟨492⟩ *Ruinen, verlassene und zusammenstürzende Gebäude, und wüste zerstörte Schlösser.* **[17]** Novalis, Afterdingen I (*1799–1800; 1802), 6: *Ich hörte einst von alten*[1] *Zeiten*[3] *reden; wie da die* Thiere *und Bäume und Felsen mit den Menschen gesprochen hätten. Mir ist grade so, als wollten sie allaugenblicklich anfangen, und als könnte ich es ihnen ansehen, was sie mir sagen wollten. Es muß noch viel Worte*[1] *geben, die ich nicht weiß: wüßte ich mehr, so könnte ich viel besser alles begreifen.* **[18]** RITTER, Fragm. II (1810), 207, Nr. 639: *Der Mensch ist unter den* Thieren, *was der fliegende Fisch unter den übrigen ist. Er kann sich bisweilen über das Wasser erheben, immer aber fällt er bald wieder herunter.* **[19]** SCHELLING, Philos. d. Kunst (¹1803–04), SW I, 5, 419: *Wer unsere Behauptung von der griechischen*[2] *Mythologie als einem Werk der Natur*[2] *so verstehen wollte, als wäre sie es auf eine eben so blinde Weise, als es die Hervorbringungen des Kunsttriebs der* Thiere *sind, würde sie freilich ganz roh verstehen. Aber nicht weniger würde derjenige von der Wahrheit abirren, der sie als ein Werk absolut-poetischer*[4] *Freiheit*[1] *denken wollte.* **[20]** SCHILLER, Path. (1793 [hier: ²1801]), NA 20, 204: *Bestimmt der Instinkt allein alle Erscheinungen am Menschen, so ist nichts mehr vorhanden, was an die Person erinnern könnte, und es ist bloß ein Naturwesen, also ein* Thier, *was wir vor uns haben; denn* Thier *heißt jedes Naturwesen unter der Herrschaft des Instinkts.* **[21]** SCHILLER, Ästh. Erzieh. (1795), NA 20, 391: *Eine grenzenlose Dauer des Daseyns und Wohlseyns, bloß um des Daseyns und Wohlseyns willen, ist bloß ein Ideal der Begierde, mithin eine Foderung, die nur* von einer ins Absolute strebenden Thierheit kann aufgeworfen werden. Ohne also durch eine Vernunftäußerung dieser Art etwas für seine Menschheit zu gewinnen, verliert er [sc. Mensch] dadurch bloß die glückliche Beschränktheit des _Thiers_, vor welchem er nun bloß den unbeneidenswerthen Vorzug besitzt, über dem Streben in die Ferne den Besitz der Gegenwart zu verlieren, ohne doch in der ganzen grenzenlosen Ferne je etwas anders als die Gegenwart zu suchen. [22] A. W. SCHLEGEL, Berl. Vorles. I (¹1801–02), KAV 1, 281: Das Symbolische der aufrechten Stellung [...] ist schon erwähnt worden. Es deutet auf die nähere freyere Beziehung, worin der Mensch zur Sonne und dadurch zum ganzen übrigen Universum steht, da die _Thiere_ an die Scholle gefesselt, gleichsam Leibeigne der Erde sind. [23] A. W. SCHLEGEL, Dramat. Lit. I (1809), 60: Die nicht mit Vernunft begabten Geschöpfe sind eigentlich weder des Ernstes noch des Scherzes fähig. Die _Thiere_ scheinen zwar zuweilen zu arbeiten, als wären sie ernsthaft auf einen Zweck gerichtet, und als ordneten sie folglich den gegenwärtigen Augenblick einem künftigen unter; andremale spielen sie, d. h. sie überlassen sich zwecklos der Lust des Daseyns: aber sie haben nicht das Bewußtseyn davon, welches beyde Zustände erst zu wahrem Ernst und Scherz erheben würde. [24] A. SCHOPENHAUER, Wille u. Vorst. (1819 [1818]), 223: _Thier_ und Pflanze sind die herabsteigende Quinte und Terz des Menschen, das unorganische Reich ist die untere Oktav. [25] SULZER, Allg. Theor. I (1771), 291: Die Einbildungskraft ist eine der vorzüglichsten Eigenschaften der Seele, deren Mangel den Menschen noch unter die _Thiere_ erniedrigen würde; weil er alsdenn, als eine blosse Maschine, nur durch gegenwärtige Eindrüke und allemal nach Maaßgebung ihrer Stärke würd in Würksamkeit gesetzt werden. [26] EBD., 457: Wir dürfen uns nicht scheuhen, die Anlage zum Genie[2] selbst in der thierischen Natur[1] aufzusuchen, da man durchgehends übereingekommen ist, auch den _Thieren_ etwas dem Genie[2] ähnliches zuzuschreiben. Wir sehen, daß jedes _Thier_ alle Geschäffte, die zu seinen Bedürfnissen gehören, mit einer Geschicklichkeit und mit einer Fertigkeit verrichtet, die Genie[2] anzuzeigen scheinen. Bey dem _Thier_ liegt allemal ein höchst feines Gefühl, eine ausnehmende Reizbarkeit der Sinne[4] zum Grund. — [27] ADELUNG, Gesch. Cultur (1782), 11; [28] 23; [29] 25; [30] 29; [31] Gramm.-krit. Wb. I (²1793), 965; [32] 1671; [33] 1839 (2); [34] II (²1796), 51; [35] 167; [36] 267; [37] 372; [38] 443; [39] 1100; [40] 1548; [41] 1836; [42] III (²1798), 123; [43] 140; [44] 475; [45] 724; [46] 806; [47] 854; [48] 1029; [49] 1037; [50] 1069; [51] 1344; [52] IV (²1801), 11; [53] 226; [54] 579; [55] 1101 (1); [56] 1101 (2); [57] 1146; [58] 1542; [59] 1551; [60] AHLEFELD, Marie Müller (²1814), 10; [61] ARNDT, Erinn. (1840), 52; [62] B. v. ARNIM, Briefw. Kind I (1835), 328; [63] B. v. Arnim, Frühlingskr. (*1800–04; 1844), 93 f.; [64] 222; [65] 286; [66] AURBACHER, Büchl. f. d. Jgd. (1834), 144; [67] 147; [68] A. F. BERNHARDI, Sprachlehre I (1801), 3; [69] 4; [70] 16 f.; [71] 40; [72] 42; [73] 43; [74] 95; [75] 115 f.; [76] Wiss. u. Kunst (1802), 75; [77] BROCKHAUS, Conv.-Lex. III (1809), 463; [78] V (1809), 393; [79] VIII (1811), 51; [80] 176; [81] Bild.-Conv.-Lex. I (1837), 487; [82] II (1838), 54; [83] EHRMANN, Amalie (1788), 90; [84] G. FORSTER, Menschenraßen (1786), W 2, 100; [85] GOETHE, an C. L. v. Knebel (17. 11. 1784), WA IV, 6, 389 f.; [86] Weim. Kunstausst. 1804 (1805), WA I, 48, 78; [87] Tageb. (1821), WA III, 8, 31; [88] an Zelter (9. 6. 1831), WA IV, 48, 225; [89] HEGEL [Hotho], Aesth. I (1835), 78; [90] 159; [91] 160 f.; [92] 164; [93] II (1837), 401; [94] III (1838), 238; [95] HEINSE, H. v. Hohenth. I (1795), SW 5, 55; [96] Musik. Dialog. (1805), 42; [97] HERDER, Urspr. d. Spr. (*1769; 1772), SW 5, 21; [98] Engl. u. dt. Dichtk. (1777), 425; [99] Gesch. d. Menschh. II (1785), SW 13, 296; [100] HERLOSSOHN, Dam. Conv. Lex. I (1834), 91; [101] 435; [102] III (1835), 261; [103] 298; [104] 393; [105] IV (1835), 50; [106] 342; [107] 349; [108] V (1835), 353; [109] 397; [110] 419; [111] VI (1836), 111; [112] VII (1836), 367; [113] 415; [114] VIII (1837), 189; [114] IX (1837), 365 f.; [116] X (1838), 115; [117] 116; [118] 117; [119] 378; [120] HIRSCHFELD, Gartenkunst I (1779), 25; [121] 173; [122] HÖLDERLIN, Hyp. I (1797), 35; [123] 87; [124] Th. HUBER, Holland (1811), 190 ff.; [125] JEAN PAUL, Vorsch. Ästh. I (1804), 120; [126] KANT, Crit. pract. Vern. (1788), 108; [127] 135; [128] Crit. d. Urtheilskr. (²1793), 15; [129] Metaph. d. Sitt. II (1797), W 8, 24; [130] KRÜNITZ, Oecon. Encycl. LXIV (1794; ²1803), 477 f.; [131] 479; [132] MEREAU, Amd. u. Ed. I (1803), 40; [133] MUNDT, Dt. Prosa (1837), 7; [134] NOVALIS, Blüthenstaub (1798), 75, Nr. 22; [135] Lehrlinge (*1798), NS 1, 101; [136] Afterdingen I (*1799–1800; 1802), 22; [137] 67; [138] PÜCKLER-MUSKAU, Brf. Verstorb. II (1830), 227; [139] RITTER, Fragm. (1810), 37, Nr. 56; [140] SCHELLING, Philos. d. Erf. (1798), SW I, 1, 470; [141] Darst. Syst. (1801), 119; [142] 121; [143] 123; [144] Philos. d. Kunst (¹1803–04), SW I, 5, 405; [145] 415; [146] 485; [147] 544; [148] 566; [149] 573; [150] 588; [151] 589; [152] 603 f.; [153] 608; [154] SCHILLER, Zushg. thier. Nat. (1780), NA 20, 56; [155] Anm. u. Würd. (1793), NA 20, 254; [156] 272 (1); [157] 272 (2); [158] 290; [159] Zerstr. Betr. (1794 [hier: ²1802]), NA 20, 228; [160] Ästh. Erzieh. (1795), NA 20, 393; [161] A. W. SCHLEGEL, Brf. Poes. I–II (1795), Hor. IV.11, 92;

[162] 97; [163] 98; [164] 99; [165] IV (1796), Hor. V.2, 61 f.; [166] Zeichn. (1799), 237; [167] 242; [168] Berl. Vorles. I (¹1801–02), KAV 1, 228; [169] 241; [170] 280 (1); [171] 280 (2); [172] Dramat. Lit. I (1809), 277; [173] 349; [174] F. SCHLEGEL, Spr. u. Weish. d. Ind. (1808), 106; [175] 206; [176] A. SCHOPENHAUER, Wille u. Vorst. (1819 [1818]), 8; [177] 30; [178] 31; [179] 33; [180] 34; [181] 40; [182] 53 f.; [183] 55; [184] 57; [185] 59; [186] 75; [187] 125 f.; [188] 190 f.; [189] 255; [190] 427; [191] 428; [192] 453; [193] 701; [194] SEUME, Ged. (³1810 [¹1801]), 87; [195] SULZER, Allg. Theor. I (1771), III; [196] 15; [197] II (1774), 610; [198] 612; [199] 710; [200] L. TIECK, Phantasus I (1812), 473; [201] TIECK-BERNHARDI, Wunderb. u. Träum. (1802), 282; [202] J. H. VOẞ, F. Stolberg (1819), 100; [203] WACKENRODER, an seine Eltern (22. 6. 1793), VL 2, 180.

2. ›Tierheit, tierische Natur, die oder eine Gesamtheit von tierischen Eigenschaften, die der *Mensch* mit dem *Tier*₁ (im prototypischen Sinn) gemeinsam hat (und über die er sich durch zusätzliche, ausschließlich ihm eigene Charakteristika erhebt)‹, konkret: Abhängigkeit von sinnlichen Eindrücken, Instinkthaftigkeit, Naturnotwendigkeit aller Handlungen und Empfindungen, Mangel an *Vernunft*₁, an *Freiheit*₁, an Moralität, an *Kultur*₄. Auch ›Evolutionsstadium, Zustand der menschlichen Gattungsentwicklung vor dem eigentlichen Menschsein‹ [›1, ›5]. — **Bdv.:** ♦ komplementär: *Gott* [6], *Mensch* [›4]. ♦ übergeordnete Kategorie: *Zustand* [›5]. — **Ktx.:** ♦ Geschehnis: *in jm. erwachen* [10]. ♦ Eigenschaftsträger: *Mensch* [›1, ›2, ›3, 6, 9], *Menschenrasse* [8]. ♦ Eigenschaft: *wild* [›3]. — **Wbg.:** ♦ Substantiv: *Tierzustand* [›2].

[1] GOETHE, an Zelter (9. 6. 1831), WA IV, 48, 225: *Hier will ich [...] eines der größten Worte*₍₂₎ *niederschreiben, welches uns unsre Vorvordern zurücklassen haben:* | „*Die Thiere*₍₁₎ *werden durch ihre Organe*₍₂₎ *unterrichtet.*" | *Nun denke man sich, wie viel vom Thier*₍₂₎ *im Menschen übrig bleibt, und daß dieser die Fähigkeit hat, seine Organe*₍₂₎ *zu unterrichten, so wird man gern auf diese Betrachtungen immer wieder zurückkehren.* **[2]** HERDER, Gesch. d. Menschh. I (1784), 313: *Ich kann mir [...] nicht vorstellen, daß, da wir eine Mittelgattung von zwo Classen*₍₁₎ *und gewissermaaßen die Theilnehmer beider sind, der künftige Zustand von dem jetzigen so fern und ihm also ganz untheilbar sein sollte, als das Thier im Menschen gern glauben möchte; vielmehr wer*⟨314⟩*den mir in der Geschichte*₍₁₎ *unsres Geschlechts manche Schritte und Erfolge ohne höhere Einwirkung unbegreiflich. Daß z. B. der Mensch sich selbst auf den Weg der Cultur*₍₃₎ *gebracht und ohne höhere Anleitung sich Sprache*₍₁₎ *und die erste Wissenschaft erfunden, scheinet mir unerklärlich und immer unerklärlicher, je einen längern rohen Thierzustand man bei ihm voraussetzt.* **[3]** HERDER, Bef. d. Hum. I (1793), 111: *Jeder Mensch hat ein wildes Thier in sich; wenige wissen es zu bändigen, die meisten lassen ihm den Zügel, wenn die Furcht der Gesetze sie nicht zurückhält.* **[4]** HOFFMANN, J. Callot (1814), 5 f.: *Selbst das Gemeinste aus dem Alltagsleben – sein Bauerntanz, zu dem Musikanten aufspielen, die wie Vögelein in den Bäumen sitzen, – erscheint in dem Schimmer einer gewissen romantischen*₍₅₎ *Originalität, so daß das dem Fantastischen*₍₂₎ *hingegebene Gemüth auf eine wunderbare Weise davon angesprochen wird. – Die Ironie*₍₁₎*, welche, indem sie das Menschliche mit dem Thier in Conflikt setzt, den Menschen mit seinem ärmlichen Thun* ⟨6⟩ *und Treiben verhöhnt, wohnt nur in einem tiefen Geiste*₍₁₉₎*, und so enthüllen Callots aus Thier und Mensch geschaffene groteske Gestalten dem ernsten, tiefer eindringenden Beschauer alle die geheimen Andeutungen, die unter dem Schleyer der Skurilität verborgen liegen.* **[5]** SCHILLER, Schaubühne (1785), NA 20, 90: *Unsre Natur*₍₁₎*, gleich unfähig, länger im Zustand des Thiers fortzudauren, als die feinern Arbeiten des Verstands*₍₂₎ *fortzusezen, verlangte einen mittleren Zustand, der beide widersprechenden Enden vereinigte, die harte Spannung zu sanfter Harmonie herabstimmte, und den wechselsweisen Uebergang eines Zustands in den andern erleichterte. Diesen Nuzen leistet überhaupt nun der ästhetische Sinn*₍₅₎*, oder das Gefühl für das Schöne*₍₁₎. — **[6]** GÖRRES, Tt. Volksb. (1807), GS 3, 178; **[7]** SCHILLER, Schaubühne (1785), NA 20, 100; **[8]** Send. Moses (1790), NA 17, 380; **[9]** an F. Chr. v. Augustenburg (13. 7. 1793), NA 26, 263; **[10]** WEIẞENTHURN, Manuscr. (1834), S 13, 47.

3. ›Reit-, Zug- oder Lasttier‹. Prototypische *Tiere*₃ sind Pferde, gemeint sein können jedoch auch Esel oder Maultiere, im Einzelfall auch Ochsen (als Zugtiere). Auch für mythologische Reittiere [▸11]. — **Bdv.:** ♦ Subkategorie: *Esel* [▸8, 28], *Ochse* [28, 35, 54], *Pegasus* [▸11], *Pferd* [▸12, 13, 14, 23, 28, 36, 45, 48, 50, 51, 53, 55], *Rappe* [▸4], *Ross* [▸7, 45, 55], *Schimmel* [▸2, 17, 52], *Zelter* [20]. — **Ktx.:** ♦ Handlung: *Galopp* [▸2], *Trab* [▸8], *ausschlagen* [56], *den Reiter abwerfen* [56], *jn. abwerfen* [41], *jn. tragen* [16, 49], *mit jm. durchgehen* [56], *um sich beißen* [56]. ♦ Geschehnis: *rasen* [15], *zuschanden gehen* [52]. ♦ Widerfahrnis: *absteigen* [42, 43], *antreiben* [40, 54], *beladen* [32], *besteigen* [▸12], *bändigen* [14], *entbürden* [27], *führen* [35, 50], *langsam gehen lassen* [▸1], *regieren* [14, 47], *reiten* [16], *satteln* [34], *sich daraufsetzen* [▸2], *vorspannen* [54], *wohin treiben* [38], *zäumen* [39]. ♦ Zustand: *ermüdet* [▸3], *müde* [▸10]. ♦ Beteiligungszustand: *Respekt* [56]. ♦ zugehörige Größe: *Sattel* [29, 48], *Zaum* [39]. ♦ Sozialkorrelat: *Eseltreiber* [▸9], *Führer* [22], *Herr* [56], *Kutscher* [36], *Stallmeister* [45, 47]. ♦ konstitutiv: *Huf* [24]. ♦ Funktion: *ausreiten* [3]. ♦ Eigenschaft: *arm* [▸3], *feurig* [23], *folgsam* [56], *fromm* ›gutartig‹ [13], *geduldig* [45], *herrlich* [▸4, 33], *lastbar* [29], *lenksam* [45], *muckisch* [56], *mutig* ›munter, aufgeweckt, mutwillig‹ [47, 48], *mutwillig* [41], *sanft* [45], *scheu* [53], *schön*₁ [49], *tückisch* [53], *unbeschlagen* [▸8], *wild* [53], *willig* [30]. ♦ Aufgabe oder Pflicht: *Arbeit* [56], *Gehorsam* [56], *seine Schuldigkeit tun* [56]. ♦ räumliche und/oder zeitliche Verortung: *Stall* [18, 33, 38, 51]. — **Wbg.:** ♦ Substantiv: *Maultier* [▸6, 26, 38].

[1] AHLEFELD, Erna (1820), 44: *Wohlgemuth trabten beide über die frischen Wiesen dahin, dem kühlen Walde zu, der mit seinen dämmernden Schatten ihnen so einladend winkte. Dort ließen sie die* Thiere *langsam gehn, und im traulichen Wechselgespräch schwand Erna's leise Furcht, so wie ihre Achtsamkeit auf sich selbst, und auf die Zügel.* [2] B. v. ARNIM, Briefw. Kind I (1835), VI f.: *Gestern ist mir ein Abentheuer begegnet. Ich kam vom Spaziergang und fand den Rothschild vor der Thür mit einem schönen Schimmel; er sagte: es sei ein* Thier *wie ein Lamm, und ob ich mich nicht draufsetzen wolle? – ich ließ mich gar nicht bitten; kaum war ich aufgestiegen,* ⟨VII⟩ *so nahm das Lamm Reisaus und jagte in vollem Galopp mit mir die Wilhelmshöher Allee hinauf [...].* [3] FISCHER, Gust. Verirrg. (1801), 17: *Der gnädige Herr werden doch wohl nicht wieder ausreiten wollen? – das arme* Thier *schien äußerst ermüdet.* [4] C. DE LA MOTTE FOUQUÉ, Rodrich I (1806), 109 f. (110): *Rodrichs Brust schwoll beim* ⟨110⟩ *Anblick der herrlichen* Thiere. *Er konnte der Lust nicht widerstehen, und schwang sich auf einen nahstehenden Rappen, der hoch mit ihm in die Luft stieg und in weiten Sätzen fortsprengte.* [5] GOETHE, an F. A. Wolf (5. 9. 1805), WA IV, 19, 60: *Indessen überlegt ich mit meinem kleinen Hausgefährten, ob wir nicht noch einmal zu Ihnen hinüberrutschen sollten. Unsre eigne Kräfte aber und die Kräfte unsrer* Thiere *berechnend standen wir ungern von dem Vorsatze ab.* [6] HERLOßSOHN, Dam. Conv. Lex. IX (1837), 317: *Dort [...] ganz unten im Hintergrund sehen wir Arriero's, brave Maulthiertreiber, deren malerische*[4] *Karawanen auf S[panien]'s Landstraßen unsere schwerfälligen Frachtfuhrwerke ersetzen .... Lange Reihen schwerbeladener* Thiere *mit rothem Schmuck und mit gelben, grünen oder himmelblauen Federn ohne Zaum und Zügel, blos der Stimme ihrer Führer und den Schellen des vordersten Maulthieres gehorchend ....* [7] HÖLDERLIN, Hyp. II (1799), 39: *Wie wohl ist dann des Abends mir bei meinem Alabanda, wenn wir zur Lust auf muntern Rossen die sonnenrothen Hügel umschweifen, und auf den Gipfeln, wo wir weilen, die Luft in den Mähnen unserer* Thiere *spielt [...].* [8] NAUBERT, Volksmährch. I (1789), 117: *Es war lange nach Mitternacht, als der Mond aufging und ihm die Ursache eines Geräusches zeigte, das er schon seit einer Stunde bald vor sich, bald hinter sich, bald etwas entfernt, bald dicht an seiner Seite vernommen hatte; es glich dem sanften Trabe eines unbeschlagenen* Thieres, *und unwillkührlich gedachte er des verlornen Esels, den er in der Angst seines Herzens bisher ganz außer Acht gelassen hatte.* [9] Alme II (1793–97), 131: *[D]a zog ein Eseltreiber mit seinen* Thieren

vorüber. **[10]** PAALZOW, Godw.-Castle II (1836), SR 2, 165: *Der Weg, den die Reisenden an dem vorliegenden Abend zurücklegten, war so verdorben und uneben, daß ihr Begleiter sich voraus begeben hatte, um die Gefahren zu untersuchen, die dem Transport einer Sänfte bevorstehen konnten. Langsam nur zogen die müden Thiere über den immer ungleicher werdenden Boden.* **[11]** SCHILLER, an G. J. Göschen (9. 5. 1788), NA 25, 56: *Nur in zwey Zeilen, bester Freund, meinen herzlichen Glückwunsch zur Hochzeit. Der Tag hat mich zu schnell überfallen sonst hätte ich meinen Pegasus einen Ritt dazu machen laßen, aber das träge Thier will mir jezt nicht von der Stelle.* **[12]** TIECK-BERNHARDI, Evremont III (1836), 214: *Ihm folgte Thorfeld, der mit derselben Leichtigkeit zu Pferde saß, indeß der Arzt etwas mehr Mühe verwenden mußte, um sein Thier zu besteigen [...].* — **[13]** ADELUNG, Gramm.-krit. Wb. II (²1796), 320; **[14]** AHLEFELD, Erna (1820), 29; **[15]** 46; **[16]** Selbstverl. (1822 [1813]), 196; **[17]** B. v. ARNIM, Briefw. Kind I (1835), 233; **[18]** AYRENHOFF, Postzug (1769), SW 3, 35; **[19]** DROYSEN, Alex. (1833), 305, Anm. 32; **[20]** C. DE LA MOTTE FOUQUÉ, Fr. d. Falkenst. I (1810), 138; **[21]** Mag. d. Nat. (1812), 121; **[22]** 122; **[23]** Span. u. Frw. (1814), 37; **[24]** F. DE LA MOTTE FOUQUÉ, Held d. Nord. (1810), AD, 142; **[25]** GOETHE, Herm. u. Dor. (1797), WA I, 50, 194; **[26]** Ital. Reise II (1817), WA I, 31, 192; **[27]** Ant. u. Mod. (1818), WA I, 49.1, 159; **[28]** Wanderjahre I (1829), WA I, 24, 20; **[29]** 26; **[30]** Goethe, Wanderjahre I (1829), WA I, 24, 28; **[31]** A. L. GRIMM, Lina's Mährchenb. (1816), 1, 3; **[32]** 17; **[33]** GRÜN, Ritter (1830), 202; **[34]** Ged. (1837), 289; **[35]** Th. HUBER, Fam. Seldorf I (1795), 72; **[36]** Holland (1811), 110; **[37]** IMMERMANN, Münchh. (1838–39), W 3, 498; **[38]** LÖHR, Buch d. Märch. I (°1820), 46; **[39]** 305; **[40]** NAUBERT, Volksmährch. I (1789), 118; **[41]** 138; **[42]** A. v. Dülmen (1791), 333; **[43]** Volksmährch. II (1791), 90; **[44]** Volksmährch. IV (1792), 10; **[45]** 76 f.; **[46]** 84; **[47]** J. SCHOPENHAUER, Tante I (1823), 353; **[48]** II (1823), 324; **[49]** R. Wood II (1837), 195; **[50]** SPINDLER, Jude I (1827), 45; **[51]** 111; **[52]** II (1827), 290; **[53]** STAHL, Fab. (1818), 158; **[54]** TEMME, Volkssag. Pomm. (1840), 315; **[55]** TIECK-BERNHARDI, Evremont I (1836), 212; **[56]** WIELAND, Aristipp. I (1800–01), SW 22, 394.

4. ›Raubtier, gefährliches, reißendes Tier; für Tierkämpfe eingesetztes Tier; Bestie, Untier‹, metaphorisch auch für Menschen [›2, ›3, ›8, 15]. — **Bdv.:** ♦ entsprechend: *Bestie* [17], *Ungeheuer* [17]. ♦ ähnlich/unterschiedlich: *Furie* [›8]. ♦ Subkategorie: *Adler* [13], *Falke* [13], *Geier* [13], *Hund* [17], *Löwe* [13], *Raubvogel* [13], *Tiger* [13]. — **Ktx.:** ♦ befasst: *Raub* [10]. ♦ Widerfahrnis: *zähmen* [›6]. ♦ Zustand: *wütend* [›2, 15, 17]. ♦ zugehörige Größe: *Beute* [›1]. ♦ konstitutiv: *Klaue* [17], *Rachen* [17]. ♦ Eigenschaft: *Blutdurst* [17], *blutdürstig* [17], *böse* [›3], *grausam* [›6], *grimmig* [17], *reißend* [12], *unzähmbar* [17], *wild* [13]. ♦ räumliche und/oder zeitliche Verortung: *Zirkus* [›5]. — **Wbg.:** ♦ Substantiv: *Raubtier* [13], *Tiergefecht* [16, 18]. ♦ Adjektiv: *tierisch* [15].

[1] A. v. ARNIM, Loch (1813), 29: *Wir armen müden lahmen Leute | Werden nun sicher der Thiere Beute[.]* **[2]** AYRENHOFF, Virginia (1790), SW 2, 318: *Denk, welch ein wüthend Thier der Pöbel ist, | entreißt er sich dem Bande, das ihn zähmt!* **[3]** GOECKINGK, Ged. (1780), 2, 145: *Doch, Sapperlot! Herr, hätt' ich doch beinah | Mein Weib, das böse Thier, vergessen: | Für diese sorgen Sie doch ja.* **[4]** HEGEL [Hotho], Aesth. II (1837), 307: *Nun wird [...] ein Haus als solches hauptsächlich zur Wohnung, zum Schutz gegen Sturm, Regen, Witterung, Thiere, Menschen gebaut, und fordert eine totale Umschließung [...].* **[5]** HERLOßSOHN, Dam. Conv. Lex. II (1834), 417 f. (418): *Der große Circus in Rom [...] enthielt auf den beiden langen und der runden Seite reihenweise sich über einander erhebende Sitze für die Zuschauer, deren er 300,000 gefaßt haben soll, war mit einem breiten Wassergraben versehen,* ⟨418⟩ *welcher die Thiere abhielt, zu den Menschen zu kommen, und diesen gefährlich zu werden, und hatte in seinem Innnern [sic] einen großen Kampfplatz – die Arena, welche durch eine 12 Fuß breite und 6 Fuß hohe Mauer in zwei Theile getheilt war.* **[6]** NOVALIS, Afterdingen I (*1799–1800; 1802), 22: *So sollen vor uralten Zeiten[₃] in den Ländern des jetzigen Griechischen Kaiserthums, wie uns Reisende berichten, die diese Sagen noch dort unter dem gemeinen Volke[₉] angetroffen haben, Dichter gewesen seyn, die durch den seltsamen Klang wunderbarer Werkzeuge das geheime Leben der Wälder, die in den Stämmen verborgenen Geister[₁/₉] aufgeweckt, in wüsten, veröedeten Gegenden den todten Pflanzensaamen erregt, und blühende Gärten hervorgerufen, grausame Thiere gezähmt und verwilderte Menschen zu Ordnung* und Sitte gewöhnt, sanfte Neigungen und Künste[1] des Friedens in ihnen rege gemacht, reißende Flüsse in milde Gewässer verwandelt, und selbst die todtesten Steine in regelmäßige tanzende Bewegungen hingerissen haben. **[7]** PLATEN, Romant. Ödip. (1829), 163: *Unser Sohn, du bist es, den wir, als er kaum den Tag gesehn, | Ausgesetzt als Fraß den Thieren; doch es sollte nicht geschehn! | Man verschone dich, dem Schicksal ließ man, uns zu strafen, Raum; | Doch ich eile fort und schleunig häng' ich mich an einen Baum. | Sie erhenkt sich im Hintergrunde.* **[8]** SCHILLER, Dom Karlos (1787), NA 6, 295: *Verzweiflung | macht mich zur Furie, zum Thier – ich setze | den Dolch auf eines Weibes Brust[.]* **[9]** A. SCHOPENHAUER, Wille u. Vorst. (1819 [1818]), 84: *Merkwürdig ist es [...], daß bei jener [...] Art von Thätigkeit, wo Einer allein, in einer ununterbrochenen Handlung*[1] *etwas ausführen soll, das Wissen, die Anwendung der Vernunft*[1]*, die Reflexion ihm sogar oft hinderlich seyn kann, z. B. eben beim Billiardspielen, beim Fechten, beim Stimmen eines Instruments*[2]*, beim Singen: hier muß die anschauliche Erkenntniß die Thätigkeit unmittelbar leiten: das Durchgehn durch die Reflexion macht sie unsicher, indem es die Aufmerksamkeit theilt und den Menschen verwirrt. Darum führen Wilde und rohe Menschen, die sehr wenig zu denken gewohnt sind, manche Leibesübungen, den Kampf mit Thieren, das Treffen mit dem Pfeil u. dgl. mit einer Sicherheit und Geschwindigkeit aus, die der reflektirende Europäer nie erreicht, eben weil seine Ueberlegung ihn schwanken und zaudern macht: denn er sucht z. B. die rechte Stelle, oder den rechten Zeitpunkt, aus dem gleichen Abstand von beiden falschen Extremen zu finden: der Naturmensch trifft sie unmittelbar, ohne auf die Abwege zu reflektiren.* — **[10]** BRANDES, Ariadne (¹1775), 9; **[11]** BROCKHAUS, Conv.-Lex. I (1809), 49; **[12]** EINSIEDEL/GOTTER, Geisterinsel (¹1798), 476; **[13]** KLINGEMANN, Nachtw. Bonavent. (1804), 105; **[14]** PLATEN, Romant. Ödip. (1829), 161; **[15]** SCHILLER, Nothw. Grenz. (1795 [hier: ²1800]), NA 21, 22; **[16]** A. W. SCHLEGEL, Dramat. Lit. I (1809), 111 f.; **[17]** J. SCHOPENHAUER, Jugendlb. u. Wanderb. I (1839), 220; **[18]** SULZER, Allg. Theor. I (1771), 405.

5. ›Wild, jagdbares Tier‹ jeder Art, das wegen seines Fleisches, seines Pelzes oder aufgrund eines anderen Nutzwertes verfolgt wird. — **Bdv.:** ♦ entsprechend: (kollektiv) *Wild* [›4, 12, 13]. ♦ Subkategorie: *Biber* [6], *Dachs* [›1], *Eber* [›3], *Fuchs* [›1, 6, 9], *Gämse* [7], *Hase* [›1, 6, 9], *Hindin* [13], *Hirsch* [›4, 7, 13], *Luchs* [6], *Marder* [6], *Otter* ›Fischotter‹ [6], *Reh* [›4], *Sau* ›Wildschwein‹ [5], *Schwein* ›Wildschwein‹ [7], *Wolf* [6]. — **Ktx.:** ♦ Handlung: *entfliehen* [11]. ♦ Widerfahrnis: *ausweiden* [›1], *die Haut abziehen* [6, 7], *erlegen* [›3, 12], *fangen* [9], *hetzen* [10], *verwunden* [11]. ♦ verursacht: *Spur* [8]. ♦ Sozialkorrelat: *Jäger* [›1, ›2, 8, 9], *Weidmann* [12]. ♦ konstitutiv: *Balg* [6], *Haut* [6, 7].

[1] ADELUNG, Gramm.-krit. Wb. I (²1793), 667: *Ausweiden, [...] einem Thiere das Eingeweide ausnehmen; ein Ausdruck, der vornehmlich bey den Jägern üblich ist, wo man ihn eigentlich von den Dachsen gebraucht. Hasen, Füchse und kleinere Raubthiere werden ausgeworfen, großes Wildbret aber wird aufgebrochen.* **[2]** 999: *In Bezirk bringen, bey den Jägern, um das Gebüsch gehen, und sehen, ob das Thier sich in demselben befinde.* **[3]** DROYSEN, Alex. (1833), 354: *Bei einer Jagd, als ein Eber auf die Wildbahn kam, und dem Könige, der nach der Hofsitte den ersten Wurf hatte, vor den Speer rannte, erlaubte sich der junge Mann den ersten Wurf und erlegte das Thier; ein Dienstvergehen, das Alexander unter anderen Umständen vielleicht nicht beachtet hätte, bei Hermolaus aber als absichtlich ansah und demgemäß bestrafte, indem er ihn züchtigen und ihm sein Pferd nehmen ließ.* **[4]** C. DE LA MOTTE FOUQUÉ, Resign. I (1829), 198: *Gemächlich kamen jetzt zahme Hirsche und Rehe aus dem Dickicht auf sie zu. Sie naheten ihr, und standen nun scheu und erwartend da, bis sie die Hand nach einem Gefäß ausstreckte, was eben ein Jägerknabe brachte. Jetzt drängte das Wild sich in dichten Rudeln um sie her. Sie streute ihnen Futter in kleine, zu dem Ende angebrachte Krippen. Der Knabe ging, da sein Geschäft abgethan war. Emma blieb, an den dunklen Stamm einer Eiche gelehnt, allein zurück. Sie hatte noch ihre Lust an den Thieren.* — **[5]** ADELUNG, Gramm.-krit. Wb. I (²1793), 94; **[6]** 120; **[7]** 136; **[8]** 1210; **[9]** 1536; **[10]** II (²1796), 1156; **[11]** 1750; **[12]** A. L. GRIMM, Lina's Mährchenb. (1816), 2, 28; **[13]** NAUBERT, Volksmährch. III (1792), 88.

6. jägersprachlich: ›Weibchen des Rotwildes‹. — **Bdv.:** ♦ entsprechend: *Hinde* [6], *Hindin* [6], *Hirschkuh* [6], *Reh* [6], *Weibchen des Hirsches* [8], *Weibchen des Rot- und Damwildes* [▸1], *Wild* ›Hirschkuh‹ (jägersprachl.) [6], *weibliches Geschlecht des Hirsches* [6]. ♦ komplementär: *Hirsch* [▸2, ▸3, 4, 5, 7, 8, 9]. ♦ übergeordnete Kategorie: *Wild* [▸2] — **Ktx.:** ♦ Widerfahrnis: *erlegen* [▸2], *voll Liebesflamme verfolgen* (vom *Hirsch* gesagt) [▸3].

[1] ADELUNG, Gramm.-krit. Wb. IV (²1801), 580: *Im engsten Verstande*[4] *ist bey den Jägern das* Thier, *das Weibchen des Roth- und Damwildes, welches von dem Hirschgeschlechte auch die Hirschkuh, das Wild, die Hindinn, von dem Rehbocke aber das Reh genannt wird. Im Engl. Deer.* **[2]** HEINSE, H. v. Hohenth. II (1796), SW 5, 212: *Nur an die hundert Hirsche und* Thiere *wurden den Vormittag erlegt; der Fürst ließ des Landmanns wegen das Wild nie zahlreich werden.* **[3]** KARSCH, Ged. III (*1763; 1792), 252: *Als jüngst der Hirsch voll Liebesflamme | Sein* Thier *verfolgte, das ihn floh, | Da stand an einem Birkenstamme | Der alte Jäger Sylvio.* — **[4]** ADELUNG, Gramm.-krit. Wb. I (²1793), 179; **[5]** II (²1796), 372; **[6]** 1183; **[7]** 1680; **[8]** III (²1798), 1029; **[9]** 1476.

7. ›Abbild eines *Tiers*₁ im prototypischen Sinne, Tierfigur‹ in der bildenden Kunst (Malerei ebenso wie Plastik) sowie im Kunsthandwerk (auch als Spielzeug für Kinder). In der Gartenkunst werden nicht alle *Tiere*₇ als gleich geeignet angesehen; speziell bei Springbrunnen gelten nur Figuren von Wassertieren als passend [▸6]. — **Bdv.:** ♦ ähnlich/unterschiedlich: *Puppe* [▸2]. ♦ übergeordnete Kategorie: *Figur* [▸6], *plastisches Kunstwerk* [▸5]. — **Ktx.:** ♦ hervorbringend: *Dekorateur* [16], *Künstler* [9], *P. P. Rubens* [10]. ♦ Widerfahrnis: *anfertigen* [▸1], *backen* [▸1], *bunt glacieren* [▸1], *hinzeichnen* [7], *in Holz schnitzen* [▸3], *machen* [▸1], *mit Farben bemalen* [▸5], *schaffen* [14], *schnitzen* [▸5], *sticken* [15]. ♦ Konstitut/größeres Ganzes: *Bild* [18], *Gemälde* [19]. ♦ Funktion: *Wasser werfen* [▸6]. ♦ Eigenschaft: *artifiziell* [16], *golden* [11]. ♦ Gewohnheit/Brauch: *auf dem Land leben* (mit impliziter Hypallage[18]) [▸6]. — **Wbg.:** ♦ Substantiv: *Tierfigur* [13], *Tiermalerei* [13], *Tierstück* ›Gemälde, das Tiere darstellt‹ [8].

---

18 Als H y p a l l a g e oder E n a l l a g e wird die Verschiebung der Bezugsgröße bezeichnet: die „Vertauschung" (Ueding/Steinbrink 2011, 307) eines Wortes oder einer Wortgruppe, meist in attributiver Funktion, so dass sich die Einheit syntaktisch/ausdrucksseitig auf eine andere Größe bezieht als semantisch (z. B. *in baldiger Erwartung Ihrer Antwort*). – Als e l l i p t i s c h e H y p a l l a g e bezeichnen wir die Tatsache, dass sich ein Wort bzw. eine Wortgruppe semantisch auf eine in der Konstruktion nicht vorkommende und daher zu substituierende Größe bezieht (z. B. *einen aufgereckten Eid schwören* – anstatt: *einen Eid mit aufgereckter Hand*; vgl. FWB 1994, 597). – Als i m p l i z i t e H y p a l l a g e bezeichnen wir die Tatsache, dass eine Verschiebung der Bezugsgröße nicht ausdrucksseitig in Erscheinung tritt, sondern lediglich dann bemerkbar wird, wenn man sich die Bedeutung des Ausdrucks vor Augen führt (z. B. js. *Stolz auf seinen alten Adel*: *Adel* bedeutet hier ›Zugehörigkeit zu einer adeligen Familie‹, die Bedeutung der Fügung *alter Adel* wäre aber nicht mit ›alte Zugehörigkeit zu einer adeligen Familie‹, sondern mit ›Zugehörigkeit zu einer alten adeligen Familie‹ anzugeben).

[1] B. v. ARNIM, Frühlingskr. (*1800–04; 1844), 194: *[V]on dem Töpfer will ich Dir was erzählen, was sehr hübsches, ich hab seine Bekanntschaft auf dem lezten Weihnachtsmarkt gemacht, er hatte einen ganzen Korb voll <u>Thiere</u> gebacken und bunt glaciert die bot er zum Verkauf fürs Kindervolk [...]. Zum Beispiel einen Schlitten hat er gemacht der einen Schwan vorstellt weiß glaciert mit schwarzem Schnabel, ein Mohr steht hinten drauf schwarzbraun glaciert mit einem grünen Kittel. Dieses Kunstwerk ⟨195⟩ besitze ich selbst es steht in meiner Kunstkammer, das heißt unter meinem Bett. – Dem Töpfer hatte ich damals seinen ganzen Thonkunstvorrath abgekauft für die Kinder, jedes ging mit einem Lamm oder Fuchs, oder Wolf, Bär, Löwe etc. ab, ich behielt das Hauptstück den Schlitten; er wollte nun eiligst wieder Neues anfertigen und ich wollte gern mit ansehen wie er damit fertig werde. Und [...] ich hab drei Abende bei dem Mann zugebracht, Frau und Kinder saßen bei der Lampe und machten <u>Thiere</u> die Gott nachträglich noch schaffen muß, wenn er gerecht sein will, oder seine Unendlichkeit bleibt unerwiesen [...]. Ich saß nun auch am Tisch und machte Thonkünste[.]* [2] BÜSCHING, Volkssagen (1812), VIII: *Meine Puppen, meine Baukasten, meine <u>Thiere</u> gefielen mir gar wohl; zu Weihnachten marschirten gar artiges Fußvolk und Reiter auf, alles ging anfangs gut, bis ich immer wieder dahinter kam, daß ich alles that und die unglücklichen Puppen gar nichts.* [3] C. DE LA MOTTE FOUQUÉ, Rodrich I (1806), 32: *So verlebte ich meine Tage unter Gesang und Gebet, lernte Heiligenbilder zeichnen und fromme <u>Thiere</u> in Holz schnitzen.* [4] GOETHE, Ged. (1815), WA I, 2, 211: *Die Mütze mußte den Bischof zieren, | Von Goldpapier mit vielen <u>Thieren</u>.* [5] HERLOSSOHN, Dam. Conv. Lex. V (1835), 327: *Ganz vorzüglich geschickt sind die Tyroler und Schwarzwälder im Schnitzen von <u>Thieren</u>, die, ohne mit Farben bemalt zu werden, doch durch die große Wahrheit ihrer der Natur[4] abgelauschten Formen oftmals als kleine plastische Kunstwerke betrachtet werden können.* [6] HIRSCHFELD, Gartenkunst II (1780), 127: *Allein nirgends ist der gute Geschmack mehr beleidigt worden, als durch die Verzierung, die man mit allerley Bildwerk bey Springbrunnen und Wasserkünsten verschwendete. Man hat das Ueppige und Ungereimte, von den berühmten Cascaden von St. Cloud und Fontainebleau an bis zu den Spielwerken in den Gärten der Krämer, nicht weiter treiben können. Daß das Wasser nicht mit Schicklichkeit von menschlichen Figuren noch von <u>Thieren</u> geworfen werden könne, die auf dem Lande leben, hätte doch dem gemeinsten Verstande einleuchten sollen. Gleichwohl wie viele grobe Vergehungen! Der Garten der berühmten Villa Estense bey Rom z. B. hat eine etliche hundert Schritte lange Wasserallee, wo auf beyden Seiten mehr als dreyhundert Adler, und sogar Blumentöpfe, Wasserstralen ausspritzen.* [7] L. TIECK, Sternbald I (1798), 339: *Ich habe den Mahler, der mir Figuren, oder Bäume und <u>Thiere</u> auf flacher Leinwand hinzeichnet, nie höher angeschlagen, als den Menschen, der mit seinem Munde Vögel- und Thiergeschrei nach*⟨340⟩*zuahmen versteht. Es ist eine Künstelei die keinem frommt, und die dabei doch die Wirklichkeit nicht erreicht.* — [8] G. FORSTER, Ansichten I (1791), W 2, 447; [9] 555; [10] II (1791), W 2, 744; [11] GOETHE, Dicht. u. Wahrh. I (1811), WA I, 26, 23; [12] Ital. Reise II (1817), WA I, 31, 37; [13] HERLOSSOHN, Dam. Conv. Lex. VII (1836), 8; [14] 372; [15] IX (1837), 416; [16] PÜCKLER-MUSKAU, Brf. Verstorb. IV (1830), 386; [17] L. TIECK, Phantasus I (1812), 141; [18] WACKENRODER, Herz. (1797 [1796]), 68; [19] WEISE, Dürer (1819), 82.

8. ›traditionelles Symbol jedes der vier Evangelisten‹, von denen drei die Gestalt eines *Tieres*₁ haben (ein Löwe für Markus, ein Stier für Lukas, ein Adler für Johannes), eines die Gestalt eines Menschen (für Matthäus). — **Ktx.:** ♦ <u>Zugehörigkeitsträger</u>: *Evangelist* [›2, ›3, 4]. ♦ <u>Eigenschaft</u>: *prophetisch* [›1].

[1] GOETHE, an Ghzg. Carl August (21. 1. 1821), WA IV, 34, 106: *Dem Evangelisten Lucas ist von den vier prophetischen <u>Thieren</u> das Rind zugetheilt [...].* [2] Th. HUBER, Holland (1811), 180: *In der neuen Kirche war eine schöne geschnitzte Kanzel, an der die vier Evangelisten geziementlich mit ihren <u>Thieren</u> prangten. Die Küstersfrau, welche uns umher führte, hielt Matthäus sein <u>Thier</u> für einen Esel, und schien die Sache nie von einer andern Seite angesehen zu haben. Wahr ist es, daß er sich die Hörner*

ein bischen abgelaufen hatte, so daß die Verwechselung verzeihlig war.[19] *Ich wunderte mich nur, daß der Anblick mehr auf sie gewirkt hatte, wie die Tradition.* **[3]** A. SCHOPENHAUER, Wille u. Vorst. (1819 [1818]), 346: *Wenn [...] gewisse historische oder mythische Personen, oder personifizirte Begriffe*[1]*, durch ein für alle Mal festgesetzte Symbole kenntlich gemacht werden; so heißen diese Embleme: dergleichen sind die* Thiere *der Evangelisten, die Eule der Minerva, der Apfel des Paris, das Anker der Hoffnung u. s. w.* – **[4]** RITTER, Fragm. II (1810), 212, Nr. 657.

9. ›Geschöpf, Wesen, Ding, nicht näher bezeichneter Gegenstand, etwas, das nicht konkreter benannt wird: sei es in abschätziger Redeweise, weil die genaue Bezeichnung dafür nicht bekannt ist oder weil sie vermieden werden soll‹. In der Diminutivform auch Bezeichnung für ein Mädchen oder eine Frau [15, 17]. — **Bdv.:** ♦ Subkategorie: *Franzosen* ›Syphilis‹ [›5], *Kultur*₄ [›5], *Mensch* [›3, 6], *Pocken* [›5], *Soldat* [›2], *Ungeheuer* [12]. — **Ktx.:** ♦ Eigenschaft: *arm* [›1, ›3, ›4], *boshaft* [11], *falsch* [9], *garstig* [12], *gut* [8], *listig* [10], *schadenfroh* [11], *tückisch* [11], *wunderlich* [7]. — **Wbg.:** ♦ Substantiv: *Tierchen* [15, 17].

[1] GOETHE, Ged. (1815), WA I, 2, 237: *Wer dem Publikum*[2] *dient, ist ein armes* Thier*; | Er quält sich ab, niemand bedankt sich dafür.* **[2]** LICHTENBERG, Sudelb. J (*1789–93), SuB 1, 820, Nr. 1182: *Was der Soldat für ein* Tier *ist sieht man deutlich aus dem gegenwärtigen Krieg. Er läßt sich gebrauchen Freiheit*[1] *festzusetzen, Freiheit*[1] *zu unterdrücken, Könige zu stürzen, und auf dem Thron zu befestigen. Wider Frankreich, für Frankreich und wider Polen!* **[3]** LÖHR, Buch d. Mährch. II (⁰1820), 182 f. (183): *Das Gericht beschloß den einfältigen Menschen loszugeben. Man läßt den Pinsel kommen [...]* (183) *[...]; der Richter bedauert ihn und spricht: „Geh nach Hause, du armes* Thier*, und wenn es möglich ist, so sei künftig nicht mehr so grund hageledumm."* **[4]** SCHILLER, an Goethe (18. 1. 1796), NA 28, 168: *Wir haben dem armen* Thiere*, dem Michaelis, doch Unrecht gethan.* **[5]** SCHUBART, Ged. (1776), G, 203: *Der Tauschhandel | Der Otaheite: Komm her, du fremder*[1] *kleiner Mann, | Nimm allen unsern Reichthum an, | Hier Goldsand, Perlen aus der Fluth, | Baumleinwand, Purpurschneckenblut! | Und unsre schönen*[1] *Weiber hier, | Geschickt, dir liebzukosen. | Doch halt – was gibst du uns dafür? | Der Europäer: Kultur*[4]*! | Der Otaheite: Was ist das für ein* Thier*? | Der Europäer: 's sind Pocken und F–.* — **[6]** GOETHE, Tageb. (1786), WA III, 1, 249; **[7]** an Herder (2. 3. 1789), WA IV, 9, 92; **[8]** IFFLAND, Spieler (1796), 190; **[9]** KURZ, Przss. Pumph. (1767), 22; **[10]** LA ROCHE, Brf. Rosal. II (²1797), 358; **[11]** J. G. MÜLLER, S. v. Lindenb. (1779), 64; **[12]** MUSÄUS, Grandison I (1760), 83; **[13]** PFEFFEL, Ged. I (*1764), 166; **[14]** SCHILLER, Räuber (1781), NA 3, 30; **[15]** 54; **[16]** Fiesko (1783), NA 4, 23; **[17]** 38; **[18]** SPINDLER, Jude I (1827), 187.

Literatur

Aus Umfangsgründen werden hier lediglich wissenschaftliche Literatur und Sekundärquellen sowie einige wenige – im Beitrag zitierte – Primärquellen angegeben. Die durch Kurztitel und Jahreszahl

---

19 Die Stelle erscheint unklar, da das Attribut der *Hörner* eher auf den Evangelisten Lukas weist, dessen Symbol der Stier ist. Möglicherweise liegt ein Druckfehler vor. Sollte tatsächlich Matthäus (mit der Symbolgestalt eines Menschen) gemeint sein, könnte es sich – dann tatsächlich in der Verbindung Mensch-Esel – um Ironie handeln. Vielleicht liegt aber auch (ebenfalls in ironischer Absicht) perspektivische Rede vor: Die *Küstersfrau* könnte nicht nur den Stier mit einem Esel, sondern auch Lukas mit Matthäus verwechselt haben.

zitierten ZBK-Quellen (auch daran erkennbar, dass Verfassernamen in Kapitälchen stehen) sind mit vollständigen bibliographischen Angaben unter <http://www.korpus.zbk-online.de>; [letzter Zugriff: 09.11.2018] zu finden. Dort werden auch die diversen diakritischen Markierungen erläutert (z. B. kennzeichnen Asterisken vor Jahreszahlen Entstehungsjahre, Ausrufezeichen vor Jahreszahlen die Tatsache, dass ein Text im Untersuchungszeitraum nur durch mündlichen Vortrag publiziert wurde usw.).

Angermuller,[20] Johannes u. a. (2014) (Hrsg.): *Diskursforschung. Ein interdisziplinäres Handbuch.* Bd. 1: Theorien, Methodologien und Kontroversen. Bd. 2: Methoden und Analysepraxis. Perspektiven auf Hochschulreformdiskurse. Bielefeld: transcript.

Bär, Jochen A. (1998): Vorschläge zu einer lexikographischen Beschreibung des frühromantischen Diskurses. In: Wiegand, Herbert Ernst (Hrsg.): Wörterbücher in der Diskussion III. Vorträge aus dem Heidelberger Lexikographischen Kolloquium. Tübingen: Niemeyer, 155–211.

Bär, Jochen A. (2004): Genus und Sexus. Beobachtungen zur grammatischen Kategorie „Geschlecht". In: Eichhoff-Cyrus, Karin M. (Hrsg.): *Adam, Eva und die Sprache. Beiträge zur Geschlechterforschung.* Mannheim u. a.: Duden, 148–175.

Bär, Jochen, A. (2010ff.) (Hrsg.): Zentralbegriffe der klassisch-romantischen „Kunstperiode" (1760–1840). Wörterbuch zur Literatur- und Kunstreflexion der Goethezeit. [Unter: <http://www.zbk-online.de/>; letzter Zugriff: 09.11.2018]

Bär, Jochen A. (2011): Das Konzept des Gehörs in der Theorie der deutschen Romantik. Unter Mitarbeit von Benita von Consbruch. In: Krings, Marcel (Hrsg.): *Phono-Graphien. Akustische Wahrnehmung in der deutschsprachigen Literatur von 1800 bis zur Gegenwart.* Würzburg: Königshausen und Neumann, 81–121.

Bär, Jochen A. (2012): Sprachtheorie und Sprachgebrauch der deutschen Romantik. In Ders./Müller, Marcus (Hrsg.): Geschichte der Sprache – Sprache der Geschichte. Probleme und Perspektiven der historischen Sprachwissenschaft des Deutschen. Oskar Reichmann zum 75. Geburtstag. Berlin: Akademie, 497–564.

Bär, Jochen A. (2014): Das semantische Konzept ‹Witz› in der deutschen Literatur- und Kunstreflexion um 1800: Ansätze einer linguistischen Beschreibung. In: Schubert, Christoph (Hrsg.): *Kommunikation und Humor. Multidisziplinäre Perspektiven.* Berlin: Lit, 37–59.

Bär, Jochen A. (2014/15): Methoden historischer Semantik am Beispiel Max Webers. In: *Glottotheory. International Journal of theoretical Linguistics* 5, 243–298; 6, 1–92.

Bär, Jochen A. (2015a): Der romantische Kritik-Begriff aus linguistischer Sicht. In: Breuer, Ulrich/Tabarasi-Hoffmann, Ana-Stanca (Hrsg.): *Der Begriff der Kritik in der Romantik.* Paderborn: Schöningh, 93–128.

Bär, Jochen A. (2015b): Hermeneutische Linguistik. Theorie und Praxis grammatisch-semantischer Interpretation. Grundzüge einer Systematik des Verstehens. Berlin/München/Boston: De Gruyter.

Bär, Jochen A. (2016a): Wortprobleme. Eine lexikologische Annäherung. In: *Der Sprachdienst* 60, 16–30 u. 73.

Bär, Jochen A. (2016b): Langue-Philologie – historische Semantik – hermeneutische Linguistik – wie auch immer. Für eine qualitative Diskurslexikographie. In: Lobenstein-Reichmann, Anja/Müller, Peter O. (Hrsg.): *Historische Lexikographie zwischen Tradition und Innovation.* Berlin/Boston: De Gruyter, 253–281.

---

20 „Seit seinem Wechsel nach Großbritannien und Frankreich hat sein Name keinen Umlaut mehr." (Angermuller u. a. 2014, 1, 665.)

Bär, Jochen A. (2016c): Text- und Diskurshermeneutik. In: *Muttersprache. Vierteljahresschrift für deutsche Sprache* 126, 281–301.
Bär, Jochen A. (2016d): Das semantisch-pragmatische Konzept ‚Brief' in der deutschen Romantik. In: Strobel, Jochen(Hrsg.): *August Wilhelm Schlegel im Dialog. Epistolarität und Interkulturalität*. Paderborn: Schöningh, 139–154.
Bär, Jochen A. (2017a): Der klassisch-romantische Ironie-Begriff aus linguistischer Sicht. Ein lexikographischer Werkstattbericht. In: Petersdorff, Dirk von/Ewen, Jens (Hrsg.): *Konjunkturen der Ironie – um 1800, um 2000*. Heidelberg: Winter, 79–107.
Bär, Jochen A. (i. V.): Wissen in der historischen Semantik. In: Pelikan, Kristina/Roelcke, Thorsten (Hrsg.): *Information und Wissen – Beiträge zum transdisziplinären Diskurs*. Frankfurt a. M. u. a.: Lang.
Bär, Jochen A./Consbruch, Benita von (2012): Korpora in der historischen Lexikographie (am Beispiel eines Diskurswörterbuchs zur Goethezeit). In: Felder, Ekkehard/Müller, Marcus/Vogel, Friedemann (Hrsg.): *Korpuspragmatik. Thematische Korpora als Basis diskurslinguistischer Analysen*. Berlin/Boston: De Gruyter, 451–487.
Böke, Karin (1996): Politische Leitvokabeln in der Adenauer-Ära. Zu Theorie und Methodik. In: Dies./Liedtke, Frank/Wengeler, Martin (Hrsg.): *Politische Leitvokabeln in der Adenauer-Ära*. Berlin/New York: De Gruyter, 19–50.
Borchmeyer, Dieter (1998): *Weimarer Klassik. Portrait einer Epoche*. Aktualisierte Neuausgabe. Weinheim: Beltz.
Bubenhofer, Noah (2009): *Sprachgebrauchsmuster. Korpuslinguistik als Methode der Diskurs- und Kulturanalyse*. Berlin/New York: De Gruyter.
Busch, Albert (2007): Der Diskurs: ein linguistischer Proteus und seine Erfassung – Methodologie und empirische Gütekriterien für die sprachwissenschaftliche Erfassung von Diskursen und ihrer lexikalischen Inventare. In: Warnke, Ingo H., (Hrsg.): *Diskurslinguistik nach Foucault. Theorie und Gegenstände*. Berlin/New York: De Gruyter, 141–163.
Busse, Dietrich (2003): Begriffsgeschichte oder Diskursgeschichte? Zu theoretischen Grundlagen und Methodenfragen einer historisch-semantischen Epistemologie. In: Dutt, Carsten (Hrsg.): *Herausforderungen der Begriffsgeschichte*. Heidelberg: Winter, 17–38.
Busse, Dietrich/Wolfgang Teubert (1994): Ist Diskurs ein sprachwissenschaftliches Objekt? Zur Methodenfrage der historischen Semantik. In: Ders./Hermanns, Fritz/Teubert, Wolfgang (Hrsg.): *Begriffsgeschichte als Diskursgeschichte. Methodenfragen und Forschungsergebnisse der historischen Semantik*. Opladen: Westdeutscher Verlag, 10–28.
Busse, Dietrich/Teubert, Wolfgang (2013) (Hrsg*.): Linguistische Diskursanalyse: neue Perspektiven*. Wiesbaden: Springer.
Dieckmann, Walther (1975): *Sprache in der Politik. Einführung in die Pragmatik und Semantik der politischen Sprache*. 2. Aufl. Heidelberg: Winter.
Felder, Ekkehard (2012): Pragma-semiotische Textarbeit und der hermeneutische Nutzen von Korpusanalysen für die linguistische Mediendiskursanalyse. In: Ders./Müller, Marcus/Vogel, Friedemann (2012) (Hrsg.): *Korpuspragmatik. Thematische Korpora als Basis diskurslinguistischer Analysen*. Berlin/Boston: De Gruyter, 115–174.
Felder, Ekkehard (Hrsg.) (2013): Faktizitätsherstellung in Diskursen. Die Macht des Deklarativen. Berlin/Boston: De Gruyter.
Felder, Ekkehard/Müller, Marcus/Vogel, Friedemann (2012) (Hrsg.): *Korpuspragmatik. Thematische Korpora als Basis diskurslinguistischer Analysen*. Berlin/Boston: De Gruyter.
Fix, Ulla (2015): Die EIN-Text-Diskursanalyse. Unter welchen Umständen kann ein einzelner Text Gegenstand einer diskurslinguistischen Untersuchung sein? In: Kämper, Heidrun/ Warnke, Ingo H. (Hrsg.): *Diskurs – interdisziplinär. Zugänge, Gegenstände, Perspektiven*. Berlin/Boston: De Gruyter, 317–333.

FWB = *Frühneuhochdeutsches Wörterbuch*. Hrsg. v. Robert R. Anderson [für Bd. 1]/Ulrich Goebel/Anja Lobenstein-Reichmann/Oskar Reichmann. Bearb. von Anja Lobenstein-Reichmann [ab Bd. 5 fortlaufend]/Joachim Schildt [Bd. 6., erste Hälfte]/Oskar Reichmann [Bände 1–3 und fortlaufend]/Vibeke Winge [Bd. 8]/Akademie der Wissenschaften zu Göttingen [seit 2013, ab Bd. 5, zweite Lieferung] u. a.

Gardt, Andreas (2007): Diskursanalyse. Aktueller theoretischer Ort und methodische Möglichkeiten. In: Warnke, Ingo H. (Hrsg.): *Diskurslinguistik nach Foucault. Theorie und Gegenstände*. Berlin/New York: De Gruyter, 28–52.

Gardt, Andreas (2012): Textsemantik. Methoden der Bedeutungserschließung. In: Bär, Jochen A./Müller, Marcus (Hrsg.): Geschichte der Sprache – Sprache der Geschichte. Probleme und Perspektiven der historischen Sprachwissenschaft des Deutschen. Oskar Reichmann zum 75. Geburtstag. Berlin: Akademie, 61–82.

Gardt, Andreas (2013): Textanalyse als Basis der Diskursanalyse. Theorie und Methoden. In: Felder, Ekkehard (Hrsg.): *Faktizitätsherstellung in Diskursen. Die Macht des Deklarativen*. Berlin/Boston: De Gruyter, 29–55.

Harm, Volker (2005): Perspektiven auf die sprachhistorische Lexikographie nach dem deutschen Wörterbuch. In: *Zeitschrift für germanistische Linguistik* 33, 92–105.

Hermanns, Fritz (1982): Brisante Wörter. Zur lexikographischen Behandlung parteisprachlicher Wörter und Wendungen in Wörterbüchern der deutschen Gegenwartssprache. In: Wiegand, Herbert Ernst (Hrsg.): *Studien zur neuhochdeutschen Lexikographie II*. Hildesheim/New York: Olms, 87–108.

Hermanns, Fritz (1994): *Schlüssel-, Schlag- und Fahnenwörter. Zur Begrifflichkeit und Theorie der lexikalischen ‚politischen Semantik'. Arbeiten aus dem Sonderforschungsbereich 245 Sprache und Situation*. Heidelberg: Universität.

Hermanns, Fritz (1995): Sprachgeschichte als Mentalitätsgeschichte. Überlegungen zu Sinn und Form und Gegenstand historischer Semantik. In: Gardt, Andreas/Mattheier, Klaus J./Reichmann, Oskar (Hsrg.): *Sprachgeschichte des Neuhochdeutschen. Gegenstände, Methoden, Theorien*. Tübingen: Niemeyer, 69–101.

Jung, Matthias (2000): Diskurshistorische Analyse als linguistischer Ansatz. In: *Sprache und Literatur* 86/2, 20–38.

Kämper, Heidrun (2008): Diskurswörterbuch. Zur Konzeption eines neuen Wörterbuchtyps. In: Bernal, Elisenda/DeCesaris, Janet (Hrsg.): *Proceedings of the XIII euralex International Congress*. Barcelona: Documenta Universitaria, 689–695.

Klein, Josef (1989): Wortschatz, Wortkampf, Wortfelder in der Politik. In: Ders. (Hrsg.): *Politische Semantik. Bedeutungsanalytische und sprachkritische Beiträge zur politischen Sprachverwendung*. Opladen: Westdeutscher Verlag, 3–50.

Niehr, Thomas (2014): *Einführung in die linguistische Diskursanalyse*. Darmstadt: Wissenschaftliche Buchgesellschaft.

Reichmann, Oskar (1983): Möglichkeiten der Erschließung historischer Wortbedeutungen. In: van den Broek, M. A./Jaspers, G. J. (Hrsg.): In diutscher diute. Festschrift für Anthony van der Lee zum 60. Geburtstag. Amsterdam: Rodopi, 111–140.

Reichmann, Oskar (1989): Hinweise zur Benutzung des Wörterbuches. Lexikographische Einleitung. In: *Frühneuhochdeutsches Wörterbuch*. Hrsg. v. Robert R. Anderson/Ulrich Goebel/Oskar Reichmann. Bd. 1: Einführung. *a – äpfelkern*. Bearb. v. Oskar Reichmann. Berlin/New York: De Gruyter, 1–164.

Römer, David (2017): *Wirtschaftskrisen. Eine linguistische Diskursgeschichte*. Berlin/Boston: De Gruyter.

Scharloth, Joachim/David Eugster/Noah Bubenhofer (2013): Das Wuchern der Rhizome. Linguistische Diskursanalyse und Data-driven Turn. In: Busse, Dietrich/Teubert, Wolfgang (Hrsg.): *Linguistische Diskursanalyse. Neue Perspektiven.* Wiesbaden: Springer, 345–380.

Scholz, Ronny/Ziem, Alexander (2015): Das Vokabular im diskurshistorischen Vergleich: Skizze einer korpuslinguistischen Untersuchungsheuristik. In: Kämper, Heidrun/Warnke, Ingo H. (Hrsg.): *Diskurs – interdisziplinär. Zugänge, Gegenstände, Perspektiven.* Berlin/Boston: De Gruyter, 281–313.

Spieß, Constanze (2011): *Diskurshandlungen. Theorie und Methode linguistischer Diskursanalyse am Beispiel der Bioethikdebatte.* Berlin/Boston: De Gruyter.

Spitzmüller, Jürgen/Warnke, Ingo H. (2011): *Diskurslinguistik. Eine Einführung in Theorien und Methoden der transtextuellen Sprachanalyse.* Berlin/Boston: De Gruyter.

Stötzel, Georg/Thorsten Eitz (2002) (Hrsg.): *Zeitgeschichtliches Wörterbuch der deutschen Gegenwartssprache.* Unter Mitarbeit von Astrid Jährling-Marienfeld, Lea Plate u. a. Hildesheim/Zürich/New York: Olms.

Stötzel, Georg/Wengeler, Martin (1995): *Kontroverse Begriffe. Geschichte des öffentlichen Sprachgebrauchs in der Bundesrepublik Deutschland.* In Zusammenarbeit mit Karin Böke, Hildegard Gorny u. a. Berlin/New York: De Gruyter.

Strauß, Gerhard/Haß, Ulrike/Harras, Gisela (1989): *Brisante Wörter von Agitation bis Zeitgeist: Ein Lexikon zum öffentlichen Sprachgebrauch.* Berlin/New York: De Gruyter.

Strich, Fritz (1924): *Deutsche Klassik und Romantik oder Vollendung und Unendlichkeit. Ein Vergleich.* 2., vermehrte Aufl. München: Meyer & Jessen.

Ueding, Gert/Steinbrink, Bernd (2011): *Grundriß der Rhetorik. Geschichte, Technik. Methode.* 5., akt. Aufl. Stuttgart/Weimar: Metzler.

Vogel, Friedemann (2012): Das LDA-Toolkit. Korpuslinguistisches Analyseinstrument für kontrastive Diskurs- und Imageanalysen in Forschung und Lehre. In: *Zeitschrift für Angewandte Linguistik* 57, Heft 1, 129–165.

Warnke, Ingo H. (2007) (Hrsg.): *Diskurslinguistik nach Foucault. Theorie und Gegenstände.* Berlin/New York: De Gruyter.

Warnke, Ingo H./Spitzmüller, Jürgen (2008) (Hrsg.): *Methoden der Diskurslinguistik. Sprachwissenschaftliche Zugänge zur transtextuellen Ebene.* Berlin/New York: De Gruyter.

Wengeler, Martin (2003): *Topos und Diskurs. Begründung einer argumentationsanalytischen Methode und ihre Anwendung auf den Migrationsdiskurs (1960–1985).* Tübingen: Niemeyer.

Nathalie Exo
Brief in der Brust und *Hase im Busen* – gleich- und gegenläufige Bedeutungsveränderung bei Teilsynonymen

Zusammenfassung: Die Neubearbeitung des *Deutschen Wörterbuchs* von Jacob Grimm und Wilhelm Grimm ([2]DWB) ist als einzelwortorientierte historische Darstellung des deutschen Wortschatzes konzipiert. Trotz der Fokussierung auf das Einzelwort stellen präzisen Wortbiographien des [2]DWB eine gute Grundlage für die vergleichende Betrachtung semantisch eng verwandter Stichwörter dar. Dies wird in dem Beitrag anhand der Quasi-Synonyme *Brust* und *Busen* demonstriert. Hier zeigt sich ein komplexes Wechselspiel: Auf der einen Seite ist bei beiden Wörtern eine semantische Schwerpunktbildung festzustellen, die aus einem Bedürfnis nach lexikalischer Differenzierung entstanden sein dürfte. Auf der anderen Seite gibt es offenbar auch analogisch motivierte Übernahmen einzelner Bedeutungsposition bei dem jeweils anderen Lemma.

Schlüsselwörter: Bedeutungswandel, Synonymie, semantische Differenzierung, Analogie

1 *Brust* und *Busen* im [2]DWB

Nach der Arbeit an dem [2]DWB-Artikel *Brust*[1] lag es nahe, das Material zum Artikel *Busen* vom selben Bearbeiter sichten zu lassen. Es stand die Erwartung im Raum, dass beide Lemmata zumindest in ihren Grundbedeutungen weitestgehend synonym und somit unkompliziert zu bearbeiten sein würden. Bei der Artikelarbeit hat sich diese Erwartung zu einem Teil tatsächlich erfüllt; viel interessanter waren allerdings die Unterschiede zwischen den beiden Bedeutungsspektren, die die Arbeit in unvorhergesehener Weise erschwert haben, da sie eine sehr genaue, detaillierte Betrachtung und Abgrenzung erforderten. Die Art der Verteilung der Belege auf die Bedeutungspositionen, die chronologische Entwicklung derselben und, daran abzulesen, die Arten der Bedeutungsveränderungen, die *Brust* und *Busen* im Laufe ihrer Verwendungsgeschichte durchlaufen haben, sollen im folgenden Beitrag illustriert und kommentiert werden.

---

[1] An der Vorbereitung des Artikels war auch Anke Hartmann, M. A. maßgeblich beteiligt.

Nathalie Exo: Alter Gelinterweg 1, 47669 Wachtendonk.

Nach einigen kurzen Anmerkungen zu den Grundlagen der semantischen Ausdifferenzierung werden die Artikelstrukturen von *Brust* und *Busen* in der im ²DWB üblichen hierarchischen Struktur dargelegt. Dazu gehört jeweils eine knappe Erläuterung zum Abbildungsverhältnis, d. h. wie viel Belegmaterial hinter den Belegen steht, die tatsächlich im endgültigen Artikel zu finden sind. Im ²DWB setzen sich die abgebildeten Belege im Idealfall folgendermaßen zusammen: Erstbeleg, ein Beleg pro Jahrhundert bis zum Jahr 1500, dann ein Beleg pro Jahrhunderthälfte bis zum Letztbeleg. Die tatsächliche Länge dieser so entstehenden Belegreihen hängt einerseits von der Wortgeschichte, andererseits vom Archivmaterial des ²DWB ab.

Es folgt eine vergleichende Übersicht der semantischen Ausdifferenzierung beider Lemmata anhand der chronologisch sortierten Bedeutungspositionen, wobei hier randständige Nebenbedeutungen, wie z. B. ‚Rüstung' für *Brust*, größtenteils ausgespart werden – das Belegmaterial ist hier zu lückenhaft und aus dem Verhältnis von abgebildeten zu im Material vorhandenen Belegen lassen sich keine Rückschlüsse ziehen.

Besonderes Augenmerk wird auf mögliche Wechselwirkungen zwischen den Bedeutungsentwicklungen beider Lemmata gelegt. Exkursartig wird anschließend noch auf die phraseologische Verwendung beider Wörter Bezug genommen, ehe die wichtigsten Punkte der Darstellung kurz zusammengefasst werden.

Einschränkend ist zu folgenden Erläuterungen eingangs noch zu sagen, dass das Archivmaterial des ²DWB einige Lücken aufweist, die nur teilweise vom Bearbeiter behoben werden können: Althochdeutsche Belege fehlen gänzlich, mittelhochdeutsche zum Teil ebenso – diese können mithilfe der einschlägigen Wörterbücher leicht nachgesammelt und zugeordnet werden. Gegenwartssprachliche Belege sind über moderne Korpora gezielt auch in verschiedenen Verwendungstypen auffindbar. Für Lücken in anderen Zeiträumen, z. B. im 17. und 18. Jahrhundert, gestaltet sich die Ergänzung der Belegreihen schwieriger und ist zu weiten Teilen von der Genauigkeit der Suchmaschinen in Bezug auf die Frakturschrift abhängig. Oft lässt sich diese letzte Lücke nicht schließen. Daneben ist zu beachten, dass die Auswahl der exzerpierten Quellen zum Teil einseitig ist: So kann es durchaus sein, dass z. B. bei einzelnen Gliederungsmarken im Artikel fast das gesamte Material Anfang des 16. Jahrhunderts nur aus Luther-Belegen bzw. Belegen religiöser Quellen besteht. Für den Leser des Wörterbuchartikels ist nicht mehr nachvollziehbar, wie viel Belegmaterial hinter den abgebildeten Belegen steht, wo die Schwerpunkte der Überlieferung liegen und welche Auswirkungen dies für eine Nachzeichnung des Bedeutungsspektrums hat. Auch die Bewertung des jeweiligen Erstbelegs muss immer unter Vorbehalt erfolgen. Die Verzerrung der Aussagekraft, die den Belegreihen zugeschrieben werden kann, erstreckt sich über mehrere Ebenen und wird im Folgenden wenn möglich berücksichtigt. Die Relativierung der jeweiligen Befunde in Bezug auf das Ausgangskorpus wird demnach jeweils mitgedacht und, wo relevant, auch angesprochen.

2 Gleich- und gegenläufige Bedeutungsveränderungen

Im den folgenden Abschnitten wird zum einen die Auffächerung der Bedeutungsspektren von *Brust* und *Busen* dargestellt und erläutert, zum anderen werden die Prozesse illustriert, die eine Veränderung der Hauptverwendungstypen zur Folge haben. Die dargestellten Sprachwandelprozesse sind rein semantischer Natur, d. h. sie beziehen sich allein auf die Inhaltsseite der Lemmata (vgl. Wegera 2012: 211). Auch zeigt sich am Beispiel von *Brust*, einem Wort, das durchaus als zentral innerhalb des deutschen Wortschatzes angesehen werden kann, dass der semantische Kern eines Worts aufgrund ebendieser Wichtigkeit trotz aller Bedeutungsveränderungen stabil bleiben kann (zu ähnlichen Fällen vgl. Wegera 2012: 212f.): Alle hier dargestellten Prozesse haben eine semantische Ausdifferenzierung von *Brust* zur Folge, die über die Kernbedeutung hinausgeht; die jüngeren Bedeutungen sind jedoch dem Bedeutungsspektrum hinzuzuaddieren und verdrängen die Kernbedeutung nicht. Etwas weniger eindeutig ist der Fall bei *Busen*, wie sich später zeigen wird (vgl. Kapitel 2b).

Als „Verfahren semantischer Innovation" (Wegera 2012: 243) zeigen sich in den beiden vorliegenden Artikeln Metaphern und Metonymien. Mit Hilfe dieser Verfahren lassen sich die Bedeutungsspektren in ihrer diachronen Entwicklung nachzeichnen, wobei diese Erläuterungen evidenzbasiert sind; was tatsächlich hinter der sprachlichen Innovation stand, weiß nur der Sprecher, der diesen Verwendungstyp zuerst (meist unbewusst) produziert hat, und der Hörer, der ihn angenommen hat (vgl. Blank 1999: 61). Sehr deutlich zeigt sich jedoch, wie die Entwicklung in vielen Einzelschritten über den Zeitraum mehrerer Jahrhunderte vollzogen wird. Hier zeigt sich der Wert eines diachronen Belegwörterbuchs, denn

> [d]a sich neue Bedeutungen an vorhandene Bedeutungen anlehnen bzw. aus ihnen hervorgehen, spiegelt sich die diachrone Bedeutungsentwicklung eines Lexems zumindest zum Teil in den Bedeutungsauffächerungen späterer Synchronschnitte (z.B. der Gegenwart) wider. [...] [D]ie Diachronie einer Wortsemantik ist nicht vollständig und unmittelbar aus dem synchronen Nebeneinander von Bedeutungen ablesbar. (Wegera 2012: 244)

Allein vom gegenwartssprachlichen Bedeutungsspektrum von *Brust* und *Busen* lässt sich nicht auf ihre diachrone Entwicklung schließen, zumal die Wechselwirkung zwischen diesen beiden Teilsynonymen bei der Auffächerung ihrer Bedeutungen eine nicht unerhebliche Rolle gespielt zu haben scheint (vgl. Blank 1999: 68).

a. *Brust*

Zunächst wird nun das Bedeutungsspektrum von *Brust* dargestellt und dann in seiner Bedeutungsveränderung erläutert. Das Wort lässt sich in der Bedeutung ‚Brust' bzw. im Bereich ‚Brust – Bauch' auf das Germanische zurückführen (vgl. Lloyd 1998: 399–402).

Das Lemma ist früh belegt, nämlich schon im 8. Jahrhundert in einer Glosse zu lat. pectus (1), das bereits unsere heutige Unterscheidung in die konkrete Grundbedeutung ‚Rumpf' sowie die übertragene ‚Inneres, Herz, Seele' abbilden kann (vgl. Georges 2003: 1258), sodass eine Zuordnung zu einer bestimmten Bedeutungsposition eher arbiträr ist.

(1) *pectus* prust (ahd. gl., 8. Jh.)[2]
(2) er hielt die predigt lose, nicht sorglos in der linken hand, etwas höher als den magen, und ein wenig von der brust ab (Bode, 1774)
(3) das ander was die am, die das kind neren solt mit den prusten (Kottaner denkw., um 1450)
(4) laut einer umfrage des bundesverbandes frauenselbsthilfe nach krebs wissen jedoch weniger als zehn prozent der betroffenen von den unterschiedlichen möglichkeiten, die für die wiederherstellung der brust nach einer tumoroperation zur verfügung stehen (mannh. morgen, 2013)

Der Erstbeleg steht in der Position der heutigen Grundbedeutung: ‚vorderer, oberer Teil des Rumpfes über dem Bauch, von Menschen und Wirbeltieren' (Bed. 1a zur Oberbedeutung 1 ‚Körperteil'), eine unspezifische, aber in Bezug auf das Denotat konkrete Körperteilbezeichnung (2), die im Folgenden als Ausgangsposition für die Nachzeichnung der Bedeutungsentwicklung von *Brust* gelten soll. Zu den Körperteilbezeichnungen zählen auch Bed. 1b ‚fleischige Erhebungen am Oberkörper einer Frau', weiter unterteilt in Bed. 1bα ‚milchgebender Busen' (3) und 1bβ ‚weibliches, äußeres Geschlechtsmerkmal' (4), zwei Verwendungstypen, die sich im Belegmaterial teilweise nur schwer voneinander abgrenzen lassen. Die Entscheidung der Zuordnung fiel hier anhand des erweiterten Kontexts. Bei Bed. 1c ‚Brusthöhle und darin liegende Organe, besonders Herz, Lunge' (5) noch mehr als bei anderen Bedeutungspositionen finden sich Abgrenzungsschwierigkeiten zu übertragenen Verwendungen, was sicherlich auch der Tatsache geschuldet ist, dass physische Beschwerden wichtiger, im Brustkorb liegender Organe entsprechende emotionale Reaktionen hervorrufen und umgekehrt. Zwei weitere Bedeutungen, Bed. 1d ‚Euter,

---

2 Soweit nicht anders angegeben, sind alle Beispiele und ihre Datierung aus den ²DWB-Artikeln *Brust* und *Busen* entnommen (unter Beibehaltung der wörterbuchüblichen Orthographie). Genauere Nachweise der zitierten Stellen finden sich dort.

Zitze' (6) und 1e ‚eßbares Muskelfleisch vom vorderen, oberen Rumpf eines Schlachtviehs' (7) sind nur unvollständig belegt und nicht als Hauptverwendungen anzusehen – sie werden im Folgenden deswegen nur am Rande Erwähnung finden.

(5) es mag mich in der brust stechen (Nicolai, 1599)
(6) widerumb sol man (die Kuh) .. dry tag melcken, das sy an der brust nit schmertzen lydint (Oesterreicher, 1491)
(7) nim eines hůnes brust, die sol man zeisen vnd sol die hacken dor in (b. v. gůter spise, Mitte 14. Jh.)

Die zweite Bedeutungsposition ‚Inneres, Seele, Sitz von Gefühlen' (8) ist seit dem Anfang des 9. Jahrhunderts belegt und bildet die übertragenen, semantisch abstrakten Bedeutungen von *Brust* ab. Überschneidungen zu den Verwendungstypen von Bed. 1 sind hier naturgemäß nicht zu vermeiden. Bed. 3a ‚Teil eines Hemds; Mieder' (9) und 3b ‚(Teil einer) Rüstung' (10) werden einer übergeordneten Position ‚Kleidungsstück' zugeordnet. Sie sind z. T. lückenhaft belegt; besonders in der Bedeutung ‚Rüstung' wird *Brust* nur kurzfristig (d. h. 15.–16. Jahrhundert) verwendet, zumindest nach dem vorhandenen Belegmaterial. Jünger, aber als Verwendungstyp insgesamt ebenso untergeordnet ist die Bed. 4 ‚nach vorne gerichteter, hervorstehender Teil von etwas' (11), die erst im 16. Jahrhundert zu finden ist.

(8) wenn ihn die mågden nur von aussen angesehen, so wår es alsobald um ihre brust geschehen (Henrici, 1727)
(9) der jungfrawen bänder sein auß gold vnnd perlen, die brüste roth, grün, mit vnterschiedenem sammet von farben beleget (Dilich, 1609)
(10) der mann auffstund, sein harnisch anleget, zů seiner frawen sprach: ‚kumb her, ich will dir zeygen, was halsen ist.' sie nam und an die eysen brust trucket, das sie ersticken hett mögen (Montanus, 1557)
(11) wieder wälzt sich der volksstrom hinter der musik .. hinauf zur honterusquelle, die in einer waldlichtung übermütig aus der braunen brust des berges sprudelt (Meschendörfer, 1932)

Das Lemma *Brust* ist im Belegmaterial des ²DWB mit ca. 1180 Zetteln vertreten, von denen im oben beschriebenen Artikel 109, d. h. gerundet 9 %, abgebildet worden sind. Bei Auszählung der Belege einzelner Bedeutungspositionen und ihrem Verhältnis zu den tatsächlich abgebildeten Belegen ergeben sich vier Hauptverwendungen: ‚Rumpf' (Bed. 1a), ‚milchgebender Busen' (Bed. 1bα), ‚Brusthöhle' (Bed. 1c) und ‚Inneres, Seele' (Bed. 2). Hier liegt die Zahl der abgebildeten Belege im Prozentbereich unter den durchschnittlichen 9 %; auch stimmt diese Rechnung mit dem gegenwartszeitlichen Sprachgefühl überein. Die Bed. 1bβ ‚äußeres Geschlechtsmerkmal' ist ein Grenzfall mit etwas über 9 %. Die anderen, kleineren Bedeutungen weisen hier Verhältnisse von 33 % bis über 80 % auf. Für die Aussagekraft des Artikels bedeutet dies: Während die Belegreihe möglicherweise den Eindruck erweckt, dass *Brust* in einer Bedeutung kontinuierlich belegt ist, stehen z. B. hinter acht abgebildeten Belegen (Bed. 4) nur 20 Archivbelege. Die Belegreihen geben keine Möglichkeit, außerhalb des chronologischen auch einen quantitativen Eindruck der Beleglage einer bestimmten Bedeutungsposition darzustellen, und können irreführend sein.

Die Artikelgliederung im ²DWB erfolgt zunächst nach semantischen Kriterien in einer grundlegenden Hierarchie, ehe die übergeordneten Bedeutungsmarken chronologisch sortiert werden; für die später folgenden Überlegungen ist jedoch allein die chronologische Auffächerung des Bedeutungsspektrums interessant, die in der folgenden Tabelle 1.1 überblicksartig mit dem jeweiligen Erst- und Letztbeleg dargestellt wird:

Tab. 1.1: Das Bedeutungsspektrum von *Brust* in chronologischer Abfolge inkl. Erst- und Letztbeleg.

Bedeutungsdefinition	Erstbeleg	Letztbeleg
Vorderseite des Rumpfes über dem Bauch	8. Jh.	2000
Inneres, Seele, Sitz von Gefühlen	A9. Jh.	2011
Milchgebender Busen	u830	2012
Weibliches, äußeres Geschlechtsmerkmal	1060	2013
Brusthöhle und darin liegende Organe, besonders Herz, Lunge	E12. Jh.	2013
Euter, Zitze	u1285	1808
Essbares Muskelfleisch vom vorderen, oberen Rumpf eines Schlachtviehs	M14. Jh.	2013
Teil eines Hemds; Mieder	1380	1931
(Teil einer) Rüstung	1414	1557
Nach vorne gerichteter, hervorstehender Teil von etwas	1535	2001

Betrachtet man das Bedeutungsspektrum von *Brust* in Hinblick auf seine chronologische Abfolge, lässt sich Folgendes festhalten: Nachdem die Überlieferung am Anfang des 8. Jahrhunderts einsetzt, findet sich Anfang des 9. Jahrhunderts eine Erweiterung und gleichzeitige Übertragung auf das, was unter der Brust liegt, nämlich das Innere, die Seele, den Sitz von Gewissen und Gefühlen; gleichzeitig sieht man in den Belegen eine Einengung speziell auf weibliche Brüste in ihrer Funktion zum Säugen von Kindern, eine Bedeutung, die im Folgenden erweitert wird und dann überhaupt das äußere Geschlechtsmerkmal bezeichnet – zu bemerken ist die Einengung auf eine bestimmte Denotatsgruppe, die der Frauen. Hier werden also mit *Brust* neue Denotate bezeichnet, die zum einen durch ihre physische Nähe zum Ausgangsdenotat, zum anderen durch eine Teil-Ganzes-Relation mit diesem metonymisch verknüpft sind bzw. zur Verdeutlichung eines abstrakten Konzepts dienen („Behälter-Metapher", vgl. Wegera 2012: 245).

Erneut vollzieht sich die Bedeutungserweiterung auf einen der Grundbedeutung naheliegenden Denotatsbereich (in Richtung des Inneren), dieses Mal allerdings in konkreter Form (in Bezug auf das Denotat): *Brust* bedeutet ab dem Ende des 12. Jahrhunderts ‚Brusthöhle' sowie die darin liegenden Organe, besonders Herz und Lunge (je nachdem, wie die Grundbedeutung von *Brust* definiert wird, d. h. als die Oberfläche oder aber als die Gesamtheit des Rumpfs, kann man hier auch von einer Teil-Ganzes-Relation sprechen). Hier ist auch zum ersten Mal eine Ausweitung der ursprünglichen Denotatsklasse (Mensch) festzustellen, denn *Brust* kann nun in Bezug auf Tiere auch ‚Euter, Zitze' oder ‚essbares Muskelfleisch des Schlachtviehs' bedeuten.

Eine Erweiterung auf ein angrenzendes Gebiet, dieses Mal nach außen, ist ebenfalls im 14. Jahrhundert zu erkennen. Ab ca. 1380 kann *Brust* auch das Hemd bezeichnen, also das, was die Brust bedeckt, sowohl das einfache Kleidungsstück (‚Hemd' bzw. ‚Mieder' für Frauen) als auch die Rüstung. Als ‚Rüstung' oder ‚Mieder' hält sich diese Bedeutung teilweise in den Mundarten bis heute; bei ‚Rüstung' ist allerdings nicht eindeutig, ob es sich hier um eine in der physischen Nähe begründeten Bedeutungserweiterung handelt oder ob *Brust* als Metapher für etwas gebraucht wird, das wie eine Brust geformt ist (vgl. ‚Hervorstehendes'). Die metaphernbasierte Bedeutungsposition ‚hervorstehender Teil von etwas', unter der alle Belege gefasst sind, in denen Denotate aufgrund ihrer Form als *Brust* bezeichnet werden, setzt im Jahr 1535 ein und bezeichnet größtenteils Landschaftsformen (vgl. Andersen 1978: 344–345).

b. *Busen*

Das Bedeutungsspektrum von *Busen* erinnert teilweise an das von *Brust*, weist andererseits aber auch gänzlich andere Bedeutungen auf. Auch dieses Wort lässt sich bis auf das Germanische zurückführen (vgl. Lloyd 1998: 451–452).

Der älteste Beleg für das Lemma *Busen* ist ähnlich zu datieren wie derjenige für *Brust*: Es handelt sich um eine Glosse zu lat. *gremium* vom Ende des 8. Jahrhunderts. Diese Bedeutung Bed. 1a ‚Schoß, Mutterleib' (12) findet sich auch bereits im Bedeutungsspektrum des lat. *sinus* neben zahlreichen anderen Verwendungstypen, die meist auch im Deutschen vorhanden sind: *sinus* ist dort jede Krümmung, u. a. auch des Haars und des Netzes sowie der Bausch des Segels, dann aber auch der Bausch des oberen Gewands und die daraus entstehende Tasche, die Brust an sich, das Innerste im Sinne der Seele sowie die Tiefe, der Zufluchtsort und der Meerbusen, das Innere der Erde (Georges 2003: 2689). Die älteste Bedeutung wird zu einer übergeordneten Position Bed. 1 ‚Körperregion im Bereich des Rumpfes bzw. dessen Funktion' gerechnet, zu der auch Bed. 1b ‚vorderer, oberer Teil des Rumpfes' mit den Unterpunkten Bed. 1bα ‚Brüste der Frau, Dekolleté' (13) und Bed. 1bβ ‚Brust' (14) gehören. Eine gewisse Zirkularität in der Bedeutungsbeschreibung (*Busen* Bed. 1bβ ‚Brust', *Brust* Bed. 1bα ‚milchgebender Busen') lässt sich aus definitorischen Gründen nicht vermeiden.

(12) *gremium posum* (ahd. gl., Ende 8. Jh.)
(13) die rote jacke umschloß knapp den eben erst gereiften busen (Heyse, 1853)
(14) allein der edle Odüßeus schnellte zugleich den pfeil, und traf ihm die mitte des busens (Voss, 1781)

Unter der Oberbedeutung ‚Teil der Kleidung' finden sich Bed. 2a ‚Raum zwischen Brust und Kleidung; Brusttasche' (15) und Bed. 2b ‚bauschige Falte über dem Gürtel, Stück Stoff über der Brust; Hemd' (16), die in den Belegen oft schwer voneinander abzugrenzen sind, wenn nicht gerade konkret die Aufbewahrungsfunktion bei Bed. 2a erwähnt wird. Wichtig ist die Unterscheidung besonders in Hinblick auf Syntagmen wie *etwas aus dem Busen ziehen*, die sich eindeutig auf Bed. 2a beziehen und nicht auf Bed. 2b übertragbar sind. Auch die Bed. 3 ‚Inneres' lässt sich weiter unterteilen, und zwar in eine Hauptverwendung Bed. 3a ‚Herz, Seele' (17) und eine wenig belegte Bed. 3b ‚etwas Verborgenes, Verschlossenes, auch Knospe' (18). Da sich hier Belege von der Art ‚Busen der Erde' u. ä. finden, ist zu überlegen, ob für den Verwendungstyp nicht u. U. lateinischer Einfluss anzunehmen ist (19).

(15) (ein Blumenstrauß), der von der schönsten aufgehoben und in den busem gesteckt worden (discourse, 1723)
(16) disz kleid aber hat keinen bůsen, sunder ein langen schlitz bisz an den halsz (Hedio, 1531)
(17) es steckt uns aber der alte lasterhafftige Adam so tief in dem buesen (Moscherosch, 1646)
(18) das feuer werde nicht vom himmel kommen; sondern aus dem innersten busen und grunde der erden (Francisci, 1676)
(19) *Arpini terra campestri agro in ingentem sinum consedit* (Hertz 1860: 485)

Die Bed. 4 ‚Nachkommenschaft' (20) ist eine rechtssprachliche Spezialbedeutung, deren genaue Reichweite nicht eindeutig zuzuordnen ist. Das Deutsche Rechtswörterbuch gibt hier u. a. die Erläuterung ‚Verwandtschaft (in auf- und absteigender Linie)' an (DRW 1932: 653–654), die sich jedoch im Belegmaterial des ²DWB so nur bedingt wiederfindet; die Bedeutungen hier bezeichnen eher allgemein die Nachkommenschaft, im weiteren Sinne auch die Ehe als rechtlichen Vertrag. Die Grundbedeutung von Bed. 5 ‚Wölbung, Ausbuchtung, Bausch' erinnert in Grundzügen an die entsprechende Gliederungsmarke 4 bei *Brust*. Untergliedert wird die Marke in Bed. 5a ‚Meerbusen' (21), die heute vielleicht geläufigste Verwendung, die jägersprachliche Spezialverwendung Bed. 5b ‚Falte bei Jagdnetzen' (22) sowie die allgemeine Bed. 5c ‚gekrümmte, gewölbte Form, Gestalt (in der Landschaft)' (23).

(20) de große mutter mag des erbgutes von orer vorgebunge alleyne nicht fordern noch nehmen, nach dem daz der bußem nach sachsischem rechten nicht verrner geyt wen von dem vater ader van der mutter uff daz kynt (magdeb. weist., 1469)
(21) vor der bedeichung stelle man sich die marschen vor als weite, seichte und schlammgefüllte busen (Allmers, 1858)
(22) wann nun ein wild ins netz lauffet so schläget die ober-leine nach der unterleine zu erden, daß solches in busem verwirrte wild über die leine sich wirfft (Fleming, 1719)
(23) In eines freyen thales stillem busen/ lebt Selim einst, ein liebenswerther jyngling (Wieland, 1752)

Im Archivmaterial des ²DWB fanden sich vor der Bearbeitung 591 Belege, davon wurden im Artikel 92, also ca. 16 %, abgebildet. In Hinblick auf die Verteilung einzelner Bedeutungspositionen ergeben sich drei Hauptverwendungen: ‚Brusttasche' (Bed. 2a), ‚Herz, Seele' (Bed. 3a) und ‚Brüste der Frau, Dekolleté' (Bed. 1bα). In diesen drei Positionen liegt der Anteil der abgebildeten Belege bei unter 16 %, ansatzweise auch bei ‚Brust' (Bed. 1bβ). Gegenwartssprachlich ist hauptsächlich die Bed. 1bα noch interessant; die anderen beiden Bedeutungspositionen finden sich heute im poetischen bzw. phraseologischen Bereich, eine Entwicklung, die die Abbildung einer Belegreihe nicht nachzeichnet. Schwächer belegte Bedeutungen von *Busen* weisen Abbildungsverhältnisse von 23 % bis 83 % auf. Besonders bei fachsprachlichen Spezialbedeutungen (1a, 4, 5b) steht nur sehr wenig zusätzliches Material hinter der jeweiligen Belegreihe.

Tab. 1.2: Das Bedeutungsspektrum von *Busen* in chronologischer Abfolge inkl. Erst- und Letztbeleg.

Bedeutungsdefinition	Erstbeleg	Letztbeleg
Schoß, Mutterleib	E8.Jh.	1796
Raum zwischen Brust und Kleidung; Brusttasche	u830	2007
Herz, Seele	v1022	2004
Bauschige Falte über dem Gürtel, Stück Stoff über der Brust; Hemd	n1240	1806
Nachkommenschaft	1378	1889
Brüste der Frau; Dekolleté	hs. v. 1494	2001
Brust	1517	2005
Meerbusen	1534	1912
Falte bei Jagdnetzen	1570	1927

Bedeutungsdefinition	Erstbeleg	Letztbeleg
Gekrümmte, gewölbte Form, Gestalt (in der Landschaft)	1608	1926
Etwas Verborgenes, Verschlossenes, auch Knospe	1676	1913

Die chronologische Auffächerung des Bedeutungsspektrums von *Busen* ist in Tabelle 1.2 abgebildet und beginnt nach der allein stehenden, wenig belegten Bedeutung ‚Schoß' am Ende des 8. Jahrhunderts mit der Bedeutungsposition ‚Raum zwischen Brust und Kleidung; Brusttasche', die am nächsten an der ursprünglichen Bedeutung von *Busen* (‚Bausch der Kleidung über dem Gürtel') zu sein scheint (vgl. Lloyd 1998: 451). Eine erste Bedeutungsveränderung ist abstrahierend: *Busen* wird übertragen auf das Herz, die Seele, also auf einen zwar innenliegenden, aber abstrakten Denotatsbereich. Ausgehend von der Bedeutung ‚Brusttasche' findet sich ab ca. 1240 eine Denotatsverschiebung von dem Raum zwischen Brust und Hemd zu dem Hemd, dem Kleidungsstück an sich, bzw. zu allem, was die Brust bedeckt. Der im Jahr 1378 einsetzende Verwendungstyp ‚Nachkommenschaft' schließt sich an die ‚Schoß'-Bedeutung an: Nicht nur der Schoß, sondern in einer Teil-Ganzes-Relation auch das Innenliegende, also das Kind, wird als *Busen* bezeichnet, erweiternd auch der Ehestand, die Gesamtheit der Familie. Erst zu diesem Zeitpunkt findet sich die heute verbreitete Verwendung von *Busen* als ‚Dekolleté' (1494). Ob hier eine metonymische Übertragung aufgrund der physischen Nähe von Brusttasche und Dekolleté vorliegt oder ob die Bedeutungserweiterung nicht eher formbezogen ist, ist nicht ganz ersichtlich; die kurz darauf folgende Erweiterung auf die Brust als Ganzes (1517) legt allerdings ersteres näher; mehr dazu im nächsten Teilkapitel. Die formbezogene Übertragung folgt mit dem ‚Meerbusen' (1534), der ‚Schlaufe' (1570) und schließlich jeder ‚gekrümmten, gewölbten Fläche' (1608). Ein Verwendungstyp ‚Verborgenes, Verschlossenes' ist nur wenig belegt und das hauptsächlich in poetischen Kontexten (1676); hier besteht möglicherweise Anschluss an die Bedeutung ‚Inneres'.

c. Die Bedeutungsveränderungen im Vergleich

Tab. 2.1: Schritte der Bedeutungsveränderung im Vergleich.

Brust	Veränderung	Veränderung	Busen
Rumpf	Grundbedeutung	Grundbedeutung	(Schoß,) Brusttasche
Inneres, Seele	Abstrakt nach innen	Abstrakt nach innen	Herz, Seele
Milchgeb. Busen/ Geschlechtsmerkmal	Einschränkung der Denotatsgruppe	Konkret nach außen	Hemd

Brust	Veränderung	Veränderung	Busen
Brusthöhle	Konkret nach innen	Einschränkung der Denotatsgruppe	Dekolleté
Hemd, Mieder	Konkret nach außen	Konkret nach innen	Brust
Hervorstehendes	Formbezogen	Formbezogen	Wölbung

Tabelle 2.1 zeigt die einzelnen Schritte der Bedeutungsveränderung bei den Teilsynonymen in der Übersicht. Als Grundbedeutung wurde für *Brust* die Bedeutung ‚Rumpf‘, für *Busen* dagegen ‚Brusttasche‘ angenommen. Die ‚Schoß‘-Bedeutung lässt sich nur schwer in diese Übersicht einordnen, zumindest, wenn der *Busen*-Artikel als Grundlage angenommen wird: Die Bedeutung scheint in der Entwicklung des Bedeutungsspektrums isoliert zu stehen und sich nicht an die Folgebedeutung ‚Brusttasche‘ anschließen zu lassen, da eine formbezogene Bedeutung von *Busen* in den Belegreihen erst im 16. Jahrhundert wieder sichtbar wird. Tatsächlich steht im Kopf der Bed. 5 aber ein Glossenbeleg vom Anfang des 11. Jahrhunderts (24), in dem *Busen*, ausgehend vom Lateinischen, ebenfalls eine formbezogene Bedeutung zugeschrieben werden kann:

(24) *sinus* busima (ahd. gl. A11. Jh.)
(25) *obliquatque sinus* [*velorum*] *in ventum* (Mynors 1969: 199)

Die entsprechende Glosse bezieht sich auf eine Stelle in Vergils *Aeneis*, in der von der ‚Wölbung eines vom Wind geblähten Segels‘ die Rede ist (25). Dies ist jedoch eine isolierte Bedeutung, die außerhalb der Glossen nicht weiter aufgegriffen wird und hier demnach nicht für eine Einordnung der ‚Schoß‘-Bedeutung herangezogen werden soll. Überlegungen, ob der lateinische Hintergrund dieses Verwendungstyps für die formbezogene Übertragung im 16. Jahrhundert, zur Hochzeit des Humanismus, verantwortlich ist, müssen spekulativ bleiben. Für die Nachzeichnung des Bedeutungsspektrums von *Busen* bleibt somit die Bedeutung ‚Brusttasche‘ als Grundbedeutung.

Von diesen beiden Grundbedeutungen aus (‚Rumpf‘ und ‚Brusttasche‘) vollzieht sich die Auffächerung der beiden Bedeutungsspektren. Auffällig ist zunächst, dass bei beiden Lemmata trotz des grundsätzlich unterschiedlichen Denotats der Grundbedeutung ein im Ziel identischer erster Bedeutungswandel vollzogen wird: Die Übertragung auf das, was innen bzw. von außen gesehen hinter dem Denotat liegt: das abstrakte Innere, die Gefühlswelt des Menschen. In beiden Fällen lässt sich dieser Übertragungsschritt mit der physischen Nähe der beiden Denotatsbereiche erklären: Der (äußere) Rumpf bzw. der Raum zwischen Brust und Kleidung liegen unmittelbar vor dem Körperteil, in dem sich das emotionale Innenleben des Menschen durchaus auch physisch (Herzklopfen, Beklemmungsgefühl) manifestieren kann (vgl. hierzu weiter Stolz 1994: 52–56). Zugleich ist das Innere, das Herz u. Ä.

ein vielfach beschriebener und wichtiger Gegenstandsbereich, zum einen im Bereich des Religiösen (Seele, Gewissen), zum anderen ganz alltäglich im Leben des Menschen, sodass sich die Metapher der nun synonym benutzten Wörter in beiden Fällen von einem Hörer auflösen lässt (vgl. Abb. 1). Neue und alte Denotatsbereiche liegen so nahe beieinander, dass das Verständnis auch bei innovativem Gebrauch nicht gefährdet ist (vgl. Blank 1999: 74).

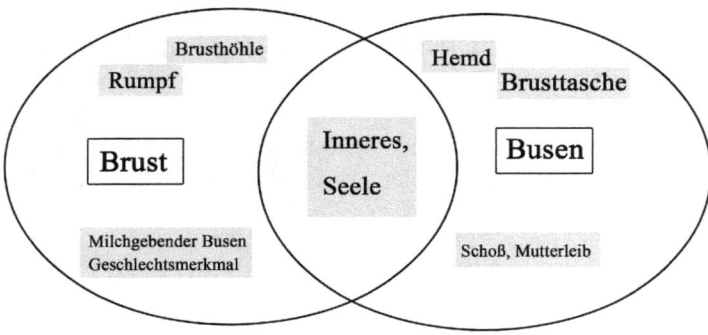

Abb. 1: Zentrale Bedeutungspositionen von *Brust* und *Busen* mit Schnittmenge um ca. 1300.

Der jeweils zweite Schritt der Bedeutungsveränderung geht wiederum von der Grundbedeutung aus und unterscheidet sich eindeutig. Bei *Brust* zeichnet sich eine Einengung des konkreten Denotatsbereichs ab: *Brust* meint nun speziell die Brust der Frau in ihrer Form und Funktion. Bei *Busen* dagegen findet eine konkrete Übertragung weiter außen am Körper statt: Statt nur den Raum zwischen Hemd und Brust bezeichnet *Busen* nun auch das Hemd, das Stück Stoff über der Brust selbst, also alles, was diesen Zwischenraum abgrenzt. Bis hierher scheint die Auffächerung des Spektrums bei beiden Lemmata klar: Die Bedeutungen entwickeln sich in zu erwartenden Schritten auseinander heraus; die Bedeutungsverschiebungen sind kleinteilig und metonymisch zu begründen. Bei *Brust* wird diese Entwicklung beibehalten: Belegt ist eine konkrete Übertragung nach innen, auf die Brusthöhle, die darin liegenden Organe. Diese Verwendung scheint nach der Grundbedeutung, die zunächst einmal den sichtbaren Rumpf bezeichnet, und der abstrakten Übertragung auf das Innere der natürliche nächste Schritt. Schwierig ist es bei *Busen*: Hier tritt im 15. Jahrhundert zum ersten Mal die Bedeutung ‚Dekolleté' auf, ein Verwendungstyp, der zum einen bereits durch *Brust* besetzt ist (und zwar in umfassender Weise, denn die Brüste der Frau in ihrer milchgebenden Funktion werden mit *Busen* in aller Regel nicht gemeint – in dieser Hinsicht ist die Definition der *Brust*-Bed. 1bα ‚milchgebender Busen' ein Konstrukt zur Abgrenzung innerhalb des Artikels und entspricht nicht der eigentlichen Verwendung), und der zum anderen keine Grundlage in den bisherigen Bedeutungsvarianten von *Busen* hat: Es gibt keine übergeordnete Denotatsgruppe ‚Oberkörper', die auf ‚Oberkörper der Frau' eingeschränkt werden könnte.

Für diesen Schritt können vier Erklärungen herangezogen werden: Zum ersten die Synonymie von *Brust* und *Busen* in Bezug auf das Innenleben (vgl. Abb. 1). In diesem Fall hätte *Busen* über den Zwischenschritt der Synonymie zusätzlich eine weitere Teilbedeutung von *Brust* angenommen. Wichtig ist hierbei, die chronologische Abfolge zu beachten: Wenn die ‚Dekolleté'-Bedeutung von *Busen* im 15. Jahrhundert aufkommt, ist das Bedeutungsspektrum von *Brust* bereits fast vollständig entfaltet, d. h. das Lemma *Brust* deckt eine ganze Bandbreite von Verwendungspositionen ab und kann damit missverständlich sein, besonders, da die Denotatsbereiche im praktischen Sinne sehr nah beieinander liegen. Die Auslagerung einer Teilbedeutung auf ein ohnehin schon teilsynonymes Lemma begünstigt somit die Eindeutigkeit bei konkreter Verwendung. Zwar nimmt auch *Busen* kurz darauf die Bedeutung ‚Rumpf' an, aber dieser Verwendungstyp bleibt randständig, ganz im Gegensatz zum ‚Dekolleté', das sich zum Hauptgebrauch entwickelt. Zum zweiten könnte die Bedeutungsentwicklung tatsächlich nach der eher zu erwartenden Reihenfolge ‚Rumpf' > ‚Dekolleté' verlaufen sein und das Belegmaterial des ²DWB ist hier schlicht lückenhaft. Drittens besteht die Möglichkeit einer formbezogenen Bedeutungsverschiebung – die Bezeichnung aller runden, gewölbten Denotate findet sich bereits in der isolierten Frühbezeugung und könnte hier eine Rolle spielen. Zeitlich passt das Aufkommen von ‚Dekolleté' wie auch die Bedeutung ‚Meerbusen' zur Verbreitung des Humanismus und damit zur Rezeption der lateinischen Klassiker, bei denen eben genau diese Bedeutungen von lat. *sinus* gegeben sind. Zuletzt kann der Bedeutungserweiterung auch ein Euphemismus zugrunde liegen: Die Brust als sexuelles Merkmal wird verhüllend umschrieben (im Fall von *Busen* als ‚Brusttasche' durchaus wörtlich) und das Ersatzwort nimmt mehr und mehr die Bedeutungen des tabuisierten Worts an.

Besonders unter Beachtung der bereits vorhandenen Teilsynonymie überrascht es nicht, dass *Brust* in einem nächsten Schritt, und zwar der konkreten Übertragung nach außen am Körper, die Bedeutung ‚Hemd', ‚Mieder' und auch ‚Rüstung' annimmt, die grundsätzlich erst einmal bei *Busen* zu erwarten sind. Die physische Nähe der Denotatsbereiche macht diesen Schritt nachvollziehbar. Schwieriger ist der vierte Schritt bei *Busen*, das die Bedeutung ‚Rumpf' annimmt. Einerseits kann man hier, ausgehend von der ‚Hemd'-Bedeutung, von einem konkreten Übertragungsschritt auf das am Körper liegende sprechen (und annehmen, dass das Material lückenhaft ist). Andererseits ist die ‚Dekolleté'-Bedeutung hier früher belegt, womit auch von einer Erweiterung der Denotatsgruppe gesprochen werden kann.

Beachtet man, dass *Brust* zu diesem Zeitpunkt bereits die eigentlich *Busen* zugehörige ‚Hemd'-Bedeutung angenommen hat, kann man evtl. sogar von einer Art analogischem Ausgleich sprechen – da schon große Teile des Bedeutungsspektrums beider Lemmata sehr ähnlich sind, ist dieser letzte Schritt dann nicht verwunderlich (vgl. Abb. 2).

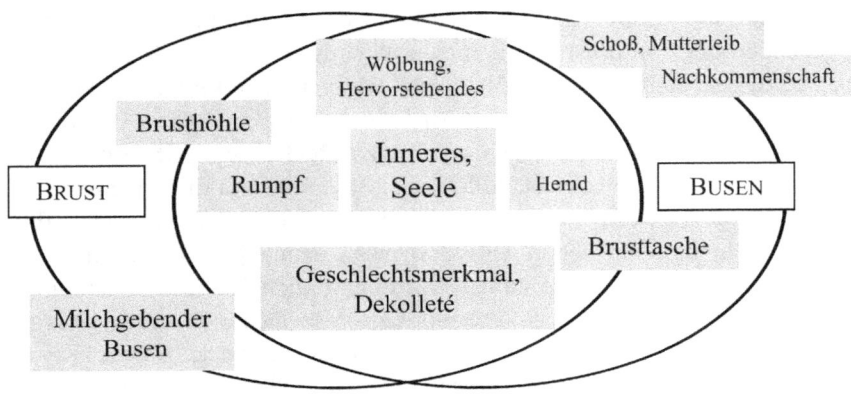

Abb. 2: Zentrale Bedeutungspositionen von *Brust* und *Busen* mit Schnittmenge um ca. 1550.

Ebenfalls zu erwarten ist der fünfte Schritt, der ungefähr zeitgleich bei beiden Lemmata eintritt und eine formbezogene Übertragung auf Gegenstände und Formen (in der Landschaft) beinhaltet, also auf alles, was wie eine *Brust* bzw. ein *Busen* geformt ist. Inwieweit bei *Busen* hier das lat. *sinus* hereinspielt, ist nicht ganz abzusehen; geht man davon aus, dass dies bei ‚Dekolleté' bereits eine Rolle gespielt hat, kann dies auch hier angenommen werden. Der Verwendungstyp ‚Meerbusen' zumindest könnte als Lehnübersetzung zu lat. *sinus maritimus* (vgl. Georges 2003: 2690) aufgefasst werden.

Nach den vorhergegangenen Erläuterungen ist die eingangs gezeigte Tabelle 2.1 folgendermaßen zu revidieren:

Tab. 2.2: Schritte der Bedeutungsveränderung im Vergleich (revidiert).

Brust	Veränderung	Veränderung	*Busen*
Rumpf	Grundbedeutung	Grundbedeutung	(Schoß) Brusttasche
1. Inneres, Seele	Abstrakt nach innen	Abstrakt nach innen	Herz, Seele
2. Milchgeb. Busen Geschlechtsmerkmal	Einschränkung der Denotatsgruppe	Konkret nach außen	Hemd
3. Brusthöhle	Konkret nach innen	Analogie zu Brust Einschränkung der Denotatsgruppe Formbezogen Euphemismus	Dekolleté
4. Hemd, Mieder	Konkret nach außen	Konkret nach innen Erweiterung der Denotatsgruppe	Brust
5. Hervorstehendes	Formbezogen	Formbezogen	Wölbung

Die einzelnen Übertragungsschritte und ihre Anordnung sind, besonders bei *Busen*, nicht so deutlich abzugrenzen wie anfangs erhofft. Deutlich wird bei dieser Betrachtung dennoch, dass eine Wechselwirkung zwischen den Bedeutungsspektren beider Lemmata besteht: Zum einen sind die Verwendungstypen beider Wörter am Ende der Entwicklung in weiten Teilen identisch, wenn auch mit anderen Schwerpunkten, d. h. Hauptverwendungstypen. So bezeichnet *Brust* schließlich eher konkrete Denotate, *Busen* zum einen abstrakte Denotatsbereiche, dann aber auch spezielle Konkreta. Dies ist zu erwarten: Reine Synonymie ist wenig effizient, die arbeitsteilige Verwendung bestimmter Bedeutungen bei einem Wort oder dem anderen erlaubt stärkere Ausdifferenzierung und genaueren Einsatz der Lemmata, Ambiguität kann vermieden werden (vgl. Wegera 2012: 250; Blank 1999: 77) und das ursprüngliche Grundwort wird semantisch entlastet. Zum anderen scheint bestehende Teilsynonymie die Übernahme einzelner Bedeutungsposition bei dem jeweils anderen Lemma zu begünstigen, wie die relativ unmotiviert scheinende ‚Dekolleté'-Bedeutung bei *Busen* illustriert.

d. Phraseologische Verwendung

Tab. 3: Phraseologische Verwendung von *Brust* und *Busen* in chronologischer Abfolge.

Lemma	Phrase	Jahr
Brust	sich (an) die Brust schlagen ‚trauern, sich grämen, etwas bereuen'	800
Brust	jmdn. an die Brust drücken, ziehen ‚umarmen, herzen'	1120
Busen	in den eigenen Busen greifen ‚sein eigenes Verhalten, sich selbst kritisch betrachten'	1519
Busen	jmdm. Klagen o. ä. in den Busen schütten, gießen ‚jmdm. etwas mitteilen'	1521
Busen	eine Schlange, Natter im Busen sein, tragen, nähren ‚undankbar, unaufrichtig sein, jmdn. unterstützen, als Freund behandeln, der sich später als undankbar, unaufrichtig erweist; nach einer Fabel Äsops'	1523
Busen	die Hand, Faust in den Busen schieben, stecken ‚untätig bleiben'	1523
Busen	jmdm. etwas in den Busen schieben ‚jmdm. heimlich zustecken, einreden; etwas auf jmdn. schieben'	1524
Busen	etwas im Busen tragen ‚sich gedanklich mit etwas beschäftigen'	1530
Busen	Narr, Schelm im Busen o. ä., ‚Torheit, Falschheit'	1531
Busen	Hase im Busen ‚Angst, Feigheit'	1558
Brust	mit geschwellter, gewölbter Brust u. ä. ‚stolz, selbstsicher'	1683
Brust	jmdm. eine Waffe auf die Brust setzen ‚jmdn. unter Druck setzen, jmdn. nur einen Ausweg lassen'	1752
Brust	aus voller Brust ‚laut, enthusiastisch, mit ganzer Kraft'	1768
Brust	zwei Seelen in der Brust ‚Zwiespalt, Unentschlossenheit; besonders im Anschluß an Goethe'	1773
Brust	sich in die Brust werfen ‚prahlen, wichtig tun'	1784
Brust	Brust an Brust ‚sehr nah beieinander'	1802
Brust	aus tiefster Brust ‚voll Inbrunst, mit Gefühl, Nachdruck'	1845

Die Ausdifferenzierung der Bedeutungsspektren von *Brust* und *Busen* sowie die trotz weitgehender Synonymie eindeutige Verteilung der Hauptverwendungen auf die beiden Lemmata sind besonders in Hinblick auf die phraseologischen Verwendungen interessant. *Brust* hat im Artikel neun, *Busen* sieben Phrasen, deren chronologische Anordnung (vgl. Tab. 3) sowie Zuordnung in Bezug auf den Bildgeber einige Auffälligkeiten aufweisen.

Bei *Brust* finden sich zunächst zwei sehr alte Wendungen: Ab ca. 830 ist *sich (an) die Brust schlagen* in der Bedeutung ‚trauern, sich grämen, etwas bereuen' belegt. Dies überrascht nicht – das Schlagen der Brust als Zeichen der Trauer ist ein Konzept, das im Lateinischen und Griechischen bereits verbalisiert wird. Hier und bei der zweiten alten Phrase (*jmdn. an die Brust drücken, ziehen* ‚umarmen, herzen', um 1120) ist eindeutig der konkrete Rumpf mit *Brust* bezeichnet, auch wenn im Rahmen der Phrase bereits eine Übertragung auf das Innere, das Herz stattfindet. Auffällig ist nun, dass bis zum Erstbeleg der nächsten *Brust*-Phrase gut 500 Jahre vergehen: Erst im Jahre 1683 findet sich wieder ein Beleg, nämlich für *mit geschwellter, gewölbter Brust* in der Bedeutung ‚stolz, selbstsicher'. Es folgt eine Reihe von Phrasen im 18. und 19. Jahrhundert, die alle den konkreten Rumpf als Bildgeber haben, in zwei Fällen mit Übertragung auf das Innere: *aus tiefster Brust* in der Bedeutung ‚voll Inbrunst, mit Gefühl, Nachdruck' von 1845, wobei hier auch für die Brusthöhle, genauer die Lunge als Bildgeber argumentiert werden könnte, sowie das geflügelte Wort *zwei Seelen in der Brust* für ‚Zwiespalt, Unentschlossenheit', zuerst 1773 bei Wieland, besonders aber im Anschluss an Goethe bekannt. Warum in letzterem Fall gerade *Brust* und nicht *Busen* steht (metrische Gründe einmal ausgenommen), dazu gleich mehr – zunächst aber zu den *Busen*-Phrasen.

Diese reihen sich auffällig in die Bezeugungslücke der *Brust*-Phrasen zwischen 1120 und 1683. Alle sieben Phrasen sind zwischen den Jahren 1519 und 1531 zuerst belegt. Während dies durchaus auf die Struktur des ²DWB-Material zurückzuführen sein könnte, bleibt diese Häufung dennoch nur bedingt erklärbar. Alle Phrasen haben hier die Brusttasche, also die Grundbedeutung von *Busen*, als Bildgeber, angefangen bei *in den eigenen Busen greifen* für eine kritische (Selbst-)Betrachtung bis hin zu *Hase im Busen* für ‚Angst, Feigheit'; in letzterem Fall ist die Übertragung auf das Herz, das Innere ebenso eindeutig wie bei *Narr, Schelm im Busen* für ‚Torheit, Falschheit'. Bei den anderen Phrasen ist der Bezug auf das Innere eher ein Übertragungsschritt, der sich aus dem konkreten Bild ergibt. Alle diese Phrasen, mit Ausnahme vielleicht von *die Hand, Faust in den Busen schieben/stecken*, stehen für das Konzept ‚Untätigkeit', zielen auf die Seele und ihren Zustand. Deutlich wird in jedem Fall, dass die Bedeutung vieler dieser Phrasen nur aus der Etymologie heraus zu erschließen ist (vgl. Wegera 2012: 247).

Hieraus erklärt sich möglicherweise auch, warum es *zwei Seelen in einer Brust* sind – die Seele (das Abstrakte) wohnt im Konkreten (der Brust). Diese semantische Unterteilung (eher konkrete Phrasen bei *Brust,* eher übertragene bei *Busen*) zusammen mit der klaren zeitlichen Staffelung gehen zumindest im Rahmen dieser Untersuchung mit den Ergebnissen aus Abschnitt 2c konform: Bei weitgehender Synonymie der beiden Lemmata ergeben sich klare, unterschiedliche Hauptverwendungstypen, die sich auch in den Phrasen widerspiegeln.

3 Bedeutungsveränderung bei Teilsynonymen

Sowohl *Brief in der Brust* als auch *Hase im Busen* zeigen die Vielschichtigkeit der Bedeutungsspektren der beiden Lemmata in ihrer Verwendung. Die Brusttasche, also der Aufbewahrungsort des Briefs aus dem Beispiel, ist eigentlich eine Hauptverwendung von *Busen;* *Brust* ist hier dennoch für den Hörer verständlich. Und dass der *Hase im Busen* nicht wörtlich zu nehmen ist, zeigt die Tendenz von *Busen,* auch eher Abstraktes zu bezeichnen – gleichwohl wäre auch an dieser Stelle *Brust* aus dem Kontext heraus verständlich, da die Denotatsbereiche nah beieinander liegen und die beiden Wörter in anderen Kontexten ebenfalls austauschbar sind.

Zusammenfassend lässt sich bei der Betrachtung der Bedeutungsspektren von *Brust* und *Busen* festhalten, dass erstens die semantische Ausdifferenzierung bei *Brust* nach bekannten Mustern über Metonymie und Metaphern abzulaufen scheint, bei *Busen* jedoch Sprünge in den Bedeutungsverschiebungen zu sehen sind, die sich entweder durch das zugrunde liegende Material oder aber, falls man davon ausgeht, dass das zugrunde gelegte Material keine großen Verzerrungen begünstigt, durch äußeren Einfluss (Sprachkontakt, Euphemismus, Wechselwirkung mit *Brust)* erklären lassen. Das Bedeutungsspektrum von *Brust* ist das Ergebnis einer Generalisierung – als Denotat kommt alles in Frage, was im Umfeld des Rumpfs zu finden ist – wohingegen *Busen* Anzeichen von Spezialisierung zeigt (eher Abstraktes, wichtige Einzelbedeutungen) und, im Gegensatz zu *Brust,* seine Grundbedeutung in der Gegenwartssprache fast vollständig eingebüßt hat. Diese Prozesse sind erst bei genauerer Betrachtung der Diachronie beider Lemmata im Verhältnis sichtbar geworden; in einem linearen Wörterbuchartikel lässt sich die diachrone Entwicklung des Bedeutungsspektrums nachzeichnen und bietet Anreize, diese Veränderungen auch bei weiteren Teilsynonymen zu suchen und zu untersuchen.

Literatur

a. Quellen

Hertz, Martinus (1860): *Titi Livi ab urbe condita libri.* Bd. 2. Leipzig: Tauchnitz.
Mynors, Roger A. B. (1969): *P. Vergili Maronis Opera.* New York: Oxford University Press.

b. Literatur

Andersen, Elaine S. (1978): Lexical Universals of Body-Part Terminology. In: Dies./
  Greenberg, Joseph Harold (Hrsg.): *Word Structure.* Stanford: Stanford University Press, 335–
  368.
Blank, Andreas (1999): Why do new meanings occur? A cognitive typology of the motivations for
  lexical semantic change. In: Ders./Koch, Peter (Hrsg.): *Historical Semantics and Cognition.* Berlin/New York: De Gruyter, 61–90.
²DWB = *Deutsches Wörterbuch von Jacob Grimm und Wilhelm Grimm.* Neubearbeitung, hrsg. v. d.
  Berlin-Brandenburgischen Akademie der Wissenschaften und der Akademie der Wissenschaften zu Göttingen. Leipzig: Hirzel 1983 ff.
DRW = *Deutsches Rechtswörterbuch. Wörterbuch der älteren deutschen Rechtssprache,* bis Bd. 3
  hrsg. v. der Preußischen Akademie der Wissenschaften, Bd. 4 hrsg. v. der Deutschen Akademie der Wissenschaften (Berlin, Ost), ab Bd. 5 hrsg. v. der Heidelberger Akademie der Wissen-

schaften (bis Bd. 8 in Verbindung mit der Akademie der Wissenschaften der DDR). Weimar: Böhlaus Nachfolger, derzeit 12 Bände und mehrere Lieferungen.

Georges, Karl Ernst (2003): *Ausführliches lateinisch-deutsches Handwörterbuch*. Unveränd. Nachdr. der 8., verb. und verm. Aufl. von Heinrich Georges. Bd. 2. Darmstadt: Wissenschaftliche Buchgesellschaft.

Lloyd, Albert L./Lühr, Rosemarie/Springer, Otto (1998): *Etymologisches Wörterbuch des Althochdeutschen*. Unter Mitw. von Karen K. Purdy. Bd. 2. Göttingen: Vandenhoeck & Ruprecht.

Stolz, Thomas (1994): Grammatikalisierung und Metaphorisierung. In: Jeßing, Benedikt (Hrsg.): *Sprachdynamik: auf dem Weg zu einer Typologie sprachlichen Wandels*. Bd. 2. Bochum: Brockmeyer.

Wegera, Klaus-Peter/Waldenberger, Sandra (2012): *Deutsch diachron. Eine Einführung in den Sprachwandel des Deutschen*. Unter Mitarb. von Ilka Lemke. Berlin: Schmidt.

www.ingramcontent.com/pod-product-compliance
Lightning Source LLC
Chambersburg PA
CBHW080407230426
43662CB00016B/2346